Ablösung, Änderung, Anpassung –
Die Möglichkeiten des Erwerbers zur
Schaffung einheitlicher Arbeitsbedingungen
nach einem Betriebsübergang

Europäische Hochschulschriften

European University Studies

Publications Universitaires Européennes

Reihe II **Rechtswissenschaft**

Series II Law

Série II Droit

Band/Volume **5633**

Oswald Pohr

Ablösung, Änderung, Anpassung – Die Möglichkeiten des Erwerbers zur Schaffung einheitlicher Arbeitsbedingungen nach einem Betriebsübergang

PL ACADEMIC RESEARCH

Bibliografische Information der Deutschen Nationalbibliothek
Die Deutsche Nationalbibliothek verzeichnet diese Publikation in der Deutschen Nationalbibliografie; detaillierte bibliografische Daten sind im Internet über http://dnb.d-nb.de abrufbar.

Zugl.: Tübingen, Univ., Diss., 2014

D 21
ISSN 0531-7312
ISBN 978-3-631-65208-4 (Print)
E-ISBN 978-3-653-04673-1 (E-Book)
DOI 10.3726/978-3-653-04673-1

PL Academic Research ist ein Imprint der Peter Lang GmbH.
Peter Lang – Frankfurt am Main · Bern · Bruxelles · New York · Oxford · Warszawa · Wien

Diese Publikation wurde begutachtet.

www.peterlang.com

Meinen Eltern

Vorwort

Die vorliegende Arbeit wurde im Wintersemester 2013/2014 von der Juristischen Fakultät der Eberhard-Karls-Universität als Dissertation angenommen. Das Manuskript wurde Ende Juni 2013 abgeschlossen; später veröffentlichte nationale wie gemeinschaftsrechtliche Rechtsprechung – hier insbesondere die Entscheidung des Europäischen Gerichtshofes „Alemo Herron ./. Parkwood Leisure Ltd.“ – und Literatur habe ich bis Oktober 2013 punktuell berücksichtigt.

Mein Dank gebührt in erster Linie meinem Doktorvater, Herrn Prof. Dr. *Hermann Reichold*, der die Erstellung und thematische Strukturierung dieser Arbeit in vielfältiger Weise gefördert und mich durch konstruktive Anregungen und stete Gesprächsbereitschaft unterstützt hat. Bedanken möchte ich mich auch bei Herrn Prof. Dr. Dres. h.c. *Harm Peter Westermann* für die zügige Erstellung des Zweitgutachtens.

Ich danke Herrn RA *Yavuz Topoglu* für seine Bereitschaft zur Korrekturhilfe, Diskussion und inhaltlichen Auseinandersetzung mit meiner Arbeit. Danken möchte ich auch meinem Arbeitgeber, der *Telemarkt Unternehmensgruppe*, hier vor allem Herrn *Udo D. Rogotzki*, für die großzügige Förderung und Unterstützung meiner Arbeit in der Phase der Fertigstellung.

Dank gebührt zudem meiner Schwester, *Sonja Pohr*, die die Mühen des Korrekturlesens auf sich genommen hat. Ich danke auch meiner Freundin *Yvonne Bauknecht*. Durch ihre Geduld, ihr Verständnis und ihre stete liebevolle Ermunterung, aber auch durch ihre konstruktiven Beiträge in der inhaltlichen Diskussion hat sie mich enorm unterstützt. Ohne ihre Hilfe hätte die Arbeit nicht entstehen können.

Besonders tiefer und herzlicher Dank gebührt meinen Eltern *Ewald* und *Magdalena Pohr*. Sie haben mich seit jeher zu jeder Zeit vorbildlich und vorbehaltlos unterstützt. Ihre uneingeschränkte Förderung meiner Ausbildung und ihre liebevolle Zuwendung hat diese Arbeit erst ermöglicht. Ihnen ist daher diese Arbeit gewidmet.

Tübingen, den 28.06.2013 Oswald Pohr

Inhaltsübersicht

Inhaltsverzeichnis

Abkürzungsverzeichnis

a. A.	andere(r) Ansicht
a. a. O.	am angegebenen Ort
Abl.	Amtsblatt
Abs.	Absatz
Abschn.	Abschnitt
AcP	Archiv für die civilistische Praxis (Zeitschrift)
a.E.	am Ende
AEntG	Arbeitnehmer-Entsendegesetz
AGB	Allgemeine Geschäftsbedingungen
AGG	Allgemeines Gleichbehandlungsgesetz
AktG	Aktiengesetz
allg. M	allgemeine Meinung
Alt.	Alternative
a. M.	am Main
Anm.	Anmerkung
APS	Ascheid/Preis/Schmid, Großkommentar zum gesamten Recht der Beendigung von Arbeitsverhältnissen
ArbGG	Arbeitsgerichtsgesetz
ArbR	Arbeitsrecht
ArbRAktuell	Arbeitsrecht Aktuell (Zeitschrift)
ArbRB	Der Arbeits-Rechts-Berater (Zeitschrift)
ArbuR	Arbeit und Recht (Zeitschrift)
ausf.	ausführlich
BAG	Bundesarbeitsgericht
BB	Betriebs-Berater (Zeitschrift)
Bd.	Band
Beil.	Beilage
BetrAV	Betriebliche Altersversorgung (Zeitschrift)
BetrAVG	Gesetz über die betriebliche Altersversorgung

BetrVG	Betriebsverfassungsgesetz
BDH	Bernsau/Dreher/Hauck, Betriebsübergang, Kommentar zu § 613a BGB
BGB	Bürgerliches Gesetzbuch
BGH	Bundesgerichtshof
BKMT	Bachner/Köstler/Matthießen/Trittin, Arbeitsrecht bei Unternehmensumwandlung und Betriebsübergang
BT-Drucks.	Bundestagsdrucksache
BVerfG	bundesverfassungsgericht
bzw.	Beziehungsweise
CKK	Clemenz/Kreft/Krause, AGB-Arbeitsrecht Kommentar
d.	des/der
DB	Der Betrieb (Zeitschrift)
DBD	Däubler/Bonin/Deinert, -Kontrolle im Arbeitsrecht, Kommentar zu den §§ 305–310 BGB
ders.	derselbe
DFL	Dornbusch/Fischermeier/Löwisch, Fachanwaltskommentar Arbeitsrecht
dies.	Dieselben
d.h.	das heißt
DHSW	Däubler/Hjort/Schubert/Wolmerath, Arbeitsrecht Handkommentar
diff.	differenzierend
DKKW	Däubler/Kittner/Klebe/Wedde, Kommentar zum Betriebsverfassungsgesetz
DVBl.	Deutsche Verwaltungsblätter (Zeitschrift)
EFZG	Entgeltfortzahlungsgesetz
EG	Europäische Gemeinschaft
EGC	Europäische Grundrechtecharta
endg.	endgültig
ErfK	Müller-Glöge/Preis/Schmidt, Erfurter Kommentar zum Arbeitsrecht
EuGH	Europäischer Gerichtshof

EuR	Europarecht (Zeitschrift)
EuZA	Zeitschrift für Europäisches Arbeitsrecht (Zeitschrift)
EWG	Europäische Wirtschaftsgemeinschaft
EzA	Entscheidungssammlung zum Arbeitsrecht
EzA-SD	EzA-Schnelldienst
FA	Fachanwalt Arbeitsrecht (Zeitschrift)
ff.	fortfolgende
FM	Fuchs/Marhold, Europäisches Arbeitsrecht
Fn.	Fußnote
FS	Festschrift
gem.	gemäß
GG	Grundgesetz
ggf.	gegebenenfalls
GK	Gemeinschaftskommentar
GmbH	Gesellschaft mit beschränkter Haftung
GRC	Grundrechtecharta
grds.	grundsätzlich
GS	Gedächtnisschrift
h. M.	herrschende Meinung
HMB	Henssler/Moll/Bepler, Handbuch für das gesamte Tarifrecht
HWK	Henssler/Willemsen/Kalb, Arbeitsrecht Kommentar
HSW	Hanau/Steinmeyer/Wank, Handbuch des europäischen Arbeits- und Sozialrechts
HSWGNR	Hess/Schlochauer/Worzalla/Glock/Nicolai/Rose, Kommentar zum Betriebsverfassungsgesetz
i. d. F.	in der Form/Fassung
i. d. R.	in der Regel
InsO	Insolvenzordnung
i. R. d.	im Rahmen des/der
i. R. e.	im Rahmen eines/einer
i. S.	im Sinne
i. S. d.	im Sinne des/der

i. S. e.	im Sinne eines, -er
i.Ü.	im Übrigen
i. V. m.	in Verbindung mit
JbArbR	Jahrbuch des Arbeitsrechts
JJZ	Jahrbuch Junger Zivilrechtswissenschaftler
JKO	Jacobs/Krause/Oetker, Tarifvertragsrecht
JZ	Juristenzeitung (Zeitschrift)
Kap.	Kapitel
KDZ	Kittner/Däubler/Zwanziger, Kündigungsschutzrecht
koll.	Kollektiv(e, -es, -er)
KOM	Kommission der Europäischen Gemeinschaften
KR	Becker/Bader/Etzel, Gemeinschaftskommentar zum Kündigungsschutzgesetz und zu sonstigen kündigungsrechtlichen Vorschriften
krit.	Kritisch
KSchG	Kündigungsschutzgesetz
LAG	Landesarbeitsgericht
LCK	Löwisch/Caspers/Klumpp, Arbeitsrecht – Ein Studienbuch
Lit.	Litera
MAA	Moll, Münchener Anwaltshandbuch Arbeitsrecht
MHA	Richardi/Wlotzke/Wissmann/Oetker, Münchener Handbuch zum Arbeitsrecht
M/K/S	v. Mangoldt/Klein/Starck, Kommentar zum Grundgesetz
MüKo	Münchener Kommentar zum Bürgerlichen Gesetzbuch
m. w. N.	mit weiteren Nachweisen
n.F.	neue Fassung
NJW	Neue Juristische Wochenschrift (Zeitschrift)
NJW-RR	NJW-Rechtsprechungs-Report (Zeitschrift)
Nr.	Nummer
n. v.	nicht veröffentlicht
NZA	Neue Zeitschrift für Arbeitsrecht (Zeitschrift)
NZA-RR	NZA-Rechtsprechungs-Report

NZM	Neue Zeitschrift für Mietrecht (Zeitschrift)
ProstG	Prostitutionsgesetz
RdA	Recht der Arbeit (Zeitschrift)
Rdnr.	Randnummer
RGKU	Rolfs/Giesen/Kreikebohm/Udsching, Schwerpunktkommentar Arbeitsrecht
RL	Richtlinie
Rs.	Rechtssache
Rspr.	Rechtsprechung
S.	Seite/Satz
SAE	Sammlung Arbeitsrechtlicher Entscheidungen
Slg.	Sammlung
s.o.	siehe oben
sog.	so genannte (r, s, n)
SprAuG	Sprecherausschussgesetz
SPV	Stahlhacke/Preis/Vossen, Kündigung und Kündigungsschutz im Arbeitsverhältnis
SSV	Schleusener/Suckow/Voigt, Kommentar zum AGG
st.	Ständig (e, -er, -es)
s.u.	siehe unten
TVG	Tarifvertragsgesetz
TzBfG	Teilzeit- und Befristungsgesetz
u.a.	unter anderem
UmwG	Umwandlungsgesetz
u.U.	unter Umständen
v.	vom/von
v. a.	vor allem
ver.di	Vereinte Dienstleistungsgewerkschaft
Verf.	Verfasser/Verfassers
vgl.	vergleiche
WHSSS	Willemsen/Hohenstatt/Schnitker/Schweibert/Seibt, Arbeitsrechtliches Handbuch

z. B.	zum Beispiel
ZfA	Zeitschrift für Arbeitsrecht (Zeitschrift)
ZIP	Zeitschrift für Wirtschaftsrecht und Insolvenzpraxis (Zeitschrift)
zit.	zitiert
ZLH	Zöllner/Loritz/Hergenröder, Lehrbuch zum Arbeitsrecht
ZR	Zivilrecht/Zivilrechtsenat
ZRP	Zeitschrift für Rechtspolitik (Zeitschrift)
ZTR	Zeitschrift für Tarif-, Arbeits- und Sozialrecht des öffentlichen Dienstes (Zeitschrift)
zust.	zustimmend

Literaturverzeichnis

Kommentare, Monografien, Festschriftbeiträge, Lehrbücher

v. Alvensleben, Constantin, Die Rechte der Arbeitnehmer bei Betriebsübergang im europäischen Gemeinschaftsrecht: Eine Studie zu den gemeinschaftsrechtlichen Grundlagen des § 613a BGB, Dissertation, Baden-Baden 1992 (zit: v. Alvensleben, Grundlagen § 613a BGB, S.).

Arens, Wolfgang/Brand, Jürgen, Arbeits- und Sozialrecht in der Insolvenz, 2. Auflage, Bonn 2010 (zit: Arens/Brand, § Rdnr.).

Ascheid, Reiner/Preis, Ulrich/Schmidt, Ingrid, Kündigungsrecht – Großkommentar zum gesamten Recht der Beendigung von Arbeitsverhältnissen, 4. Auflage, München 2012 (zit: Bearbeiter, in: APS).

Bachner, Michael/Köstler, Roland/Matthießen, Volker/Trittin, Wolfgang, Arbeitsrecht bei Unternehmensumwandlung und Betriebsübergang, 4. Auflage, Baden-Baden 2012, (zit: Bearbeiter, in: BKMT).

Bakopoulos, Konstantinos, Zuständigkeitsverteilung zwischen tarifvertraglicher und innerbetrieblicher Normsetzung, Dissertation, Berlin/Athen 1991 (zit: Bakopoulos, Zuständigkeitsverteilung, S.).

Bamberger, Hans-Georg/Roth, Herbert, Kommentar zum Bürgerlichen Gesetzbuch, Band 1, 3. Auflage, München 2012 (zit: Bearbeiter, in: Bamberger/Roth).

Bassenge, Peter/Brudermüller, Gerd/Diederichsen, Uwe/Ellenberger, Jürgen/ Grüneberg, Christian/Sprau, Hartwig/Thorn, Karsten/Weidenkaff, Walter/ Weidlich, Dietmar, Palandt Kommentar Bürgerliches Gesetzbuch, 72. Auflage, München 2013 (zit: Bearbeiter, in: Palandt).

Bauer, Jobst-Hubertus, Flucht aus Tarifverträgen: Königs- oder Irrweg, Tarifautonomie für ein neues Jahrhundert – Festschrift für Günther Schaub zum 65. Geburtstag, München 1998, S. 19–46 (zit.: Bauer, in: FS Schaub, S.).

–, Unternehmensveräußerung und Arbeitsrecht, Schriften des Betriebs-Beraters, Heidelberg 1983 (zit: Bauer, Unternehmensveräußerung und Arbeitsrecht).

Baumbach, Adolf/Hueck, Alfred, Kommentar zum GmbH-Gesetz, 20. Auflage, München 2013 (zit: Bearbeiter, in: Baumbach/Hueck).

Beathalter, André, Einseitige Gestaltungsmöglichkeiten der Arbeitgeberseite zur Einwirkung auf Gesamtvereinbarungen im Rahmen wirtschaftlicher Krisen, Dissertation, Berlin 1999 (zit: Beathalter, einseitige Gestaltungsmöglichkeiten, S.).

Becker, Friedrich/Bader, Peter/Etzel, Gerhard, Gemeinschaftskommentar zum Kündigungsschutzgesetz und zu sonstigen kündigungsrechtlichen Vorschriften, 9. Auflage, Köln 2009 (zit: Bearbeiter, in: KR).

Bepler, Klaus, Tarifvertragliche Vergütungssysteme als Grundsätze der betrieblichen Lohngestaltung – Ansprüche ohne Anspruchsgrundlage?, Festschrift für Jobst-Hubertus Bauer zum 65. Geburtstag, München 2010, S. 161–179 (zit: Bepler, in: FS Bauer, S.).

Bernsau, Gregor/Dreher, Daniel/Hauck, Friedrich, Betriebsübergang, Kommentar zu § 613a BGB unter Einschluss von betriebsverfassungsrechtlichen und insolvenzrechtlichen Vorschriften, 3. Auflage, Köln 2010 (zit: Bearbeiter, in: BDH).

Blank, Hubert/Schmidt-Futterer, Wolfgang, Großkommentar des Wohn- und Gewerberaummietrechts, 10. Auflage, München 2011 (zit: Bearbeiter, in: Schmidt-Futterer).

Blomeyer, Wolfgang/Otto, Klaus, Gesetz zur Verbesserung der betrieblichen Altersversorgung, Kommentar, 5. Auflage, München 2010 (zit: Blomeyer/Otto)

Boewer, Dietrich, Freiwillige Leistungen nicht tarifgebundener Arbeitgeber und Mitbestimmung des Betriebsrats, Festschrift für Jobst-Hubertus Bauer zum 65. Geburtstag, München 2010, S. 195–203 (zit: Boewer, in: FS Bauer, S.).

Breuckmann, Axel, Entgeltreduzierung unter besonderer Berücksichtigung der Änderungskündigung, Dissertation, Mainz, Baden-Baden 2004 (zit: Breuckmann, Entgeltreduzierung, S.).

Brox, Hans/Walker, Wolf-Dietrich, Allgemeiner Teil des BGB, 36. Auflage, München 2012 (zit: Brox/Walker, Rdnr.).

Brox, Hans/Rüthers, Bernd/Henssler, Martin, Arbeitsrecht, 18. Auflage, Stuttgart 2011 (zit: Brox/Rüthers/Henssler).

Buchner, Herbert, Vereinheitlichung tariflicher Strukturen im Unternehmens- und Konzernbereich, Festschrift für Günter Schaub zum 65. Geburtstag, München 1998, S. 75–94 (zit: Buchner, in: FS Schaub, S.).

–, Keine Entgeltänderungen mittels Änderungskündigung?, Festschrift für Alfons Kraft zum 70. Geburtstag, Neuwied 1998, S. 23–37 (zit: Buchner, in: FS Kraft, S.).

Clemenz, Susanne/Kreft, Burghard/Krause, Rüdiger, AGB-Arbeitsrecht Kommentar, 1. Auflage, Köln 2013 (zit: Bearbeiter, in: CKK).

Dahlbender, Frank, Der Austritt des Arbeitgebers aus seinem Verband zwecks Loslösung von Tarifverträgen, Dissertation, Bonn 1995 (zit: Dahlbender, Loslösung von Tarifverträgen, S.).

Däubler, Wolfgang/Kittner, Michael/Klebe, Thomas/Wedde, Peter, Betriebsverfassungsgesetz mit Wahlordnung und EBR-Gesetz, 12. Auflage, Frankfurt a.M. 2010 (zit: Bearbeiter, in: DKKW).

Däubler, Wolfgang/Bonin, Birger/Deinert, Olaf, AGB-Kontrolle im Arbeitsrecht, Kommentar zu den §§ 305–310 BGB, 3. Auflage, München 2010 (zit: Bearbeiter, in: DBD).

Däubler, Wolfgang/Hjort, Jens Peter/Schubert, Michael/Wolmerath, Martin, Arbeitsrecht, Individualarbeitsrecht mit kollektivrechtlichen Bezügen, Handkommentar, 2. Auflage, Baden-Baden 2010 (zit: Bearbeiter, in: DHSW).

Däubler, Wolfgang/Bertzbach, Martin, Allgemeines Gleichbehandlungsgesetz, Handkommentar, 2. Auflage, Baden-Baden 2010 (zit: Bearbeiter, in: Däubler/Bertzbach).

Däubler, Wolfgang, Tarifvertragsgesetz mit Arbeitnehmerentsendegesetz, 3. Auflage, Baden-Baden 2012 (zit: Bearbeiter, in: Däubler).

–, Tarifvertragsrecht, 3. Auflage, Baden-Baden 1993, (zit: Däubler, Tarifvertragsrecht).

Dornbusch, Gregor/Fischermeier, Ernst/Löwisch, Manfred, Fachanwaltskommentar Arbeitsrecht, 5. Auflage, Köln 2013 (zit: Bearbeiter, in: DFL).

Dütz, Wilhelm/Thüsing, Gregor, Arbeitsrecht, 17. Auflage, München 2012 (zit: Dütz/Thüsing).

Ebeling, Ralph, Die Bezugnahme auf Tarifverträge im Arbeitsvertrag, n.v., Dissertation, Universität Regensburg 2003 (zit: Ebeling, Bezugnahme, S.).

Engels, Gerd/Schmidt, Ingrid/Trebinger, Yvonne/Linsenmaier, Wolfgang, Betriebsverfassungsgesetz Handkommentar, 26. Auflage, München 2012 (zit: Fitting).

Fikentscher, Wolfgang, Methoden des Rechts in vergleichender Darstellung, Band 4 Dogmatischer Teil, Anhang, Tübingen 1977 (zit: Fikentscher, Methoden des Rechts, Band IV).

Fischer, Christian, Die tarifwidrigen Betriebsvereinbarungen, Dissertation, München/Konstanz 1998 (zit: Fischer, tarifwidrige Betriebsvereinbarung, S.).

Franzen, Martin., Gesetzesbindung im Tarifvertragsrecht, Festschrift für Eduard Picker zum 70. Geburtstag, Tübingen 2010, S. 929–953 (zit: Franzen, in: FS Picker, S.).

Frenz, Walter, Handbuch Europarecht, Band 4, Europäische Grundrechte, Heidelberg 2009 (zit: Frenz).

Fuchs, Maximilian/Marhold, Franz, Europäisches Arbeitsrecht, 3. Auflage, Wien 2010 (zit: Bearbeiter, in: FM).

Fuchs, Maximilian/Reichold, Hermann, Tarifvertragsrecht, 2. Auflage, Baden-Baden 2006 (zit: Bearbeiter, in: Fuchs/Reichold).

Gamillscheg, Franz, Kollektives Arbeitsrecht, Band I: Grundlagen, Koalitionsfreiheit, Tarifvertrag, Arbeitskampf und Schlichtung, München 1997 (zit: Gamillscheg, Koll. Arbeitsrecht).

–, Arbeitsrecht I, Arbeitsvertrags- und Arbeitsschutzrecht, 8. Auflage, München 2000 (zit: Gamillscheg, §, S.).

Gaul, Björn, Das Arbeitsrecht der Betriebs- und Unternehmensspaltung – Gestaltung von Betriebsübergang, Outsourcing, Umwandlung, Habilitation, Köln 2002 (zit: Gaul, Arbeitsrecht der Betriebs- und Unternehmensspaltung, S., Rdnr.).

Germelmann, Claas-Hinrich/Matthes, Hans-Christoph/Müller-Glöge, Rudi/Prütting, Hanns/Schlewing, Anja, Arbeitsgerichtsgesetz Kommentar, 7. Auflage, München 2009 (zit: Bearbeiter, in: Germelmann).

Gernhuber, Joachim, Handbuch des Schuldrechts Band 8, Das Schuldverhältnis, Begründung und Änderung, Pflichten und Strukturen, Drittwirkungen, Tübingen 1989 (zit: Gernhuber, Schuldverhältnis, S.).

Gorissen, Lars, Der Arbeitgeberverbandswechsel, Dissertation, Frankfurt a.M. 1999 (zit: Gorissen, Der Arbeitgeberverbandswechsel, S.).

Gussen, Heinrich/Dauck, Andreas, Die Weitergeltung von Betriebsvereinbarungen und Tarifverträgen bei Betriebsübergang und Umwandlung, 2. Auflage, Berlin 1997 (zit: Gussen/Dauck).

Hanau, Peter/Vossen, Reinhard, Die Auswirkungen des Betriebsinhaberwechsels auf Betriebsvereinbarungen und Tarifverträge - Festschrift für Marie-Luise Hilger und Hermann Stumpf, München 1983, S. 271–297 (zit: Hanau/Vossen, in: FS Hilger/Stumpf, S.).

Hanau, Peter, Kania Thomas, Die Bezugnahme auf Tarifverträge durch Arbeitsvertrag und betriebliche Übung, Festschrift für Günter Schaub zum 65. Geburtstag, München 1998, S. 239–262 (zit: Hanau/Kania, in: FS Schaub, S.).

Hanau, Peter/Steinmeyer, Dietrich/Wank, Rolf, Handbuch des europäischen Arbeits- und Sozialrechts, München 2002 (zit: Bearbeiter, in: HSW).

Hanau, Peter/Adomeit, Klaus, Arbeitsrecht, 14. Auflage, Neuwied 2007 (zit: Bearbeiter, in: Hanau/Adomeit).

Hartmann, Henning, Die Weitergeltung von firmentariflichen Regelungen im Fall des Betriebsübergangs nach § 613a BGB, Dissertation, Berlin 2008 (zit: Hartmann, Weitergeltung von firmentariflichen Regelungen, S.).

Hauck, Friedrich, Betriebsübergang und Betriebsverfassungsrecht, Festschrift für Reinhard Richardi zum 70. Geburtstag, München 2007, S. 537–552 (zit: Hauck, in: FS Richardi, S.).

Heinze, Meinhard., Ausgewählte Rechtsfragen zu § 613a BGB, Tarifautonomie für ein neues Jahrhundert – Festschrift für Günther Schaub zum 65. Geburtstag, München 1998, S. 275–294 (zit: Heinze, in: FS Schaub, S.).

–, Widersprüchliches zur Änderungskündigung – Sozialrecht und Sozialpolitik in Deutschland und Europa, Festschrift für Bernd Baron von Maydell, Neuwied/Kriftel 2002, S. 269–282 (zit: Heinze, in: FS v. Maydell, S.).

Henssler, Martin, Unternehmensstrukturierung und Tarifrecht, Tarifautonomie für ein neues Jahrhundert, Festschrift für Günther Schaub zum 65. Geburtstag, München 1998, S. 311–336 (zit.: Henssler, in: FS Schaub, S.).

–, Münchener Kommentar zum Bürgerlichen Gesetzbuch, Band 4, Schuldrecht Besonderer Teil II, §§ 611–704, EFZG, TzBfG, KSchG, 5. Auflage, München 2009 (zit: Bearbeiter, in: MüKo).

–, Tarifbindung durch betriebliche Übung, Festschrift 50 Jahre Bundesarbeitsgericht, München 2004, S. 683–711 (zit: Henssler, in: FS BAG, S.).

–, Schuldrechtliche Tarifgeltung bei Verbandaustritt, Verbandswechsel und Unternehmensumstrukturierung, Arbeitsrecht im sozialen Dialog – Festschrift für Hellmut Wißmann zum 65. Geburtstag, S. 133–159 (zit: Henssler, in: FS Wißmann, S.).

Henssler, Martin/Willemsen, Heinz Josef/Kalb, Heinz-Jürgen, Arbeitsrecht Kommentar, 5. Auflage, Köln 2012 (zit: Bearbeiter, in: HWK).

Henssler, Martin/Moll, Wilhelm/Bepler, Klaus, Der Tarifvertrag, Handbuch für das gesamte Tarifrecht, 1. Auflage, Köln 2013 (zit: Bearbeiter, in: HMB).

Heselhaus, Sebastian/Nowak, Carsten, Handbuch der Europäischen Grundrechte, 1. Auflage, München 2006 (zit: Bearbeiter, in: Heselhaus/Nowak).

Hess, Harald/Schlochauer, Ursula/Worzalla, Michael/Glock, Dirk/Nicolai, Andrea/Rose, Franz-Josef, Kommentar zum Betriebsverfassungsgesetz, 8. Auflage, Neuwied, 2011 (zit: Bearbeiter, in: HSWGNR).

Höfer, Reinhold, Gesetz zur Verbesserung der betrieblichen Altersversorgung, Band 1, Arbeitsrecht, Loseblatt-Kommentar, München 2001 (zit: Höfer, Band 1, Rdnr.).

Hölters, Wolfgang, Handbuch Unternehmenskauf, 7. Auflage, Köln 2010 (zit: Bearbeiter, in: Hölters).

–, Kommentar zum Aktiengesetz, München 2011 (zit: Bearbeiter, in Hölters AktG).

Höpfner, Clemens, Europäische Methodik: Konvergenz und Diskrepanz europäischen und nationalen Privatrechts, Jahrbuch Junger Zivilrechtswissenschaftler 2009, S. 74–108 (zit: Höpfner, JJZ 2009).

v. Hoyningen-Huene, Gerrick/Linck, Rüdiger, Kommentar zum Kündigungsschutzgesetz, 15. Auflage, München 2013 (zit: v. Hoyningen-Huene/Linck).

Hromadka, Wolfgang/Maschmann, Frank, Arbeitsrecht Band 2, Kollektivarbeitsrecht + Arbeitsstreitigkeiten, 5. Auflage Berlin 2010 (zit: Hromadka/Maschmann).

Hromadka, Wolfgang/Maschmann, Frank/Wallner, Franz, Der Tarifwechsel: Tarifvertrag und Arbeitsvertrag bei Änderung von Verbandsmitgliedschaft, Betriebszweck und Betriebsinhaber, München 1996 (zit: Hromadka/Maschmann/Wallner, Der Tarifwechsel).

Hromadka, Wolfgang, Änderung von Arbeitsbedingungen, Schriften des Betriebs-Beraters, Heidelberg 1990 (zit: Bearbeiter, in: Hromadka, Änderung von Arbeitsbedingungen).

Hümmerich, Klaus/Reufels, Martin, Gestaltung von Arbeitsverträgen, 2. Auflage, Baden-Baden 2011 (zit: Bearbeiter, in: Hümmerich/Reufels).

Hümmerich, Klaus/Spirolke, Matthias, Das arbeitsrechtliche Mandat, 4. Auflage, Bonn 2007 (zit: Bearbeiter, in: Hümmerich/Spirolke).

Jacobs, Matthias/Krause, Rüdiger/Oetker, Hartmut, Tarifvertragsrecht, München 2007 (zit: Bearbeiter, in: JKO).

Jacobs, Matthias/Willemsen, Eva Maria, Arbeitsvertragliche Bezugnahmeklauseln im Wandel der Rechtsprechung, Jahrbuch des Arbeitsrechts, Berlin 2008, S. 47–71 (zit: Jacobs/Willemsen, JbArbR 2008).

Jacobs, Matthias/Krois, Christopher, Die Auflösung von Tarifkonkurrenzen – Abschied vom Spezialitätsprinzip, Arbeitsgerichtsbarkeit und Wissenschaft - Festschrift für Klaus Bepler zum 65. Geburtstag, München 2012, S. 241–254 (zit: Jacobs/Krois, in: FS Bepler, S.).

Jacobs, Matthias, Die arbeitsvertragliche Bezugnahme auf Tarifverträge bei Betriebsübergang – Festschrift für Rolf Birk zum siebzigsten Geburtstag, Tübingen 2008, S. 243–264 (zit: Jacobs, in: FS Birk, S.).

–, Tarifeinheit und Tarifkonkurrenz, Dissertation, Berlin 1999 (zit: Jacobs, Tarifeinheit und Tarifkonkurrenz, S.).

–, Entgeltmitbestimmung beim nicht (mehr) tarifgebundenen Arbeitgeber, Festschrift für Franz Jürgen Säcker zum 70. Geburtstag, München 2011, S. 201–217 (zit: Jacobs, in: FS Säcker, S.).

Kempen, Otto Ernst/Zachert, Ulrich, Tarifvertragsgesetz, 4. Auflage, Frankfurt a. M. 2008 (zit: Bearbeiter, in: Kempen/Zachert).

Kittner, Michael/Däubler, Wolfgang/Zwanziger, Bertram, Kündigungsschutzrecht, 8. Auflage, Frankfurt a.M. 2011 (zit: Bearbeiter, in: KDZ).

Koblitz, Tanja, Betriebsübergang in der Insolvenz, Dissertation, Berlin 2008 (zit: Koblitz, Betriebsübergang in der Insolvenz, S.).

Krause, Rüdiger, Arbeitsrecht, 2. Auflage 2011, Baden-Baden (zit: Krause, Arbeitsrecht).

Kreft, Burghard, Normative Fortgeltung von Betriebsvereinbarungen nach einem Betriebsübergang, Arbeitsrecht im sozialen Dialog - Festschrift für Hellmut Wissmann zum 65. Geburtstag, S. 347–364, München 2005 (zit: Kreft, in: FS Wissmann, S.).

–, Tarifliche Vergütungsordnung und betriebliche Entlohnungsgrundsätze, Festschrift für Peter Kreutz zum 70. Geburtstag, Köln 2010, S. 263–283 (zit: Kreft, in: FS Kreutz, S).

Kreutz, Peter, Normative Fortgeltung von Betriebsvereinbarungen nach einem Betriebsteilübergang, Festschrift 50 Jahre Bundesarbeitsgericht, München 2004, S. 993–1016 (zit: Kreutz, in: FS BAG, S.).

Krüger, Wolfgang, Münchener Kommentar zum Bürgerlichen Gesetzbuch, Band 2, Schuldrecht Allgemeiner Teil, §§ 241–432, 6. Auflage, München 2012 (zit: Bearbeiter, in: MüKo).

Krüger, Wolfgang/Westermann, Harm Peter, Münchener Kommentar zum Bürgerlichen Gesetzbuch, Band 3, Schuldrecht Besonderer Teil I, §§ 433–610, Finanzierungsleasing, HeizkostenV, BetriebskostenV, CISG, 6. Auflage, München 2012 (zit: Bearbeiter, in: MüKo).

Küttner, Wolfdieter, Personalbuch 2012, Arbeitsrecht, Lohnsteuerrecht, Sozialversicherungsrecht, 19. Auflage, München 2012 (zit: Bearbeiter, in: Küttner).

Lambrich, Thomas, Weitergeltung und Ablösung von Tarifverträgen nach Betriebsübergang, Tradition und Moderne – Schuldrecht und Arbeitsrecht nach der Schuldrechtsreform, Festschrift für Horst Ehmann zum 70. Geburtstag, Berlin 2005, S. 169–235 (zit: Lambrich, in: FS Ehmann, S.).

–, Tarif- und Betriebsautonomie, ein Beitrag zu den Voraussetzungen und Grenzen des Tarifvorbehalts, insbesondere dem Erfordernis der Tarifbindung des Arbeitgebers, Dissertation, Berlin, Trier, 1999, (zit: Lambrich, Tarif- und Betriebsautonomie, S.).

Langohr-Plato, Uwe, Betriebliche Altersversorgung, 2. Auflage, Recklinghausen 2002 (zit: Langohr-Plato, Abschn., Rdnr.).

Larenz, Karl/Canaris, Claus-Wilhelm, Methodenlehre der Rechtswissenschaft, 3. Auflage, Heidelberg 1995 (zit: Larenz/Canaris, Methodenlehre der Rechtswissenschaft).

Leinemann, Wolfgang, Kasseler Handbuch zum Arbeitsrecht, Band 2, 2. Auflage, Neuwied 2000 (zit: Bearbeiter, in: Leinemann).

Leitmeier, Lorenz, Funktionen und Unterschiede der Nachwirkung von Tarifverträgen und Betriebsvereinbarungen, Dissertation, Berlin 2010 (zit: Leitmeier, Nachwirkung von Tarifverträgen, S.).

Lieb, Manfred/Jacobs, Matthias, Arbeitsrecht, 9. Auflage, Heidelberg 2006 (zit: Lieb/Jacobs).

Löwisch, Manfred/Rieble, Volker, Tarifvertragsgesetz, 3. Auflage, München 2012 (zit: Löwisch/Rieble).

Löwisch, Manfred/Caspers, Georg/Klumpp, Steffen, Arbeitsrecht – Ein Studienbuch, 9. Auflage, München 2012 (zit: Bearbeiter, in: LCK, §, Rdnr.).

Löwisch, Manfred/Kaiser, Dagmar, Kommentar zum Betriebsverfassungsgesetz, 6. Auflage, Frankfurt a.M. 2010 (zit: Bearbeiter, in: Löwisch/Kaiser).

Mäckler, Franz-Josef, Das Günstigkeitsprinzip – Verzicht auf geldwerte Leistungen gegen Beschäftigungsgarantie?, Festschrift zum 50-jährigen Bestehen der Arbeitsgerichtsbarkeit in Rheinland-Pfalz, Neuwied 1999, S. 161–169 (zit: Mäckler, in: FS Arbeitsgerichtsbarkeit Rheinland-Pfalz, S.).

v. Mangoldt, Hermann/Klein, Friedrich/Starck, Christian, Kommentar zum Grundgesetz Band 1: Präambel, Artikel 1–19, 6. Auflage, München 2010 (zit: Bearbeiter, in: M/K/S, Band 1).

Maties, Martin, Die gegenläufige betriebliche Übung, Dissertation, Dortmund 2003 (zit: Maties, Die gegenläufige betriebliche Übung, S.).

Maunz, Theodor/Dürig, Günter, Grundgesetz-Kommentar, Band II Art. 6–15, 62. Ergänzungslieferung, München Mai 2011 (zit: Bearbeiter, in: Maunz/Dürig).

Mayer, Joachim, Veränderung und Angleichung tarifvertraglich geregelter Arbeitsbedingungen nach Betriebsübergang (§ 613a Abs. 1 S. 2–4), Dissertation, Tübingen 2001 (zit: Mayer, Arbeitsbedingungen, S.).

Medicus, Dieter/Lorenz, Stephan, Schuldrecht I Allgemeiner Teil, 19. Auflage, München 2010 (zit: Medicus/Lorenz).

Medicus, Dieter, Allgemeiner Teil des BGB, 10. Auflage, Heidelberg 2010 (zit: Medicus).

Meyer, Jürgen, Kommentar zur Charta der Grundrechte der Europäischen Union, 3. Auflage, Baden-Baden 2011 (zit: Bearbeiter, in: Meyer).

Meys, Tilman, Rechtsfortbildung extra legem im Arbeitsrecht – dargestellt anhand zentraler Entscheidungen des Bundesarbeits- und Bundesverfassungsgerichts, Dissertation, Frankfurt a.M. 2009 (zit: Meys, Rechtsfortbildung extra legem, S.).

Moll, Wilhelm., Münchener Anwaltshandbuch Arbeitsrecht, 3. Auflage, München 2012 (zit: Bearbeiter, in: MAA).

–, Der Tarifvorrang im Betriebsverfassungsgesetz – zur Abstimmung betrieblicher und tarifvertraglicher Regelungsmechanismen, Berlin 1980 (zit: Moll, Der Tarifvorrang).

Müller-Glöge, Rudi/Preis, Ulrich/Schmidt, Ingrid, Erfurter Kommentar zum Arbeitsrecht, 13. Auflage, München 2013 (zit: Bearbeiter, in: ErfK).

v. Münch, Ingo/Kunig, Philip, Grundgesetz-Kommentar Band 1 (Präambel bis Art. 19), 6. Auflage, München 2012 (zit: Bearbeiter, in: v. Münch/Kunig, Band 1)

Nägele, Stefan, EG-Arbeitsrecht in der deutschen Praxis 1. Auflage, Frankfurt a.M. 2007 (zit: Bearbeiter in: Nägele).

Nebel, Andreas, Die Normen des Betriebsverbandes am Beispiel der ablösenden Betriebsvereinbarung, Schriften zum Wirtschafts-, Arbeits- und Sozialrecht, Heidelberg/Bonn 1989 (zit: Nebel, Betriebsverband, S.).

Neuner, Jörg, Die Rechtsfindung contra legem, Dissertation, München 1992 (zit: Neuner, Rechtsfindung contra legem, S.).

Otto, Hansjörg, Arbeitsrecht, 4. Auflage, Berlin 2008 (zit: Otto, Arbeitsrecht).

Otto, Jan Christof, Arbeitsvertragliche Bezugnahmeklauseln und Änderungen der Tarifgeltung, Dissertation, Baden-Baden 2006 (zit: Otto, Bezugnahmeklauseln, S.).

Picker, Christian, Die betriebliche Übung, Dissertation, Tübingen 2011 (zit: Picker, Die betriebliche Übung, S.).

Picot, Gerhard/Schnitker, Elmar, Arbeitsrecht bei Unternehmenskauf und Restrukturierung, München 2001 (zit: Picot/Schnitker).

Precklein, Tizia-Berit, Prüfungsmaßstab bei der Änderungskündigung, Dissertation, Berlin 1995 (zit: Precklein, Änderungskündigung, S.).

Preis, Ulrich/Steffan, Ralf, Zum Schicksal kollektivrechtlicher Regelungen beim Betriebsübergang, Festschrift für Alfons Kraft zum 70. Geburtstag, Neuwied 1998, S. 477–493 (zit: Preis/Steffan, in: FS Kraft, S.).

Raisch, Peter, Juristische Methoden, Heidelberg 1995 (zit: Raisch, Juristische Methoden).

Raiser, Thomas/Veil, Rüdiger, Recht der Kapitalgesellschaften – ein Handbuch für Praxis und Wissenschaft, 5. Auflage, München 2010 (zit: Raiser/Veil).

Reichel, Christian/Schmandt, Ernst, Betriebliche Altersversorgung bei Unternehmenskauf und Unternehmensumstrukturierung, 1. Auflage, München 2006 (zit: Reichel/Schmandt, Abschn., Rdnr.).

Reichel, Michael E., Die arbeitsvertragliche Bezugnahme auf den Tarifvertrag, Dissertation, Köln 2001 (zit: Reichel, arbeitsvertragliche Bezugnahme, S.).

Reichold, Hermann, Betriebsverfassung als Sozialprivatrecht – Historisch-dogmatische Grundlagen von 1848 bis zur Gegenwart, Habilitation, München 1995 (zit: Reichold, Betriebsverfassung als Sozialprivatrecht, S., §).

–, Arbeitsrecht, Lernbuch nach Anspruchsgrundlagen, 4. Auflage München 2012 (zit: Reichold).

–, Entgeltmitbestimmung und „betriebliche Vergütungsordnung“ – Ein Lehrstück kollektiver Fremdbestimmung durch Richterrecht, Festschrift für Eduard Picker zum 70. Geburtstag, S. 1079–1093 (zit: Reichold, in: FS Picker, S.).

Richardi, Reinhard, Betriebsverfassungsgesetz mit Wahlordnung – Kommentar, 13. Auflage, München 2012 (zit.: Bearbeiter, in: Richardi).

–, Betriebsvereinbarung und Privatautonomie, Vortrag, gehalten vor der Berliner Juristischen Gesellschaft am 28.03.1973, Berlin 1973 (zit: Richardi, Betriebsvereinbarung und Privatautonomie).

Richardi, Reinhard/Wlotzke, Otfried/Wissmann, Hellmut/Oetker, Hartmut, Münchener Handbuch zum Arbeitsrecht, Band 1, Individualarbeitsrecht, Band 2 Kollektivarbeitsrecht/Sonderformen, 3. Auflage, München 2009 (zit: Bearbeiter, in: MHA, §).

Richardi, Reinhard/Bayreuther, Frank, Kollektives Arbeitsrecht – Lehrbuch, 2. Auflage, München 2012 (zit: Bearbeiter, in: Richardi/Bayreuther).

Rieble, Volker, Arbeitsmarkt und Wettbewerb: Der Schutz von Vertrags- und Wettbewerbsfreiheit, Habilitation, Berlin 1996 (zit: Rieble, Arbeitsmarkt und Wettbewerb, S., Rdnr.).

Röller, Jürgen/Wissmann, Tim, Tarifbindung und arbeitsvertragliche Bezugnahme, Personalrecht im Wandel – Arbeitsrecht, Lohnsteuerrecht, Sozialversicherungsrecht, Festschrift für Wolfdieter Küttner zum 70. Geburtstag, München 2006, S. 465–477 (zit: Röller/Wissman, in: FS Küttner, S.).

Rolfs, Christian/Giesen, Richard/Kreikebohm, Ralf/Udsching, Peter, Schwerpunktkommentar Arbeitsrecht, München 2008 (zit: Bearbeiter, in: RGKU).

Rücker, Ulrike, Die Betriebsbedingte Änderungskündigung zur Entgeltreduzierung, Dissertation, Berlin 2003 (zit: Rücker, betriebsbedingte Änderungskündigung, S.).

Sachs, Michael, Grundgesetz Kommentar, 6. Auflage, München 2011 (zit: Bearbeiter, in: Sachs).

Säcker, Franz Jürgen/Rixecker, Roland, Münchener Kommentar zum Bürgerlichen Gesetzbuch, Band 1, Allgemeiner Teil, §§ 1–240. ProstG, AGG, 6. Auflage München 2012 (zit: Bearbeiter, in: MüKo).

Schaub, Günter, Arbeitsrechtshandbuch – Systematische Darstellung und Nachschlagewerk für die Praxis, 14. Auflage, München 2011 (zit: Bearbeiter, in: Schaub).

Schiefer, Bernd, Fortgeltung kollektivrechtlicher Regelungen im Falle des Betriebsübergangs gem. § 613a BGB, Festschrift 50 Jahre Bundesarbeitsgericht, München 2004, S. 859–876 (zit: Schiefer, in: FS BAG, S.).

Schiek, Dagmar, Europäisches Arbeitsrecht, 3. Auflage, Oldenburg/Baden-Baden 2007 (zit: Schiek, Europäisches Arbeitsrecht, S.).

Schleusener, Aino/Suckow, Jens/Voigt, Burkhard, Kommentar zum AGG, 2. Auflage, Neuwied 2008 (zit: Bearbeiter, in: SSV).

Schliemann, Harald., Das Arbeitsrecht im BGB – Kommentar, 2. Auflage, Berlin, New York 2002 (zit: Bearbeiter, in: Schliemann).

Schmalz, Dieter, Methodenlehre für das juristische Studium, 4. Auflage, Baden-Baden 1998 (zit: Schmalz, Methodenlehre).

Schmitt-Rolfes, Günter, Die Überleitung von Tarifnormen beim Betriebsübergang, Festschrift für Herbert Buchner zum 70. Geburtstag, München 2009, S. 818–826 (zit: Schmitt-Rolfes, in: FS Buchner, S.).

Schoden, Michael, Betriebliche Altersversorgung, Kommentar für die Praxis, 2. Auflage Frankfurt a.M. 2000 (zit: Schoden, Rdnr.).

Schumacher-Mohr, Marion, Der Tarifwechsel als Mittel zur Flexibilisierung von Arbeitsbedingungen – Ein Beitrag zur Tarifgeltung in Fällen des Betriebsübergangs, Gedächtnisschrift für Meinhard Heinze, München 2005, S. 843–856 (zit: Schumacher-Mohr, in: GS Heinze, S.).

Schwab, Norbert/Weth, Stephan, Arbeitsgerichtsgesetz Kommentar, 3. Auflage, Köln 2011 (zit: Bearbeiter, in: Schwab/Weth).

Schwab, Stefan, Auslegung und Inhaltskontrolle arbeitsvertraglicher Bezugnahmen auf Tarifverträge, Dissertation, Frankfurt a.M. 2007 (zit: Schwab, arbeitsvertragliche Bezugnahmen, S.).

Seibt, Christoph H., Beck'sches Formularbuch Mergers & Acquistions, München 2008 (zit: Bearbeiter, in: Seibt, Mergers & Acquisitions).

Seiter, Hugo, Betriebsinhaberwechsel, Arbeitsrechtliche Auswirkungen eines Betriebsübergangs unter besonderer Berücksichtigung des § 613a BGB i.d.F. vom 13.08.1980, Schriften zur Arbeitsrechts-Blattei Band 9, Stuttgart 1980 (zit: Seiter, Betriebsinhaberwechsel).

Sieg, Rainer/Maschmann, Frank, Unternehmensumstrukturierung aus arbeitsrechtlicher Sicht, 2. Auflage, München 2010 (zit: Sieg/Maschmann).

Simon, Werner, § 613a BGB als Wirtschaftsbremse?, Arbeitsrecht und Arbeitsgerichtsbarkeit, Festschrift zum 50-jährigen Bestehen der Arbeitsgerichtsbarkeit in Rheinland-Pfalz, Neuwied 1999, S. 161–169 (zit: Simon, in: FS Arbeitsgerichtsbarkeit Rheinland-Pfalz, S.).

Skuderis, Antje, Die Weitergeltung von Tarifverträgen bei Betriebsübergängen nach §§ 613a Abs. 1 Satz 2–4 BGB, Dissertation, Frankfurt a.M. 1999 (zit: Skuderis, Weitergeltung, S.).

Stahlhacke, Eugen/Preis, Ulrich/Vossen, Reinhard, Kündigung und Kündigungsschutz im Arbeitsverhältnis, 10. Auflage, München 2010 (zit: Bearbeiter, in: SPV).

v. Staudinger, Julius, Kommentar zum Bürgerlichen Gesetzbuch mit Einführungsgesetz und Nebengesetzen, Buch 2, Recht der Schuldverhältnisse §§ 611–613 (Dienstvertragsrecht 1), Neubearbeitung, Berlin 2011 (zit: Bearbeiter in: v. Staudinger).

v. Staudinger, Julius, Kommentar zum Bürgerlichen Gesetzbuch mit Einführungsgesetz und Nebengesetzen, Buch 2, Recht der Schuldverhältnisse §§ 613a–619 (Dienstvertragsrecht 2), Neubearbeitung Berlin 2011 (zit: Bearbeiter, in: v. Staudinger).

v. Staudinger, Julius, Kommentar zum Bürgerlichen Gesetzbuch mit Einführungsgesetz und Nebengesetzen, Buch 2, Recht der Schuldverhältnisse §§ 535–562d (Mietrecht 1), Neubearbeitung Berlin 2011 (zit: Bearbeiter, in: v. Staudinger).

v. Staudinger, Julius, Kommentar zum Bürgerlichen Gesetzbuch mit Einführungsgesetz und Nebengesetzen, Buch 1, Allgemeiner Teil §§ 90–124, §§ 130–133 (Allgemeiner Teil 3), Neubearbeitung Berlin 2012 (zit: Bearbeiter, in: v. Staudinger).

Stoffels, Markus, Die einseitige Änderung der Entgeltbedingungen durch den Arbeitgeber, Festschrift für Wolfgang Hromadka zum 70. Geburtstag, München 2008, S. 463–478 (zit: Stoffels, in: FS Hromadka, S.).

–, AGB-Recht, 1. Auflage, München 2003 (zit: Stoffels, AGB-Recht).

Teschner, Carsten, Firmentarifvertrag und Unternehmensumstrukturierung, Dissertation, Frankfurt a.M. 2002 (zit: Teschner, Firmentarifvertrag und Unternehmensumstrukturierung, S.).

Tettinger, Peter/Stern, Klaus, Kölner Gemeinschaftskommentar zur Europäischen Grundrechte-Charta, München 2006 (zit: Bearbeiter, in: GK zur EGC).

Thüsing, Gregor/Braun, Axel, Tarifrecht Handbuch, München 2011 (zit: Bearbeiter, in: Thüsing/Braun, Kap., Rdnr.).

Thüsing, Gregor, Europäisches Arbeitsrecht, 2. Auflage, München 2011 (zit: Thüsing).

–, AGB-Kontrolle im Arbeitsrecht, 1. Auflage, München 2007 (zit: Thüsing, AGB-Kontrolle).

Tschöpe, Ulrich, Anwalts-Handbuch Arbeitsrecht, 2. Auflage, Köln 2000 (zit: Bearbeiter, in: Tschöpe).

Umbach, Torsten, Rechtsfragen des Anerkennungstarifvertrages, Dissertation, Jena/Berlin 2004 (zit: Umbach, Anerkennungstarifvertrag, S.).

Unfried, Tobias A., Betriebsübergang und Sanierung in der Insolvenz, Dissertation, Bayreuth 2007 (zit: Unfried, Betriebsübergang und Sanierung, S.).

Waas, Bernd, Tarifvertrag und Betriebsübergang – Die Fortgeltung tarifvertraglicher Regelungen im Fall des Betriebsübergangs gem. § 613a Abs. 1 S. 2–4 BGB, 1. Auflage, Baden-Baden 1999 (zit: Waas, Tarifvertrag und Betriebsübergang).

Waltermann, Raimund, Rechtsetzung durch Betriebsvereinbarung zwischen Privatautonomie und Tarifautonomie, Habilitation, Tübingen 1996 (zit: Waltermann, Betriebsvereinbarung, S.).

–, Lehrbuch zum Arbeitsrecht, 16. Auflage, München 2012 (zit: Waltermann).
Wedde, Peter, Arbeitsrecht – Kompaktkommentar zum Individualarbeitsrecht mit kollektivrechtlichen Bezügen, Frankfurt a.M. 2009 (zit: Bearbeiter, in. Wedde).
Weiler, Joseph, The Constitution Of Europe, Cambridge 1999 (zit: Weiler, The Constitution).
Wendeling-Schröder, Ulrike/Stein, Axel, Kommentar zum AGG, München 2008 (zit: Bearbeiter, in: Wendeling-Schröder/Stein).
Westermann, Harm Peter, Erman, Bürgerliches Gesetzbuch Handkommentar Band I, 13. Auflage, Köln 2011 (zit: Bearbeiter, in: Erman).
Wiedemann, Herbert, Tarifvertragsgesetz – Kommentar, 7. Auflage, München 2007 (zit: Bearbeiter, in: Wiedemann).
Wiese, Günther/Kreutz, Peter/Oetker, Hartmut/Raab, Thomas/Weber, Christoph/ Franzen, Martin, Betriebsverfassungsgesetz Gemeinschaftskommentar, Band II: §§ 74–132 mit Wahlordnungen, 9. Auflage, Neuwied 2010 (zit: Bearbeiter, in: GK).
Willemsen, Eva-Maria, Die arbeitsvertragliche Bezugnahme auf den Tarifvertrag bei Tarifwechsel, Dissertation, Berlin 2009 (zit: Willemsen, Bezugnahme auf Tarifvertrag, S.).
Willemsen, Heinz Josef/Hohenstatt, Klaus Stefan/Schnitker, Elmar/Schweibert, Ulrike/Seibt, Christoph H., Umstrukturierung und Übertragung von Unternehmen – Arbeitsrechtliches Handbuch, 4. Auflage, München 2011 (zit: Bearbeiter, in: WHSSS).
Witt, Alexander, Der Firmentarifvertrag: Verfassungs-, tarif- und arbeitskampfrechtliche Grundprobleme, Dissertation, Berlin 2003 (zit: Witt, Grundprobleme Firmentarifvertrag, S.).
Wolf, Manfred/Neuner, Jörg, Allgemeiner Teil des Bürgerlichen Rechts, 10. Auflage, München 2012 (zit: Wolf/Neuner).
Wörlen, Rainer/Kokemoor, Axel, Arbeitsrecht, 10. Auflage, München 2011 (zit: Wörlen/Kolkemoor).
Zöllner, Wolfgang/Loritz, Karl-Georg/Hergenröder, Curt Wolfgang, Lehrbuch zum Arbeitsrecht, 6. Auflage, München 2008 (zit: Bearbeiter, in: ZLH).

Zeitschriftenbeiträge

Annuß, Georg, Bezugnahmeklausel bei Betriebsübergang, RdA 2000, S. 179–182, Anmerkung zu BAG v. 04.08.1999 – 5 AZR 642/98.
–, Tarifbindung durch arbeitsvertragliche Bezugnahme?, ZfA 2005, S. 405–457.

–, Die einzelvertragliche Bezugnahme auf Tarifverträge, BB 1999, S. 2558–2561
Bauer, Jobst-Hubertus/v. Medem, Andreas, Betriebsübergang: Beschränkt kollektivrechtliche Fortgeltung nach § 613a Abs.1 Satz 2 BGB, DB 2010, S. 2560–2564.
Bauer, Jobst-Hubertus/Diller, Martin, Flucht aus Tarifverträgen, DB 1993, S. 1085–1090.
Bauer, Jobst-Hubertus/Haussmann, Katrin, Tarifwechsel durch Branchenwechsel, DB 2003, S. 610–614.
Bauer, Jobst-Hubertus/Günter, Jens, Bezugnahmeklauseln bei Verbandswechsel und Betriebsübergang – Ein Irrgarten?, NZA 2008, S. 6–12.
–, Änderung der betrieblichen Lohnstruktur – rechtliche und personalpolitische Probleme, DB 2009, S. 620–625.
Bauer, Thorsten/Meinel, Gernod, Vereinheitlichung der Arbeitsbedingungen im Betrieb – Individualrechtliche Lösung statt Grundsatz der Tarifeinheit, NZA 2000, S. 181–188.
Bauschke, Hans-Joachim, Zur Problematik tariflicher Bezugnahmeklauseln, ZTR 1993, S. 416–418.
Bayreuther, Frank, „Hinauskündigung" von Bezugnahmeklauseln im Arbeitsvertrag, DB 2007, S. 166–168.
–, Tarifpluralitäten und –konkurrenzen im Betrieb – zur Zukunft des Grundsatzes der Tarifeinheit, NZA 2007, S. 187–191.
–, Generelle Verpflichtung zur Aufnahme von Bezugnahmeklauseln durch betriebliche Mitbestimmung bei nachwirkenden (transformierten) Tarifverträgen?, BB 2010, S. 2177–2180.
Becker, Regine, Änderung einer betrieblichen Übung, BB 2000, S. 2095–2098.
Belling, Detlev W./Hartmann, Christian, Die Unzumutbarkeit als Begrenzung der Bindung an den Tarifvertrag, ZfA 1997, S. 87–144.
Bengelsdorf, Peter, Tarifliche Arbeitszeitbestimmungen und Günstigkeitsprinzip, ZfA 1990, S. 563–606.
Bepler, Klaus, Tarifverträge im Betriebsübergang, RdA 2009, S. 65–76.
–, Tarifeinheit im Betrieb – eine Skizze der bisherigen Rechtsprechung, NZA Beilage 3/2010, S. 99–104.
Berkowsky, Wilfried, Möglichkeiten und Grenzen der Änderungskündigung, NZA Beilage 2/2010, S. 50–60.
Binkert, Gerhard, Konzeptionelle Probleme bei arbeitsrechtlichen Teilreformen, JZ 1979, S. 747–752.
Blomeyer, Wolfgang, Das Günstigkeitsprinzip in der Betriebsverfassung, NZA 1996, S. 337–346.

Börstinghaus, Ulf, Vermieterwechsel kraft Gesetzes – Fallstricke in wirtschaftlich schwerer Zeit, NZM 2004, S. 481–490.

Buchner, Herbert. Die Reichweite der Regelungssperre aus § 77 Abs. 3 S. 1 BetrVG, DB 1997, S. 573–577.

–, Der Unterlassungsanspruch der Gewerkschaft – Stabilisierung oder Ende des Verbandstarifvertrages?, NZA 1999, S. 897–902.

Clemenz, Susanne, Arbeitsvertragliche Bezugnahme auf Tarifverträge – ein Paradigmenwechsel mit offenen Fragen, NZA 2007, S. 769–773.

Danne, Harald, Arbeitsvertragliche Verweisung auf Tarifvertrag bei Verbandswechsel des Arbeitgebers, SAE 3/1998, S. 107–116.

Däubler, Wolfgang., Tarifausstieg – Erscheinungsformen und Rechtsfolgen, NZA 1996, S. 225–234.

–, Dynamische Verweisung in Firmentarifvertrag auf Flächentarifverträge vor Betriebsübergang, RdA 2002, S. 299–306, Anmerkung zu BAG v. 29.08.2001 – 4 AZR 332/00.

–, Aktuelle Fragen der AGB-Kontrolle im Arbeitsrecht – Bezugnahme auf Tarifverträge, salvatorische Klausel, Schriftform, Altersgrenze, NZA Beilage 3/2006, S. 133–138.

–, Tarifflucht – eine aussichtsreiche Strategie zur Reduzierung von Lohnkosten?, ZTR 1994, S. 448–455.

Dauner-Lieb, Barbara, Nachwirkung eines Tarifvertrags – Verbandsaustritt – Tarifpluralität, SAE 2/1999, S. 41–51.

Diekmann, Sabine/Rieder, Marcus A., Wirksamkeit von Widerrufsvorbehalten in Formulararbeitsverträgen bei der Gewährung freiwilliger Leistungen, DB 2005, S. 722–727.

Dietz, Rolf, Die Betriebsvereinbarung im heutigen Arbeitsrecht, RdA 1949, S. 161–166.

Döring, René/Grau, Timon, Überkreuz mit der Überkreuzablösung – Kein Vorrang von Betriebsvereinbarungen gegenüber „transformierten" tariflichen Ansprüchen beim Betriebsübergang, BB 2009, S. 158–164.

Dzida, Boris/Wagner, Tobias, Vertragsänderungen nach Betriebsübergang, NZA 2008, S. 571–574.

Ehmann, Horst/Lambrich, Thomas, Vorrang der Betriebs- vor der Tarifautonomie kraft des Subsidiaritätsprinzips, NZA 1996, S. 346–356.

Ehmann, Horst/Schmidt, Thomas Benedikt, Betriebsvereinbarungen und Tarifverträge, NZA 1995, S. 193–203.

Feudner, Bernd, Ablösung kollektivrechtlicher Regelungen bei Betriebsübergang, DB 2001, S. 1250–1253.

Franzen, Martin, Das Ende der Tarifeinheit und die Folgen, RdA 2008, S. 193–205.

Freckmann, Anke/Wörz, Silvia, Harmonisierung der tariflichen Arbeitsbedingungen beim Betriebsübergang noch möglich?, BB 2013, S. 2549–2553.

Frieges, Holger, Wegfall der Tarifbindung und einzelvertragliche Inbezugnahme von Tarifverträgen, DB 1996, S. 1281–1283.

Fuhlrott, Michael/Salamon, Erwin, Vermeidungsstrategien und Gestaltungsmöglichkeiten bei Betriebsübergängen, BB 2012, S. 1793–1798.

Fuhlrott, Michael/Chwalisz, Patrizia, Transfergesellschaft und Betriebsübergang, FA 2011, S. 38–41.

Fuhlrott, Michael, Zwischengeschaltete Transfergesellschaften zur Vermeidung von Betriebsübergängen, NZA 2012, S. 549–553.

–, Einzelvertragliche Bezugnahmeklausel beim Übergang des Arbeitsverhältnisses auf nicht tarifgebundene Arbeitgeber, BB 2000, S. 1086–1088, Anmerkung zu BAG v. 04.08.1999 – 5 AZR 642/98.

Gaul, Björn., Bezugnahmeklauseln – zwischen Inhaltskontrolle und Nachweisgesetz, ZfA 2003, S. 75–101.

Gaul Björn/Kühnreich, Mathias, Änderung von Versorgungszusagen nach Betriebsübergang bzw. Umwandlung, NZA 2002, S. 495–499.

Gaul, Björn/Naumann, Eva, Gestaltungsrisiken bei der arbeitsvertraglichen Bezugnahme auf Tarifverträge, DB 2007, S. 2594–2598.

Giesen, Richard, Bezugnahmeklauseln – Auslegung, Formulierung und Änderung, NZA 2006, S. 625–632.

–, Tarifeinheit im Betrieb, NZA 2009, S. 11–18.

Grau, Timon/Sittard, Ulrich, „Sanierungstarifvertrag gilt grundsätzlich auch nach einem Betriebsübergang weiter“, BB 2010, S. 1093–1095, Anmerkung zu BAG v. 26.08.2009 – 4 AZR 280/08.

Greiner, Stefan, Der „unechte Tarifwechsel“ – Zu den Wirkungen kleiner dynamischer Bezugnahmeklauseln bei Tarifwechsel, Tarifsukzession und Tarifrestrukturierung, NZA 2009, S. 877–883.

Gussen, Heinrich, Nochmals: Individualrechtliche Bezugnahme auf Tarifverträge, FA 2001, S. 201–205.

Gutzeit, Martin, Verbandsaustritt – Ende der Nachbindung – Tarifänderung, SAE 3/2003, S. 112–117, Anmerkung zu BAG v. 07.11.2001 – 4 AZR 703/00.

Hanau, Peter, Der Tarifvertrag in der Krise, RdA 1998, S. 65–71.

–, Neueste Rechtsprechung zum flexiblen Arbeitsverhältnis: Erfurter Allerlei oder neues Rezept?, ZIP 2005, S. 1661–1667.

–, Die Rechtsprechung des BAG zur arbeitsvertraglichen Bezugnahme auf Tarifverträge, NZA 2005, S. 489–494.

–, Ankündigung einer Änderung der Rechtsprechung zur Auslegung einer einzelvertraglichen Bezugnahme auf Tarifverträge, RdA 2007, S. 180–182.

Hanau, Peter/Hromadka, Wolfgang, Richterliche Kontrolle flexibler Entgeltregelungen in Allgemeinen Arbeitsbedingungen, NZA 2005, S. 73–78.

Haussmann, Katrin, Bezugnahme auf Tarifvertrag und Branchenwechsel-Betriebsübergang: Tarifwechsel nur bei kongruenter Tarifgebundenheit, DB 2001, S. 1839–1840.

Heinze, Meinhard, Regelungsabrede, Betriebsvereinbarung und Spruch der Einigungsstelle – Zustandekommen und Rechtswirkungen betrieblicher Regelungen, NZA 1994, S. 580–586.

–, Arbeitsrechtliche Probleme bei der Umstrukturierung von Unternehmen, DB 1998, S. 1861–1867.

–, Firmentarifverträge und unternehmensbezogene Verbandstarifverträge als Instrumente einer „flexiblen", betriebsnahen Tarifpolitik, ZfA 1998, S. 517–542.

–, Aktuelle Rechtsprobleme des Betriebsübergangs, NZA 1994, S. 913–924.

Herbert, Manfred/Oberrath, Jörg-Dieter, Die soziale Rechtfertigung der betriebsbedingten Änderungskündigung, NJW 2008, S. 3177–3182.

Hey, Felix Christopher, Wegfall der Geschäftsgrundlage bei Tarifverträgen, ZfA 2002, S. 275–294.

Hirinda, Ralph, Wirksamkeitsvoraussetzungen für betriebsbedingte Kündigungen – Ein dringend angezeigter Paradigmenwechsel, ZRP 2009, S. 225–228.

Hohenstatt, Klaus Stefan, Die Fortgeltung von Tarifnormen nach § 613a I 2 BGB, NZA 2010, S. 23–26.

Hohenstatt, Klaus Stefan/Kuhnke, Michael, Die arbeitsvertragliche Bezugnahme auf Tarifverträge beim Betriebs(teil)übergang, RdA 2009, S. 107–111.

Hohenstatt, Klaus Stefan/Schramm, Nils, Vertragsregelungen beim Unternehmenskauf als Zusagen zu Gunsten der Belegschaft, NZA 2006, S. 251–254.

Höpfner, Clemens, Vertrauensschutz bei Änderung der Rechtsprechung zu arbeitsvertraglichen Bezugnahmeklauseln, NZA 2008, S. 91–95.

Houben, Christian-Armand, Wie dynamisch sind dynamische Verweisungsklauseln? – Neues aus Luxemburg und Erfurt, SAE 2007, S. 109–114.

v. Hoyningen-Huene, Gerrick/Meier-Krenz, Ulrich, Mitbestimmung trotz Tarifvertrages? Tarifvorbehalt und Tarifvorrang in § 77 III BetrVG, NZA 1987, S. 793–799.

v. Hoyningen-Huene, Gerrick, Die Inhaltskontrolle von Betriebsvereinbarungen der betrieblichen Altersversorgung, BB 1992, S. 1614–1616.

Hromadka, Wolfgang, Möglichkeiten und Grenzen der Änderungskündigung, NZA 1996, S. 1–15.

–, Die betriebliche Übung: Vertrauensschutz im Gewande eines Vertrages, NZA 2011, S. 65–70.

Hunold, Wolf, Aktuelle Rechtsprechung zu zentralen Fragen des Betriebsübergangsrechts, NZA-RR 6/2010, S. 281–288.

Jacobs, Matthias, Fortgeltung und Änderung von Tarif- und Arbeitsbedingungen bei der Umstrukturierung von Unternehmen, NZA Beilage 1/2009, S. 45–54.

–, Tarifpluralität statt Tarifeinheit, NZA 2008, S. 325–333.

–, Bezugnahmeklauseln als Stolpersteine beim Betriebsübergang, BB 2011, S. 2037–2042.

Jordan, Christopher/Bissels, Alexander, Gilt „der jeweils anwendbare Tarifvertrag in der jeweils gültigen Fassung" noch?, NZA 2010, S. 71–75.

Jung, Eberhard, Die Weitergeltung kollektivvertraglicher Regelungen (Tarifverträge, Betriebsvereinbarungen) bei einem Betriebsinhaberwechsel, RdA 1981, S. 360–364.

Junker, Abbo, Der Flächentarifvertrag im Spannungsverhältnis von Tarifautonomie und betrieblicher Regelung, ZfA 1996, S. 383–417.

Kamanabrou, Sudabeh, Tarifbindung beim Betriebsübergang, SAE 1/2002, S. 19–32, Anmerkung zu BAG v. 21.02.2001 – 4 AZR 18/00.

Kania, Thomas, Tarifbindung bei Ausgliederung und Aufspaltung eines Betriebs, DB 1995, S. 625–631.

–, Tarifpluralität und Industrieverbandsprinzip, DB 1996, S. 1921–1924.

–, Tarifeinheit bei Betriebsübergang?, DB 1994, S. 529–534.

Käppler, Renate, Tarifvertragliche Regelungsmacht, NZA 1991, S. 745– 754.

Kempen, Otto Ernst, Betriebsübergang und Tarifvertrag, BB 1991, S. 2006–2011.

ders., Aktuelles zur Tarifpluralität und Tarifkonkurrenz, NZA 2003, S. 415–421.

Kemper, Kurt, Rechtsfragen beim Zusammentreffen unterschiedlicher Versorgungsregelungen anlässlich eines Betriebsübergangs, BetrAV 1990, S. 7–12.

Kissel, Otto Rudolf, Kollektive Arbeitsbedingungen im Spannungsfeld zwischen Tarif- und Betriebsautonomie, NZA 1995, S. 1–5.

Klebeck, Ulf, Unklarheiten bei arbeitsvertraglicher Bezugnahmeklausel, NZA 2006, S. 15–21.

Kleinebrink, Wolfgang, Austritt aus dem Arbeitgeberverband – Folgen und Handlungsvarianten, ArbRB 2004, S. 22–25.

Konzen, Horst, Die Kodifikation der Tarifeinheit im Betrieb, JZ 2010, S. 1036–1046.

–, Die Tarifautonomie zwischen Akzeptanz und Kritik, NZA 1995, S. 913–920.

Körner, Marita, Zum Verständnis des tarifvertraglichen Günstigkeitsprinzips, RdA 2000, S. 140–147.

Kort, Michael, Rechtsfolgen einer wegen Verstoßes gegen § 77 III BetrVG (teil-) unwirksamen Betriebsvereinbarung, NZA 2005, S. 620–622.

–, Reformbedarf bei der betriebsverfassungsrechtlichen Mitbestimmung in Fällen von Strukturveränderungen in Betrieb und Unternehmen?, ZfA 2000, S. 329–375.

Kraft, Alfons, Tarifkonkurrenz, Tarifpluralität und das Prinzip der Tarifeinheit, RdA 1992, S. 161–169.

Krause, Rüdiger, Die Änderungskündigung zum Zweck der Entgeltreduzierung, DB 1995, S. 574–579.

Lehmann, Friedrich-Wilhelm, Tarifwechsel in Recht und Praxis – Teil I, BB 2008, S. 1618–1627.

Lesch, Hagen, Dezentralisierung der Tarifpolitik und Reform des Tarifrechts, DB 2000, S. 322–326.

Lieb, Manfred, Mehr Flexibilität im Tarifvertragsrecht? „Moderne" Tendenzen auf dem Prüfstand, NZA 1994, S. 337–342.

Lindemann, Achim/Simon, Oliver, Ablösung und Bestandsschutz von Altersversorgungsregelungen beim Betriebsübergang, BB 2003, S. 2510–2517.

Linsenmaier, Wolfgang, Normsetzung der Betriebsparteien und Individualrechte der Arbeitnehmer, RdA 2008, S. 1–13.

Lipinski, Wolfgang, Reichweite der Kündigungskontrolle durch § 613a Abs. IV 1 BGB, NZA 2002, S. 75–81.

Lobinger, Thomas, Systemdenken im Betriebsverfassungsrecht, RdA 2011, S. 76–92.

Lorenz, Martin, Gesetz über die Gleichbehandlung von Männern und Frauen am Arbeitsplatz und über die Erhaltung von Ansprüchen bei Betriebsübergang, DB 1980, S. 1745–1748.

Löwisch, Manfred Tarifeinheit – Was kann und soll der Gesetzgeber tun?, RdA 2010, S. 263–267.

–, Die Änderung von Arbeitsbedingungen auf individualrechtlichem Wege, insbesondere durch Änderungskündigung, NZA 1988, S. 633–644.

v. Medem, Andreas, Die so genannte Transformation tariflicher Normen nach § 613a Abs. 1 S. 2 BGB, ArbRAktuell 2011, S. 372–375.

Meinel, Gernod/Herms, Sascha, Änderung der BAG-Rechtsprechung zu Bezugnahmeklauseln in Arbeitsverträgen, DB 2006, S. 1429–1433.

Melms, Christopher, Tarifwechsel und ver.di, NZA 2002, S. 296–301.

Melot de Beauregard, Paul, Fluch und Segen arbeitsvertraglicher Verweisungen auf Tarifverträge, NJW 2006, S. 2522–2525.

Meyer, Cord, Betriebsübergang: Neues zur Transformation gem. § 613a Abs. 1 Satz 2 BGB, DB 2010, S. 1404–1406.
–, Modifikation von Tarifrecht durch Betriebsvereinbarungen beim Betriebsübergang, NZA 2001, S. 751–755.
–, Arbeitsvertragsänderungen bei Betriebsübergang, NZA 2002, S. 246–255.
–, Vertragsänderungen bei Betriebsübergang – insbesondere auch nach § 613a Abs. 1 Satz 4 zweite Alternative BGB, SAE 03/2009, S. 110–118, Anmerkung zu BAG v. 07.11.2007 – 5 AZR 1007/06.
Moll, Wilhelm, Kollektivvertragliche Arbeitsbedingungen nach einem Betriebsübergang, RdA 1996, S. 275–286.
–, Fortgeltung von Tarifverträgen nach Betriebsübergang, RdA 2007, S. 47–53.
–, Die Rechtsstellung eines Arbeitnehmers nach einem Betriebsübergang, NJW 1993, S. 2016–2023.
Möller, Reinhard, Gleichstellungsrechtsprechung „Der Anfang vom Ende?“, NZA 2006, S. 579–583.
Mückl, Patrick/Krings, Hannah, Effektive Beendigung der Tarifbindung in der Insolvenz, BB 2012, S. 769–773.
Müller-Bonanni, Thomas/Mehrens, Christian, Sicherung der kollektiven Tarifgeltung nach Betriebsübergang, NZA 2012, S. 195–197.
–, Ablösung einer tariflichen Vergütungsordnung – Betriebsübergang, NZA 2012, S. 1194–1198.
Nebeling, Martin/Miller, Anemone, Die materielle Richtigkeitsgewähr des Tarifvertrages im Lichte der Haftungsfalle des § 15 Abs. 3 AGG, RdA 2007, S. 289–295.
Nebeling, Martin/Arntzen, Marina, Das Günstigkeitsprinzip – Der Tarifvertrag als Gesamtwerk, NZA 2011, S. 1215–1217.
Nicolai, Andrea, EuGH bestätigt statische Weitergeltung von Tarifnormen nach Betriebsübergang, DB 2006, S. 670–673.
Oetker, Hartmut, Die Kündigung von Tarifverträgen, RdA 1996, S. 82–103.
Olbertz, Klaus, Gleichstellungsabrede – Gestaltungsmöglichkeiten und –notwendigkeiten für die betriebliche Praxis, BB 2007, S. 2737–2742.
Picker, Eduard, Tarifautonomie, Betriebsautonomie, Privatautonomie, NZA 2002, S. 761–772.
Pils, Michael Johannes, Umgehung von § 613a BGB durch Einsatz einer Transfergesellschaft – Erneuter Prüfstand der Transfergesellschaft?, NZA 2013, S. 125–130.
Prange, Kerstin, Tarifverträge im Lichte des § 613a BGB, NZA 2002, S. 817–823.
Preis, Ulrich/Greiner, Stefan, Vertragsgestaltung bei Bezugnahmeklauseln nach der Rechtsprechungsänderung des BAG, NZA 2007, S. 1073–1079.

Preis, Ulrich, Autonome Unternehmerentscheidung und „dringendes betriebliches Erfordernis“, NZA 1995, S. 241–250.

Raab, Thomas, Betriebliche Bündnisse für Arbeit – Königsweg aus der Beschäftigungskrise?, ZfA 2004, S. 371–403.

Reichel, Christian/Böhm, Verena, Überkreuz-Ablösung kollektivrechtlich begründeter Pensionszusagen bei einem Betriebsübergang, BetrAV 2008, S. 359–363.

Reichold, Hermann, Betriebsübergang – Ablösung einer Betriebsvereinbarung – Kürzung einer Jahressonderzahlung, SAE 7/2002, S. 263–271, Anmerkung zu BAG v. 14.08.2001 – 1 AZR 619/00.

–, Grundlagen und Grenzen der Flexibilisierung im Arbeitsvertrag, RdA 2002, S. 321–333.

–, Abschied von der Tarifeinheit im Betrieb und die Folgen, RdA 2007, S. 321–328.

–, zur Fortgeltung von Tarifverträgen gemäß der Betriebsübergangsrichtlinie 77/187 EWG, JZ 2006, S. 725–727.

Reinecke, Gerhard, Vertragliche Bezugnahme auf Tarifverträge in der neuen Rechtsprechung des Bundesarbeitsgerichts, BB 2006, S. 2637–2645.

Reinhard, Barbara, Gründung einer Transfergesellschaft im Zusammenhang mit einem Betriebsübergang, ArbRB 2010, S. 184–187.

Reiserer, Kerstin/Powietzka, Arnim, Änderungskündigung zur Entgeltsenkung, BB 2006, S. 1109–1115.

Reuter, Dieter, Das Verhältnis von Individualautonomie, Betriebsautonomie und Tarifautonomie, RdA 1991, S. 193–204.

–, Betriebsverfassung und Tarifvertrag, RdA 1994, S. 152–169.

Rinck, Ursula, Kollision von fortwirkenden Tarifnormen und Bezugnahmeklauseln und Betriebsübergang, RdA 2010, S. 216–225.

Röder, Gerhard, Die Fortgeltung von Kollektivnormen bei Betriebsübergang gem. § 613a BGB i.d.F. vom 13.08.1980, DB 1981, S. 1980–1983.

Röder, Gerhard/Krieger, Steffen, Arbeitnehmerüberlassung: Kein Ausweg aus der equal-pay-Falle?, DB 2006, S. 2122–2125.

Roeder, Jan-Jacob, Zweierlei Maß oder das Ende der gegenläufigen betrieblichen Übung, NZA 2009, S. 883–887.

Ruffert, Matthias, Schlüsselfragen der Europäischen Verfassung der Zukunft – Grundrechte, Institutionen, Kompetenzen, Ratifizierung, EuR 2004, S. 165–201.

Säcker, Franz Jürgen/Oetker, Hartmut, Tarifeinheit im Betrieb – ein Akt unzulässiger richterlicher Rechtsfortbildung?, ZfA 1993, S. 1–21.

Sagan, Adam, Die kollektive Fortgeltung von Tarifverträgen und Betriebsvereinbarungen nach § 613a Abs. 1 Sätze 2–4 BGB, RdA 2011, S. 163–173.

–, Das Verschlechterungsverbot bei der Ablösung von Kollektivverträgen nach einem Betriebsübergang, EuZA 2012, S. 247–256.

Salamon, Erwin, Die Konzernbetriebsvereinbarung beim Betriebsübergang, NZA 2009, S. 471–475.

Schaub, Günter, Die Beendigung von Betriebsvereinbarungen, BB 1995, S. 1639–1642.

–, Aktuelle Fragen des Tarifvertragsrechts, BB 1995, S. 2003–2006.

Schiefer, Bernd, Tarifvertragswechsel beim Betriebsübergang – neue Möglichkeiten, DB 2003, S. 390–393.

–, Rechtsfolgen des Betriebsübergangs nach § 613a BGB, NJW 1998, S. 1817–1827.

Schiefer, Bernd/Pogge, Beate, Betriebsübergang und dessen Folgen – Tatbestandsvoraussetzungen des § 613a BGB und Fortgeltung kollektiv-rechtlicher Regelungen, NJW 2003, S. 3734–3741.

Schiefer, Bernd/Hartmann, Henning, Aktuelle Entwicklungen: Outsourcing, Betriebsübergang, Auftragsvergabe und Umstrukturierung, BB 2012, S. 1985–1991.

Schipp, Johannes, Arbeitsrechtliche Probleme bei der Privatisierung öffentlicher Einrichtungen, NZA 1994, S. 865–871.

Schleif, Elmar, Maßgebendes Tarifrecht bei Branchenwechsel nach Betriebsübergang, ZTR 2011, S. 207–209.

Schliemann, Harald, Arbeitsvertragliche Verweisung auf Tarifverträge, NZA 2003, Sonderbeilage Heft 16, S. 3–14.

–, Tarifkollision – Ansätze zur Vermeidung und Auflösung, NZA 2000, Sonderbeilage zu Heft 24, S. 24–33.

Schmidt, Kristina, Die normative Tarifgeltung am Beispiel des allgemeinen koalitionsrechtlichen Unterlassungsanspruchs, RdA 2004, S. 152–160.

Schmitz, Thomas, Die EU-Grundrechtecharta aus grundrechtsdogmatischer und grundrechtstheoretischer Sicht, JZ 2001, S. 833–843.

Schulte Westenberg, Michael, Arbeitskampf – Was ist die negative Koalitionsfreiheit noch wert?, NJW 1996, S. 1256–1257.

Schürnbrand, Jan, Gestaltungsrechte als Verfügungsgegenstand, Archiv für die civilistische Praxis (AcP), Bd. 204 (2004), S. 177–207.

Schwarz, Sabine, Kleine dynamische Bezugnahmeklauseln – Abschied vom Tarifwechsel, BB 2010, S. 1021–1025.

Seiter, Hugo., Tarifverträge und Betriebsvereinbarungen beim Betriebsinhaberwechsel, DB 1980, S. 877–883.

Seitz, Stefan/Werner, Marc, Arbeitsvertragliche Bezugnahmeklauseln bei Unternehmensumstrukturierungen, NZA 2000, S. 1257–1269.

Simon, Stefan/Kock, Martin/Halbsguth, Julian, Keine Bindung eines nicht tarifgebundenen Betriebserwerbers an eine nach Betriebsübergang geschlossenen Kollektivvertrag, ZIP 2006, S. 726–728.

Sittard, Ulrich/Ulbrich, Martin, Zur Rechtsprechungsänderung bei der Auslegung von Bezugnahmeklauseln, ZTR 2006, S. 458–465.

Sowka, Hans-Harald/Weiss, Hans Michael, Gesamtbetriebsvereinbarung und Tarifvertrag bei Aufnahme eines neuen Betriebs in das Unternehmen, DB 1991, S. 1518–1523.

Spielberger, Marc, Vertrauensschutz light: Das Urteil des BAG vom 18.04.2007 zur Gleichstellungsabrede, NZA 2007, S. 1086–1090.

Steffan, Ralf, Neues vom EuGH zum Betriebsübergang: Was folgt aus „Scattolon"?, NZA 2012, S. 473–477.

Stoffels, Markus., Gestaltungsmöglichkeiten durch Änderungskündigungen, ZfA 2002, S. 401–426.

Sutschet, Holger, Bezugnahmeklausel kraft betrieblicher Übung, NZA 2008, S. 679–687.

Thum, Rainer, Neue Spielregeln für die Zwischenschaltung von Transfergesellschaften?, BB 2013, S. 1525–1528.

Thüsing, Gregor/Lambrich, Thomas, Arbeitsvertragliche Bezugnahme auf Tarifnormen, RdA 2002, S. 193–256.

Thüsing, Gregor., AGB-Kontrolle arbeitsvertraglicher Bezugnahmeklauseln, NZA 2002, S. 1361–1370.

–, Europarechtliche Bezüge der Bezugnahmeklausel, NZA 2006, S. 473–475.

–, Statische Rechtsprechung zur dynamischen Bezugnahme, NZA 2003, S. 1184–1187.

–, Vom Ende einer betrieblichen Übung, NZA 2005, S. 718–723.

Waas, Bernd, Sperrwirkung eines Tarifvertrages, RdA 2006, S. 312–316 .

Wank, Rolf, Die Geltung von Kollektivvereinbarungen nach einem Betriebsübergang, NZA 1987, S. 505–510.

Wellenhofer-Klein, Marina, Tarifwechsel durch Unternehmensumstrukturierung, ZfA 1999, S. 239–269.

Wiedemann, Herbert, Tarifvertrag und Diskriminierungsschutz, NZA 2007, S. 950–954.

Wiese, Günther, Der personale Gehalt des Arbeitsverhältnisses, ZfA, 1996, S. 439–481.

Willemsen, Heinz-Josef/Mehrens, Christian, Ablösung tariflicher Bestimmungen nach einem Verbandsaustritt – Kein Ende in Sicht!, NZA 2010, S. 307–311.

Willemsen, Heinz-Josef/Sagan, Adam, Die Auswirkungen der europäischen Grundrechtecharta auf das deutsche Arbeitsrecht, NZA 2011, S. 258–263.

Winter, Regine, Betriebsübergang und Tarifvertragsersetzung – was ergibt sich aus dem Urteil Scattolon?, RdA 2013, S. 36–39.

Worzalla, Michael, Betriebsbedingte Änderungskündigung zum Abbau einer Zulage, SAE 7/2003, S. 297–303, Anmerkung zu BAG v. 16.05.2002 – 4 AZR 292/01.

Zachert, Ulrich, Für den Erhalt und die Fortentwicklung der Tarifautonomie, ArbuR 1993, S. 97–101.

–, Rechtsfragen zu den aktuellen Tarifverträgen über Arbeitszeitverkürzungen und Beschäftigungssicherung, ArbuR 1995, S. 1–13.

–, Firmentarifvertrag als Alternative?, NZA Beilage 24/2000, S. 17–24.

Zöllner, Wolfgang, Veränderung und Angleichung tarifvertraglich geregelter Arbeitsbedingungen nach Betriebsübergang, DB 1995, S. 1401–1408.

A.) Einleitung

1.) Thematische Eingrenzung und Gang der Untersuchung

Die vorliegende Arbeit befasst sich mit den Rechtsfolgen des § 613a Abs. 1 BGB. Ein Betriebs(teil)übergang wird tatbestandlich vorausgesetzt. Aufgezeigt werden Gestaltungserfordernisse und Handlungsmöglichkeiten des Erwerbers, die sich aufgrund der gesetzlich angeordneten Einzelrechtsnachfolge und der Fortgeltung vertraglicher und kollektiver Regelungsinhalte aus dem System des § 613a Abs. 1 BGB ergeben. Die zentrale Fragestellung ist dabei, ob, wie und in welchem Umfang der Erwerber einheitliche Arbeitsbedingungen nach Betriebsübergang schaffen kann. Außen vor bleiben die freiwillige Rechtsnachfolge durch Vertragsbeitritt oder Vertragsübernahme seitens des Erwerbers und Fragen der Gesamtrechtsnachfolge i.S.d. UmwG. Die Bearbeitung ist aus kollektivrechtlicher Sicht auf die Fortgeltung tariflicher Normen begrenzt, das Schicksal von fortgeltenden Betriebsvereinbarungen wird nicht behandelt. Zunächst werden die tarifgebundenen Arbeitnehmer betrachtet. In Bezug auf diese Gruppe werden zuerst die kollektivrechtlichen Gestaltungsmöglichkeiten des Erwerbers nach §§ 613a Abs. 1 S. 2, 3 BGB (B1) untersucht. Im Anschluss folgen die individualrechtlichen Gestaltungsmöglichkeiten nach §§ 613a Abs. 1 S. 4 Alt. 1, 2 BGB (B2 und B3) und zuletzt die vertragliche Fortgeltungsproblematik der Bezugnahmeklauseln, § 613a Abs. 1 S. 1 BGB (B4). Danach wird die Gruppe der Außenseiter bezüglich der Gestaltungsoptionen des Erwerbers behandelt (C). Abschließend werden die Ergebnisse zusammengefasst, bewertet (D) und abschließend eingeordnet (E).

2.) Thematische Hinführung und Problemstellung

Das Recht des Betriebsüberganges nach § 613a BGB gehört zu den umstrittensten Themenbereichen des Arbeitsrechts. Dies gilt sowohl für den Tatbestand als auch für die Rechtsfolgen der Norm. Die Rechtsfolgen ergeben sich aus §§ 613a Abs. 1 S. 2–4 BGB. Diese Regelungen wurden im Jahre 1980 in das BGB eingefügt und sind gemeinschaftsrechtlichen Ursprungs. Sie dienten der Umsetzung der Richtlinie 77/187/EWG, die heute in der Betriebsübergangsrichtlinie RL 2001/23/EG fortgilt. Gemeinsam mit § 613a Abs. 1 S. 1 BGB regeln sie das Schicksal vertraglicher Vereinbarungen und die Fortgeltung kollektivrechtlicher Normen im Verhältnis des Veräußerers zu dem Erwerber und den übernommenen Arbeitnehmern nach Betriebsübergang. Hierbei sind nicht nur die rechtlichen Voraussetzungen der einzelnen, in systematischem Zusammenhang zueinander stehenden Sätze des § 613a Abs. 1 BGB umstritten, sondern auch ihr Verhältnis zueinander im Konkurrenz- bzw. Kollisionsfall. Diese Ausgangslage macht deutlich, welche Schwierigkeiten sich für einen wenig rechtserfahrenen Erwerber als Rechtsanwender ergeben, der sich zur Beurteilung der Rechtslage nach Betriebsübergang allein am Wortlaut des § 613a Abs. 1 BGB orientiert.[1] Es verwundert daher nicht, wenn § 613a BGB, auf dem die Transaktionspraxis bei Betriebsübergängen beruht[2], schon als „Wirtschaftsbremse“ und „Job-Killer“ bezeichnet worden ist.[3] Die Komplexität des § 613a Abs. 1 BGB zeigt sich aber vor allem dann, wenn es dem Erwerber nach Betriebsübergang darum geht, für die bereits bei ihm beschäftigten und neu hinzugekommenen Arbeitnehmer einheitliche Arbeitsbedingungen zu schaffen. Ob und inwieweit er dabei die übernommenen vertraglichen Vereinbarungen und die eventuell fortgeltenden kollektivrechtlichen Regelungen des Veräußerers verändern, durch eigene Regelungen ablösen oder an die Vorgaben in seinem Betrieb anpassen kann, hängt von einer Vielzahl unterschiedlicher Faktoren ab. Dabei spielt aus Sicht des Erwerbers einmal die Tarifbindung des Veräußerers eine Rolle. Denkbar ist auch, dass der Erwerber selbst an Tarifverträge und eigene Betriebsvereinbarungen als Kollektivregelungen gebunden ist, die als solche Geltung beanspruchen. Hinzu kommt der vertragliche Regelungsinhalt der Arbeitsverhältnisse der von dem Betriebsübergang betroffenen Arbeitnehmer. Entscheidend ist aus Erwerbersicht jedoch zunächst die Unterscheidung zwischen tarifgebundenen und nicht tarifgebundenen Arbeitnehmern, weil die Normstruktur des §§ 613a Abs. 1 S. 2–4 BGB nur für tarifgebundene Arbeitnehmer gilt.[4]

---

1 *Simon*, in: FS Arbeitsgerichtsbarkeit Rheinland-Pfalz, S. 161, 167.

2 Die aus wirtschaftlicher Sicht „große Bedeutung“ des § 613a BGB in diesem Zusammenhang betont *Simon*, a.a.O., S. 161.

3 *Schiefer*, DB 2003, 390; *Schiefer/Plogge*, NJW 2003, 3734, 3739; in diese Richtung auch *Melms*, NZA 2002, 296, 297 und *Prange*, NZA 2002, 818, 819, 821.

4 *Dreher*, in: BDH, § 613a Rdnr. 288, 306; *Willemsen/Müller-Bonanni*, in: HWK, § 613a BGB Rdnr. 263, 268; *Moll*, RdA 1996, 275, 285.

B.) Rechtslage und Gestaltungsmöglichkeiten des Erwerbers bei tarifgebundenen Arbeitnehmern

Die Normstruktur des § 613a Abs. 1 BGB unterscheidet in dem ausschließlich für tarifgebundene Arbeitnehmer anwendbaren Teil (Sätze 2–4) zwischen Gestaltungsmöglichkeiten in kollektivrechtlicher (Sätze 2 und 3) und individualvertraglicher (Sätze 2 und 4) Hinsicht.

1.) Die Ablösung tariflicher Normen durch Kollektivrecht des Erwerbers nach §§ 613a Abs. 1 S. 2, 3 BGB

Die §§ 613a Abs. 1 S. 2, 3 BGB enthalten als kollektivrechtliche Gestaltungsmöglichkeit die so genannte „Ablösung“. Darunter wird die Ersetzung der Tarifregelungen des Veräußerers nach Betriebsübergang durch eigene Kollektivregelungen (Tarifvertrag, Betriebsvereinbarung) des Erwerbers verstanden.[5] Entscheidend ist, dass § 613a Abs. 1 S. 2 BGB „nicht gilt“, wenn es zu einer Ersetzung nach S. 3 kommt. Die Möglichkeiten des Erwerbers zur kollektivrechtlichen Gestaltung hängen somit von dem systematischen Zusammenspiel der Sätze 2 und 3 ab.

a.) Regelungsmechanismus und Teleologie der §§ 613a Abs. 1 S. 2, 3 BGB

Der Regelungsmechanismus der §§ 613a Abs. 1 S. 2, 3 BGB ist Ausdruck eines Ausgleichs kollidierender Interessen.[6] Zum einen schützt § 613a Abs. 1 S. 2 BGB die Arbeitnehmer, deren Arbeitsverhältnisse zum Zeitpunkt des Betriebsübergangs

---

5 *Gaul*, Arbeitsrecht der Betriebs- und Unternehmensspaltung, S. 830 ff. Rdnr. 38 ff., S. 842 ff. Rdnr. 58 ff., s. auch *Oetker*, in: Wiedemann, § 3 Rdnr. 250, 251.

6 *Pfeiffer*, in: KR, § 613a BGB Rdnr. 169; so jetzt auch ausdrücklich der EuGH, EuGH v. 18.07.2013 – Rs. C-426/11 (Alemo-Herron et. al. ./. Parkwood Leisure Ltd.) – BB 2013, 2483.

bestanden haben und auf den Erwerber als neuen Arbeitgeber übergehen.[7] Die Rechte und Mindestarbeitsbedingungen, die sich für sie bislang aus dem Veräußerertarifvertrag ergeben haben, sollen ihnen ungeachtet bestehender Kollektivregelungen bei dem Erwerber zumindest innerhalb der einjährigen Veränderungssperre des S. 2 erhalten bleiben (Bestandsschutz).[8] Die Rechte und Mindestarbeitsbedingungen gehen dabei ihrem Inhalt und Umfang nach so über, wie sie bei dem Veräußerer zum Zeitpunkt des Betriebsübergangs bestanden haben (Prinzip des statischen Übergangs).[9] Eine direkt in den tariflichen Regelungen angelegte Dynamik, wie etwa in Form einer bereits festgelegten Entgeltstufentarifregelung, bleibt aber zu Gunsten der Arbeitnehmer erhalten, was nach Betriebsübergang noch zu Veränderungen führen kann.[10] Nachträgliche sowie andere inhaltliche Änderungen oder erst nach Betriebsübergang in Kraft getretene Neuerungen des Veräußerertarifvertrages bleiben dagegen unberücksichtigt.[11] Zum anderen soll der Erwerber über § 613a Abs. 1 S. 3 BGB die bei ihm geltenden Arbeitsbedingungen vereinheitlichen können, indem er eigenes Kollektivrecht schon vor Ablauf der Veränderungssperre auch auf die übergehenden Arbeitsverhältnisse und Arbeitnehmer anwendet (Schutz des Einheitlichkeitsinteresses).[12] Primär bezweckt S. 2 damit den Arbeitnehmerschutz. Der Arbeitnehmerschutz kann aber auf einer sekundären Ebene zu Gunsten des Erwerbers zurücktreten, indem dieser einheitlich eigenes Kollektivrecht anwenden kann und zwar auch dann, wenn die eigene Kollektivreglung für die von dem Betriebsübergang betroffenen Arbeitnehmer ungünstiger ist.[13]

Dieser Regelungsmechanismus wurde bislang mit der individualrechtlichen Transformationstheorie erklärt.[14] Danach findet eine Transformation von Tarifinhalt zu „individualrechtlichem Inhalt des Arbeitsverhältnisses“ statt, wenn die Tarifregelungen nach Betriebsübergang nicht i.S.d. §§ 3 ff. TVG normativ weiter gelten. Dadurch bleiben den Arbeitnehmern die erworbenen tariflichen Rechte

---

7 *Ascheid*, in: Schliemann, § 613a Rdnr. 3.

8 Statt vieler *Edenfeld*, in: Erman, § 613a BGB Rdnr. 83.

9 BAG v. 23.02.2011 – 4 AZR 439/09 – NZA-RR 2012, 253, 256; BAG v. 21.04.2010 – 4 AZR 768/08 – ArbuR 2010, 444.

10 BAG v. 14.11.2007 – 4 AZR 828/06 – NZA 2008, 420, 421

11 BAG v. 16.05.2012 – 4 AZR 321/10 – ZTR 2012, 528; BAG v. 19.09.2007 – 4 AZR 711/06 – NZA 2008, 241, 243.

12 BT-Drucks. 8/3317 S. 7, 11; *Lambrich*, in: FS Ehmann, S. 169, 173.

13 *Lambrich*, a.a.O.

14 Vgl. nur BAG v. 13.03.2012 – 1 AZR 659/10 – NZA 2012, 990, 991; BAG v. 14.08.2001 – 1 AZR 619/00 – NZA 2002, 276, 279.

auf individualrechtlicher Basis erhalten.[15] Dabei blieb zunächst unklar, ob damit eine (arbeits-)vertragliche[16] oder eine an dem kollektivrechtlichen Ursprung der Tarifnormen orientierte, beschränkt normative Fortgeltung[17] gemeint ist.[18] Ganz überwiegend wurde eine Transformation der tariflichen Regelungen in den Arbeitsvertrag und somit eine rein schuldrechtliche Fortgeltung angenommen.[19] Im Fall der beschränkt normativen Fortgeltung wird kraft gesetzlicher Anordnung beschränkt auf die Zeitdauer eines Jahres (Veränderungssperre des § 613a Abs. 1 S. 2 BGB) aus Gründen des Besitzstandsschutzes eine individualrechtliche Fortgeltung der erworbenen tariflichen Rechte angeordnet. Dabei werden die Inhalte des Arbeitsvertrages nicht ersetzt, sondern überlagert.[20] Bestehen jedoch originäre Kollektivregelungen des Erwerbers, die sich inhaltlich mit den individualrechtlich fortwirkenden Tarifnormen überschneiden, dann sollen die originären Regelungen vorrangig anzuwenden sein, weil sie höherrangig sind.[21] Nur die Erwerberregelung ist dann zwingender und gleichzeitig originärer Ausdruck eines kollektiven Interessenausgleichs. Ihre Höherrangigkeit besteht erst recht, wenn eine Transformation in vertragliche Inhalte angenommen wird. Dies rechtfertigt es in beiden Fällen, dass die Erwerberregelung auch dann zur Anwendung gelangt, wenn sie ungünstiger ist.[22]

Dieser Regelungsmechanismus der §§ 613a Abs. 1 S. 2, 3 BGB wird durch die neuere Rechtsprechung des Bundesarbeitsgerichts nicht infrage gestellt. Der 4. Senat[23] legt § 613a Abs. 1 S. 2 BGB nunmehr als Fortgeltungsanordnung aus, durch die die Tarifregelungen im Falle des Betriebsübergangs ihren kollektivrechtlichen Charakter behalten. Damit soll der Günstigkeitsvergleich im Verhältnis zu § 613a Abs. 1 S. 1 BGB erhalten bleiben.[24] Der Regelungsmechanismus der §§ 613a Abs. 1 S. 2, 3 BGB selbst wird dadurch aber nicht verändert. Der 4. Senat betont, dass

15 BAG v. 18.11.2003 – 1 AZR 604/02 – NZA 2004, 803, 805.

16 *Oetker*, in: Wiedemann, § 3 Rdnr. 202.

17 *Kreutz*, in: GK, § 77 Rdnr. 236; *Kreutz*, in: FS BAG, S. 993, 998, 999.

18 *Reichold*, SAE 7/2002, 263, 269; der 4. Senat verwendete beide Begrifflichkeiten trotz rechtssystematischer Unterschiede in seiner ersten hierzu ergangenen Entscheidung v. 13.11.1985 – 4 AZR 309/84 – NZA 1986, 422, 423 noch synonym.

19 S. nur BAG v. 18.11.2003 – 1 AZR 604/02 – NZA 2004, 803, 805; *Hauck*, in: FS Richardi, S. 537, 543; *Hattesen*, in: Leinemann, Abschn. 6.7 Rdnr. 182.

20 *Heinze* DB 1998, 1861, 1862, 1864.

21 St. Rspr., vgl. BAG v. 14.08.2001 – 1 AZR 619/00 – NZA 2002, 276, 279.

22 *Pfeiffer*, in: KR, § 613 BGB Rdnr. 169.

23 BAG v. 22.04.2009 – 4 AZR 100/08 – NZA 2010, 41 ff.

24 BAG a.a.O., Randziffern 29–33; *Hohenstatt*, NZA 2010, 23, 24.

die §§ 613a Abs. 1 S 2–4 BGB in erster Linie die kollektivrechtlich begründeten Mindestarbeitsbedingungen schützen wollen. Die grundsätzlichen Gestaltungsmöglichkeiten des Erwerbers über S. 3 werden dadurch nicht beschnitten und der Interessenausgleich der §§ 613a Abs. 1 S. 2, 3 BGB nicht verändert, wonach für den Fall der kollektivrechtlichen Ablösung nicht das Günstigkeits-, sondern das Ablösungsprinzip gilt.[25] Das bisherige systematische Verständnis der §§ 613a Abs. 1 S. 2, 3 BGB verändert sich dadurch nicht.

b.) Der Tatbestand der Ablösung nach §§ 613a Abs. 1 S. 2, 3 BGB

Die kollektivrechtliche Ablösung i.S.d. §§ 613a Abs. 1 S. 2, 3 BGB setzt voraus, dass der Veräußerer und die betroffenen Arbeitnehmer im Zeitpunkt des Betriebsübergangs selbst kongruent und normativ tarifgebunden waren.[26] Nur dann werden „Rechte und Pflichten des Arbeitsverhältnisses" i.S.d. S. 2 durch einen Tarifvertrag kollektivrechtlich „geregelt".[27] § 613a Abs. 1 S. 2 BGB erfasst aber auch nach § 4 Abs. 5 TVG bei dem Veräußerer nachwirkende Tarifverträge.[28] Bestandsschutzgewährende Rechte und Arbeitsbedingungen werden auch in diesem Fall nach wie vor durch kollektivrechtliche Regelungen unmittelbar bestimmt.[29] Diesen kommt jedoch keine zwingende Wirkung mehr zu, weshalb sie nur dispositiv fort gelten.[30] Schon jetzt kann eine individualrechtliche Ablösung nach § 613a Abs. 1 S. 4 Alt.1 BGB erfolgen, die Veränderungssperre des S. 2 gilt hier nicht mehr.[31] Der gesetzlich vorgesehene Anwendungsfall der Sätze 2 und 3 ist somit derjenige, in dem die Tarifregelungen des Veräußerers im Zeitpunkt des Betriebsübergangs normativ gegolten haben.[32] §§ 613a Abs. 1 S. 2, 3 BGB gelten aber nicht, wenn die Regelungen des Veräußerertarifvertrages ausschließlich aufgrund einer arbeitsvertraglichen Bezugnahmeklausel oder arbeitsvertraglichen

25 *Hohenstatt*, NZA 2010, 23, 24.
26 BAG v. 16.05.2012 – 4 AZR 321/10 – NZA 2012, 923, 924; *Skuderis*, Weitergeltung, S. 174.; *Waltermann*, § 19 Rdnr. 414.
27 *Hohenstatt*, in: WHSSS, Abschn. E Rdnr. 116.
28 *Hohenstatt*, in: WHSSS, Abschn. E Rdnr. 118.
29 *Willemsen/Müller-Bonanni*, in: HWK, § 613a BGB Rdnr. 263.
30 *Löwisch/Rieble*, § 3Rdnr. 382.
31 *Oetker*, in: Wiedemann, § 3 Rdnr. 259; *Heinze*, in: FS Schaub, 275, 280.
32 *Döring/Grau*, BB 2009, 158, 159.

Einheitsregelung anwendbar waren.[33] Der Erwerber tritt hier schon nach § 613a Abs. 1 S. 1 BGB in die Rechte und Pflichten aus dem Arbeitsverhältnis ein. Er schuldet dann allein aufgrund vertraglicher Verpflichtung die Erfüllung der sich kraft der Bezugnahme auf den Veräußerertarifvertrag ergebenden Ansprüche.[34] Der Erwerber hat nur dann die Möglichkeit einer Ablösung durch eine eigene, originär geltende Kollektivregelung, wenn auch vor Betriebsübergang eine originär geltende Kollektivregelung auf Veräußererseite bestanden hat. Eine rein individualrechtlich-vertragliche Ablösung ist hiervon nicht erfasst.[35]

c.) Kollektivrechtliche Ablösung durch Erwerberbetriebsvereinbarung

Dem natürlichen Sprachverständnis folgend ist von § 613a Abs. 1 S. 3 BGB auch eine Erwerberbetriebsvereinbarung als ablösungsfähige Kollektivvereinbarung erfasst. Dies gilt unbestritten jedenfalls für den Fall der Ablösung einer Betriebsvereinbarung (des Veräußerers) durch eine andere (des Erwerbers).[36]

aa.) Die Problematik der Überkreuz-Ablösung

Umstritten ist dagegen, ob die Ablösung von Tarifregelungen durch eine Erwerberbetriebsvereinbarung zur Herstellung einheitlicher Arbeitsbedingungen in Betracht kommt (sog. Überkreuz-Ablösung).[37]

(1) Wortlaut des § 613a Abs. 1 S. 3 BGB

§ 613a Abs. 1 S. 2 BGB gilt nach dem Wortlaut des S. 3 nicht, wenn „die Rechte und Pflichten [des übergehenden Arbeitsverhältnisses, Anm. d. Verf.] bei dem neuen Inhaber durch Rechtsnormen eines anderen Tarifvertrages oder durch eine andere Betriebsvereinbarung geregelt werden“. Allein diese sprachliche Fassung schließt nach einer Ansicht die Überkreuz-Ablösung schon aus.[38] Zu einer Ablösung könne es nur

---

33 *Willemsen/Müller-Bonanni*, in: HWK, § 613a BGB Rdnr. 263.

34 *Preis*, in: ErfK, § 613a BGB Rdnr. 111, 127.

35 *Edenfeld*, in: Erman, § 613a BGB Rdnr. 89.

36 BAG v. 13.03.2012 – 1 AZR 659/10 – NZA 2012, 990, 991, 992.

37 BAG v. 21.04.2010 – 4 AZR 768/08 – ArbuR 2010, 444; BAG v. 22.03.2005 – 1 ABR – NZA 2006, 383, 388; *Hergenröder*, in: ZLH, § 21, S. 250.

38 *Annuß*, in: v. Staudinger, § 613a Rdnr. 221.

kommen, wenn ein „anderer" Tarifvertrag bzw. eine „andere" Betriebsvereinbarung auf Erwerberseite besteht. Mit einer „anderen" Regelung könne aber nur eine Kollektivvereinbarung gleicher Art gemeint sein, weil nur dann der Wortsinn des Begriffes der „anderen" Regelung gewahrt würde. Dieses Verständnis des S. 3 sei auch der systematischen Verbindung zu S. 2 geschuldet, wo der Begriff „Tarifvertrag" vor dem Begriff „Betriebsvereinbarung" genannt wird. Wenn S. 3 die Nichtgeltung von S. 2 gerade für den Fall anordne, dass eine „andere" Kollektivvereinbarung besteht, dann könne der Aufzählungsreihenfolge folgend ein Tarifvertrag nur linear von einem Tarifvertrag und nicht von einer Betriebsvereinbarung abgelöst werden.[39] S. 3 erlaubt jedoch auch eine andere Lesart.[40] Der Gesetzgeber hat in S. 3 die Konjunktion „oder" eingefügt. Hätte er aber klarstellen wollen, dass eine Ablösung nur im Verhältnis gleicher Kollektivvereinbarungen zueinander möglich sein soll, hätte anstelle des „oder" ein „beziehungsweise" stehen müssen.[41] Da dies nicht der Fall ist, kann auch die Kollektivvereinbarung der jeweils anderen Art gemeint sein. Entscheidend ist nicht, welche Art einer Kollektivvereinbarung abgelöst werden soll. Entscheidend ist nur, dass bei dem Erwerber überhaupt eine Kollektivregelung besteht, die eine Ablösung bewirken kann.[42] Diese ist dann die „andere" Regelung i.S.d. S. 3. Der Wortlaut lässt damit eine Überkreuz-Ablösung zu.[43]

(2) Genese des § 613a Abs. 1 S. 3 BGB

Die §§ 613a Abs. 1 S. 2–4 sind gemeinschaftsrechtlichen Ursprungs. Durch das Arbeitsrechtliche EG-Anpassungsgesetz sind diese Normbestandteile im Jahr 1980 in § 613a Abs. 1 BGB eingefügt worden und setzen die Betriebsübergangsrichtlinie 77/187/EWG[44], geändert durch die Richtlinie 98/50/EG[45], um. Der Inhalt beider Richtlinien ist durch die Richtlinie 2001/23/EG[46] ohne inhaltliche Änderung kodifiziert worden. Maßgeblich ist hier Art. 3 Abs. 3 RL i. d. F. 2001/23/

39 *Annuß*, in: v. Staudinger, § 613a Rdnr. 221.

40 *Henssler*, in: FS Schaub, S. 311, 321; *Kania*, DB 1995, 625, 626.

41 *Döring/Grau*, BB 2009, 158, 160.

42 *Moll*, RdA 1996, 275, 283.

43 *Müller-Bonanni/Mehrens*, NZA 2012, 1194, 1195; *Meyer*, NZA 2001, 751.; *Döring/Grau*, BB 2009, 158, 160; *Gussen*, in: RGKU, § 613a BGB Rdnr. 256.

44 Vom 14.02.1977, ABl. EG v. 05.03.1977 Nr. L 61, S. 26 ff.

45 Vom 29.06.1998, ABl. EG v. 17.07.1998 Nr. L 201, S. 88 ff.

46 Richtlinie zur Angleichung der Rechtsvorschriften der Mitgliedstaaten über die Wahrung von Ansprüchen der Arbeitnehmer beim Übergang von Unternehmen, Betrieben oder Unternehmens- oder Betriebsteilen, vom 12.03.2001, ABl. EG v. 22.03.2001, Nr. L 82, S.16.

EG. Dieser regelt die Voraussetzungen der Anwendung einer Kollektivregelung des Erwerbers nach Betriebsübergang. Danach ist der Erwerber verpflichtet, „die in einem Kollektivvertrag vereinbarten Arbeitsbedingungen bis zur Kündigung oder zum Ablauf des Kollektivvertrages bzw. bis zum In-Kraft-Treten oder bis zur Anwendung eines anderen Kollektivvertrages in dem gleichen Maße aufrecht [zu erhalten, Anm. d. Verf.], wie sie in dem Kollektivvertrag für den Veräußerer vorgesehen waren". Bei dem „anderen Kollektivvertrag" kann es sich auch um einen des Erwerbers handeln, dem steht Art. 3 Abs. 3 RL nicht entgegen. Der Richtlinienwortlaut unterscheidet an dieser Stelle auch nicht zwischen verschiedenen Arten oder Regelungsebenen von Kollektivverträgen. Damit können nach gemeinschaftsrechtskonformer Auslegung sowohl Tarifverträge als auch Betriebsvereinbarungen auf Seiten des Erwerbers Ablösungswirkung entfalten.[47]

(3) Normhierarchie und Gleichwertigkeit von Kollektivregelungen als rechtssystematische Einschränkungen des § 613a Abs. 1 S. 3 BGB

Vor dem Hintergrund des gemeinschaftsrechtlichen Ursprungs ist die Gesetzesbegründung[48] des nationalen Gesetzgebers zu betrachten. Danach sollen grundsätzlich die Kollektivregelungen des Erwerbers nach S. 3 gegenüber S. 2 vorgehen. Der Erwerber soll die bei ihm geltenden Kollektivregelungen einhalten, ohne gleichzeitig die über S. 2 fortwirkenden Arbeitsbedingungen beachten zu müssen. Die Gesetzesbegründung schließt die Ablösung eines Veräußerertarifvertrages durch eine Betriebsvereinbarung des Erwerbers demnach nicht aus. Zudem ist eine Differenzierung zwischen Betriebsvereinbarung und Tarifvertrag hinsichtlich Regelungsqualität und Regelungsebene weder in der Begründung noch in der Norm selbst angelegt.[49] Dagegen ist Kritik erhoben worden, zu beachten seien gerade auch im Falle eines Betriebsübergangs die verschiedenen normhierarchischen Regelungsebenen von Tarifvertrag und Betriebsvereinbarung.[50] Diese könnten nicht gegeneinander ausgetauscht werden, was sich schon aus § 77 Abs. 3 BetrVG ergäbe. Die hieraus folgende fehlende Gleichwertigkeit von Tarifvertrag und Betriebsvereinbarung zeige sich auch daran, wie die jeweiligen kollektivrechtlichen Normen zustande kommen. Einem Tarifvertragsabschluss läge eine autonome Entscheidung der Vertragsparteien zugrunde. Dagegen seien Betriebsverfassung

---

47 *Döring/Grau*, BB 2009, 158, 161, 162; *Röder*, DB 1981, 1980, 1981.

48 BT-Drucks. 8/3317. S. 7, 11.

49 *Kania*, DB 1995, 625, 626; *Henssler*, in: FS Schaub, S. 312, 321.

50 Vgl. *Krause*, Arbeitsrecht, § 3 Rdnr. 49 ff., s. auch *Linsenmaier*, RdA 2008, 1, 4; *Zwanziger*, in: KDZ, § 613a Rdnr. 96.

und Betriebsvereinbarung als deren prägendes Regelungsmittel gesetzgeberisch fremdbestimmt.[51] Dies müsse auch bei § 613a Abs. 1 S. 3 BGB berücksichtigt werden. Eine Ablösung auf kollektivrechtlicher Ebene setze dem Normzweck nach voraus, dass das Kollektivsystem des Erwerbers aus Arbeitnehmerschutzgründen gleichwertig ist. Dies treffe auf eine Erwerberbetriebsvereinbarung, die einen Veräußerertarifvertrag ersetzen soll, nicht zu. Eine Überkreuz-Ablösung müsse schon deshalb ausscheiden.[52]

Allein die normhierarchische Stellung von Tarifvertrag und Betriebsvereinbarung kann als rein formaler Gesichtspunkt die Ablehnung der Überkreuz-Ablösung aber nicht rechtfertigen. Entscheidend ist, gerade vor dem Hintergrund des Arbeitnehmerschutzes, ihr jeweiliger materieller Gehalt im Verhältnis zueinander. Das Bundesverfassungsgericht hat in diesem Zusammenhang der Betriebsverfassung als Ausfluss der Privatautonomie über Art. 2 Abs. 1 GG Verfassungsrang zugesprochen.[53] Danach tritt der Arbeitnehmer durch Abschluss des Arbeitsvertrages dem Betriebsverband bei, der dann Ausprägungsform eines privatautonomen Zusammenschlusses zwischen Arbeitgeber und Arbeitnehmern ist.[54] In diesem privatautonomen Akt wurzelt die Betriebsvereinbarung als Mitbestimmungs- und Regelungsmittel des Betriebsverbandes.[55] Ihr privatautonomer Charakter manifestiert sich, indem die einseitig ausübbare Regelungsmacht des Arbeitgebers dort endet, wo der Bereich der (zwingenden) Mitbestimmung beginnt. Der Betriebsvereinbarung als von dem eigenverantwortlichen Willen der Betriebspartner getragener Akt wohnt damit eine soziale Kontrollfunktion inne.[56] Dem wird entgegnet, dass die Betriebsvereinbarung aufgrund § 77 Abs. 4 S. 1 BetrVG allein normative Wirkung habe und daher im Betriebsverband gesetzesgleich wirke.[57] Ein privatautonomes Verständnis der Betriebsvereinbarung müsse folgerichtig ausscheiden.[58] Diese Ansicht lässt außer Acht, dass der Abschluss eines schuldrechtlichen

---

51 *Heinze*, NZA 1994, 580, 581, 582; *Richardi*, in: Richardi, § 77 Rdnr. 69, 70.

52 *Annuß*, in: v. Staudinger, § 613a Rdnr. 221.

53 BVerfG v. 23.04.1986 – 2 BvR 487/80 - NJW 1987, 827, 828; dies bestätigend BAG v. 12.12. 2006 – 1 AZR 96/06 – NZA 2007, 453, 454 Rdnr. 14, 16, auch wenn der grundrechtliche Schutzbereich des Art. 9 Abs. 3 GG enger gefasst ist (Rdnr. 25).

54 *Blomeyer*, NZA 1996, 337, 345; *Wiese*, ZfA 1996, 439, 473, 474.

55 *Reichold*, Betriebsverfassung als Sozialprivatrecht, S. 545, § 14 II 2b).

56 *Ehmann/Lambrich*, NZA 1996, 346, 351.

57 *Richardi*, Betriebsvereinbarung und Privatautonomie, 1973, S. 12, 13; *Rieble*, Arbeitsmarkt und Wettbewerb, S. 426 Rdnr. 1411, 1416; *Waltermann*, Betriebsvereinbarung, S. 137.

58 *Richard*, in: Richardi, § 77 Rdnr. 25; *Picker*, NZA 2002, 761, 769.

Vertrages, auch eines Tarifvertrages, als Akt der Privatautonomie stets nur in den gesetzlichen Grenzen (§§ 134, 138 BGB) möglich ist. Dennoch besteht kein Zweifel daran, dass der Abschluss des Arbeitsvertrages und die damit verbundenen rechtlichen Wirkungen im Betriebsverband Ausfluss der nach Art. 2 GG geschützten Privatautonomie sind.[59] Zwar hat der Gesetzgeber den Betriebspartnern die Möglichkeit gegeben, durch den Abschluss von Betriebsvereinbarungen Regelungen zu treffen, die den Arbeitsvertrag normativ prägen. Dies darf aber zu keinem unverhältnismäßigen Eingriff in die Grundrechte (Art. 2 GG) führen, was erneut den privatautonomen „Anschlusscharakter" einer Betriebsvereinbarung unter Beweis stellt. I. Ü. ist der Beitritt des Arbeitnehmers in den Betriebsverband rechtlich wie ein Gewerkschaftsbeitritt zu bewerten. Hierbei aktualisiert sich die positive Koalitionsfreiheit i.S.d. Art. 9 Abs. 1 GG als Sonderform der Vereinigungsfreiheit i.S.d. Art. 2 GG. Während letzteres unbestritten ist, wird die Betriebsautonomie im Vergleich zur Tarifautonomie als weniger selbstbestimmt eingestuft. Dies ist so nicht haltbar, wenn man bedenkt, dass auch der Arbeitnehmer im Betriebsverband seine Privatautonomie freiheitlich gebrauchen kann (Wahl des Betriebsrates, freies Aushandeln der Betriebsvereinbarungen).[60]

Betriebs- und Tarifautonomie weisen damit zumindest vergleichbare, freiheitlich-privatautonome Züge auf. Die Betriebsvereinbarung ist primär ein dem Schutzbereich des Art. 2 Abs. 1 GG unterfallender „Quasi-Vertrag" und erst in zweiter Linie ein Akt innerbetrieblicher Rechtsetzung.[61] Der Betriebsvereinbarung kommt ebenso wie dem Tarifvertrag (Art. 9 GG) Verfassungsrang zu. Das Argument der Selbst- bzw. Fremdbestimmung stellt den vergleichbaren materiellen Gehalt von Tarifvertrag und Betriebsvereinbarung daher nicht infrage. In beiden Fällen handelt es sich um auf privatautonomer Basis zustande gekommenes Kollektivrecht. Damit steht dieser formal-normhierarchische Aspekt einer Überkreuz-Ablösung nicht entgegen. Dies lässt sich auch nicht mit Art. 3 Abs. 3 RL erklären. Danach sind die Arbeitsbedingungen „in dem Maße" aufrecht zu erhalten, wie sie in dem Veräußererkollektivvertrag vorgesehen waren.[62] Weder die Richtlinie noch § 613a Abs. 1 BGB differenzieren dabei zwischen verschiedenen kollektiven Regelungsebenen. Die Vorgabe, ein Schutzniveau „in dem Maße" wie bei dem Veräußerer aufrecht zu erhalten, ist somit rein inhaltlicher

---

59 *Reuter*, RdA 1994, S. 152, 154; *Lambrich*, Tarif- und Betriebsautonomie, S. 175 ff.

60 *Reuter*, RdA 1991, S. 193, 199; *Nebel*, Betriebsverband, S. 200 ff.

61 *Reichold*, Betriebsverfassung als Sozialprivatrecht, S. 545, §14 II 2b).

62 *Schiefer*, in: FS BAG, S. 859, 869.

und nicht formaler Natur.[63] Dies folgt aus Art. 3 Abs. 3 RL, wo die Möglichkeit zur Anwendung eines „anderen“ Kollektivvertrag, z.B. eine Erwerberbetriebsvereinbarung, enthalten ist. Wenn aber auf Erwerberseite ein solcher Kollektivvertrag besteht, dann ist den „Besitzstandsschutzinteressen“ der übergehenden Arbeitnehmer unabhängig von formal-normhierarchischen Gesichtspunkten in ausreichender Weise gedient, wenn die Kollektivregelung die Arbeitnehmer erfasst und anwendbar ist. Dann gehen die Interessen des Erwerbers an der Anwendung seiner eigenen Kollektivregelung vor. Auch der EuGH erkennt ein so begründetes Vereinheitlichungsinteresse an.[64] Aufgrund der gemeinschaftsrechtskonformen Auslegung des § 613a Abs. 1 S. 3 BGB spricht dies für die Möglichkeit einer Überkreuz-Ablösung.[65]

bb.) Voraussetzungen einer Überkreuz-Ablösung

Nach § 613a Abs. 1 S. 3 BGB ist eine Überkreuz-Ablösung grundsätzlich zulässig. Davon zu trennen ist die Frage nach ihren Voraussetzungen.

(1) Regelungskollision von Tarifnormen und Betriebsvereinbarung

Eine Ablösungswirkung setzt voraus, dass die Regelungsgegenstände von Erwerberbetriebsvereinbarung und Veräußerertarifvertrag deckungsgleich sind.[66] Nach einer Auffassung muss hierfür jeweils „exakt dieselbe Materie“ geregelt werden.[67] Derartige Kollektivregelungen treffen aber äußerst selten aufeinander und der Anwendungsbereich des § 613a Abs. 1 S. 3 BGB wird infolge dessen entgegen der gesetzgeberischen Intention erheblich reduziert.[68] Gleichzeitig wird diese Auslegung dem Schutzzweck des S. 3 nur teilweise gerecht, weil sie den Arbeitnehmerschutz in Form des Bestandsschutzes kollektiv begründeter Arbeitnehmerrechte aushöhlt.[69] Daher genügt es, wenn für dieselbe Sachgruppe bei Veräußerer und Erwerber unterschiedliche Regelungssysteme bestehen, die

---

63 *Meyer*, NZA 2001, 751.

64 EuGH v. 06.11.2003 – Rs. C-4/01 (Martin et al. ./. South Bank University) – NZA 2003, 1325, 1327; EuGH v. 09.03.2006 – Rs. C-499/04 (Werhof ./. Freeway Traffic Systems GmbH & Co. KG) – NZA 2006, 376, 378.

65 *Hanau/Vossen*, in: FS Hilger/Stumpf, S. 271, 282.

66 BAG v. 13.03.2012 – 1 AZR 659/10 – NZA 2012, 990, 991; *Annuß*, in: v. Staudinger, § 613a Rdnr. 222; *Willemsen/Müller-Bonanni*, in: HWK, § 613a Rdnr. 271.

67 *Hanau/Vossen*, in: FS Hilger/Stumpf, S. 271, 292.

68 *Meyer*, NZA 2002, 246, 252.

69 *Jacobs*, NZA Beil. 1/2009, 45, 48.

eine inhaltlich-thematische Schnittmenge aufweisen.[70] Ob dies der Fall ist, richtet sich nach den allgemeinen tarifvertraglichen Auslegungsgrundsätzen.[71] Nur wenn dies der Fall ist, kann die Betriebsvereinbarung dem Tarifvertrag überhaupt vorgehen, da sich sonst Kollektivregelungen ohne inhaltlichen Bezugspunkt gegenüber stünden. Diese Situation erfasst § 613a Abs. 1 S. 2, 3 BGB schon seinem Sinn und Zweck nach nicht, weil dann keine Vereinheitlichungsinteressen des Erwerbers geschützt werden müssen.[72] Es genügt damit nicht, dass bei dem Erwerber überhaupt eine Kollektivregelung besteht.[73]

Eine Ablösungswirkung kann nicht nur positiven, sondern auch negativen Erwerberregelungen zukommen.[74] Dabei ist zwischen mehreren Fällen zu unterscheiden. Zum einen kann in der Erwerberbetriebsvereinbarung eine ausdrückliche Regelung enthalten sein, wonach eine bestimmte Leistung, anders als im Veräußerertarifvertrag, nicht gewährt wird. Zum anderen kann sich aus dem Gesamtkontext der Sachgruppenregelung des Erwerbers im Wege der Auslegung ergeben, dass eine bestimmte Leistung nicht gewährt wird, ohne dass dies ausdrücklich geregelt ist. Dieser Anwendungsfall einer Negativregelung ist als „beredtes Schweigen" von einer bloßen Nichtregelung abzugrenzen.[75] In letzterem Fall fehlt es an einer Regelung, ohne dass sich ihre absichtliche Nichtregelung aus der Sachgruppenregelung ergibt. Für die Ablösungswirkung einer bewussten Negativregelung spricht, dass die Frage nach einer Regelungsidentität von Sachgruppenregelungen eine rein formale ist.[76] Es kommt für eine Regelungskollision nur darauf an, ob die Tarifregelungen des Veräußerers eine sachliche Entsprechung in der Erwerberbetriebsvereinbarung erfahren haben.[77] Das „wie" i.S.e. konkreten Ausgestaltung ist dagegen unerheblich.[78] Überdies wollen §§ 613a Abs. 1 S. 2, 3 BGB den Arbeitnehmer nicht besser stellen, als dieser ohne Betriebsübergang stünde.[79] Dann müssen die Betriebspartner auf Erwerberseite ihre Betriebsvereinbarung beseitigen oder Inhalte

---

70 BAG v. 23.01.2008 – 4 AZR 602/06 – ZTR 2008, 665, 667; BAG v. 11.05.2005 – 4 AZR 315/04 – NZA 2005, 1362, 1365; *Lambrich*, in: FS Ehmann, S. 169, 200, 201.

71 Dabei kommt es v.a. auf den Wortlaut der jeweiligen Regelungen an, BAG v. 16.12.2010 – 6 AZR 437/09 – NZA-RR 2011, 322, 324.

72 BAG v. 01.08.2001 – 4 AZR 82/00 – NZA 2002, 41, 43; *Moll*, RdA 1996, 275, 284.

73 *Löwisch/Rieble*, § 3 Rdnr. 418 m.w.N.

74 *Willemsen/Müller-Bonanni*, in: HWK, § 613a BGB Rdnr. 271.

75 *Dreher*, in: BDH, § 613a BGB Rdnr. 305.

76 *Annuß*, in: v. Staudinger, § 613a Rdnr. 224.

77 *Jacobs*, NZA Beil. 1/2009, 45, 48.

78 *Pfeiffer*, in: KR, § 613a BGB Rdnr. 169.

79 *Gussen/Dauck*, Rdnr. 260.

negativ regeln können, ohne dass dies deren Ablösungsfähigkeit beeinträchtigt. Im Fall einer bloßen Nichtregelung kann dagegen mangels ermittelbarem Regelungswillen keine ablösungsfähige Regelung angenommen werden.[80] Einer „Regelung“ wohnt schon dem natürlichen Wortverständnis ein gestaltender Charakter inne, der einer „Nichtregelung“ fehlt.[81]

(2) Einschlägigkeit der Betriebsvereinbarung

Die Erwerberbetriebsvereinbarung muss hinsichtlich des übernommenen Betriebs einschlägig sein.[82] § 613a Abs. 1 S. 3 BGB verlangt, dass die Rechte und Pflichten aus den übergehenden Arbeitsverhältnissen durch Kollektivvereinbarung des Erwerbers „geregelt werden“. Der Begriff der „Regelung“ hat dabei eine betriebsbezogene und eine zeitliche Komponente. Die Erwerberbetriebsvereinbarung muss den übernommenen Betrieb als organisatorische Einheit nach betriebsverfassungsrechtlichen Grundsätzen erfassen.[83] Dabei können lokale Betriebsvereinbarungen ebenso ablösend wirken wie Gesamt- oder Konzernbetriebsvereinbarungen.[84] Diese müssen von den Betriebspartnern auf Erwerberseite „betriebsübergangsoffen“ ausgestaltet sein und ihrem Regelungsinhalt nach auch die Arbeitnehmer des übernommenen Betriebs erfassen wollen.[85] Grundsätzlich gelten die Betriebsvereinbarungen, soweit die Abschlusskompetenz der Betriebspartner reicht, für alle betriebsangehörigen Arbeitnehmer und damit konsequenterweise auch für diejenigen, die infolge eines Betriebsübergangs in den Betrieb des Erwerbers eintreten.[86] Nur wenn der übernommene Betrieb seine organisatorische Selbständigkeit behält, müssen die Betriebsvereinbarungen die hinzu kommenden Arbeitnehmer explizit erfassen wollen. Dies bedarf der Auslegung. Gesamt- und Konzernbetriebsvereinbarungen erfassen im Zweifel nur den Unternehmensbestand zum Zeitpunkt ihres Abschlusses.[87] Sie sind dann auf die hinzu kommenden Arbeitnehmer nicht anwendbar, eine Ablösung scheidet aus.

Die zeitliche Komponente einer „Regelung“ bezieht sich auf ihr In-Kraft-Treten. Unerheblich ist dabei, ob die Erwerberbetriebsvereinbarung bei Betriebsübergang

---

80 *Steffan*, in: APS, § 613a BGB Rdnr. 139.
81 Für den Fall der betrieblichen Altersversorgung, *Junker*, RdA 1993, 203, 207, 209.
82 *Döring/Grau*, BB 2009, 158, 161.
83 BAG v. 01.08.2001 – 4 AZR 82/00 – NZA 2002, 41, 43, 44.
84 *Fitting*, § 50 Rdnr. 76 für Gesamt-BV und § 58 Rdnr. 39 für Konzern-BV.
85 *Lindemann/Simon*, BB 2003, 2510, 2511.
86 *Richardi*, in: Richardi, §§ 77 Rdnr. 126, 127; *Salamon*, NZA 2009, 471, 472.
87 *Sowka/Weiss*, DB 1991, 1518, 1519.

bereits besteht oder erst später abgeschlossen wird.[88] Dies folgt aus dem insoweit offenen Wortlaut, der von „geregelt werden" und nicht „geregelt sind" spricht.[89] Wird die Erwerberbetriebsvereinbarung zeitlich nach dem Betriebsübergang abgeschlossen, muss auch kein erkennbarer zeitlicher Zusammenhang zum Betriebsübergang bestehen, hierfür enthält § 613a Abs. 1 S. 3 BGB keinen Anhaltspunkt.[90] Auch aus der einjährigen Veränderungssperre des § 613a Abs. 1 S. 2 BGB folgt nichts anderes. Diese steht der kollektivrechtlichen Ablösung nicht entgegen und kann daher auch keinen zeitlichen Maßstab für das In-Kraft-Treten einer Erwerberbetriebsvereinbarung darstellen.[91] Eine Ablösung der tariflichen Regelungen des Veräußerers durch eine Erwerberbetriebsvereinbarung ist damit solange möglich, wie die Tarifregelungen effektiv „gelten".

(3) Wirksamkeit der Betriebsvereinbarung am Maßstab der §§ 87, 77 BetrVG im Kontext des Betriebsübergangs nach § 613a Abs. 1 BGB

Als weitere Voraussetzung einer Überkreuz-Ablösung muss die Erwerberbetriebsvereinbarung wirksam sein. Hieran fehlt es, wenn der Tarifvorbehalt des § 87 Abs. 1 BetrVG oder die Sperrwirkung des § 77 Abs. 3 BetrVG eingreift. Im Verbund mit der Tarifautonomie (Art. 9 Abs. 3 GG) sollen diese Regelungen das kollektivrechtliche Gestaltungsmonopol der Tarifvertragsparteien schützen, die Betriebsparteien sollen sich nicht als „Ersatz- oder Schattenkoalitionen" betätigen können.[92] An diesem Vorrang der Tarifautonomie kann ein Betriebsübergang nichts ändern, es sind aber Besonderheiten zu beachten. Abweichend von dem in den §§ 87, 77 BetrVG geregelten „Normalfall" der Konkurrenz eines Tarifvertrages mit einer Betriebsvereinbarung in einem Betrieb können sowohl der Veräußerer als auch der Erwerber unterschiedlich tarifgebunden sein. Dies bedeutet, dass der Vorrang der Tarifautonomie von dem Tarifvertrag sowohl des Veräußerers als auch des Erwerbers ausgehen kann. Überdies können auf Veräußerer- und/oder Erwerberseite mehrere Tarifverträge bestehen.

Nach der individualrechtlichen Transformationstheorie ergeben sich hieraus keine Abgrenzungsschwierigkeiten.[93] Die Tarifregelungen des Veräußerers verlieren infolge der Transformation nach § 613a Abs. 1 S. 2 BGB ihren Rechtscharakter

88 BAG v. 11.05.2005 – 4 AZR 315/04 – NZA 2005 1362, 1365; *Moll*, RdA 2007, 47, 48.
89 *Schiefer/Hartmann*, BB 2012, 1985, 1990.
90 *Jacobs*, NZA Beil. 1/2009, 45, 47; a.A. *Henssler*, NZA 1994, 913, 919.
91 *Preis*, in: ErfK, § 613a BGB Rdnr. 125.
92 *Fitting*, § 77 Rdnr. 67, 68; *Worzalla*, in: HSWGNR, § 77 Rdnr. 105.
93 *Kania*, DB 1995, 625, 626; *Preis/Steffan*, in FS Kraft, S. 477, 478, 490.

als Kollektivnormen und werden Inhalt des Arbeitsvertrages.[94] Sie sind nicht mehr als „tarifliche Regelungen" i.S.d. § 87, 77 BetrVG anzusehen, die eine Sperrwirkung auslösen können.[95] Regelungen des Veräußerertarifvertrages können nach erfolgter Transformation eine Sperrwirkung nur noch entfalten, wenn sie gem. § 77 Abs. 3 BetrVG „tarifüblich" sind, weil hierfür eine unmittelbare und zwingende Tarifregelung nicht erforderlich ist.[96] Eine „Tarifsperre" hinsichtlich der Erwerberbetriebsvereinbarung kann damit regelmäßig nur von der Tariflage auf Erwerberseite ausgehen.[97] Unabhängig von § 613a Abs. 1 S. 2 BGB sind damit allein in diesem Verhältnis die §§ 87, 77 BetrVG zu prüfen.

Aufgrund der Rechtsprechungsänderung des 4. Senats kann dem nicht länger gefolgt werden. Die „Transformation" nach § 613a Abs. 1 S. 2 BGB hat nicht zur Folge, dass die Tarifnormen Vertragsinhalt werden und damit ihren kollektivrechtlichen Charakter verlieren.[98] Die Wirkungsweise des § 613a Abs. 1 S. 2 BGB entspricht derjenigen bei Austritt des Veräußerers aus dem tarifvertragschließenden Arbeitgeberverband i.S.d. § 3 Abs. 3 TVG.[99] Der Erwerber ist damit über § 613a Abs. 1 S. 2 BGB faktisch in gleichem Maße wie der Veräußerer nach § 3 Abs. 3 TVG unmittelbar und zwingend an die Regelungen des Veräußerertarifvertrages gebunden, weil § 3 Abs. 3 TVG an § 3 Abs. 1 TVG anknüpft.[100] Die Fiktion der unmittelbar und zwingend wirkenden Tarifbindung des Erwerbers über § 613a Abs. 1 S. 2 BGB S. 2 bezieht sich dabei für die Dauer eines Jahres zumindest auf den normativen Teil des Tarifvertrages, d.h. auf die Rechtspositionen der Tarifvertragsparteien oder deren Mitglieder.[101] Dies gilt aber nur dann, wenn der Veräußerertarifvertrag vor Betriebsübergang normative Wirkung entfaltete.[102] Für vor Betriebsübergang lediglich nachwirkende Tarifverträge gilt dies schon nicht mehr. Durch den Betriebsübergang kann sich hieran nichts ändern, weil nur noch

---

94 *Kania*, DB 1995, 625, 626; *Preis/Steffan*, in FS Kraft, S. 477, 478, 490.

95 *Schiefer*, in: FS BAG, S. 859, 869.

96 *Oetker*, in: Wiedemann, § 3 Rdnr. 251.

97 Dies ist zum Schutz der Tarifautonomie unabweislich, vgl. *Hartmann*, Weitergeltung von firmentariflichen Regelungen, S. 122; *Döring/Grau*, BB 2009, 158, 162.

98 BAG v. 22.04.2009 – 4 AZR 100/08 – NZA 2010, 41, 46 Rdnr. 61; LAG Hessen v. 14.11.2011 – 16 Sa 721/11 – EzA-SD 2011 Nr. 26, 12; *Hohenstatt*, NZA 2010, 23, 25.

99 BAG, a.a.O., s. auch *Hunold*, NZA-RR 6/2010, 281, 286.

100 *Reichold*, S. 306 Rdnr. 21; *Hromadka/Maschmann*, § 13 Rdnr. 242 ff; *Witt*, Grundprobleme Firmentarifvertrag, S. 275, 276; *Bauer*, in: FS Schaub, S. 19, 22; *Bauer/Diller*, DB 1993, 1085, 1086; *Zachert*, NZA Beil. 24/2000, 17, 21.

101 *Oetker*, in: Wiedemann, § 3 Rdnr. 77; *Kempen*, in: Kempen/Zachert, § 3 Rdnr. 66.

102 So konsequent BAG v. 22.04.2009 – 4 AZR 100/08 – NZA 2010, 41, 43, Rdnr. 31.

nachwirkende Tarifnormen dadurch nicht in einer Weise „aufgewertet“ werden können, die der Nachbindung gem. § 3 Abs. 3 TVG entspricht.[103] Grund hierfür ist, dass die Fortgeltungsregelung des § 613a Abs. 1 S. 2 BGB zu keiner tariflichen Besserstellung im Vergleich zu einem hinweg gedachten Betriebsübergang führen darf.[104] Eine Überkreuz-Ablösung wäre demnach in den Fällen der Nachwirkung des Veräußerertarifvertrages gem. § 4 Abs. 5 TVG aus Sicht des Erwerbers immer möglich, wenn dem nicht eigene Tarifregelungen entgegenstehen. Daneben ist auch bei nachwirkenden Tarifregelungen des Veräußerers der Aspekt der Tarifüblichkeit i.S.d. § 77 Abs. 3 BetrVG zu beachten, der eine Überkreuz-Ablösung ausschließen kann.[105] Wenn die Regelungen des Veräußerertarifvertrages vor Betriebsübergang normativ gewirkt haben, wirken sie auch bei dem Erwerber normativ. Dann kommen sie genauso als Auslöser des Tarifvorrangs i.S.d. §§ 87, 77 BetrVG in Betracht wie die Tarifregelungen des Erwerbers, sofern welche vorhanden sind.

(a) Wirksamkeitsmaßstab für die Erwerberbetriebsvereinbarung

Vor diesem Hintergrund ist der Wirksamkeitsmaßstab für die Erwerberbetriebsvereinbarung zu ermitteln, weil z.B. die für Erwerber und Veräußerer einschlägigen Tarifverträge voneinander abweichende Regelungen enthalten können oder nur ein Tarifvertrag bezüglich eines Regelungsgegenstandes eine Öffnungsklausel enthalten kann.

(aa) Interner Anwendungsvorrang der jeweils für Erwerber und Veräußerer geltenden tarifvertraglichen Regelungen

Um den tarifvertraglichen Wirksamkeitsmaßstab zu bestimmen, muss das auf Veräußerer- wie Erwerberseite jeweils anwendbare Tarifrecht ermittelt werden. Unproblematisch sind dabei die Fälle, in denen auf Erwerber- und Veräußererseite jeweils nur ein Tarifvertrag existiert. Abgrenzungsschwierigkeiten bestehen dort, wo jeweils mehrere Tarifverträge normativ gelten. Dies kann infolge sich überschneidender Tarifzuständigkeiten entweder zu Tarifkonkurrenz oder Tarifpluralität führen. Tarifkonkurrenz liegt vor, wenn auf ein Arbeitsverhältnis mehrere Tarifverträge normativ Anwendung finden. Tarifpluralität liegt vor, wenn im Betrieb mehrere Tarifverträge normativ Anwendung finden, auf jedes Arbeitsverhältnis

103 LAG Hessen v. 14.11.2011 – 16 Sa 721/11 – EzA-SD 2011 Nr. 26, 12; *v. Medem*, ArbRAktuell 2011, 372, 373, 374.
104 *Hohenstatt*, in: WHSSS, Abschn. E Rdnr. 134.
105 S. hierzu sogleich B.) 1.) c.) bb.) (3) (d) (aa).

aber nur ein bestimmter.[106] Im erstgenannten Fall gelten nach wie vor das Prinzip der Tarifeinheit und damit das Spezialitätsprinzip, weshalb der Tarifvorrang nur von einem Tarifvertrag ausgehen kann. Das aufgegebene Prinzip der Tarifeinheit ändert daran nichts.[107] Diese Entscheidungen betreffen allein die Kollisionsauflösung im Fall der Tarifpluralität, hier gelten dann die einschlägigen Tarifverträge nebeneinander.[108] All diesen Tarifverträgen kommt Tarifvorrang- bzw. Sperrwirkung zu.[109] Enthält in diesem Fall von mehreren nebeneinander anwendbaren, normativ geltenden Tarifverträgen nur einer eine Öffnungsklausel bezüglich einer bestimmten Sachgruppe, müssen alle Tarifverträge eine solche Öffnungsklausel vorsehen, um von ihr Gebrauch zu machen.[110] Der Grund liegt darin, dass der Tarifvorrang i.S.d. § 77 Abs. 3 BetrVG nur von den jeweiligen Tarifvertragsparteien, etwa durch Aufnahme von Öffnungsklauseln, beseitigt werden kann.[111] Will der Erwerber eine eigene Betriebsvereinbarung anwenden, die durch eine Öffnungsklausel ermöglicht wird, ist ihm dies wegen der Tarifpluralität nur möglich, wenn alle für ihn geltenden Tarifverträge dies vorsehen.

(bb) Externer Anwendungsvorrang im Verhältnis von Erwerber- zu Veräußerertarifvertrag

Nach Bestimmung des jeweiligen internen Anwendungsvorrangs der anwendbaren Tarifverträge ist die eventuell bestehende externe Kollision von Veräußerer- und Erwerbertarifvertrag anhand der §§ 87, 77 BetrVG aufzulösen.[112] Ungeachtet der sonstigen Voraussetzungen von Tarifvorbehalt und Sperrwirkung muss stets der Geltungsbereich der jeweiligen tariflichen Regelung vollständig eröffnet sein. Erfasst der Geltungsbereich des anwendbaren Veräußerertarifvertrages einen Betrieb nach Betriebsübergang nicht mehr, kann von ihm auch keine Vorrangwirkung

---

106 *Reichold*, RdA 2007, 321, 323; *Bepler*, NZA Beil. 3/2010, 99.

107 *Henssler*, in: HWK, § 4 TVG Rdnr. 47; *Löwisch/Rieble*, § 4 Rdnr. 263 ff., 275.; krit. hierzu *Jacobs/Krois*, in: FS Bepler, S. 241, 242 ff und *Kempen*, NZA 2003, 415, 416.

108 BAG v. 23.06.2010 – 10 AS 2/10 – NZA 2010, 778; BAG v. 07.07.2010 – 4 AZR 549/08 – NZA 2010, 1068, 1073; *Forst*, in: Thüsing/Braun, 7. Kap. Rdnr. 58.

109 *Franzen* RdA 2008, 193, 195, 200; *Jacobs*, NZA 2008, 325, 329, 333.

110 *Fitting*, § 77 Rdnr. 81; a.A. *Franzen*, a.a.O, der auf den tarifautonomienäheren Tarifvertrag abstellen will. Sollte allein dieser die Öffnungsklausel enthalten, kann von ihr Gebrauch gemacht werden. Bei unterschiedlichen Öffnungsklauseln gilt der repräsentativere Tarifvertrag.

111 BAG v. 23.03.2005 – 4 AZR 203/04 – NZA 2005, 1003, 1005, 1006.

112 *Hartmann*, Die Weitergeltung von firmentariflichen Regelungen, S. 122, 123.

mehr ausgehen.[113] Als Maßstab kommt nur noch das Tarifvertragswerk des Erwerbers in Betracht. Unter dem Aspekt der Kollision ist damit entscheidend, welchem der tariflichen Geltungsbereiche der Betrieb und die betroffenen Arbeitsverhältnisse unterfallen.

(b) Das Verhältnis von § 87 BetrVG zu § 77 BetrVG

Ob eine Erwerberbetriebsvereinbarung ablösende Wirkung haben kann, hängt von dem jeweiligen Regelungsgegenstand ab. Ist er tarifvertraglich geregelt, geht dies einer Regelung in einer Betriebsvereinbarung zum Schutz der Tarifautonomie vor. Dabei gilt zum im Verhältnis von § 87 Abs. 1 BetrVG zu § 77 Abs. 3 BetrVG das Vorrangprinzip.[114] Ist eine Regelungsmaterie des § 87 Abs. 1 BetrVG alleiniger Inhalt einer als Wirksamkeitsmaßstab dienenden Tarifregelung und der Erwerberbetriebsvereinbarung, kann letztere nur ablösend wirken, wenn die Voraussetzungen des Tarifvorbehalts nicht eingreifen. Im Fall der zwingenden Mitbestimmung scheidet dabei ein Rückgriff auf § 77 BetrVG und die dort vorgesehene Üblichkeit als Auslöser einer Tarifsperre stets aus.[115] Ausschließlich freiwillig mitbestimmte Gegenstände einer Tarifregelung und der Erwerberbetriebsvereinbarung sind dagegen nach § 77 Abs. 3 BetrVG zu beurteilen. Eine Erwerberbetriebsvereinbarung kann hier nur ablösend wirken, wenn der Tatbestand des § 77 Abs. 3 BetrVG nicht erfüllt ist.[116] Enthalten Tarifregelung und Erwerberbetriebsvereinbarung gleichzeitig Elemente der zwingenden und freiwilligen Mitbestimmung, wird jeder Regelungsteil dieser teilmitbestimmten Regelungen nach den für ihn geltenden Voraussetzungen beurteilt.[117] Damit ist für die Ablösung hier jeweils zwischen § 87 und § 77 BetrVG abzugrenzen.

Kollidieren in den genannten Fällen Erwerberbetriebsvereinbarung und Tarifinhalte miteinander, ist erstere unwirksam und kann nicht ablösend wirken, wenn eine inhaltliche Überschneidung vorliegt.[118] Bei Mischregelungen findet eine differenzierende Betrachtung statt. Betrifft die Kollision den Bereich der zwingenden Mitbestimmung, bleibt die Erwerberbetriebsvereinbarung i.ü. entgegen § 139 BGB wirksam, weil Betriebsvereinbarungen dort Wirkung entfalten, wo sie ihre

---

113 *Worzalla*, in: HSWGNR, § 87 Rdnr. 71; *Richardi*, in: Richardi, § 77 Rdnr. 264.

114 BAG v. 27.06.2006 – 3 AZR 255/05 – NZA 2006, 1285, 1287.

115 BAG v. 24.08.2004 – 1 AZR 419/03 – NZA 2005, 51, 53.

116 *Henssler*, in: FS Schaub, S. 311, 321; *Däubler*, NZA 1996, 225, 233.

117 BAG v. 22.03.2005 – 1 ABR 64/03 – NZA 2006, 383, 388; *Fitting*, § 77 Rdnr. 116.

118 *Kort*, NZA 2005, 620; *Kaiser*, in: Löwisch/Kaiser, § 77 Rdnr. 111; BAG v. 10.10.2006 – 1 ABR 59/05 – NZA 2007, 523, 524, 525.

Ordnungsfunktion nicht verloren haben.[119]. Dies ist der Fall, wenn der freiwillig mitbestimmte, verbleibende Teil eine in sich geschlossene und sinnvolle Regelung darstellt.[120] Dieser Teil kann dann ablösend wirken.

(c) Voraussetzungen des Tarifvorbehalts i.S.d. § 87 Abs. 1 BetrVG

Eine Erwerberbetriebsvereinbarung kann im Bereich der zwingenden Mitbestimmung nur ablösend wirken, wenn die Voraussetzungen des § 87 Abs. 1 BetrVG zu Gunsten des anwendbaren Tarifvertrages nicht vorliegen. Erfasst sind dabei aufgrund des indifferenten Wortlauts sowohl Verbands- als auch Firmentarifverträge.

(aa) Normative tarifliche Regelung

Der Tarifvorbehalt greift bei einer normativen Tarifregelung ein. Nachwirkende Tarifnormen i.S.d. § 4 Abs. 5 TVG sind nicht erfasst, hier kann die Tarifregelung durch jede andere Abmachung ersetzt werden.[121] Hierzu gehört auch eine Erwerberbetriebsvereinbarung, die dieselben Regelungsgegenstände betrifft.[122] Dies gilt auch dann, wenn diese Regelungsgegenstände üblicherweise tarifvertraglich geregelt werden.[123]

(bb) Abschließende tarifliche Regelung

Es muss eine abschließende, nicht ergänzungsbedürftige Regelung vorliegen.[124] Hier genügt es, wenn die tarifliche Regelung auf einem gemeinsamen Regelungswillen der Tarifpartner beruht und als nur einigermaßen vollständige und aus sich heraus anwendbare Regelung erscheint.[125] Ausnahmen von diesem Grundsatz können zum Schutz der Tarifautonomie nur in sehr restriktivem Umfang bestehen.[126] Wenn die Tarifvertragsparteien Raum für betriebliche Regelungen lassen wollen, müssen sie dies im Tarifvertrag ausdrücklich regeln.

---

119 *Kreitner*, in: Küttner, Betriebsvereinbarung (126) Rdnr. 11; *Kort*, NZA 2005, 620.

120 BAG v. 22.03.2005 – 1 ABR 64/03 – NZA 2006, 383, 388; BAG v. 21.01.2003 – 1 ABR 9/02 – NZA 2003, 1097, 1101; *Fitting*, § 77 Rdnr. 103.

121 BAG v. 03.05.2006 – 1 ABR 14/05 – NZA 2006, 1240; *Worzalla*, in: HSWGNR, § 87 Rdnr. 67; *Matthes*, in: MHA, § 242 Rdnr. 15.

122 LAG Hessen v. 14.11.2011 – 16 Sa 721/11 – EzA-SD 2011 Nr. 26, 12.

123 *Richardi*, in: Richardi, § 87 Rdnr. 152; *Berg*, in: DKKW, § 77 Rdnr. 133.

124 BAG v. 17.11.1998 – 1 ABR 12/98 – NZA 1999, 662, 665.

125 *Richardi*, in: Richardi, § 87 Rdnr. 162 m.w.N

126 *Worzalla*, in: HSWGNR, § 87 Rdnr. 73.

(cc) Tarifbindung des Erwerbers als Arbeitgeber

Weitere Voraussetzung des Tarifvorbehalts ist die normative Bindung des Arbeitgebers, hier des Erwerbers, an den anwendbaren Tarifvertrag.[127] Eine arbeitnehmerseitige Tarifbindung ist dagegen nicht erforderlich.[128] Ist i.R.d. Betriebsübergangs der Veräußererfirmentarifvertrag vorrangig anzuwenden, ist der Erwerber tarifgebunden, wenn der Tarifvertrag des Veräußerers für allgemeinverbindlich erklärt wurde (§ 5 TVG) und der Betrieb in den fachlichen Geltungsbereich des Tarifvertrages fällt.[129] Firmentarifverträge können außerhalb des § 5 TVG keine Tarifbindung des Erwerbers begründen, da dieser bei Betriebsübergang nicht in die Stellung des Veräußerers als Tarifvertragspartei einrückt.[130] Gem. §§ 2 Abs. 1, 2 i.V.m. § 3 Abs. 1 TVG ist der Erwerber an einen Verbandstarifvertrag des Veräußerers gebunden, wenn der Erwerber demselben tarifvertragschließenden Arbeitgeberverband angehört wie der Veräußerer.

(dd) Eröffnung des tariflichen Geltungsbereichs für den Betrieb und die von dem Betriebsübergang betroffenen Arbeitnehmer

Der Tarifvorbehalt greift nur ein, soweit die Tarifregelung in fachlicher Hinsicht reicht und den Betrieb erfasst.[131] Nur dann kann der Tarifvorbehalt das Mitbestimmungsrecht in sozialen Angelegenheiten einschränken und verhindern, dass der Erwerber seine Betriebsvereinbarungen zur Anwendung bringt. Ebenso müssen die übergehenden Arbeitsverhältnisse in den persönlichen Geltungsbereich des jeweiligen Tarifvertrages fallen.[132] Der anwendbare Tarifvertrag muss daher Regelungen enthalten, die auf die Arbeitnehmer und deren Rechtsverhältnisse tatsächlich einwirken.[133]

(d) Voraussetzungen der Sperrwirkung des § 77 Abs. 3 BetrVG

Die Ablösungsfähigkeit von Betriebsvereinbarungen richtet sich bei der freiwilligen Mitbestimmung nach § 77 Abs. 3 BetrVG.

---

127 BAG v. 27.11.2002 – 4 AZR 660/01 – SAE 2003, 324.

128 *Fitting*, § 87 Rdnr. 42; *Kania*, in: ErfK, § 87 BetrVG Rdnr. 15.

129 *Wank*, in: Wiedemann, § 5 Rdnr. 52 ff., 67; *Löwisch/Rieble*, § 5 Rdnr. 53.

130 BAG v. 29.08.2001 – 4 AZR 332/00 – NZA 2002, 513, 514; *Oetker*, in: Wiedemann, § 3 Rdnr. 199; *Löwisch/Rieble*, § 1 Rdnr. 1377, § 3 Rdnr. 373.

131 *Worzalla*, in: HSWGNR, § 87 Rdnr. 71.

132 *Richardi*, in: Richardi, § 77 Rdnr. 265.

133 *Kreutz*, in: GK, § 77 Rdnr. 98–100; *Waltermann*, Betriebsvereinbarung, S. 284; *Fischer*, tarifwidrige Betriebsvereinbarungen, S. 201, 202; diff. *Bakopoulos*, Zuständigkeitsverteilung, S. 152, 153.

(aa) Vorliegen einer normativen oder üblichen Tarifregelung

Die tarifliche Sperrwirkung greift bei einer normativen Tarifregelung über Arbeitsentgelte oder sonstige Arbeitsbedingungen ein.[134] Eine Regelung kann auch im Fall des „beredten Schweigens“ vorliegen, das von einer bloßen „Nichtregelung“ durch Auslegung abzugrenzen ist.[135] Betriebsvereinbarungen bleiben im Fall der normativen Tarifregelung jedoch dort möglich, wo gem. § 77 Abs. 3 S. 2 BetrVG Öffnungsklauseln vorgesehen sind. Derartige Betriebsvereinbarungen sind inhaltlich durch den Tarifvertrag selbst und zeitlich durch dessen Laufzeit inklusive Nachwirkungszeitraum i.S.d § 4 Abs. 5 TVG begrenzt.[136] Weitergehende Abweichungsbefugnisse bestehen nicht. Insbesondere scheiden tarifvertragsübernehmende Betriebsvereinbarungen, die den Inhalt tariflicher Regelungen für alle Arbeitnehmer des Betriebs für anwendbar erklären, als zusätzliches Regelungsinstrument aus.[137] Daneben kann aufgrund von „Tarifüblichkeit“ eine Sperrwirkung i.S.d. § 77 Abs. 3 BetrVG entstehen, wenn der Abschluss von Tarifverträgen für den jeweiligen Betrieb einen branchen- und verbandstypischen Vorgang darstellt.[138] Die Tarifüblichkeit stellt einen Auffangtatbestand dar, der erst eingreift, wenn die normative Wirkung einer anwendbaren Tarifregelung entfällt. § 77 Abs. 3 BetrVG reicht damit erheblich weiter als § 87 Abs. 1 BetrVG.

(bb) Tarifbindung des Erwerbers

Die Tarifbindung des Erwerbers ist i.R.d. § 77 Abs. 3 BetrVG nicht erforderlich.[139] Diese weitreichende tarifliche Sperrwirkung soll sicherstellen, dass die Monopolstellung der Tarifvertragsparteien zur Regelung von Arbeitsentgelten und Arbeitsbedingungen nicht unterwandert wird. Dazu könnte es auch im Fall konkurrierender Betriebsvereinbarungen nicht tarifgebundener Erwerber kommen.[140] I.R.e Betriebsübergangs gilt nichts anderes. Die Ablösungsfähigkeit einer

134 BAG v. 29.10.2002 – 1 AZR 573/01 – NZA 2003, 393, 395; näher hierzu *Worzalla*, in: HSWGNR, § 77 Rdnr. 107, 108.

135 Allg. Grundsatz, vgl. BAG v. 13.12.2006 – 10 AZR 674/05 – NZA 2007, 751, 752, 753, der sowohl für gesetzliche wie tarifliche Regelungen gilt.

136 *Fitting*, § 77 Rdnr. 122; *Kreutz*, in: GK, § 77 Rdnr. 157.

137 BAG v. 20.11.2001 – 1 AZR 12/01 – NZA 2002, 872; *Picot/Schnitker*, Teil I Abschn. F Rdnr. 303; *Dzida/Wagner*, NZA 2008, 571, 572.

138 *Richardi*, in: Richardi, § 77 Rdnr. 267, 269, 273; *Fitting*, § 77 Rdnr. 90–97.

139 BAG v. 10.10.2006 – 1 ABR 59/05 – NZA 2007, 523, 524; *Moll*, Der Tarifvorrang, S. 42; *Buchner*, DB 1997, 573.

140 S. nur *Fitting*, § 77 Rdnr. 67 m.w.N.

Erwerberbetriebsvereinbarung (S. 3) richtet sich nur nach den gesetzlichen Vorgaben der §§ 87, 77 BetrVG. Dies schließt die nicht erforderliche Tarifbindung des Erwerbers für die Sperrwirkung des § 77 Abs. 3 BetrVG mit ein.

(cc) Die Sperrwirkung auslösende Tarifverträge

§ 77 Abs. 3 BetrVG erfasst unproblematisch Verbandstarifverträge auf Veräußerer- und Erwerberseite. Dies gilt sowohl für den Fall der vorhandenen Regelung als auch für den der Tarifüblichkeit. § 77 Abs. 3 BetrVG gilt aber auch für jeweils anwendbare Firmentarifverträge.[141] Für den Fall der „Regelung" ergibt sich dies bereits aus dem Wortlaut des § 77 Abs. 3 BetrVG, der lediglich von Tarifverträgen spricht. Eine Einschränkung auf Verbandstarifverträge lässt sich auch nicht aus § 2 Abs. 1 TVG herleiten, der die Befugnis zum Abschluss von Tarifverträgen auch dem einzelnen Arbeitgeber zubilligt. Dies ist auch für § 77 Abs. 3 BetrVG verbindlich. Unabhängig davon entfalten sowohl Verbands- als auch Firmentarifvertrag eine Sperrwirkung nur, soweit ihr Geltungsbereich in fachlicher, räumlicher und persönlicher Hinsicht reicht. Firmentarifverträge sind darüber hinaus aber auch geeignet, eine Tarifüblichkeit zu begründen.[142] Der Begriff der „Üblichkeit" unterscheidet nicht zwischen Verbands- und Firmentarifvertrag, die Tarifüblichkeit bleibt aber auf den Geltungsbereich des jeweiligen Firmentarifvertrages beschränkt.[143] Die so entstandene Sperrwirkung kann daher in einer bestimmten Branche nicht dazu führen, dass eine Tarifüblichkeit für andere Betriebe entsteht.[144]

(e) Das Günstigkeitsprinzip des § 4 Abs. 3 TVG

Eine weitere Norm, die das Verhältnis von Tarifvertrag zu (Erwerber)- Betriebsvereinbarung beschreibt, ist § 4 Abs. 3 TVG. Danach kann sowohl im Fall einer ausdrücklichen Gestattung durch den Tarifvertrag (Öffnungsklausel) als auch im Fall einer für den Arbeitnehmer günstigeren Regelung von dem Tarifvertrag abgewichen werden. Vor dem In-Kraft-Treten des Betriebsverfassungsgesetzes (1952) galt auch eine Betriebsvereinbarung als „günstigere Regelung".[145] Dieses Verständnis kann aufgrund der jüngeren und damit spezielleren Zuständigkeitsregeln der

141 BAG v. 21.06.2005 – 9 AZR 353/04 – NZA 2006, 456; BAG v. 21.01.2003 – 1 ABR 9/02 – NZA 2003, 1097, 1099; *Berg*, in: DKKW, § 77 Rdnr. 138.

142 St. Rspr. zuletzt BAG v. 26.08.2008 – 1 AZR 354/07 – NZA 2008, 1426, 1427.

143 BAG a.a.O; *Worzalla*, in: HSWGNR, § 77 Rdnr. 133, 134.

144 *Kreutz*, in: GK, § 77 Rdnr. 103.

145 *Dietz*, RdA 1949, 161, 164.

§§ 87, 77 BetrVG nicht aufrechterhalten werden.[146] Diese Regelungen bezwecken in einer umfassenden Weise den Schutz der Tarifautonomie und verhindern, dass sich die Betriebspartner als Ersatzgewerkschaften betätigen. Damit ist die Ablösung einer vorrangigen tariflichen bzw. tarifüblichen Regelung durch eine günstigere Betriebsvereinbarung allein auf der Grundlage des § 4 Abs. 3 TVG nicht vereinbar. Die absolute Sperrwirkung der §§ 87, 77 BetrVG führt damit zu einem Ausschluss des Günstigkeitsprinzips im Verhältnis Tarifvertrag zu Betriebsvereinbarung.[147] Der Anwendungsbereich des § 4 Abs. 3 TVG ist ausnahmsweise nur dort eröffnet, wo die §§ 87, 77 BetrVG nicht einschlägig sind oder es sich um eine Kollision von privatautonom-individualvertraglicher und kollektivrechtlicher Regelung handelt.[148] Im Fall des Betriebsübergangs bleibt es jedoch bei dem vollständigen Ausschluss des Günstigkeitsprinzips, da es im Anwendungsbereich des Ablösungsmechanismus der §§ 613a Abs. 1 S. 2, 3 BGB auch dann nicht gilt, wenn die §§ 87, 77 BetrVG einer Ablösung nicht entgegen stehen.[149] Eine Erwerberbetriebsvereinbarung ist somit immer dann ablösungsfähig, wenn sie nicht von den §§ 87, 77 BetrVG gesperrt ist. Dies gilt wegen des Regelungsmechanismus und Interessenschutzes i.R.d. §§ 613a Abs. 1 S. 2, 3 BGB in gemeinschaftsrechtlicher Auslegung unabhängig davon, ob sie im Vergleich zu dem Tarifvertrag günstiger oder ungünstiger ist.[150]

(aa) Kollektivrechtliches Verschlechterungsverbot durch die „Scattolon"-Rechtsprechung des EuGH?

Eine Einschränkung des Ausschlusses des Günstigkeitsprinzips könnte sich aus der Scattolon-Entscheidung des EuGH ergeben.[151] Der EuGH bestätigt zunächst, dass grundsätzlich eine kollektivrechtliche Ablösung i.R.e. Betriebsübergangs auf der Grundlage des Art. 3 der RL 77/187/EWG (jetzt Art. 3 Abs. 3 RL 2001/23/EG) entsprechend dem Richtlinienwortlaut auch innerhalb der Jahresfrist der Veränderungssperre zulässig ist, wenn etwa ein anderer Kollektivvertrag zur

146 *Wank*, in: Wiedemann, § 4 Rdnr. 549; *Richardi*, in: Richardi, § 77 Rdnr. 241.

147 *Kissel*, NZA 1995, 1, 4; *Zachert*, ArbuR 1993, 97, 99; anders *Ehmann/Schmidt*, NZA 1995, 193, 197, 198.

148 *Wank*, in: Wiedemann, § 4 Rdnr. 419, 558; *Deinert*, in: Däubler, § 4 Rdnr. 613.

149 Für viele BAG v. 22.04.2009 – 4 AZR 100/08 – NZA 2010, 41, 48; BAG v. 18.11.2003 – 1 AZR 604/02 – NZA 2004, 803, 805; *Bepler*, RdA 2009, 65, 66.

150 Vgl. nur *Willemsen/Müller-Bonanni*, in: HWK, § 613 BGB Rdnr. 270.

151 EuGH v. 06.09.2011 – Rs. C-108/10 (Ivana Scattolon ./. Ministero dell'Instruzione, dell'Università e della Ricerca) – NZA 2011, 1077 ff.

Anwendung gelangt.[152] Der EuGH beschreibt hier den Regelungsmechanismus des Art. 3 Abs. 3 RL in einer Weise, wie er ihn in seiner bisherigen Rechtsprechung zum Ausdruck gebracht hat.[153] Demnach kann der Erwerber durch eigenes Kollektivrecht die Arbeitsbedingungen der betroffenen Arbeitnehmer verändern.[154] Dabei kann es sich aufgrund der insoweit neutralen Formulierung des Richtlinienwortlauts grundsätzlich auch um verschlechternde Regelungen einer Betriebsvereinbarung handeln, wenn sie nach nationalem Recht wirksam zustande gekommen und anwendbar sind. Durch die Scattolon-Entscheidung schlägt der EuGH aber einen neuen Weg in Bezug auf die Gestaltungsmöglichkeiten des Erwerbers ein. Nach Ansicht des EuGH soll eine innerhalb der Jahresfrist erfolgende kollektivrechtliche Ablösung, und damit auch eine Überkreuz-Ablösung, aus Gründen des Arbeitnehmerschutzes nur noch zulässig sein, wenn sie weder mit sofortiger Wirkung nach Betriebsübergang eintritt noch zum Ziel oder zur Folge hat, den betroffenen Arbeitnehmern insgesamt schlechtere Arbeitsbedingungen aufzuerlegen.[155] Dieser besonders hoch angesetzte Arbeitnehmerschutz entspreche dem Ziel der Betriebsübergangsrichtlinie, deren praktische Wirksamkeit gewahrt werden müsse.[156] Der EuGH führt an dieser Stelle einen kollektiven Günstigkeitsvergleich der gesamten Regelungswerke von Erwerber und Veräußerer durch und statuiert damit ein kollektivrechtliches Verschlechterungsverbot, das die Gestaltungsoptionen des Erwerbers erheblich beschränkt.[157] Insbesondere scheidet aus Sicht des Erwerbers damit eine verschlechternde Ablösung des Veräußererkollektivrechts durch eigenes Kollektivrecht aus. Die Rechtsfigur des kollektivrechtlichen Verschlechterungsverbots ist aus gemeinschaftsrechtlicher Perspektive ein Novum.[158] Ein solches Verbot steht dem nationalen Rechtsverständnis des § 613a Abs. 1 S. 3 BGB diametral

152 EuGH, NZA 2011, 1077, 1082, 1083 Rdnr. 72–75.; s. o. B.) 1.) c.) aa.) (2).

153 EuGH v. 14.09.2000 – Rs. C-343/98 (Renato Collino u. Luisella Chiappero/Telecom Italia SpA) – NZA 2000, 1279, 1282, Rdnr. 53.

154 *Steffan*, NZA 2012, 473, 475 für den Fall der Ablösung durch Tarifvertrag im nationalen Rechtskontext der §§ 613a Abs. 1 S. 2, 3 BGB.

155 EuGH, NZA 2011, 1077, 1083 Rdnr. 76 – Scattolon.

156 EuGH a.a.O.

157 *Steffan*, NZA 2012, 473, 475, 476; a.A. *Winter*, RdA 2013, 36, 38, die die Scattolon-Entscheidung nicht als Begründung eines kollektiven Günstigkeitsvergleichs i.S.e. eines faktischen Ausschlusses des Ablösungsprinzips verstanden wissen will sondern als Missbrauchskontrolle nach erfolgter Ablösung durch Kollektivregelungen des Erwerbers.

158 *Sagan*, EuZA 2012, 247, 256.

entgegen, wonach bei einer kollektivrechtlichen Ablösung das Günstigkeitsprinzip zu Gunsten des Ablösungsprinzips nicht gelten soll.[159]

(bb) Kritik an einem kollektivrechtlichen Verschlechterungsverbot

Die Scattolon-Entscheidung begegnet erheblichen Bedenken. Der Wortlaut, die innere Systematik und der Schutzzweck der Richtlinie 2001/23/EG (Art. 3 Abs. 1–3) sprechen gegen ein kollektivrechtliches Verschlechterungsverbot, wie es der EuGH entwickelt hat. Nach Art. 3 Abs. 3 RL ist die Kollektivregelung des Erwerbers in den dort genannten Fällen anwendbar, ohne dass damit inhaltliche Vorgaben zu dem einzuhaltenden Schutzniveau oder zur Reichweite der zu gewährenden Mindestarbeitsbedingungen verbunden sind.[160] Der EuGH begründet dagegen ein kollektivrechtliches Verschlechterungsverbot, indem er auf Art. 3 Abs. 1 RL abstellt.[161] Diese Vorschrift enthält zwar ein Verschlechterungsverbot, bezieht sich i.Ü. jedoch ausschließlich auf die Änderung von individualvertraglichen Inhalten anlässlich eines Betriebsübergangs.[162] Rückschlüsse hinsichtlich der Ablösung von Kollektivverträgen können hieraus schon aus systematischen Erwägungen nicht gezogen werden. Der EuGH vermengt dagegen systematisch unzulässig Art. 3 Abs. 1 und Abs. 3 RL und damit die Voraussetzungen einer Veränderung von arbeitsvertraglichen in Abgrenzung zu kollektivrechtlichen Mindestarbeitsbedingungen.[163] Dagegen kann auch nicht angeführt werden, der EuGH wolle damit lediglich den Missbrauch des Ablösungsprinzips nach Umstellung auf die Erwerberregelung aus Arbeitnehmerschutzgründen verhindern.[164] Selbst wenn dies zuträfe, kann dies nicht unter Verstoß gegen die innere Systematik des Art. 3 RL erfolgen.

Auch die sprachliche Fassung von Art. 3 Abs. 1 und Abs. 3 RL zeigt, dass jeweils unterschiedliche Voraussetzungen für die genannten Ablösungskonstellationen

---

159 *Steffan*, NZA 2012, 473, 475 m.w.N.

160 *Sagan*, EuZA 2012, 247, 253.

161 EuGH, NZA 2011, 1077, 1082, 1083 Rdnr. 70, 71, 81 – Scattolon unter direkter Bezugnahme auf EuGH v. 11.11.2004 – Rs. C-425/02 (Johanna Maria Delahaie ./. Ministre de la Fonction publique et de la Réforme administrative) – NZA 2004, 1379 ff. und EuGH, NZA 2000, 1279 ff. – Collino/Chiappero, die allein die Auslegung des Art. 3 Abs. 1 RL zum Inhalt hatten und arbeitsvertragliche Ansprüche betrafen.

162 EuGH, NZA 2006, 376, 378 Rdnr. 27 – Werhof; EuGH v. 04.06.2002 – Rs. C-164/00 (Katia Beckmann ./. Dynamco Whicheloe Macfarlane Ltd.) – NZA 2002, 729, 730 Rdnr. 29

163 *Sagan*, EuZA 2012, 247, 253.

164 S. Fn. 159; Winter, RdA 2013, 36, 38.

gelten sollen. Andernfalls hätte der europäische Gesetzgeber schon keinen eigenständigen Absatz für die kollektivrechtliche Ablösung schaffen müssen. Die Tatsache, dass er dies bewusst getan hat, spricht gegen eine Übertragung der für die arbeitsvertraglichen Ansprüche geltenden Grundsätze auf die kollektivrechtliche Ablösung und damit gegen ein kollektivrechtliches Verschlechterungsverbot. Ferner gibt der Wortlaut des Art. 3 Abs. 3 RL einen abgestuften, weil doppelten Schutzzweck wieder. Danach gelten grundsätzlich die Kollektivverträge des Veräußerers mit der Maßgabe fort, dass die Mindestarbeitsbedingungen, die etwa die Tarifpartner auf Veräußererseite ausgehandelt hatten, in diesem Maße aufrechterhalten werden. Diese, den Arbeitnehmerschutz bezweckende Fortgeltung findet aber dort ihre Grenzen, wo ein anwendbarer und wirksamer Kollektivvertrag des Erwerbers vorliegt, der in kollektivrechtlicher Hinsicht einen Mindestschutz gewährleistet. Sind diese Voraussetzungen erfüllt, kann Art. 3 Abs. 3 RL den Erwerber nicht zwingen, die Arbeitsbedingungen des Veräußererkollektivvertrages aufrecht zu erhalten, da ein dahin gehender Wille des Erwerbers regelmäßig nicht vorliegen wird und aufgrund der Richtlinie nicht fingiert werden kann.[165] Existieren demnach bei dem Erwerber anwendbare und wirksame Kollektivverträge, dann muss, dem abgestuften Schutzzweck entsprechend, dieser kollektivrechtlich verbürgte Mindestschutz als Ausdruck eines kollektiven Willens auch dann zur Anwendung gelangen können, wenn er im Vergleich zur Regelung bei dem Veräußerer ungünstiger ist.[166] Genau dieses Ablösungsprinzip verfolgt Art. 3 Abs. 3 RL als Regelungsziel. Dieses Verständnis konterkariert der EuGH, wenn er das Ziel der Richtlinie allgemein damit beschreibt, „die Lage" der übernommenen Arbeitnehmer dürfe sich infolge eines Betriebsübergangs nicht verschlechtern.[167] Damit bringt er zum Ausdruck, dass der betroffene Arbeitnehmer so stehen muss, wie wenn er nicht vom Betriebsübergang erfasst worden wäre. Doch selbst dann wäre er nicht davor geschützt gewesen, dass sich die kollektivrechtliche Lage bei dem Veräußerer verschlechtert. Verschlechternde Kollektivregelungen sind aber nicht grundsätzlich unzulässig, sondern nur darauf zu überprüfen, ob sie gegen tragende Grundsätze des Arbeitsrechts, die guten Sitten, das Grundgesetz oder zwingendes Gesetzesrecht verstoßen.[168] Würde man das kollektivrechtliche

165 So der EuGH selbst ausdrücklich für den Fall des Zeitablaufs, der dem In-Kraft-Treten als Anwendungsfall des Art. 3 Abs. 3 RL gleichgestellt ist, EuGH v. 27.11.2008 – Rs. C-396/07 (Mirja Juuri./. Fazer Amica Oy) – NZA 2008, 1405, 1407.

166 *Steffan*, NZA 2012, 473, 475.

167 EuGH, NZA 2011, 1077, 1083 Rdnr. 76 – Scattolon.

168 St. BAG v. 24.08.1993 – 3 AZR 313/93 – NZA 1994, 807, 808.

Verschlechterungsverbot konsequent zu Ende denken, würde dies zu einer Besserstellung der von dem Betriebsübergang betroffenen Arbeitnehmer führen. Diese wären vor jeder Schlechterstellung durch Kollektivregelung des Erwerbers geschützt, während die bei dem Veräußerer verbleibenden Arbeitnehmer eine tarifliche Verschlechterung hinnehmen müssten. Dies ist mit dem Schutzzweck der Richtlinie unvereinbar.[169]

(cc) Stellungnahme

Die Rechtsfigur des kollektivvertraglichen Verschlechterungsverbotes überzeugt nicht. Insbesondere ist die Verquickung der Regelungsinhalte von Art. 3 Abs. 1 RL und Art. 3 Abs. 3 RL in systematischer Hinsicht problematisch, da der Richtliniengeber offensichtlich zwischen individualvertraglichen und kollektivrechtlichen Voraussetzungen einer Ablösung differenzieren wollte. Der EuGH geht dagegen davon aus, dass das kollektivrechtliche Verschlechterungsverbot von seinem inhaltlichen Anwendungsbereich her auf alle Arbeitsbedingungen anzuwenden ist und die betroffenen Arbeitnehmer in keinem Fall schlechter stehen dürfen.[170] Dies entspricht Art. 3 Abs. 1 RL bezüglich einer individualvertraglichen Ablösung. Wie sich aber aus der systematischen Verbindung von Art. 3 Abs. 1 RL zu Art. 4 Abs. 2 RL ergibt, kann auch ein Betriebsübergang ausnahmsweise zu einer Verschlechterung individualvertraglicher Positionen führen, wenn dadurch keine „wesentliche Änderung der Arbeitsbedingungen zum Nachteil des Arbeitnehmers“ eintritt. Dies widerspricht aber eindeutig den Aussagen des EuGH, wonach bei Art. 3 Abs. 1 RL eine Verschlechterung stets ausscheidet. Denkt man den Ansatz des EuGH gleichwohl zu Ende, müsste der vertragliche Maßstab auch auf kollektivrechtlicher Ebene angelegt werden, um eine „Verschlechterung“ zu ermitteln, da der EuGH auf individualrechtliche Inhalte zurückgreift (Art. 3 Abs. 1 RL als Regel und Art. 4 Abs. 2 RL als systematische Ausnahme), um ein kollektivrechtliches Verschlechterungsverbot zu begründen. Wenn er dies konsequent zu Ende führt, müsste er auch in kollektivrechtlicher Hinsicht ein Regel-Ausnahme-Verhältnis von Arbeitnehmer- zu Vereinheitlichungsinteressen etablieren und kein absolutes Verschlechterungsverbot annehmen. So bleibt nur die Erkenntnis, dass der EuGH einen Fall als von Art. 3 Abs. 3 RL erfasst und verboten ansieht, der von Art. 4 Abs. 2 RL expressis verbis positiv geregelt wird.[171]

---

169 *Steffan*, NZA 2012, 473, 476.

170 „Insgesamt schlechtere Arbeitsbedingungen“, EuGH, a.a.O.

171 *Sagan*, EuZA 2012, 247, 254.

Die Entscheidung ist zu Recht kritisiert worden.[172] Es bleibt der Befund, dass auch ein kollektivrechtliches Verschlechterungsverbot nicht vorbehaltlos bestehen kann. Nur bei „wesentlichen Änderungen der Arbeitsbedingungen“ kann es auf der Grundlage der Argumentation des EuGH eingreifen. I.Ü. muss eine weitere Einschränkung gemacht werden. Der EuGH spricht explizit davon, dass eine Verschlechterung der Arbeitsbedingungen „allein aufgrund“ des Betriebsübergangs unzulässig ist.[173] Existieren demnach kollektivvertragliche Regelungen auf Erwerberseite, die bereits vor dem Betriebsübergang in Kraft getreten waren, dann fehlt es an diesem inneren Kausalzusammenhang zwischen Betriebsübergang und Verschlechterung. Dabei kann es aufgrund des Wortlauts des Art. 3 Abs. 3 RL keinen Unterschied machen, ob es sich um einen Tarifvertrag oder eine Betriebsvereinbarung auf Erwerberseite handelt, da beide kollektive Regelungsmöglichkeiten erfasst sind. Ein Verschlechterungsverbot kann dann nur noch bestehen, wenn die Kollektivregelung des Erwerbers anlässlich oder in unmittelbarem zeitlichen Zusammenhang mit dem Betriebsübergang in Kraft tritt und die Verschlechterung der Arbeitsbedingungen dabei wesentliches Motiv ist.[174]

Für die Überkreuz-Ablösung gilt demnach, dass sie zumindest in den Fällen möglich ist und bleibt, in denen die Betriebsvereinbarung nicht zu wesentlich schlechteren Arbeitsbedingungen nach Betriebsübergang führt und dies, in engem zeitlichen Zusammenhang mit dem Betriebsübergang, nicht ihr wesentliches Motiv ist. Für bereits seit längerer Zeit bestehende Erwerberbetriebsvereinbarungen gilt der letztgenannte Aspekt nicht.

cc.) Rechtsprechung des Bundesarbeitsgerichts zur Überkreuz-Ablösung

Vor diesem Hintergrund ist die Rechtsprechung des Bundesarbeitsberichts zur Überkreuz-Ablösung zu betrachten. In seinen Urteilen vom 20.04.1994[175] und 01.08.2001[176] hatte der 4. Senat noch offen gelassen, ob eine Überkreuz-Ablösung möglich ist. Der 1. Senat äußerte später diesbezüglich „nicht unerhebliche Bedenken“.[177] Zweifel bestünden bereits wegen des Wortlauts des § 613a Abs. 1 S. 3

172 „Stolperstein“, *Jacobs*, BB 2011, 2037, 2040; „Auslöser erheblicher Bauchschmerzen“, *Steffan*, NZA 2012, 473.

173 EuGH, NZA 2011, 1077, 1083 Rdnr. 76 – Scattolon.

174 *Sagan*, EuZA 2012, 247, 255.

175 4 AZR 342/93 – DB 1994, 1629, 1630.

176 4 AZR 82/00 – NZA 2002, 41, 43.

177 BAG v. 22.03.2005 – 1 ABR 64/03 – NZA 2006, 383, 388.

BGB. Danach erscheine es vorzugswürdiger, dass nur eine kollektive Regelung jeweils gleicher Art linear ablösend wirken kann. Überdies sei in systematischer Hinsicht vergleichend auf die Situation ohne Betriebsübergang abzustellen, wo sich die ungünstigere Regelung einer Betriebsvereinbarung nach § 4 Abs. 3 TVG weder gegenüber günstigeren Vertragsinhalten noch gegenüber günstigeren normativen Tarifregelungen durchsetzen kann. Eine Ablösung gerade tariflicher Regelungen scheitere im Fall der freiwilligen Mitbestimmung darüber hinaus regelmäßig an der Sperrwirkung des § 77 Abs. 3 S. 1 BetrVG. Wenn die Tarifbindung entfalle, könne sich die Erwerberbetriebsvereinbarung im Nachwirkungszeitraum des § 4 Abs. 5 TVG allenfalls im Bereich der zwingenden Mitbestimmung durchsetzen. Etwas anderes könne auch i.R.d. § 613a Abs. 1 Satz 3 BGB nicht gelten.

Die vorweg genommene Ablehnung der Überkreuz-Ablösung bestätigte schließlich der 1. Senat.[178] Danach sei der inhaltliche Bestandsschutz der vom Betriebsübergang erfassten Arbeitsverhältnisse maßgeblich zu berücksichtigen. Ein Betriebsübergang könne nicht dazu führen, dass die Arbeitnehmer ihre erworbenen tariflichen Rechtspositionen durch verschlechternde Betriebsvereinbarungen des Erwerbers verlieren. Dies sei mit dem Schutzgedanken von Art. 3 Abs. 3 der Betriebsübergangsrichtlinie 2001/23/EG nicht vereinbar. Der 3. Senat[179] erweiterte die Rechtsprechung des 1. Senats im Anschluss um einen weiteren Gesichtspunkt. Eine verschlechternde Überkreuz-Ablösung könne zu einer ungerechtfertigten Ausdehnung der betrieblichen Regelungsmacht i.S.e. „Tarifmacht“ hinauslaufen. Ein Beispiel hierfür sei z.B. die betriebliche Altersversorgung. Die Tarifpartner könnten hierüber in vollem Umfang Gegenstand Tarifregelungen treffen. Auf Seiten der Betriebspartner unterliegt die betriebliche Altersversorgung dagegen nur teilweise der erzwingbaren Mitbestimmung des Betriebsrats, §§ 87 Abs. 1 Nr. 8, 10 BetrVG. Durch einen Betriebsübergang kämen die Betriebspartner auf Erwerberseite dazu, durch eine nur teilweise erzwingbare Betriebsvereinbarung einen tariflich vollumfänglich geregelten Gegenstand zu verändern, der sich ohne Fortgeltung der Tarifinhalte nach § 613a Abs. 1 BGB ihrem Regelungsbereich entzöge. Hierdurch entstünde ein Ungleichgewicht zwischen erzwingbarer Regelungsmacht der Tarifpartner auf Veräußererseite und der Betriebspartner auf Erwerberseite. Ein Betriebsübergang könne diese Verschiebung in keinem Fall rechtfertigen. Der 4. Senat und ihm folgend die Instanzgerichte bestätigten schließlich, dass eine

178 BAG v. 06.11.2007 – 1 AZR 862/06 – NZA 2008, 542, 546.
179 BAG v. 13.11.2007 – 3 AZR 191/06 – NZA 2008, 600, 602, 603.

verschlechternde Überkreuz-Ablösung zumindest außerhalb der zwingenden Mitbestimmung unterbleiben müsse.[180]

(1) Arbeitnehmerschutz als Schutzzweck der Betriebsübergangsrichtlinie und der §§ 613a Abs. 1 S. 2, 3 BGB

Die von der Rechtsprechung geäußerten Bedenken im Hinblick auf die Zulässigkeit einer Überkreuz-Ablösung sind kritisch zu hinterfragen. Dies betrifft in erster Linie das Schutzzweckpostulat des Arbeitnehmerschutzes. Die betroffenen Arbeitnehmer sollen die vor Betriebsübergang erworbenen tariflichen Rechtspositionen als Mindestarbeitsbedingungen behalten. Dies ergibt sich aus dem Wortlaut des Art. 3 Abs. 3 RL 2001/23/EG und der Gesetzesbegründung zu § 613a Abs. 1 BGB. Dies ist der primäre, aber nicht ein absoluter Schutzzweck, da der Wortlaut auch die Interessen des Erwerbers schützt, bei dem eine Kollektivvereinbarung be- oder entsteht („Inkrafttreten ... oder Anwendung eines anderen Kollektivvertrages"). Die vollständige und bedingungslose Fortgeltung der erworbenen Rechtspositionen ist zudem weder durch den Richtlinienwortlaut noch durch Sinn und Zweck der §§ 613a Abs. 1 S. 2, 3 BGB zwingend vorgegeben.[181] Existieren anwendbare, weil wirksame „Kollektivverträge" auf Seiten des Erwerbers, dann sind diese entgegen dem EuGH sowohl nach der gemeinschaftsrechtlichen als auch nationalen Konzeption grundsätzlich geeignet, ablösend zu wirken. Wenn eine solche Regelung auch die vom Betriebsübergang betroffenen Arbeitnehmer erfasst, ist dem Arbeitnehmerschutz Genüge getan. Dann kann es auch nicht darauf ankommen, dass Veräußerertarifvertrag und Erwerberbetriebsvereinbarung nicht derselben Regelungsebene entstammen. Der Wortlaut des § 613a Abs. 1 S. 3 BGB beschränkt eine Ablösung nicht allein auf das jeweilige Pendant einer Kollektivvereinbarung. Der Regelungsmechanismus der §§ 613a Abs. 1 S. 2, 3 BGB ist auf dieser Grundlage vielmehr i.S.e. auflösenden Bedingung zu betrachten. Die Inhalte des Veräußerertarifvertrages sollen aufgrund der Veränderungssperre in S. 2 zumindest für ein Jahr beibehalten werden. Dies steht aber von vorneherein unter der Bedingung, dass eine inhaltlich entsprechende und wirksame Kollektivvereinbarung des Erwerbers, etwa eine Betriebsvereinbarung, nicht anwendbar ist. Die Norm kann nur auf der Grundlage einer solchen gemeinschaftsrechtskonformen

---

180 BAG v. 21.04.2010 – 4 AZR 768/08 – ArbuR 444; bestätigend LAG Hessen v. 14.11.2011 – 16 Sa 721/11 – EzA-SD 2011 Nr. 26, 12; LAG München v. 07.03.2012 – 5 Sa 848/11 – n.v.

181 *Lambrich*, in: FS Ehmann, S. 168, 172; *Meyer*, NZA 2001, 751; *Henssler*, in: FS Schaub, S. 311, 321; *Döring/Grau*, BB 2009, 158, 162.

Auslegung des § 613a Abs. 1 BGB den ihr zugedachten Zweck erfüllen. Gleichwohl tritt die Überbetonung des Arbeitnehmerschutzes als alleiniges Regelungsziel in der Rechtsprechung konstant hervor.[182] Diese Ansicht geht offenbar davon aus, dass die betroffenen Arbeitnehmer nach Betriebsübergang bei Anwendung einer Erwerberbetriebsvereinbarung erdiente Besitzstände in Form von Mindestarbeitsbedingungen in jedem denkbaren Fall „auf einen Schlag" verlieren. Deswegen wird kompensatorisch der Arbeitnehmerschutz im Kontrast zu Wortlaut und Telos der Betriebsübergangsrichtlinie und §§ 613a Abs. 1 S. 2, 3 BGB überbetont.

Diese Annahme ist jedoch unzutreffend, was die Rechtsprechung des 3. Senats für den Bereich der betrieblichen Altersversorgung zeigt. Träfen Betriebsvereinbarungen aufeinander, die jeweils Regelungen zur betrieblichen Altersversorgung enthalten, dann bleiben die bis dato erdienten Besitzstände beinahe ausnahmslos erhalten.[183] Etwas anderes gelte nur in Fällen der planwidrigen Überversorgung oder einer außergewöhnlichen Mehrbelastung.[184] Dies sei dem Entgeltcharakter der betrieblichen Altersversorgung geschuldet.[185] Wenn demnach bei einem Betriebsübergang die Anwendung der Erwerberbetriebsvereinbarung dazu führe, dass die Arbeitnehmer bezogen auf die betriebliche Altersversorgung geringere Ansprüche erwerben, dann bleiben die bis zum Betriebsübergang erworbenen Anwartschaften gewahrt.[186] Die Arbeitnehmer würden nicht so gestellt, als seien sie nach Betriebsübergang ausgeschieden, um dann eine neue Zusage aufgrund der Erwerberbetriebsvereinbarung zu erhalten.[187] Ergäben sich aus der Erwerberbetriebsvereinbarung dagegen insgesamt im Zeitpunkt des Versorgungsfalls höhere Ansprüche, ist allein diese maßgeblich.[188] Andernfalls kommen konsequenterweise. die eingefrorenen Anwartschaften

182 Besonders deutlich BAG v. 01.08.2001 – 4 AZR 82/00 – NZA 2002, 41, 43, 44: „Die Gesamtregelungen in § 613a Abs. 1 Satz 2–4 wollen einen Schutz des Arbeitnehmers begründen"; BAG v. 29.08.2001 – 4 AZR 332/00 – NZA 2002, 513, 517 spricht undifferenziert von „der Rechtserhaltungsfunktion des § 613a BGB"; BAG v. 06.11.2007 – 1 AZR 862/06 – NZA 2008, 542, 546 und 13.11.2007 – 3 AZR 191/06 – NZA 2008, 600, 603 unisono: „§ 613a BGB verfolgt ersichtlich das Ziel die Rechtsstellung der Arbeitnehmer vor Verschlechterungen … weitgehend zu schützen".

183 BAG v. 11.12.2001 – 3 AZR 512/00 – NZA 2003, 1414, 1416.

184 *Lindemann/Simon*, BB 2003, 2510, 2516; BAG v. 17.01.2012 – 3 AZR 555/09 – ZTR 2012, 596, 597, in diesen Fällen gelangt § 313 BGB n.F. zur Anwendung.

185 BAG v. 24.07.2001 – 3 AZR 660/00 – NZA 520, 522.

186 *Reichel/Schmandt*, Abschn. C Rdnr. 126; *Schoden*, Arbeitsrechtliche Einführung Rdnr. 237, § 1b Rdnr. 58 ff; *Langohr-Plato*, Abschn. C Rdnr. 1007.

187 *Schnitker*, in: WHSSS, Abschn. J Rdnr. 470.

188 BAG a.a.O; *Schnitker*, in: WHSSS, Abschn. J Rdnr. 471.

auf der Basis der Veräußererbetriebsvereinbarung zur Anwendung.[189] Die Besitzstandsermittlung erfolgt dann über § 2 BetrAVG.

Diese Vorgaben sind aber nicht nur für den Fall der Ablösung einer Betriebsvereinbarung durch eine andere anzuwenden. Aufgrund des Entgeltcharakters der betrieblichen Altersversorgung und der primären ratio der Besitzstandsstandswahrung i.R.d. § 613a Abs. 1 BGB kann für die Überkreuz-Ablösung nichts anderes gelten.[190] Die Reichweite der Erhaltung erworbener Besitzstände kann nicht davon abhängen, ob vor Betriebsübergang Regelungen zur betrieblichen Altersvorsorgung in einem Tarifvertrag oder einer Betriebsvereinbarung des Veräußerers enthalten sind, da ein vergleichbarer Besitzstandsschutz auch bei einer Überkreuz-Ablösung denkbar und erforderlich ist.[191] Eine entsprechende Differenzierung liefe aber dem primären Schutzzweck der §§ 613a Abs. 1 S. 2, 3 BGB, dem Arbeitnehmerschutz, zuwider.[192] Dieses Ergebnis ist auch unmittelbare Folge des Günstigkeitsprinzips.[193] Dieses gilt für die Zukunft, d.h. beschränkt auf die Zeit nach Betriebsübergang, im Kontext der §§ 613a Abs. 1 S. 2, 3 BGB gerade nicht. Bezogen auf die Zeit vor Betriebsübergang kann dagegen durch das Kollektivrecht des Erwerbers nicht nachträglich verschlechternd in bereits erdiente und unverfallbare Anwartschaften eingegriffen werden.[194] Dabei kann vor dem Hintergrund des kollektivrechtlichen Charakters von sowohl Betriebsvereinbarung als auch Tarifvertrag keine Rolle spielen, welcher Art die ablösende Regelung ist.[195] Damit sind auch im Fall der Überkreuz-Ablösung Konstellationen denkbar, in denen entgegen der Rechtsprechung[196] erworbene Besitzstände trotz Anwendung der Erwerberregelung erhalten bleiben.

Vor diesem Hintergrund kann die Überkreuz-Ablösung allein mit dem Argument des Arbeitnehmerschutzes nicht abgelehnt werden. Sie verkennt zum einen den abgestuften Schutzzweck und damit den Regelungsmechanismus der §§ 613a

---

189 BAG a.a.O; *Höfer*, Band 1 BetrAVG, ART Rdnr. 1261.

190 *Schnitker*, in: WHSSS, Abschn. J Rdnr. 457; *Reichel/Böhm*, BetrAV 2008, 362.

191 *Reichel/Böhm* a.a.O; *Döring/Grau*, BB 2009, 158, 164.

192 Die §§ 613a Abs. 1. S. 2, 3 BGB finden nach a.M. auf Regelungen der Altersversorgung auch Anwendung, anders *Kemper*, BetrAV 1990, 7, 10 ff.

193 In diese Richtung BAG v. 24.07.2001 – 3 AZR 660/00 – NZA 2002, 520, 522; *Gaul/Kühnreich*, NZA 2002, 495, 497, 498; *Müller-Glöge*, in: MüKo, § 613a BGB Rdnr. 142.

194 *Blomeyer/Otto*, Anh. § 1 Rdnr. 315, 322.

195 *Hanau/Vossen*, in: FS Hilger/Stumpf, 271, 278.

196 Der 3. Senat will hier wegen des absoluten Arbeitnehmerschutzes eine Überkreuz-Ablösung ausschließen, BAG v. 13.11.2007 – 3 AZR 191/06 – NZA 2008, 600, 603.

Abs. 1 S. 2, 3 BGB, der auch die Vereinheitlichungsinteressen des Erwerbers schützt. Zum anderen kann die Ansicht der Rechtsprechung nicht konsequent durchgehalten werden. Zumindest bezogen auf den Regelungsgegenstand der betrieblichen Altersversorgung[197] bleibt der erworbene Besitzstand der Arbeitnehmer auch im Fall des Betriebsübergangs erhalten. Dies gilt wegen des Arbeitnehmerschutzes auch für eine Überkreuz-Ablösung eines Veräußerertarifvertrages durch eine Erwerberbetriebsvereinbarung. Die betroffenen Arbeitnehmer werden entgegen der Rechtsprechung für die Vergangenheit nicht stets schutzlos gestellt.

(2) Situation ohne Betriebsübergang

Auch die Argumentation hinsichtlich der Situation ohne Betriebsübergang wirft Fragen auf. Die Ausführungen des 1. Senats hinsichtlich der Situation ohne Betriebsübergang fußen zunächst zwingend auf der Annahme einer normativen oder nachwirkenden Geltung eines Tarifvertrages für und gegen einen Arbeitgeber. Mit anderen Worten: Der 1. Senat setzt eine aktuelle oder ehemalige Tarifbindung eines Arbeitgebers voraus und macht sie zur Grundlage seiner Argumentation. Nur so lassen sich die Ausführungen zum Günstigkeitsprinzip des § 4 Abs. 3 TVG, der Nachwirkung des § 4 Abs. 5 TVG und der damit zusammenhängenden Kollisionsproblematik im Verhältnis von Tarifvertrag zu Betriebsvereinbarung erklären. Diese für die systematischen Erwägungen des 1. Senats grundlegende Voraussetzung ist aber schon rein tatsächlich nicht in allen Fällen des Betriebsübergangs auf Erwerberseite erfüllt. So lassen sich ohne Weiteres Konstellationen denken, in denen zwar der Veräußerer, nicht jedoch der Erwerber aktuell oder ehemalig tarifgebunden ist.[198] Gerade die Frage der Tarifbindung des Erwerbers wird aber bei einer vergleichenden Betrachtung ohne Betriebsübergang völlig ausgeblendet.[199] Die Argumentation des 1. Senats erfasst die nicht tarifgebundenen Erwerber nicht und basiert somit auf einem untauglichen, weil verkürzten Vergleichsmaßstab im Verhältnis zur Situation mit Betriebsübergang.

Dieser schon in rein tatsächlicher Hinsicht verkürzte Vergleichsmaßstab kollidiert als Folge zudem mit der individualrechtlichen Transformationstheorie. Dieser haben sich der 1.Senat und nach ihm die übrigen Senate in ihren Entscheidungen

197 Die betriebliche Altersversorgung war Gegenstand der die Überkreuz-Ablösung ablehnenden Entscheidungen des 3. Senats, 3 AZR 191/06 – NZA 2008, 600, 603.

198 Gerade diese Konstellation lag aber der Entscheidung des 1. Senats, der sich maßgeblich auf die Situation ohne Betriebsübergang stützte, vom 06.11.2007, 1 AZR 862/06 – NZA 2008, 542, 546, zugrunde.

199 *Döring/Grau*, BB 2009, 158, 163.

zur Überkreuz-Ablösung angeschlossen. Danach wird gerade auch der nicht sowie der anders tarifgebundene Erwerber gem. § 613a Abs. 1 S. 2 BGB arbeitsvertraglich an die fortgeltenden Inhalte des Veräußerertarifvertrages gebunden. Anders gesprochen: Nimmt man den Transformationsansatz ernst, wird im Falle eines Betriebsübergangs das bis dato normativ geltende Tarifrecht über § 613a Abs. 1 S. 2 BGB zum Inhalt des Arbeitsvertrages, wenn der Erwerber selbst nicht normativ an den Veräußerertarifvertrag gebunden ist. Die tariflichen Regelungen verlieren in diesem Fall ihre Wirkung als normativ zwingende Bestimmungen, da es zu einem Wechsel der Geltungsgrundlage kommt. Dies bedeutet aber nichts anderes, als dass ein kollektivrechtliches Konkurrenzverhältnis zwischen den individualvertraglich fortgeltenden Tarifnormen und einer Erwerberbetriebsvereinbarung schon per se nicht bestehen kann.[200] Genau diese Überlegungen zu einem zwischen Tarifvertrag und Betriebsvereinbarung bestehenden Konkurrenzverhältnis, und sei es nur im Stadium der Nachwirkung gem. § 4 Abs. 5 TVG, sind aber Grundlage der Argumentation der Rechtsprechung in der Situation ohne Betriebsübergang. Soweit dürfte die Rechtsprechung aber schon gar nicht kommen, da sie unter Zugrundelegung der individualrechtlichen Transformationstheorie die dargestellten Konkurrenzüberlegungen schon nicht auf den Fall des Betriebsübergangs übertragen dürfte. Die geschilderten Diskrepanzen haben die Auffassung begründet, wonach die Ablösung von fortgeltenden Tarifregelungen durch eine ungünstigere Erwerberbetriebsvereinbarung ungeachtet der §§ 4 Abs. 3 und 5 TVG möglich bleiben muss.[201] Dieser Ansicht ist zuzugeben, dass angesichts des verkürzten Vergleichsmaßstabes die Situation ohnehin nicht auf die Situation mit Betriebsübergang übertragbar ist. Allerdings kann dann der Rückschluss nicht überzeugen, wonach gerade deswegen eine Überkreuz-Ablösung auch in dem Fall einer ungünstigeren Erwerberbetriebsvereinbarung stets zulässig sein müsse, und zwar vor allem dann, wenn man der Transformationstheorie folgt.[202] Hieraus ergibt sich nämlich ein weiterer Widerspruch: Die Transformationstheorie führt vor dem Hintergrund der §§ 613a Abs. 1 S. 2, 3 BGB dazu, dass sich individualvertragliche und kollektivrechtliche Regelungen gegenüberstehen. In diesem Fall gelangt zwingend das Günstigkeitsprinzip des § 4 Abs. 3 TVG zur Anwendung.[203] Gleichwohl soll das Günstigkeitsprinzip i.R.d. §§ 613a

200 *Oetker*, in: Wiedemann, § 3 Rdnr. 251; *Preis/Steffan*, in: FS Kraft, S. 477 ff., 490.
201 *Seiter*, Betriebsinhaberwechsel, S. 94, 95; *Döring/Grau*, BB 2009, 158, 163.
202 So aber *Döring/Grau*, a.a.O.
203 S. nur *Wank*, in: Wiedemann, § 4 Rdnr. 558.

Abs. 1 S. 2, 3 BGB aber gerade nicht gelten, es bleibt bei dem Ablösungsprinzip.[204] Zu der Nichtanwendbarkeit des Günstigkeitsprinzips und den damit verbundenen Rechtsfolgen kommt man in rechtlich überzeugender Weise aber nur, wenn die transformierten tariflichen Normen ihren kollektivrechtlichen Charakter behalten und gerade nicht einzelvertraglicher Natur sind.[205]

Vor diesem Hintergrund ist die Rechtsprechungsänderung des 4. Senats bezüglich § 613a Abs. 1 S. 2 BGB zu betrachten.[206] Durch die Vorgabe einer faktisch kollektivrechtlichen Fortgeltungsanordnung werden die Normen eines Tarifvertrages gerade nicht zum individualvertraglichen Inhalt des Arbeitsverhältnisses.[207] Ein Betriebsübergang führt dann auch nicht länger zu einem Wechsel der Geltungsgrundlage von Tarifnormen. Dies hat zur Folge, dass auf Erwerberseite zunächst unabhängig von dessen eigener Tarifbindung eine Kollision zwischen (fort-) wirkenden tariflichen Regelungen als „Inhalt des Arbeitsverhältnisses" und den Inhalten einer oder mehrerer Betriebsvereinbarungen be- oder entsteht. Diese Kollision muss dann nach den hierfür vorgesehenen kollektivrechtlichen Mechanismen aufgelöst werden.[208] Hierzu zählen vor allem die §§ 87, 77 BetrVG sowie § 4 Abs. 5 TVG. Diese Normen regeln die Anwendbarkeit von inhaltlich miteinander konkurrierenden Inhalten eines Tarifvertrages und einer Betriebsvereinbarung.

An dieser Stelle gewinnt die Argumentation des 1. Senats eine neue Bedeutung. Wenn er zur Beurteilung der Zulässigkeit einer Überkreuz-Ablösung auf eine Situation ohne Betriebsübergang abstellt, nimmt er gerade eine solche kollektive Abgrenzung vor. Das zur Abgrenzung nach kollektivrechtlichen Maßstäben gefundene Ergebnis überträgt der 1. Senat dann auf die Situation nach Betriebsübergang. Hierdurch setzt er sich in direkten Widerspruch zur individualrechtlichen Transformationstheorie, von der er selbst in seinen Urteilen ausgeht. Zwar ist die Vorgehensweise der Rechtsprechung im Ausgangspunkt richtig. Sie will aus Gründen des Arbeitnehmerschutzes den betroffenen Arbeitnehmern aufgrund des primären Schutzzwecks in Art. 3 Abs. 3 RL und des Regelungsmechanismus' der §§ 613a Abs. 1 S. 2, 3 BGB die erworbenen tariflichen Rechte erhalten. Sie kommt aber nur zu diesem Ergebnis, indem sie das Transformationsmodell aufgibt und die kollektivrechtliche Betrachtungsweise für das Verhältnis von (Veräußerer-) Tarifvertrag

204 BAG v. 11.05.2005 – 4 AZR 315/04 – NZA 2005, 1362, 1365; *Müller-Glöge*, in: MüKo, § 613a BGB Rdnr. 139; *Freckmann/Wörz*, BB 2013, 2549, 2550.

205 *Annuß*, in: v. Staudinger, § 613a Rdnr. 197.

206 BAG v. 22.04.2009 – 4 AZR 100/08 – NZA 2010, 41 ff.

207 *Bauer/v. Medem*, DB 2010, 2560, 2561.

208 *Sagan*, RdA 2011, 163, 169.

zu (Erwerber-) Betriebsvereinbarung gerade auch nach Betriebsübergang bestehen lässt.[209] Die Rechtsprechung des 4. Senats zur kollektivrechtlich wirkenden Fortgeltung des § 613a Abs. 1 S. 2 BGB stellt damit unter Berücksichtigung der §§ 87, 77 BetrVG, 4 TVG eine Form der nachträglichen Rechtfertigung der Ablehnung einer Überkreuz-Ablösung dar, sofern die §§ 87, 77 BetrVG in ihrem Regelungsbereich eröffnet sind und eine Sperrwirkung zu Lasten der Erwerberbetriebsvereinbarung entfalten. Dies gilt jedoch zunächst nur für die von dem 1. Senat entschiedenen Fälle. Dort ging es um fortgeltende tarifliche Inhalte, die über § 77 BetrVG Grundlage einer freiwilligen Betriebsvereinbarung des Erwerbers waren. In diesen Konstellationen wirkt sich der „Kunstgriff" des 1. Senats nicht mehr aus. Er hatte bislang die Tatsache des Betriebsübergangs und des eventuell verkürzten Vergleichsmaßstabes bei der Beurteilung der Zulässigkeit einer Überkreuz-Ablösung ausgeblendet und das gefundene Ergebnis auf den Fall des stattgefundenen Betriebsübergangs übertragen. Dies wirkt sich vor dem Hintergrund der kollektivrechtlich wirkenden Fortgeltung tariflicher Normen über § 613a Abs. 1 S. 2 BGB bei einem Betriebsübergang nicht mehr aus, weil nach der Rechtsprechungsänderung des 4. Senats sowohl vor als auch nach Betriebsübergang Kollisionen im Verhältnis von Tarifvertrag zu Betriebsvereinbarung einheitlich nach den hierfür geltenden kollektivrechtlichen Maßstäben aufgelöst werden können. Hier spielt dann auch die eventuell fehlende Tarifbindung des Erwerbers keine Rolle mehr, da die faktisch kollektivrechtliche Fortgeltung des S. 2 für alle Erwerber gilt. Nur eine so verstandene Betrachtung der Situation ohne Betriebsübergang und deren Übertragung auf den Betriebsübergang kann überzeugen. Der von der Rechtsprechung eingeschlagene Weg ist dagegen ungeeignet, eine Überkreuz-Ablösung zu begründen.

(3) Reichweite der tariflichen Erzwingbarkeit

Schließlich ist das Vorbringen der Rechtsprechung zur Reichweite der tariflichen Erzwingbarkeit zu betrachten. Die Argumentation des 3. und 4. Senats zur divergierenden Regelungsmacht erscheint zunächst im Grundsatz nachvollziehbar.[210] Dies zeigt der Anwendungsfall der betrieblichen Altersversorgung oder der Entgeltmitbestimmung. Auf Seiten des Erwerbers hat der Betriebsrat im erst genannten Fall über §§ 87 Abs. 1 Nr. 8 bzw. 10 BetrVG nur hinsichtlich der Ausgestaltung des Leistungsplans mitzubestimmen.[211] Der Erwerber als Arbeitgeber kann aber über den Dotierungsrahmen, den Durchführungsweg und Begünstigtenkreis allein

209 *Sagan*, RdA 2011, 163, 165.
210 S. auch LAG Düsseldorf v. 16.08.2007 – 15 Sa 630/07 – NZA-RR 2008, 23, 24.
211 *Fitting*, § 87 Rdnr. 455 457.

entscheiden.[212] Auf Veräußererseite erstreckt sich die Regelungsmacht der Tarifpartner dagegen auf jeden der genannten Aspekte. Gleiches gilt auch für die Entgeltmitbestimmung, wo der Betriebsrat etwa nur über das Bemessungssystem des Arbeitsentgelts oder die Durchführung der gewählten Lohnmethode mitbestimmen darf.[213] Der Arbeitgeber entscheidet dagegen allein über den zur Verfügung zu stellenden finanziellen Rahmen sowie die Lohn- und Gehaltshöhe an sich.[214] Dieses Ungleichgewicht kommt dabei nicht nur bei Regelungsmaterien i.S.d. § 87 BetrVG, sondern mangels überhaupt bestehenden Mitbestimmungsrechten des Betriebsrats gerade auch bei solchen i.S.d. § 77 BetrVG zum Ausdruck. Im Ergebnis könnte damit für das Beispiel der Entgeltmitbestimmung eine nicht (vollständig) erzwingbare Regelung zur Anwendung gelangen, wenn der Erwerber eine eigene Betriebsvereinbarung entsprechend anwendet und dadurch eine voll erzwingbare, weil erstreikbare Regelung ersetzt.

(aa) Dogmatische Unterschiede von Tarifvertrag und Betriebsvereinbarung

In ihren Entscheidungen stellen der 3. und 4. Senat zur Begründung der Ablehnung einer Überkreuz-Ablösung auf konzeptionelle Unterschiede von Tarifvertrag und Betriebsvereinbarung ab. Dies wird dort besonders deutlich, wo die unterschiedliche Erzwingbarkeit erstreikbarer tariflicher Inhalte auf Veräußererseite im Vergleich zur fremdbestimmten Betriebsvereinbarung auf Erwerberseite betont wird. Die Rechtsprechung rekurriert somit auf die (vermeintlich) fehlende normhierarchische Gleichwertigkeit von Tarifvertrag und Betriebsvereinbarung.[215] In logischer Fortsetzung hierzu ist das Postulat von der erhöhten Richtigkeitsgewähr des Tarifvertrags zu sehen.[216] Danach sind die privatautonom vertraglichen Vereinbarungen der Tarifpartner eher geeignet, einen Ausgleich widerstreitender Interessen zu gewährleisten, als dies den Betriebspartnern im Wege der Betriebsvereinbarung möglich ist.[217] Diese Argumentation verkennt, dass auch die Betriebsverfassung über Art. 2 Abs. 1 GG anerkannter Ausdruck der Privatautonomie ist. Sie weist in

212 *Richardi*, in : Richardi, § 87 Rdnr. 844–846.

213 *Fitting*, § 87 Rdnr. 423, 439; *Wiese*, in: GK, § 87 Rdnr. 898, 921.

214 *Matthes*, in: MHA, § 251 Rdnr. 4; *Kania*, in: ErfK, § 87 BetrVG Rdnr. 103.

215 BAG v. 06.11.2007 – 1 AZR 862/06 – NZA 2008, 542, 546; *Annuß*, in: v. Staudinger, § 613a Rdnr. 221.

216 Dies kommt etwa in § 77 BetrVG zum Ausdruck, *Schaub*, BB 1995, 1639, 1641; *Treber*, in: Schaub, § 197 Rdnr. 3–8.

217 BAG v. 15.08.2012 – 7 AZR 184/11 – NZA 2013, 45, 48; BAG v. 28.03.2006 – 1 ABR 58/04 – NZA 2006, 1112, 1116; *Rieble/Klumpp*, in: MHA, § 163 Rdnr. 8, 9.

Gestalt der Betriebsvereinbarung einen materiellen Gehalt auf, der mit dem eines Tarifvertrages vergleichbar ist. Infolge der Beteiligung des Betriebsrates aktualisiert sich der privatautonome Zusammenschluss von Arbeitgeber und Arbeitnehmern zum Betriebsverband in Gestalt einer Betriebsvereinbarung und setzt sich darin fort. Dann liegt eine gestörte Vertragsparität von Arbeitgeber und Betriebsrat, die als Wesensmerkmal einer fremdbestimmten Betriebsverfassung empfunden wird, gerade nicht vor.[218] Die Ablehnung der Überkreuz-Ablösung darf somit nicht auf den Aspekt der Gleichwertigkeit von Tarifvertrag und Betriebsvereinbarung reduziert werden. Eine solche Betrachtungsweise wäre mit Wortlaut und Genese des § 613a Abs. 1 S. 3 BGB, die einer Ablösung durch Betriebsvereinbarung nicht entgegenstehen, nicht vereinbar.

Im Kontext der von der Rechtsprechung als inkongruent empfundenen Reichweite der Regelungsmacht von Tarif- und Betriebspartnern ist zudem der Regelungsmechanismus der §§ 613a Abs. 1 S. 2, 3 BGB zu beachten. Dieser Regelungsmechanismus kennt, dem Sinn und Zweck des § 613a Abs. 1 S. 3 BGB entsprechend, gerade keinen Wertigkeitsunterschied von Tarifvertrag zu Betriebsvereinbarung als ablösender Regelung.[219] Wäre dies der Fall, würde das Vereinheitlichungsinteresse jedenfalls des nicht tarifgebundenen Erwerbers faktisch konterkariert. Ihm würde letztlich nur mit dem Argument der fehlenden inhaltlichen Gleichwertigkeit von Betriebsvereinbarung und Tarifvertrag jegliche kollektive Gestaltungsmöglichkeit durch Anwendung eigener Betriebsvereinbarungen im Verhältnis zu fortgeltenden Tarifregelungen genommen.[220] Eine solche bestünde erst, wenn der Erwerber sich einer Tarifbindung unterwirft.[221] In diesem Zusammenhang ist an eine Beeinträchtigung der negativen Koalitionsfreiheit des Erwerbers nach Art. 9 Abs. 3 GG in Gestalt des „Rechts zum Fernbleiben" der Koalition oder Tarifbindung zu denken, wenn er durch eine fühlbare und unzulässige Druckausübung zu einem Tarifabschluss gebracht würde, nur um einheitliche Arbeitsbedingungen herstellen zu können.[222] Dabei stellt nicht jede Unterscheidung zwischen organisierten und nicht organisierten Arbeitgebern stets eine unzulässige Willensbeeinflussung dar.[223] Dies wäre nur der Fall, wenn der Erwerber erheblichem Druck ausgesetzt ist, um zur

218 *V. Hoyningen-Huene*, BB 1992, 1640, 1642; *Blomeyer*, NZA 1996, 343, 345.

219 S.o. B.) 1.) c.) bb.) (3); *Henssler*, in: FS Schaub, S. 311, 321.

220 *Döring/Grau*, BB 2009, 158, 163.

221 *Meyer*, NZA 2001, 751, 752.

222 *Scholz*, in: Maunz/Dürig, Art. 9 Rdnr. 226, 227; *Löwer*, in: v. Münch/Kunig, Art. 9 Rdnr. 100.

223 BverfG v. 15.07.1980 – 1 BvR 439/79 – BB 1980, 1690, 1691; *Schulte-Westenberg*, NJW 1996, 1256, 1257.

Wahrnehmung kollektiver Rechtspositionen einen Tarifabschluss herbeizuführen. Wird dagegen nur eine Motivationslage geschaffen, die den Erwerber nicht fühlbar beeinträchtigt, liegt keine unzulässige Beeinflussung vor.[224]

Für den nicht tarifgebundenen Erwerber gilt Letzteres: Dem Erwerber ist daran gelegen, einheitliche Arbeitsbedingungen nach Betriebsübergang herzustellen, indem er seine Betriebsvereinbarungen anwendet. Dieses Ziel kann er sowohl vor als auch nach Ablauf der einjährigen Veränderungssperre nur bedingt dadurch erreichen, dass er sich einer Tarifbindung unterwirft, da die dann geltenden tariflichen Regelungen regelmäßig inhaltlich von den eigenen Betriebsvereinbarungen abweichen und diese dort verdrängen werden, wo der Anwendungsbereich der §§ 77, 87 BetrVG eröffnet ist. I.Ü. müssen die übernommenen Arbeitnehmer auch von der Betriebsvereinbarung erfasst werden. Die §§ 613a Abs. 1 S. 2, 3 BGB erweisen sich damit nicht als in Gesetzesform geronnene unzulässige Druckausübung.[225] Der Erwerber kann auch vor dem Hintergrund einer Unterscheidung zwischen Tarifvertrag und Betriebsvereinbarung in ihrer Regelungswertigkeit allein dadurch, dass er sich einer Tarifbindung unterwirft, nicht zwingend eigene Betriebsvereinbarungen anwenden. Ansonsten bleibt es bei der faktisch normativen Tarifbindung nach § 613a Abs. 1 S. 2 BGB. Spätestens nach Ablauf der einjährigen Sperrfrist kann der Erwerber die Arbeitsbedingungen zumindest individualrechtlich anpassen. Die Tarifanbindung von einem Jahr über S. 2 erweist sich als rein wirtschaftliche Belastung für den Erwerber, was unter dem Aspekt einer fühlbaren Beeinträchtigung jedoch nicht die Annahme der Verletzung seiner negativen Koalitionsfreiheit rechtfertigt.[226] Vor diesem Hintergrund stellt die Rechtsprechung des 3. und 4. Senats zwar nur eine scheinbare Einschränkung der negativen Koalitionsfreiheit auch des nicht tarifgebundenen Erwerbers nach Art. 9 Abs. 3 GG dar. Sie schränkt aber den Regelungsmechanismus der §§ 613a Abs. 1 S. 2, 3 BGB bezüglich des Aspekts der unterschiedlichen Regelungswertigkeit von Tarifvertrag und Betriebsvereinbarung unzulässig ein. Überdies kann allein der Aspekt der inkongruenten Regelungsmacht ohne ausreichende Berücksichtigung der §§ 613a Abs. 1 S. 2, 3 BGB sowie ihrer ratio die Ablehnung einer Überkreuz-Ablösung nicht rechtfertigen.

---

224 *Kemper*, in: M/K/S Band 1, Art. 9 Rdnr. 190; *Höfling*, in: Sachs, Art. 9 Rdnr. 119.
225 *Zöllner*, DB 1995, 1401, 1402, 1403; *Seiter*, Betriebsinhaberwechsel, S. 96, 97.
226 *Waas*, Tarifvertrag und Betriebsübergang, S. 113.

(bb) Betriebsverfassungsrechtliche Bindung des Erwerbers an die tarifliche Vergütungsordnung

Die These von der inkongruenten Regelungsmacht von Tarif- und Betriebspartnern ist von der Rechtsprechung nicht nur auf die betriebliche Altersversorgung, sondern generell auf die Entgeltmitbestimmung i.S.d. § 87 Abs. 1 Nr. 10 BetrVG ausgedehnt worden.[227] Danach soll der nicht tarifgebundene Erwerber verpflichtet sein, nach einem Betriebsübergang die bis dato bestehende tarifliche Vergütungsordnung des Veräußerers als eigene betriebsverfassungsrechtliche Vergütungsordnung i.S.d. §§ 87 Abs. 1 Nr. 10, 99 BetrVG anzuwenden. Ferner muss er bei Änderung dieser Vergütungsordnung alle von dem Betriebsübergang betroffenen Arbeitnehmer, auch die Außenseiter, unter Beteiligung des eigenen Betriebsrates entsprechend neu eingruppieren.[228] Dies sei aufgrund einer ansonsten entstehenden Schutzlücke für Außenseiter aufgrund der gesperrten Mitbestimmung des § 87 Abs. 1 Nr. 10 BetrVG zugunsten des Tarifvertrages vor dem Hintergrund ihrer zu schützenden negativen Koalitionsfreiheit i.S.d. Art. 9 Abs. 3 GG geboten.[229] Solange der Erwerber die tariflich vorgegebenen Vergütungsregeln nicht als eigene anwendet oder den Betriebsrat unter Verstoß gegen § 87 Abs. 1 Nr. 10 BetrVG nach Betriebsübergang nicht entsprechend beteiligt, gälten diese Vergütungsbestimmungen auch für neu eingestellte Arbeitnehmer.[230] § 87 Abs. 1 Nr. 10 BetrVG komme nur dann bei Änderungen der Vergütungsordnung nicht zur Anwendung, wenn das Arbeitsentgelt und die die Vergütungsgruppen infolge des Betriebsübergangs in relativem Verhältnis zueinander der Höhe nach verändert würden.[231]

Die Auffassung der Rechtsprechung kann schon im Grundansatz nicht überzeugen.[232] Dies folgt bereits aus der Überlegung, wonach für Außenseiter nach Betriebsübergang keine Schutzlücke besteht, die durch die Konstruktion des Erfordernisses einer betriebsverfassungsrechtlichen Mitbestimmung geschlossen werden müsste: § 87 Abs. 1 Nr. 10 BetrVG ist in dieser Konstellation durch den Tarifvorrang gerade nicht gesperrt, dem Betriebsrat ist eine Mitbestimmung über

---

227 BAG v. 08.12.2009 – 1 ABR 66/08 – NZA 2010, 404, 407.

228 BAG, a.a.O; bestätigend BAG v. 04.05.2011 – 7 ABR 10/10 – NZA 2011, 1239, 1241, 1242.

229 BAG v. 18.10.2011 – 1 ABR 25/10 – NZA 2012, 392, 394; *Fitting*, § 87 Rdnr. 410.

230 BAG v. 04.05.2011 – 7 ABR 10/10 – NZA 2011, 1239, 1241, 1242; BAG v. 08.12.2009 – 1 ABR 66/08 – NZA 2010, 404, 407; *Bepler*, in: FS Bauer, 161, 171, 172.; *Boewer*, in: FS Bauer, S. 195, 198, 199; *Kreft*, in: FS Kreutz, S. 263, 280 ff.

231 Sog. „Rasenmähermethode“, BAG v. 15.04.2008 – 1 AZR 65/07 – NZA 2008, 888, 891, 892; *Fitting*, § 87 Rdnr. 440.

232 *Reichold*, RdA 2013, 108, 110; *Müller-Bonanni/Mehrens*, NZA 2012, 1194, 1197.

betriebliche Entlohnungsgrundsätze nach wie vor möglich.[233] Hierdurch wird auch der Außenseiter im Betrieb ausreichend geschützt und repräsentiert. Dann kann auch dessen negative Koalitionsfreiheit (Art. 9 Abs. 3 GG) nicht weiterhelfen, und zwar v.a. dann nicht, wenn der Erwerber nicht tarifgebunden ist, da in diesem Fall gar kein unziemlicher oder sonst unzulässiger Druck zum Gewerkschaftsbeitritt erzeugt werden kann, nur um in den Genuss tariflicher Rechtspositionen zu gelangen.[234]

Überdies konfligiert die Auffassung der Rechtsprechung mit dem Regelungsmechanismus in §§ 613a Abs. 1 S. 2, 3 BGB. Dort werden nur die von dem Betriebsübergang betroffenen und davor bereits normativ tarifgebundenen Arbeitnehmer geschützt. Die Tarifregelungen des Veräußerertarifvertrages gelten nur zu ihrem Schutz faktisch normativ weiter. Über diese Tarifbindung des Erwerbers hinaus ist kein Geltungsgrund für die Tarifregelungen des Veräußerers vorhanden, insbesondere bedarf eine zusätzlich verlangte, betriebsverfassungsrechtliche Bindung des Erwerbers auch einer zusätzlichen Geltungsgrundlage.[235] Diese liefert § 613a Abs. 1 S. 2 BGB ausgehend von einer tariflichen Fortgeltung aber gerade nicht. Aus diesem Grund ist eine nochmalige Beteiligung des Betriebsrates nach § 87 Abs. 1 Nr. 10 BetrVG nach Betriebsübergang entbehrlich und abzulehnen.[236] Der Erwerber kann damit seine Betriebsvereinbarungen rechtswirksam anwenden und so unter Berücksichtigung der §§ 87, 77 BetrVG eine Überkreuz-Ablösung vollziehen. Entscheidend ist aber, dass sich der 1. Senat in Widerspruch zu seiner eigenen Rechtsprechung setzt, wonach eine Überkreuz-Ablösung in den genannten Grenzen unzulässig ist.[237] Träfe es nämlich zu, dass die Regelungen des Veräußerertarifvertrages letztlich die betriebliche Vergütungsordnung bestimmen und der Betriebsrat bei von dem Erwerber gewünschten Änderungen zu beteiligen wäre, dann wären die Betriebspartner zwangsläufig auch in der Lage, von ihrem Herkommen tarifliche Vergütungsansprüche durch Betriebsvereinbarung kollektivrechtlich zu ändern.[238] Dies gilt zumindest für den Zeitraum nach Ablauf der Sperrfrist.[239]

---

233 *Richardi*, in: Richardi, § 87 Rdnr. 871; a.A. BAG v. 04.05.2011 – 7 ABR 10/10 – NZA 2011, 1239, 1241.

234 *Müller-Bonanni/Mehrens*, a.a.O.

235 So noch zutreffend BAG v. 23.09.2003 – 1 ABR 35/02 – NZA 2004, 800, 802, 803.

236 *Reichold*, in: FS Picker, S. 1079, 1080, 1081, 1084; *Bayreuther*, BB 2010, 2177, 2179; *Bauer/Günther*, DB 2009, 620, 621; *Lobinger*, RdA 2011, 76, 88; *Matthes*, in: MHA, § 241 Rdnr. 9; *Jacobs*, in: FS Säcker, S. 215, 216.

237 S.o Fn. 183.

238 *Müller-Bonanni*, NZA 2012, 1194, 1198.

239 So auch LAG Hamm v. 04.11.2011 – 16 Sa 721/11.

Dies entspräche dann aber einer Überkreuz-Ablösung, die es nach der Diktion des 1. Senats nicht geben soll. Konsequent wäre es nur gewesen, wenn entweder die Beteiligung des Betriebsrates über § 87 BetrVG nach Betriebsübergang nicht als „Wirksamkeitsvoraussetzung" für die betrieblichen Entlohnungsgrundsätze herangezogen[240] oder die Überkreuz-Ablösung zumindest für den Bereich der Vergütung unter den gegebenen Parametern anerkannt würde.

dd.) Stellungnahme

Die Argumentation der Rechtsprechung kann die Ablehnung der Überkreuz-Ablösung nicht rechtfertigen. Dies gilt insbesondere in Bezug auf den Arbeitnehmerschutz als alleinigen Schutzzweck der §§ 613a Abs. 1 S. 2, 3 BGB. Dem stehen sowohl der gemeinschaftsrechtliche Ursprung dieser Normen als auch das in ihrem Regelungsmechanismus zum Ausdruck kommende Vereinheitlichungsinteresse des Erwerbers entgegen. Auch die Ausführungen zur Inkongruenz der erzwingbaren Regelungsmacht überzeugen nur vordergründig. Sie basieren auf einer Differenzierung zwischen Tarifvertrag und Betriebsvereinbarung unter den Gesichtspunkten ihrer fehlenden Gleichwertigkeit sowie der Normhierarchie. Dies kann aber weder der Betriebsübergangsrichtlinie noch den §§ 613a Abs. 1 S. 2, 3 BGB entnommen werden. Zudem widerspricht sich der 1. Senat mit seiner Rechtsprechung zur betrieblichen Entgeltmitbestimmung selbst bezüglich der von ihm abgelehnten Überkreuz-Ablösung. Überzeugen kann die Rechtsprechung im Ergebnis nur dort, wo sie zur Auflösung von Kollisionen zwischen Tarifvertrag und Betriebsvereinbarung auf hierfür entwickelten kollektivrechtlichen Mechanismen zurückgreift. Dies entspricht letztlich der Argumentation zur Situation ohne Betriebsübergang.

Nicht überzeugen kann dagegen der Rückschluss, das gefundene Ergebnis könne unverändert auf die Situation nach Betriebsübergang übertragen werden. Hiermit sind erhebliche konstruktive Schwächen verbunden. In tatsächlicher Hinsicht wird ein verkürzter Vergleichsmaßstab geschaffen. In rechtlicher Hinsicht fehlt es nach Betriebsübergang an einer aufzulösenden Kollision von kollektivrechtlich wirkenden Regelungen, wendet man die individualrechtliche Transformationstheorie an. Gleichwohl soll das Günstigkeitsprinzip trotz Kollision von individual- und kollektivrechtlichen Regelungen nicht eingreifen. Diese Schwächen werden vermieden, wenn man § 613a Abs. 1 S. 2 BGB als faktisch kollektivrechtliche Fortgeltungsanordnung ansieht. Dann sind die kollektivrechtlichen Abgrenzungsmaßstäbe der

240 Hierzu *Reichold*, in: FS Picker, S. 1079, 1088, 1089.

§§ 87, 77 BetrVG und des § 4 TVG zur Bestimmung des Anwendungsvorrangs im Verhältnis von anwendbarem Tarifvertrag zu Betriebsvereinbarung nicht nur vor Betriebsübergang anwendbar, sondern unter Ausschluss des Günstigkeits- zugunsten des Ablösungsprinzips auch für die Zeit nach Betriebsübergang. Gleichzeitig wird der Vergleichsmaßstab korrigiert, da nicht mehr zwingend auf eine Tarifbindung auch des Erwerbers abgestellt werden muss, um einen Vergleich vor und nach Betriebsübergang zu rechtfertigen. Als Vergleichsmaßstab dienen dann ausschließlich die §§ 87, 77 BetrVG und § 4 TVG. Das durch § 613a Abs. 1 S. 3 BGB geschützte Erwerberinteresse kann sich demnach nur dort durchsetzen, wo dies i.R.d. §§ 87, 77 BetrVG, § 4 TVG möglich ist. Sind diese Regelungen ihrem Anwendungsbereich nach nicht einschlägig oder tatbestandlich erfüllt, findet eine Überkreuz-Ablösung statt.[241] Zugleich erweisen sich die dem Schutz der Tarifautonomie dienenden §§ 87, 77 BetrVG, 4 TVG als tauglicher Maßstab zur Ausgestaltung des abgestuften Regelungsmechanismus´ der §§ 613a Abs. 1 S. 2, 3 BGB. Der hierdurch primär bezweckte Arbeitnehmerschutz wird durch die faktisch kollektivrechtliche (Fort-) Geltung tariflicher Regelungen gewährleistet. Der Arbeitnehmerschutz besteht demnach dort, wo die tariflichen Regelungen kraft gesetzgeberischer Anordnung i.S.d. §§ 87, 77 BetrVG vorgehen. Besteht aber kein Schutzbedürfnis zugunsten der Tarifautonomie und der damit in Zusammenhang stehenden Aufrechterhaltung tariflicher Rechte und Ansprüche der vom Betriebsübergang betroffenen Arbeitnehmer, dann greift das sekundär geschützte Vereinheitlichungsinteresse des Erwerbers ein. Dies geschieht dadurch, dass der Erwerber seine Betriebsvereinbarung auch dann zur Anwendung bringen kann, wenn sie ungünstiger ist.[242] Hierbei sind aus rechtspraktischer Sicht jedoch die fragwürdigen Einschränkungen zu beachten, die aufgrund der Scattolon-Rechtsprechung des EuGH und der Rechtsprechung des 1. Senats zur betrieblichen Vergütungsordnung und Entgeltmitbestimmung bestehen.[243]

Man mag die eben dargestellten Wertungen vor dem Hintergrund eines Betriebsübergangs für verfehlt halten. Sie sind geeignet, den Erwerber, der das bei ihm geltende Kollektivrecht zur Anwendung bringen will und nach § 613a Abs. 1 S. 3 BGB ja auch soll, zumindest im Bereich der Überkreuz-Ablösung vor hohe Hürden zu stellen. Zu denken ist hier etwa an den Aspekt der Tarifüblichkeit oder die nicht erforderliche Tarifbindung des Erwerbers i.R.d. § 77 Abs. 3 BetrVG als die Sperrwirkung dieser Norm gleichwohl auslösende Umstände. Angesichts der

241 So zugebend auch BAG v. 06.11.2007 - 1 AZR 862/06 – NZA 2008, 542, 546.

242 BAG v. 22.04.2009 – 4 AZR 100/08 – NZA 2010, 41, 47 Rndr. 70, 71.

243 S. o. unter B.) 1.) c.) bb.) (3) (e) und cc.) (3) (bb).

damit verbundenen Reichweite des Schutzes der Tarifautonomie durch Fortgeltung der tariflichen Regelungen ist bezweifelt worden, ob das Schutzprinzip der §§ 87, 77 BetrVG, § 4 Abs. 3 TVG auf den Regelungsmechanismus der §§ 613a Abs. 1 S. 2 und 3 BGB überhaupt übertragbar ist.[244] Nach dieser Auffassung müsse der Schutz des Vereinheitlichungsinteresses des Erwerbers unabhängig von §§ 87, 77 BetrVG, § 4 Abs. 3 TVG erfolgen. Gerade für den Sonderfall des Betriebsübergangs müsse es eine stärkere Gewichtung erfahren, da der Maßstab dieser Regelungen den in § 613a Abs. 1 BGB angelegten Schutz des Erwerbers nicht gewährleisten könne. §§ 87, 77 BetrVG, § 4 TVG seien daher gegenüber § 613a Abs. 1 BGB als leges speciales bei Betriebsübergängen außen vor zu lassen oder zumindest einschränkend auszulegen.[245]

Diese Auffassung verkennt, dass der Schutz der Erwerberinteressen nicht zur Anwendung einer unwirksamen Betriebsvereinbarung führen kann.[246] Nichts anderes kann auch für den Sonderfall des Betriebsübergangs gelten.[247] Auch eine gemeinschaftsrechtskonforme Auslegung kann die Ablösungsfähigkeit einer Erwerberregelung nur begründen, wenn diese nach den §§ 87, 77 BetrVG wirksam ist.[248] Das Vereinheitlichungsinteresse des Erwerbers steht gerade auch angesichts der faktisch kollektivrechtlichen Fortgeltungsanordnung des § 613a Abs. 1 S. 2 BGB unter dem Wirksamkeitsvorbehalt der eigenen Regelung. Dies beurteilt sich aber ausschließlich nach §§ 87, 77 BetrVG, § 4 TVG. Dieses Ergebnis überzeugt auch in umgekehrter Richtung. Wenn man die primäre, aber nicht alleinige ratio des Art. 3 Abs. 3 RL im Arbeitnehmerschutz durch Aufrechterhaltung von bis dato gewährten tariflichen Mindestarbeitsbedingungen sieht, dann muss dieser Schutz im Fall des Betriebsübergangs dort enden, wo er von den Tarifparteien nicht gewollt war oder (üblicherweise) nicht geregelt worden ist. Dafür, dass gerade die Betriebsübergangsrichtlinie diesen Schutz erweitern wollte, indem die begrenzten Teilsperren der §§ 87, 77 BetrVG die Anwendung von ansonsten wirksamen Betriebsvereinbarungen gänzlich verhindern, ist nichts ersichtlich.[249]

244 *Meyer*, NZA 2001, 751, 752.

245 *Zöllner* DB 1995, 1401, 1408.

246 *Gaul*, Arbeitsrecht der Betriebs- und Unternehmensspaltung, S. 842 Rdnr. 58, 59.

247 Ausdrücklich BAG v. 06.11.2007 - 1 AZR 862/06 – NZA 2008, 542, 546; BAG v. 13.03.2012 – 1 AZR 659/10 – NZA 2012, 990, 991; LAG Köln v. 26.05.2010 – 9 Sa 921/09 – AE 2011, 132, 133.

248 *Henssler*, in: FS Schaub, S. 311, 321; *Lambrich*, in: FS Ehmann, S. 168, 216 ff.

249 *Leitmeier*, Nachwirkung von Tarifverträgen, S. 206, 207, 208.

ee.) Ergebnisse zur Überkreuz-Ablösung

Eine Überkreuz-Ablösung setzt entscheidend die Wirksamkeit der Erwerberbetriebsvereinbarung nach den §§ 87, 77 BetrVG voraus. Sollten diese Normen nicht einschlägig sein, steht auch das Günstigkeitsprinzip (§ 4 Abs. 3 TVG) einer Überkreuz-Ablösung i.R.d. Betriebsübergangs nicht entgegen, da bei §§ 613a Abs. 1 S. 2, 3 BGB auch eine ungünstigere Kollektivregelung ablösend wirken kann. Diese darf aufgrund der Vorgaben des EuGH aber aus rechtspraktischer Sicht hinsichtlich einer Gesamtbetrachtung aller Arbeitsbedingungen zumindest nicht wesentlich ungünstiger sein als die Tarifregelungen des Veräußerers. Sollte der Aspekt der Vergütung betroffen sein, muss zudem der Betriebsrat nach § 87 Abs. 1 Nr. 10 BetrVG beteiligt werden.

Im Bereich der zwingenden Mitbestimmung findet eine Überkreuz-Ablösung statt, wenn die Voraussetzungen des Tarifvorbehalts i.S.d. § 87 Abs. 1 BetrVG nicht vorliegen. Im Kontext eines Betriebsübergangs ist dies wegen der faktisch normativen Wirkung des § 613a Abs. 1 S. 2 BGB der Fall, wenn die Tarifregelungen des Veräußerers im Zeitpunkt des Betriebsübergangs nur noch nachwirken. Aber auch wenn normative und nicht nur nachwirkende Tarifregelungen vorliegen, greift § 87 Abs. 1 BetrVG bei Firmentarifverträgen regelmäßig nicht ein, da der Erwerber nicht allein durch den Betriebsübergang Partei des Veräußererfirmentarifvertrages wird. Eine Überkreuz-Ablösung ist hier demnach regelmäßig möglich. Etwas anderes gilt nur, wenn der Veräußererfirmentarifvertrag nach § 5 TVG allgemeinverbindlich ist oder der Erwerber darüber hinaus den Tarifvertrag durch dreiseitige Vereinbarung mit Gewerkschaft und Veräußerer übernimmt oder selbst einen inhaltlich deckungsgleichen Tarifvertrag mit der zuständigen Gewerkschaft abschließt.[250] Ist der Erwerber an einen eigenen Firmentarifvertrag gebunden, scheidet eine Überkreuz-Ablösung aus, soweit die eigene Betriebsvereinbarung schon aufgrund dieser Kollision nicht anwendbar ist. Sollten ausnahmsweise die Firmentarifverträge von Veräußerer und Erwerber nach Betriebsübergang Anwendung finden, ist diese Kollision aufzulösen. Im Fall der Tarifkonkurrenz geht der speziellere Tarifvertrag vor. Bei Tarifpluralität geht von beiden der Tarifvorbehalt aus und beide schließen in ihrem Geltungsbereich die Ablösung aus.

Auch bei einem Verbandstarifvertrag des Veräußerers wird i.R.d. § 87 BetrVG wegen dem Erfordernis der normativen Tarifbindung auch des Erwerbers

250 BAG v. 20.06.2001 – 4 AZR 295/00 – NZA 2002, 517, 518, 519; *Müller-Bonanni/Mehrens*, NZA 2012, 195; *Thüsing*, § 5 Rdnr. 60.

eine Überkreuz-Ablösung regelmäßig möglich sein.[251] Der Tarifvorbehalt kann aber auch von dem eigenen Verbandstarifvertrag des Erwerbers ausgehen. Sollten ausnahmsweise die Verbandstarifverträge von Veräußerer und Erwerber nach Betriebsübergang Anwendung finden, ist diese Kollision wie bereits dargestellt aufzulösen. Sollte der Anwendungsbereich einer Tarifregelung nicht eröffnet oder keine inhaltliche Überschneidung mit der Erwerberbetriebsvereinbarung gegeben sein, bleibt eine Überkreuz-Ablösung auch möglich, wenn der Erwerber normativ an die jeweiligen Tarifregelungen gebunden ist. Eine Überkreuz-Ablösung wird kaum stattfinden, wenn allein ein Gegenstand der freiwilligen Mitbestimmung betroffen ist. Der Anwendungsbereich des § 77 Abs. 3 BetrVG ist weit umfassender als der des § 87 Abs. 1 BetrVG, insbesondere ist eine Tarifbindung des Erwerbers nicht erforderlich. Zu den Aspekten der Tarifkonkurrenz und Tarifpluralität gilt das zu § 87 BetrVG Gesagte entsprechend. Liegt ein Mischtatbestand vor, wird jeder Regelungsteil der Betriebsvereinbarung nach den für ihn geltenden Regeln behandelt. Ist ein Teil unwirksam, gilt dies auch für den Rest, wenn die Betriebsvereinbarung i.Ü. nicht als sinnvolle Regelungseinheit aufrecht erhalten werden kann.

d.) Erwerbertarifvertrag als Tatbestand der kollektivrechtlichen Ablösung

Ist der Erwerber tarifgebunden, kann er auch das für ihn geltende Tarifrecht anwenden, um Arbeitsbedingungen zu vereinheitlichen.[252] In diesem Fall kommt es über §§ 613a Abs. 1 S. 2, 3 BGB zur Ablösung der fortgeltenden Tarifnormen durch eigene Tarifregelungen des Erwerbers. Die Voraussetzungen einer solchen Ablösung sind umstritten.[253]

aa.) Kollektivrechtliche Geltung des Veräußerertarifvertrages vor Betriebsübergang

Unbestritten ist, dass die Normen des Veräußerertarifvertrages vor Betriebsübergang für den Veräußerer und den betroffenen Arbeitnehmer als Kollektivrecht

---

251 *Döring/Grau*, BB 2009, 158, 162.

252 Der Regelungsmechanismus der §§ 613a Abs. 1 S. 2, 3 BGB enthält keinen unbeeinflussbaren Automatismus, vgl. *Meyer*, NZA 2002, 246, 251.

253 *Lambrich*, in: FS Ehmann, S. 168, 200, 201; *Hartmann*, Weitergeltung von firmentariflichen Regelungen, S. 75, 76; *Trittin*, in: BKMT, Kap. 5 Rdnr. 211 ff.

gegolten haben müssen. Dies schließt neben der normativen Tarifwirkung aus § 3 Abs. 1 TVG zunächst auch das Stadium der Nachwirkung nach § 4 Abs. 5 TVG mit ein, da die Normen dann zwar nicht mehr zwingend, aber noch unmittelbar gelten.[254] Das kollektivrechtlich vermittelte Stadium der Nachwirkung genügt insoweit, da es sich bei der Ablösung nach §§ 613a Abs. 1 S. 2, 3 BGB um einen kollektivrechtlichen Tatbestand handelt.[255] In letzterem Fall besteht aber schon eine Änderungsmöglichkeit nach § 613a Abs. 1 S. 4 Alt. 1 BGB. Der von dem Gesetzgeber für die Sätze 2 und 3 vorgesehene (Regel-) Ablösungstatbestand erfasst dagegen den Fall, in dem die tariflichen Regelungen des Veräußerers normativ wirken.[256] Dies gilt nicht für Tarifregelungen, die allein aufgrund vertraglicher Bezugnahmeklauseln oder Einheitsregelungen anwendbar sind.[257]

bb.) Beiderseitige Tarifbindung nach Betriebsübergang

Umstritten ist dagegen, ob eine tarifvertragliche Ablösung voraussetzt, dass auch der Erwerbertarifvertrag nach Betriebsübergang normative Wirkung entfalten muss.[258] Dies setzt voraus, dass nach Betriebsübergang der Erwerber und die betroffenen Arbeitnehmer originär an dessen Tarifvertrag gebunden sind.[259] Tarifverträge des Erwerbers, die nur noch nachwirken, können für die übergehenden Arbeitnehmer schon nicht mehr zwingend „gelten". Daher erfassen sie deren Arbeitsverhältnis auch gemäß der in S. 3 vorgegebenen Art und Weise nicht mehr.[260] Das umstrittene Erfordernis einer kongruenten Tarifbindung lässt sich auf die Frage zuspitzen, ob § 613a Abs. 1 S. 3 BGB dem Erwerber ein „Tor zur Tarifflucht" oder lediglich einen Weg in die „tarifrechtliche Sackgasse" eröffnet.[261] Lässt man die einseitige Tarifgebundenheit des Erwerbers genügen, tritt der erstgenannte Fall ein. Es kommt schon dann zur Ablösung, wenn der Erwerbertarifvertrag die übergehenden Arbeitsverhältnisse von seinem Anwendungsbereich her erfasst.[262] Fordert man dagegen die kongruente Tarifbindung, wird der Anwendungsbereich

---

254 *Willemsen/Müller-Bonanni*, § 613a BGB Rdnr. 263.
255 Wie bei Betriebsvereinbarungen, s. o. B.) 1.) a.).
256 *Willemsen/Müller-Bonanni*, a.a.O.
257 *Preis*, in: ErfK, § 613a BGB Rdnr. 111.
258 *Schlieman*, NZA Beil. 16/2003, 3, 10; *Schiefer*, DB 2003, 390, 391; *Feudner*, DB 2001, 1250, 1252; *Kania*, DB 1994, 529, 530.
259 BAG v. 11.05.2005 – 4 AZR 315/04 – NZA 2005, 1362, 1364.
260 *Löwisch/Rieble*, § 3 Rdnr. 426.
261 *Simon*, in: FS Arbeitsgerichtsbarkeit Rheinland-Pfalz, S. 161, 168.
262 *Treber*, in: Schaub, § 204 Rdnr. 1, 2.

der §§ 613a Abs. 1 S. 2, 3 BGB im Fall der tarifrechtlichen Ablösung eingeschränkt.[263]

(1) Ansicht der Rechtssprechung

Der 4. Senat des Bundesarbeitsgerichts verlangt für eine tarifvertragliche Ablösung nach §§ 613a Abs. 1 S. 2, 3 BGB eine kongruent originäre Tarifbindung von Erwerber und betroffenem Arbeitnehmer.[264] Dabei argumentiert er mit Wortlaut, Regelungsmechanismus und der ratio der §§ 613a Abs. 1 S. 2, 3 BGB.

(aa) Wortlaut der §§ 613a Abs. 1 S. 2, 3 BGB

Die §§ 613a Abs. 1 S. 2, 3 BGB stellen nach Auffassung des 4. Senats einen kollektivrechtlichen Ablösungstatbestand dar. Der Veräußerertarifvertrag müsse zunächst für Veräußerer und übergehende Arbeitnehmer vor Betriebsübergang als Kollektivrecht gelten. Wenn aber vor Betriebsübergang eine beiderseitige aktuelle oder durch keine andere Abmachung ersetzte, ehemalige Tarifgebundenheit vorausgesetzt werde (S. 2 „geregelt sind“), um den Ablösungsmechanismus des S. 3 überhaupt initiieren zu können, dann müsse dies auch für die Ablösung durch den Erwerbertarifvertrag nach Betriebsübergang gelten (S. 3 „geregelt werden“).[265] Die Annahme, der Gesetzgeber wollte eine einseitige Tarifbindung des Erwerbers für die Ablösung genügen lassen, sei daher fern liegend.[266] Er habe stattdessen mit den §§ 613a Abs. 1 S. 2, 3 BGB zusammenhängende und zeitgleich ergangene Regelungen geschaffen. Wenn er in diesen zwei aufeinander folgenden Sätzen dasselbe Verb („geregelt sind“ bzw. „geregelt werden“) verwende, dann will er damit keine Regelungsmechanismen mit unterschiedlichen Voraussetzungen bezeichnen.

(bb) Systematik des § 613a Abs. 1 BGB

Auch die Gesamtsystematik des § 613a Abs. 1 BGB spricht nach Ansicht des 4. Senats für das Erfordernis einer kongruente Tarifgebundenheit nach Betriebsübergang.[267] Sowohl Satz 1 als auch die Sätze 2 und 4 bezögen sich inhaltlich allein auf die Rechte und Pflichten aus den übernommenen Arbeitsverhältnissen.

---

263 *Lambrich*, in: FS Ehmann, S. 168, 204.

264 BAG v. 09.04.2008 – 4 AZR 164/07 – NZA 2008, 1432; BAG v. 21.02.2001 – 4 AZR 18/00 – NZA 2001, 1318, 1322; BAG v. 30.08.2000 – 4 AZR 581/99 – NZA 2001, 512.

265 BAG v. 21.02.2001 – 4 AZR 18/00 – NZA 2001, 1318, 1321.

266 Vgl. *Hartmann*, Weitergeltung von firmentariflichen Regelungen, S. 80.

267 BAG v. 11.05.2005 – 4 AZR 315/04 – NZA 2005, 1362, 1364, 1365.

Satz 1 regele einzelvertragliche Inhalte kraft Bezugnahme auf Tarifrecht. Satz 2 beschreibe die Fortgeltung von Tarifregelungen und Satz 4 eröffne dem Erwerber individualrechtliche Änderungsmöglichkeiten. Rechte und Pflichten der „anderen Arbeitnehmer", also derjenigen, die nicht von dem Betriebsübergang betroffen sind, würden in keinem der Sätze angesprochen.[268] Dies spreche dafür, auch die „Regelung der „Rechte und Pflichten" in S. 3 auf die von dem Betriebsübergang betroffenen Arbeitsverhältnisse zu beziehen. Wenn diese durch eine normative Tarifbindung vor Betriebsübergang überlagert würden, kann dies die Ablösung allein kraft einseitiger Tarifbindung des Erwerbers nach Betriebsübergang nicht rechtfertigen. S. 3 könne zudem nicht als generelle Regelung verstanden werden, die die Arbeitsbedingungen aller Arbeitnehmer erfassen will.

(cc) Schutzzweck der §§ 613a Abs. 1 S. 2, 3 BGB

Entscheidendes Kriterium ist nach Ansicht des 4. Senats aber der Schutzzweck der §§ 613a Abs. 1 S. 2, 3 BGB.[269] Dieser bestehe im Schutz der vom Betriebsübergang betroffenen Arbeitnehmer.[270] Dies führe dazu, dass der vor Betriebsübergang begründete tarifliche Bestandsschutz auch nach Betriebsübergang aufrecht erhalten werden muss, was durch den Auffangcharakter der §§ 613a Abs. 1 S. 2, 3 BGB gewährleistet werde.[271] Sie kämen erst dann zur Anwendung, wenn der Erwerbertarifvertrag nach Betriebsübergang nicht ohnehin originär kollektivrechtlich gilt. Dies folge aus der Gesetzesbegründung, wo S. 3 klarstellt, „dass gegenüber der in S. 2 geregelten individualrechtlichen Verpflichtung die kollektivrechtlichen Verpflichtungen „wie üblich" vorgehen".[272] Werde ein Bestandsschutz schon normativ vermittelt, bedarf es § 613a Abs. 1 S. 2 BGB nicht mehr.[273] Andernfalls werde der vormals kollektivrechtlich vermittelte Schutz durch Transformation in den Arbeitsvertrag zumindest für ein Jahr sichergestellt und vor kollektivrechtlichen Verschlechterungen geschützt.[274]

---

268 BAG, a.a.O; so auch *Kania*, DB 1994, 529, 530.

269 BAG v. 21.02.2001 – 4 AZR 18/00 – NZA 2001, 1318, 1321, 1322.

270 Der 4. Senat verweist auf die Gesetzesbegründung zu § 613a BGB (BT-Drucks. 8/3317, S. 6): „Die vorgesehenen Änderungen verbessern auf verschiedenen Gebieten den Schutz der Arbeitnehmer". S. 11: „Durch die Ergänzung der Vorschrift des § 613a I BGB erhalten die durch einen Tarifvertrag oder eine Betriebsvereinbarung geregelten Recht und Pflichten einen Bestandsschutz beim Betriebsübergang".

271 *Müller-Glöge*, in: MüKo, § 613a Rdnr. 129.

272 BT-Drucks. 8/3317, S. 11.

273 *Annuß*, in: v. Staudinger, § 613a Rdnr. 217.

274 BAG v. 21.02.2001 – 4 AZR 18/00 – NZA 2001, 1318, 1321, 1322.

Der 4. Senat führt sein teleologisches Normverständnis auf die Gesetzesbegründung zu §§ 613a Abs. 1 S. 2, 3 BGB zurück. Danach habe sich der Gesetzgeber dazu entschlossen, den Arbeitnehmerschutz zu gewährleisten. Dieser Wille müsse durch eine entsprechende Auslegung der §§ 613a Abs. 1 S. 2, 3 BGB umgesetzt werden. Eine Ablösung könne nur erfolgen, wenn Erwerber und Arbeitnehmer originär und kongruent tarifgebunden sind.[275] Ansonsten entstehe im Vergleich zur kongruenten Tarifbindung von Veräußerer und Arbeitnehmer vor Betriebsübergang eine „tarifliche Leere", die durch § 613a Abs. 1 S. 3 BGB gerade verhindert werden soll, da der kollektivrechtliche Schutz auch nach Betriebsübergang sichergestellt werden müsse. Ließe man die einseitige Tarifbindung des Erwerbers genügen, versagt dieser Schutzmechanismus in doppelter Hinsicht. Über S. 3 wäre die individualrechtliche Fortgeltung des bisherigen Tarifvertrages ausgeschlossen und der Erwerbertarifvertrag wäre mangels kongruenter Tarifbindung nicht anwendbar. Gerade dann wäre der Schutzzweck der §§ 613a Abs. 1 S. 2, 3 BGB ausgehebelt, da nicht einmal mehr die individualrechtliche Fortgeltung des S. 2 eingreift.[276] Vor diesem Hintergrund seien die Vereinheitlichungsinteressen des Erwerbers von nachrangiger Bedeutung. Nach § 613a Abs. 1 S. 3 BGB gingen diese nur vor, wenn ein gleichwertiges Schutzniveau erreicht ist. Dies sei nur dann der Fall, wenn der Erwerbertarifvertrag wie der des Veräußerers als Kollektivrecht wirkt.

(2) Ansichten in der Literatur

Auch nach der vorherrschenden Literaturmeinung ist eine kongruent originäre Tarifbindung von betroffenen Arbeitnehmern und dem Erwerber nach Betriebsübergang erforderlich.[277] Ließe man die einseitige Tarifbindung des Erwerbers genügen, wird der Bestandsschutz der §§ 613a Abs. 1 S. 2, 3 BGB ausgehöhlt. Die betroffenen Arbeitnehmer könnten zudem nicht gezwungen werden, derjenigen Gewerkschaft beizutreten, die Partei des Erwerbertarifvertrages ist, um so in den Genuss originärer tariflicher Mindestarbeitsbedingungen zu kommen.[278] Dies stelle eine Verletzung der durch Art. 9 Abs. 3 GG geschützten negativen

275 BAG v. 30.08.2000 – 4 AZR 581/99 – NZA 2001, 510, 512.

276 BAG v. 09.04.2008 – 4 AZR 164/07 – NZA 2008, 1432.

277 *Pfeiffer*, in: KR, § 613a BGB Rdnr. 170; *Prange*, NZA 2002, 817, 820, 821; *Preis/Steffan*, in: FS Kraft, S. 477, 485; *Jacobs*, Tarifeinheit und Tarifkonkurrenz, S. 324 ff.

278 *Gaul*, Arbeitsrecht der Betriebs- und Unternehmensspaltung, S. 835 Rdnr. 43; *Müller-Glöge*, in: MüKo, § 613a Rdnr. 140.

Koalitionsfreiheit dar.[279] Auch unter gemeinschaftsrechtlichen Gesichtspunkten ergebe sich nichts anderes. Die bei nur einseitiger Tarifbindung des Erwerbers eintretende „tarifliche Leere“ könne nur noch durch Gesetzesrecht oder betriebsübliche Arbeitsbedingungen ausgefüllt werden.[280] Allerdings werde dadurch kein adäquates, weil vergleichbares Schutzniveau erreicht. Dies zeige sich am Beispiel einer tariflichen Vergütungsregelung. Die hierfür im Fall des Betriebsübergangs einzig in Betracht kommende gesetzliche „Ausfüll-Regelung“ ist § 612 Abs. 2 BGB. Diese Norm setze ihrem Wortlaut nach voraus, dass eine Vergütungsregelung fehlt. Dies sei im Fall des Bestehens einer tariflichen Vergütungsregelung im Veräußerertarifvertrag aber gerade nicht der Fall. Zudem enthalte die Norm nur eine Regelung für die Höhe der Vergütung und nicht etwa für die Arbeitszeit oder andere Arbeitsbedingungen. Auch betriebsübliche Arbeitsbedingungen erreichten den tariflichen Schutzstandard nicht.[281] Dadurch werde den gemeinschaftsrechtlichen Vorgaben nicht entsprochen und der tarifliche Schutzstandard in einer Weise geschwächt, die erst nach Ablauf der einjährigen Sperrfrist (Art. 3 Abs. 3 RL 2001/23/EG) möglich ist.[282]

Nach anderer Ansicht genügt dagegen die einseitige Tarifbindung des Erwerbers.[283] Dabei wird auf den Schutzzweck des § 613a Abs. 1 S. 3 BGB abgestellt, der allein dem Vereinheitlichungsinteresse des Erwerbers diene und diesem die Anpassung der Arbeitsbedingungen nach Betriebsübergang erleichtern solle.[284] Ließe man die einseitige Bindung nicht ausreichen, wird der Anwendungsbereich dieser Norm erheblich reduziert. Dies könne der Gesetzgeber gerade vor dem Hintergrund des gemeinschaftsrechtlichen Ursprungs des § 613a Abs. 1 S. 3 BGB nicht gewollt haben.[285] Der Betriebsübergangsrichtlinie lasse sich aus Art. 3 Abs. 3 nur entnehmen, dass zu Gunsten der betroffenen Arbeitnehmer ein tarifvertraglicher Schutz erhalten bleiben soll. Dieser Schutz könne aber sowohl durch den Veräußerer- als auch den Erwerbertarifvertrag gewährt werden, da insoweit nur der jeweilige Anwendungsbereich der Kollektivverträge auf Erwerberseite

279 Für viele *Karthaus/Richter*, in: DHSW, § 613a BGB Rdnr. 125.
280 *Hartmann*, Weitergeltung von firmentariflichen Regelungen, S. 76.
281 *Gussen/Dauck*, Rdnr. 236.
282 *Gussen/Dauck*, Rdnr. 237.
283 *Zöllner*, DB 1995, 1401, 1403, 1404; *Henssler*, in: FS Schaub, S. 311, 319, 320; *Hromadka/Maschmann/Wallner*, Der Tarifwechsel, Rdnr. 354; *Seitz/Werner*, NZA 2000, 1257, 1265, 1266; *Moll*, RdA 1996, 275, 280; *Hromadka*, DB 1996, 1872, 1875, 1876.
284 *Moll*, RdA 1996, 275, 280; *Röder*, DB 1981, 1980, 1982.
285 *Seitz/Werner*, NZA 2000, 1257, 1267.

eröffnet sein muss. Dies setze gerade nicht voraus, dass im Verhältnis des Erwerbers zu den betroffenen Arbeitnehmern der Erwerbertarifvertrag auch als Kollektivrecht wirken muss.[286] Andernfalls werde die ablösende Wirkung des Erwerbertarifvertrages vom Verhalten der betroffenen Arbeitnehmer abhängig gemacht.[287] Sollten die Arbeitnehmer nach Betriebsübergang nicht der Gewerkschaft beitreten, die Vertragspartei des Erwerbertarifvertrages ist, könnten sie damit dessen Geltung verhindern. Dies verletze jedoch den Erwerber in dessen positiver wie negativer Koalitionsfreiheit gem. Art. 9 Abs. 3 GG.[288] Darüber hinaus sei die systematische Auslegung des 4. Senats nicht zwingend, was sich am Verhältnis des § 613a Abs. 1 S. 3 BGB zu § 613a Abs. 1 S. 4 Alt. 2 BGB zeige.[289] Während in S. 4 Alt. 2 nur der Fall der tatsächlichen „beiderseitigen fehlenden Tarifbindung“ geregelt sei, erfasse § 613a Abs. 1 S. 3 BGB im Gegensatz hierzu gerade den Fall der fehlenden Tarifbindung nur des betroffenen Arbeitnehmers. Auch könne weder der Gesamtsystematik noch dem Schutzzweck des § 613a Abs. 1 BGB das Erfordernis einer kongruenten Tarifbindung in S. 3 zwingend entnommen werden. Wirke der Erwerbertarifvertrag zwischen Erwerber und betroffenen Arbeitnehmern originär normativ, dann werde der tarifliche Schutzstandard ohnehin bereits über §§ 3, 4 TVG erfüllt. Die Ablösung von nach § 613a Abs. 1 S. 2 BGB fortgeltenden Normen durch einen normativ wirkenden Tarifvertrag sei aber selbstverständlich und bedarf keiner eigenständigen Regelung, womit auch eine kongruente Tarifbindung i.R.d. S. 3 keinen Sinn mache.[290] Auch der Wortlaut des § 613a Abs. 1 S. 3 BGB könne das Erfordernis einer kongruenten Tarifgebundenheit nicht begründen.[291] Die Norm ordne lediglich eine Rechtsfolge an, nämlich dass § 613a Abs. 1 S. 2 BGB „nicht gilt“. Dies bedeute nur, dass Fortgeltung und Veränderungssperre nicht eingreifen, unabhängig davon müssten dann die Voraussetzungen einer Ablösung ermittelt werden.[292] Dies könne nur nach allgemeinen tarifvertragsrechtlichen Grundsätzen erfolgen. Wenn S. 3 dann nur verlange, dass die nach S. 2 fortgeltenden Rechte und Pflichten bei dem neuen Inhaber durch Rechtsnormen eines anderen Tarifvertrages „geregelt werden“, spreche dies dafür, dass eine einseitige Tarifgebundenheit des Erwerbers genügt.[293] Ein Tarifvertrag,

286 *Hohenstatt*, in: WHSSS, Abschn. E Rdnr. 162.

287 *Heinze*, in: FS Schaub, S. 275, 290, 291.

288 *Heinze*, a.a.O.

289 *Zöllner*, DB 1995, 1401, 1404.

290 *Zöllner*, DB 1995, 1401, 1403, 1404.

291 *Lambrich*, in: FS Ehmann, S. 169, 204, 205.

292 *Hromadka/Maschmann/Wallner*, Der Tarifwechsel, Rdnr. 353, 354.

293 *Moll*, RdA 1996, 275, 280, 281.

an den der Erwerber gebunden ist, „regele" bei diesem eben auch dann Rechte und Pflichten, wenn eine Gruppe bislang anderweitig tarifgebundener Arbeitnehmer infolge eines Betriebsüberganges ihrerseits nicht an diesen Tarifvertrag gebunden ist. Ein solches Wortlautverständnis sei zudem nicht ohne Vorbild. So zeige die Formulierung in § 87 Abs. 1 BetrVG, dass eine „tarifliche Regelung" schon dann anwendbar sei, wenn nur der Arbeitgeber, etwa der Erwerber, tarifgebunden ist.[294] Noch deutlicher zeige sich dies bei § 77 Abs. 3 BetrVG. Dort werde der Tarifvorrang bereits dann ausgelöst, wenn eine „tarifliche Regelung" (üblicherweise) besteht, ohne dass Arbeitgeber und Arbeitnehmer daran gebunden sein müssen.[295] Es müsse nur der Geltungsbereich des Tarifvertrages eröffnet sein.[296]

(3) Stellungnahme

Ob für eine Ablösung i.S.d. § 613a Abs. 1 S. 3 BGB die einseitige Tarifbindung des Erwerbers ausreicht, richtet sich neben dem Wortlaut und systematischen Gesichtspunkten maßgeblich nach dem Schutzzweck der §§ 613a Abs. 1 S. 2, 3 BGB.[297] Dieser besteht im sachgerechten Ausgleich der gegenläufigen Interessen von betroffenen Arbeitnehmern und Erwerber. Von Bedeutung ist auch, ob sich an dieser Stelle die Rechtsprechungsänderung bezüglich § 613a Abs. 1 S. 2 BGB auswirkt.

(a) Wortlaut des § 613a Abs. 1 S. 3 BGB

S. 3 enthält lediglich die Vorgabe, dass die fortgeltenden Rechte und Pflichten „bei dem neuen Inhaber durch Rechtsnormen eines anderen Tarifvertrages geregelt" sein müssen. Dies spricht tatsächlich dafür, dass die alleinige Tarifgebundenheit des Erwerbers ausreicht.[298] Eine solche „Regelung auf Seiten des Erwerbers" liegt schon dann vor, wenn die bislang im Veräußerertarifvertrag geregelten Rechte und Pflichten Gegenstand auch des Erwerbertarifvertrages sind. Eine entsprechende Geltung auch für die betroffenen Arbeitnehmer wird hiervon nicht zwingend verlangt.[299] Rechte und Pflichten werden bei dem Erwerber sogar schon dann „geregelt", wenn die Tarifvertragsparteien eine generelle Absprache hierüber treffen, ohne dass ein Arbeitnehmer der bisherigen Belegschaft des Erwerbers normativ

294 *Moll*, RdA 1996, 275, 280.
295 *Mayer*, Arbeitsbedingungen, S. 85, 86.
296 *Buchner*, DB 1997, 573, 574, 575.
297 BAG v. 21.02.2001 – 4 AZR 18/00 – NZA 2001, 1318, 1321, 1322.
298 *Schiefer*, DB 2003, 390, 391, der i.E. aber eine kongruente Tarifbindung fordert.
299 *Bauer/von Steinau-Steinrück/Thees*, in: Hölters, Teil V Rdnr. 379, 380.

hieran gebunden zu sein braucht.[300] Die Formulierung „geregelt werden" weist zudem eine Nähe zu den §§ 87 Abs. 1, 77 Abs. 3 S. 1 BetrVG auf, die zumindest eine Tarifbindung auf Arbeitnehmerseite nicht erfordern. Gleichwohl kann der Vergleich mit Normen des Betriebsverfassungsrechts nicht überzeugen, da jeweils ein anderer Normzusammenhang betroffen ist.[301] § 613a Abs. 1 S. 3 BGB will einen Interessenausgleich erreichen, indem die anwendbaren tariflichen Arbeitsbedingungen nach Betriebsübergang ermittelt werden. Die §§ 87, 77 BetrVG dagegen regeln den Vorrang tariflicher Inhalte gegenüber Betriebsvereinbarungen.[302] Zudem hat der Gesetzgeber in S. 2 eine dem Wortlaut nach ähnliche Formulierung gewählt („geregelt sind" und „geregelt werden") wie in S. 3. Aufgrund des norminternen Regelungszusammenhangs beider Sätze lässt sich ebenso vertreten, dass der Gesetzgeber durch den gewählten Wortlaut einen Gleichlauf der jeweiligen tatbestandlichen Voraussetzungen herstellen wollte.[303] Da in S. 2 eine Geltung des Veräußerertarifvertrages als Kollektivrecht vor Betriebsübergang verlangt wird, kann dies auch auf S. 3 übertragen werden. Das Ergebnis hiervon wäre, dass nur eine kongruente Tarifgebundenheit von Erwerber und Arbeitnehmer ablösend wirkt.[304] Beide Ansätze sind vertretbar und zeigen nur, dass dem Wortlautargument keine entscheidende Bedeutung zukommen kann.[305]

(b) Systematik im Normkontext des § 613a Abs. 1 BGB

Die systematische Auslegung betrachtet den Gesamtzusammenhang einer Norm. Ihr liegt das Prinzip der Einheit der Rechtsordnung zugrunde, wonach ein verträglicher Ausgleich einzelner Normen oder Normbestandteile im jeweiligen Verhältnis zueinander erreicht werden soll.[306] Entscheidend ist dabei der Normkontext.[307] Vor diesem methodischen Hintergrund ist die Rechtsprechung zu betrachten, die sich folgerichtig auf einen Normzusammenhang der einzelnen Sätze innerhalb des § 613a Abs. 1 BGB bezieht.[308] Ausgangspunkt ist § 613 Abs. 1 S. 1 BGB,

---

300 BAG v. 0707.2010 – 4 AZR 1023/08 – NZA-RR 2011, 30, 32, 33; *Treber*, in: Schaub, § 199 Rdnr. 1, maßgeblich sind hier die § 145 ff. BGB.

301 *Heinze*, DB 1998, 1861, 1866.

302 BAG v. 21.02.2001 – 4 AZR 18/00 – NZA 2001, 1318, 1321, 1322.

303 *Waas*, Tarifvertrag und Betriebsübergang, S. 66.

304 *Kamanabrou*, SAE 1/2002, 19, 27; *Schliemann*, NZA Beil. 16/2003, 3, 12.

305 *Lambrich*, in: FS Ehmann, S. 169, 205, 206; a.A. *Hartmann*, Weitergeltung von firmentariflichen Regelungen, S. 86.

306 *Raisch*, Juristische Methoden, S. 147, 148.

307 *Schmalz*, Methodenlehre, S. 91, Rdnr. 243.

308 BAG v. 21.02.2001 – 4 AZR 18/00 – NZA 2001, 1318, 1321, 1322.

der die „Rechte und Pflichten aus den im Zeitpunkt des Übergangs bestehenden Arbeitsverhältnissen" bezeichnet, in die der Erwerber kraft des Arbeitsvertrages eintritt.[309] Dies setzt sich in S. 2 fort, wenn „diese Rechte" in Bezug genommen werden. Auch in S. 4 werden „die Rechte und Pflichten" erwähnt, die sich auf das übergegangene Arbeitsverhältnis beziehen. Dies spricht dafür, auch in S. 3 auf die Arbeitsverhältnisse der betroffenen Arbeitnehmer abzustellen.[310] Damit wäre der Erwerbertarifvertrag nur anwendbar, wenn Erwerber und betroffene Arbeitnehmer kongruent tarifgebunden sind.[311] Diese systematische Argumentation ist aber nicht zwingend.[312] Sie lässt sich nicht widerspruchsfrei mit dem natürlichen Begriffsverständnis des S. 3 in Einklang bringen, der ausdrücklich nur auf eine Kollektivregelung „bei dem neuen Inhaber" Bezug nimmt.[313] Eine solche Regelung liegt aber schon dann vor, wenn allein der Erwerber tarifgebunden ist. Aus diesem Grund scheint i.R.d. § 613a Abs. 1 BGB nur vermeintlich eine „Gesamtsystematik" zu bestehen, eine solche ist als bloße „Hypothese" bezeichnet worden.[314] Schon der Wortlaut des S. 3 („Satz 2 gilt nicht...") legt nahe, dass es sich bei der systematischen Verbindung der Sätze 2 und 3 um ein Regel- Ausnahme-Verhältnis handelt. Kollektivrechtliche Normen des Veräußerers gelten bei dem Erwerber dann nicht über S. 2 fort, wenn dieser selbst (eigenen) kollektivrechtlichen Regelungen unterworfen ist. Der Ausnahmecharakter des S. 3 als Ausfluss einer „bloß vermuteten inneren Systematik" des § 613a Abs. 1 BGB liegt dann gerade darin, dass nur eine einseitige Tarifgebundenheit des Erwerbers zur Ablösung genügt. So verstanden nimmt S. 3 inhaltlich dann auch nicht die Arbeitsverhältnisse der vom Betriebsübergang betroffenen Arbeitnehmer in Bezug. Für eine bloß vermutete innere Systematik scheint auch § 613a Abs. 1 S. 4 Alt. 2 BGB zu sprechen. Danach können Erwerber und betroffene Arbeitnehmer vereinbaren, dass im Fall der „fehlenden beiderseitigen Tarifgebundenheit" ein einschlägiger „anderer" Tarifvertrag angewendet wird. Dem natürlichen Wortverständnis folgend erfasst S. 4 Alt. 2 BGB nur den Fall, dass weder der Erwerber noch die betroffenen Arbeitnehmer tarifgebunden sind.[315] Daher können sie nach Betriebsübergang individualrechtlich vereinbaren, dass ein bestimmter

309 *Moll*, RdA 1996, 275, 276.

310 *Kania*, DB 1994, 529, 530.

311 BAG v. 07.07.2010 – 4 AZR 1023/08 – NZA-RR 2011, 30, 33; *Willemsen/Müller-Bonanni*, in: HWK, § 613a BGB Rdnr. 268.

312 Allgemein hierzu *Schmalz*, Methodenlehre, S. 91, Rdnr. 245.

313 *Lambrich*, in: FS Ehmann, S. 169, 206, 207.

314 *Gutzeit*, Anmerkung zu BAG v. 01.08.2001, EzA Nr. 199 zu § 613a BGB.

315 *Moll*, RdA 1996, 275, 284.

Tarifvertrag gelten soll, z.B. der für den Erwerber einschlägige Tarifvertrag. Dieser Ansatz zeigt, dass § 613a Abs. 1 S. 3 BGB keinen Rückschluss auf eine innere Systematik des § 613a Abs. 1 BGB zulässt. Stattdessen soll dem eigentlichen Schutzzweck des S. 3 folgend der Erwerber die Arbeitsbedingungen in kollektivrechtlicher Hinsicht auch bei nur eigener Tarifbindung vereinheitlichen können.[316] Damit steht das Vereinheitlichungsinteresse des Erwerbers im Vordergrund, das nicht von der Tarifbindung der betroffenen Arbeitnehmer abhängen und durch eine nur vermeintliche Systematik ausgehebelt werden kann.[317]

Problematisch an dieser Sichtweise ist jedoch zum einen, dass eine in ihrer Einseitigkeit schon nicht zwingende Schutzzweckargumentation die unbestrittene systematische Verbindung einzelner Normbestandteile, z.B. der Sätze 2 und 3, im Verhältnis zueinander erklären soll.[318] Die Vereinheitlichungsinteressen des Erwerbers sind zwar von den §§ 613a Abs. 1 S. 2, 3 BGB geschützt, müssen aber aufgrund des Regelungsmechanismus der §§ 613a Abs. 1 S. 2, 3 BGB im Gegenseitigkeitsverhältnis zu den Bestandsschutzinteressen der betroffenen Arbeitnehmer gesehen werden.[319] Auch ein systematischer Zusammenhang von S. 3 und S. 4 Alt. 2 lässt sich hieraus nicht ableiten, zumal S. 4 Alt. 2 eine vertragliche Vereinbarung vorsieht, während die Sätze 2, 3 einen kollektivrechtlichen Regelungsmechanismus enthalten. Zum anderen ist die Argumentation, S. 4 Alt. 2 erfasse nur den Fall, dass sowohl Erwerber als auch betroffene Arbeitnehmer nicht tarifgebunden sind, verfehlt.[320] Die Vorschrift enthält lediglich eine Klarstellung dahingehend, dass nur der Fall der bestehenden kongruenten Tarifbindung von Erwerber und Arbeitnehmern nach Betriebsübergang nicht erfasst wird.[321] Demgegenüber greift die Norm auch schon dann ein, wenn nur der Erwerber, nicht aber der betroffene Arbeitnehmer tarifgebunden ist. Dies wird mit einer über den Wortlaut hinaus reichenden Auslegung des S. 4 Alt. 2 anhand § 4 Abs. 1 TVG erklärt.[322] In beiden Fällen verwendet der Gesetzgeber den Begriff der „beiderseitigen Tarifgebundenheit“. Eine solche besteht bei § 4 Abs. 1 TVG bereits dann nicht, wenn nur ein Tarifpartner nicht tarifgebunden ist, da für diesen die Inhalte des Tarifvertrages nicht mit normativer Kraft gelten.[323] Es liegt nahe, diesen so

---

316 *Zöllner*, DB 1995, 1401, 1404.
317 *Moll*, RdA 1996, 275, 280.
318 S.o. B.) 1.) b.) und B.) 1.) c.) cc.) (1).
319 S. schon B.) 1.) a.).
320 *Waas*, Tarifvertrag und Betriebsübergang, S. 76, 77.
321 *Willemsen/Müller-Bonanni*, in: HWK, § 613a BGB Rdnr. 253.
322 *Lambrich*, in: FS Ehmann, S. 169, 207.
323 Allgemeine Meinung, s. nur *Löwisch/Rieble*, § 3 Rdnr. 188–192.

verstandenen Begriff der „beiderseitigen Tarifgebundenheit" unter dem Gesichtspunkt der Einheit der Rechtsordnung als Richtschnur einer systematischen Auslegung auch auf § 613a Abs. 1 S. 4 Alt. 2 BGB zu übertragen.[324] Dies spricht dafür, den systematischen Gesamtkontext des § 613a Abs. 1 BGB in den Vordergrund zu stellen. Im Übrigen würde der Anwendungsbereich des S. 4 Alt. 2 erheblich reduziert, ließe man für S. 3 die einseitige Tarifbindung des Erwerbers genügen.[325] Erfasst wäre dann nur noch der Fall, dass weder Erwerber noch Arbeitnehmer tarifgebunden sind. Einer Gestaltungsmöglichkeit wie sie in S. 4 Alt. 2 angeordnet ist, bedürfte es dann gar nicht mehr, sie wäre weitgehend bedeutungslos.[326] Ob eine einseitige Tarifbindung des Erwerbers zur Ablösung nach S. 3 genügt oder nicht, lässt sich auch anhand der systematischen Auslegung letztlich nicht eindeutig ermitteln, auch wenn die gewichtigeren Argumente für eine kongruente Tarifbindung sprechen.

(c) Schutzzweck des § 613a Abs. 1 S. 3 BGB

Der Schutzzweck des § 613a Abs. 1 S. 3 BGB kann wegen des Zusammenhangs mit S. 2 nicht ermittelt werden, ohne dass der Schutzzweck des S. 2 berücksichtigt wird. Den von dem Betriebsübergang betroffenen Arbeitnehmern bleibt grundsätzlich über § 613a Abs. 1 S. 2 BGB zunächst ein Mindestbestand an tariflichen Arbeitsbedingungen erhalten. Der Erwerber kann dagegen nur nach S. 3 sein Tarifrecht anwenden. Dieser zweifache Schutzzweck resultiert aus dem gemeinschaftsrechtlichen Ursprung der Norm und ist Ausdruck eines sachgerechten Interessenausgleichs. In diese Richtung weist bereits der Wortlaut des Art. 3 Abs. 3 RL. Danach hat der Erwerber das bestehende tarifliche Schutzniveau zu gewährleisten, es sei denn, es kommen eigene Kollektivverträge des Erwerbers zur Anwendung.[327] Diese Voraussetzung ist aber rechtstechnisch schon dann erfüllt, wenn nur der Erwerber an den Tarifvertrag gebunden ist, ohne dass dies auch nur auf einen Arbeitnehmer seiner bisherigen Belegschaft zutreffen muss.[328] Eine Geltung als Kollektivrecht gerade auch im Verhältnis zu den übernommenen und anderweitig tarifgebundenen Arbeitnehmern fordert Art. 3 Abs. 3 RL dem Wortlaut nach trotz des Regelungsziels

---

324 *Kania*, DB 1996, 1921, 1923.

325 *Willemsen/Müller-Bonanni*, in: HWK, § 613a BGB Rdnr. 253, 254.

326 *Jacobs*, Tarifeinheit und Tarifkonkurrenz, S. 324, 325; *Preis/Steffan*, in; FS Kraft, S. 477, 486; zweifelnd dagegen Kamanabrou, SAE 1/2002, 19, 28.

327 *Seitz/Werner*, NZA 2000, 1257, 1267.

328 *Zöllner*, DB 1995, 1401, 1404.

eines sachgerechten Interessenausgleichs nicht.[329] Der nationale Gesetzgeber ist zwar nicht daran gehindert, den Bestandsschutz der betroffenen Arbeitnehmer auszudehnen und eine Anwendung des Erwerbertarifvertrages in Übereinstimmung mit geltenden tarifrechtlichen Grundsätzen nur im Falle kongruenter Tarifbindung vorzusehen.[330] Dies scheint mit der Gesetzesbegründung jedoch kaum vereinbar zu sein. Danach ist „der neue Inhaber ...nur verpflichtet, die bei ihm bereits geltenden Tarifverträge ... einzuhalten und nicht noch daneben Arbeitsbedingungen, die sich nach Satz 2 aus anderen Tarifverträgen ... ergeben".[331] Wenn der Erwerber demnach nur die „bereits" bei ihm geltenden Tarifverträge einzuhalten braucht, dann kann dies nur bedeuten, dass er vor Tarifpluralitäten geschützt werden soll.[332] Dies kann nicht erreicht werden, wenn man für die tarifvertragliche Ablösung gem. § 613a Abs. 1 S. 3 BGB eine kongruente Tarifbindung von Erwerber und betroffenen Arbeitnehmern verlangt.[333] Auf dieser Grundlage ist § 613a Abs. 1 S. 3 BGB als einfachgesetzliche Ausprägung des Prinzips der Tarifeinheit angesehen worden.[334] Es sei daher „widersinnig", dass Prinzip der Tarifeinheit in einem Betrieb bei zwei kollidierenden Tarifverträgen anzuwenden, bei § 613a Abs. 1 S. 2, 3 BGB jedoch nicht. Dadurch würde es dem Erwerber über die gesetzgeberische Intention hinaus erschwert, die bei ihm geltenden Arbeitsbedingungen zu vereinheitlichen.[335]

Genau so geht jedoch der 4. Senat vor. Er will das Vereinheitlichungsinteresse des Erwerbers nur schützen, wenn betroffene Arbeitnehmer und Erwerber kongruent an dessen Tarifvertrag gebunden sind.[336] Denkt man dies konsequent zu Ende, gilt im Verhältnis der Sätze 2 und 3 das Ordnungsprinzip in Gestalt der Zeitkollisionsregel, wonach der für die kongruent tarifgebundenen, betroffenen Arbeitnehmer der jüngere Erwerbertarifvertrag an die Stelle des weiter geltenden älteren Veräußerertarifvertrages tritt.[337] Ansonsten gilt der Erwerbertarifvertrag

329 So auch BAG v. 21.02.2001 – 4 AZR 18/00 – NZA 2001, 1318, 1321, 1322; ein solches Richtlinienverständnis besteht aus rechtsvergleichender Perspektive auch in anderen EU-Mitgliedstaaten wie Frankreich, Belgien oder Spanien nicht, *Seitz/Werner*, NZA 2000, 1257, 1267 m.w.N.

330 BAG a.a.O.

331 BT-Drucks. 8/3317, S. 11.

332 *Schiefer*, NJW 1998, 1817, 1821; *Heinze*, DB 1998, 1861, 1865.

333 *Hohenstatt*, in: WHSSS, Abschn. E Rdnr. 152.

334 *Moll*, RdA 1996, 275, 280; *Schaub*, BB 1995, 2003, 2006.

335 *Lambrich*, in: FS Ehmann, S. 169, 209.

336 BAG v. 21.02.2001 – 4 AZR 18/00 – NZA 2001, 1318, 1321.

337 Bestätigend BAG v. 18.11.2003 – 1 AZR 604/02 – NZA 2004, 804, 805 für die Betriebsvereinbarung als ablösende Kollektivregelung.

neben den fortgeltenden Inhalten des Veräußerertarifvertrages zugunsten der betroffenen Arbeitnehmer. Das Prinzip der Tarifeinheit ist aber überholt und aus verfassungsrechtlichen Gründen zumindest für den Fall der Tarifpluralität aufgegeben worden.[338] Somit stellt diese Rechtsprechung, die in den allermeisten Fällen zu Tarifpluralitäten nach Betriebsübergang führt, auch bei § 613a Abs. 1 S. 3 BGB keine systembedingt zu rechtfertigende Ausnahme mehr dar.[339] Daraus entsteht aber ein weiteres Problem. Die Mechanismen, die zur Auflösung von Tarifpluralitäten eingesetzt wurden, passen schon gar nicht zum Normkonzept des § 613a Abs. 1 S. 3 BGB.[340] Auch die Auflösung von Tarifpluralitäten vollzog sich nach dem Prinzip der Tarifeinheit und damit dem Spezialitätsprinzip.[341] Es galt der Tarifvertrag, der dem betreffenden Betrieb räumlich, fachlich, betrieblich und persönlich am nächsten steht.[342] Danach verdrängt bei zwei nach § 3 TVG originär geltenden Tarifverträgen der Firmen- den Verbandstarifvertrag[343], bei zwei Verbandstarifverträgen gilt derjenige mit dem engeren sachlichen Geltungsbereich.[344] Bei einem Verbandswechsel wurde der neue als gegenüber dem nach § 3 Abs. 3 TVG fortgeltenden Tarifvertrag als spezieller angesehen.[345] Bei gleicher Sachnähe wird nach Repräsentativität des Verbandes abgegrenzt.[346] Gerade dieses Spezialitätsprinzip gilt aber im Verhältnis des § 613a Abs. 1 S. 2 BGB zu § 613a Abs. 1 S. 3 BGB nicht.[347] Dies zeigt sich daran, dass § 613a Abs. 1 S. 3 BGB nicht zwischen verschiedenen Typen von Tarifverträgen differenziert.[348] Nähme man das Spezialitätsprinzip ernst, dann könnte die Ablösung eines Firmentarifvertrages auf Seiten des Veräußerers unabhängig von der Rechtsqualität der Fortgeltung nach S. 2 nie erfolgen, wenn auf Seiten des

---

338 BAG v. 07.07.2010 – 4 AZR 549/08 – NZA 2010, 1068, 1069; dagegen *Giesen*, NZA 2009, 11, 13, 15.

339 *Steffan*, in: APS, § 613a BGB Rdnr. 137.

340 *Hartmann*, Weitergeltung von firmentariflichen Regelungen, S. 97.

341 Vgl. BAG v. 14.12.2004 – 1 ABR 51/03 – NZA 2005, 697, 703. BAG v. 04.12.2002 – 10 AZR 113/02 – NZA 2003, 632; *Forst*, in: Thüsing/Braun, 7. Kap. Rdnr. 64.

342 BAG v. 23.03.2005 – 4 AZR 203/04 – NZA 2005, 1003, 1005; *Wendeling-Schröder*, in: Kempen/Zachert, § 4 Rdnr. 182, 183; *Zwanziger*, in: Däubler, § 4 Rdnr. 928.

343 BAG v. 04.04.2001 – 4 AZR 237/00 – NZA 2001, 1085, 1086, 1087.

344 Vgl. BAG v. 29.11.1978 – 4 AZR 304/77 – AP Nr. 12 zu § 4 TVG Tarifkonkurrenz.

345 BAG v. 26.10.1983 – 4 AZR 219/81 – DB 1984, 1303, 1304; LAG Baden-Württemberg 23.09.2005 – 7 TaBV – juris.

346 Umstritten, BAG v. 14.06.1989 – 4 AZR 200/89 – DB 1990, 129.

347 *Wank*, NZA 1987, 505, 509; *Hanau/Vossen*, in: FS Hilger/Stumpf, S. 271, 297.

348 In der Gesetzesbegründung und dem Wortlaut des § 613a Abs. 1 S. 3 BGB findet sich hierzu kein Anhaltspunkt.

Erwerbers ein Verbandstarifvertrag besteht.[349] Dies steht jedoch einer in dieser Hinsicht uneingeschränkten Ablösungsmöglichkeit, wie sie S. 3 schon nach seinem gemeinschaftsrechtlichen Ursprung vorsieht, diametral entgegen und beeinträchtigt den Erwerber in seinen Vereinheitlichungsinteressen.

Diese Überlegungen liegen der jüngeren Rechtsprechung des 4. Senats zum Regelungsmechanismus der §§ 613a Abs. 1 S. 2, 3 BGB zugrunde, in der es um die Frage der tariflichen Ablösung geht.[350] Dabei wird unter direkter Bezugnahme auf die Entscheidung zur Rechtsqualität der Fortgeltungsanordnung des § 613a Abs. 1 S. 2 BGB das Ablösungsprinzip des § 613a Abs. 1 S. 3 BGB bestätigt.[351] Voraussetzung einer solchen Ablösung bleibe aber eine kongruente Tarifbindung von betroffenen Arbeitnehmern und Erwerber an einen anderen Tarifvertrag als den des Veräußerers, etwa den für den Erwerber geltenden Tarifvertrag.[352] Obwohl die Ansicht der Rechtsprechung nicht unmittelbar dem Richtlinien- und Gesetzeswortlaut sowie der Gesetzesbegründung des nationalen Gesetzgebers zu entsprechen scheint, ist ihr zu folgen und damit eine kongruente Tarifbindung nach Betriebsübergang für die Ablösung nach S. 3 zu fordern. Unabhängig von der Frage nach Tarifeinheit und Tarifpluralität i.R.d. § 613a Abs. 1 BGB kann nur eine allein an den geschützten Interessen erfolgende Auslegung zu sachgerechten Lösungen führen.[353] Der Regelungs- und Schutzmechanismus der §§ 613a Abs. 1 S. 2, 3 BGB sieht den Bestandsschutz der betroffenen Arbeitnehmer als primäres Regelungsziel an. Erst wenn ein gleichwertiger kollektivrechtlich begründeter und so wirkender Schutz auf Seiten des Erwerbers besteht, kommen dessen Vereinheitlichungsinteressen zum Tragen.[354]

S. 3 regelt aber selbst nicht eindeutig, was positiv gelten soll, wenn die „Rechte und Pflichten … durch Rechtsnormen eines anderen Tarifvertrages … geregelt werden".[355] Auch die Gesetzesbegründung enthält gerade hierzu keine konkreten Vorgaben. Eindeutig geregelt ist lediglich, dass der fortwirkende Tarifvertrag des Veräußerers nicht fort gelten soll. Eine dem primären Bestandsschutz gerecht werdende „Regelung" kann aber nur dann ablösend wirken, wenn diese einen vergleichbaren kollektivrechtlichen Schutz vermittelt. Dazu müssten die tariflichen

349 *Hartmann*, Weitergeltung von firmentariflichen Regelungen, S. 98.
350 BAG v. 07.07.2010 – 4 AZR 1023/08 – NZA-RR 2011, 30, 33.
351 BAG a.a.O.
352 Vgl. auch BAG v. 09.04.2008 – 4 AZR 164/07 – NZA 2008, 1432.
353 *Lambrich*, in: FS Ehmann, S. 169, 207.
354 *Gussen/Dauck*, Rdnr. 237.
355 *Hohenstatt*, in: WHSSS, Abschn. E Rdnr. 157; *Zöllner*, DB 1995, 1401, 1403.

Inhalte vor und nach Betriebsübergang einem vergleichbaren Schutzniveau entsprechen und ein solches gewährleisten.[356] Über S. 2 behalten die tariflichen Inhalte ihren kollektivrechtlichen Charakter. Der Erwerber sieht sich über eine an § 3 Abs. 3 TVG orientierte Auslegung des S. 2 faktisch einer normativen Tarifbindung an den Veräußerertarifvertrag ausgesetzt. Was für die Arbeitnehmer gelten soll, regeln §§ 613a Abs. 1 S. 2, 3 BGB aber gerade nicht. Anders ausgedrückt: Ein Äquivalent zu einer faktisch kollektivrechtlichen Tarifbindung des Erwerbers an den Veräußerertarifvertrag fehlt im Hinblick auf die betroffenen Arbeitnehmer hinsichtlich des Erwerbertarifvertrages für die Zeit nach dem Betriebsübergang. Die geänderte Rechtsprechung des 4. Senats zum Rechtscharakter des § 613a Abs. 1 S. 2 BGB statuiert in kollektivrechtlicher Hinsicht keine „faktische Gewerkschaftszugehörigkeit" der betroffenen Arbeitnehmer an den Erwerbertarifvertrag allein aufgrund des Betriebsübergangs. Ein derartiger Rückschluss wäre unzulässig, da er gegen Art. 9 Abs. 3 GG und die negative Koalitionsfreiheit der betroffenen Arbeitnehmer verstieße. Der 4. Senat verfolgte die Absicht, im Verhältnis des S. 2 zu individualvertraglichen Regelungen nach § 613a Abs. 1 S. 1 BGB den Günstigkeitsvergleich zu erhalten und damit den Arbeitnehmerschutz zu stärken.[357]

Wenn aber der Erwerber faktisch normativ an den Veräußerertarifvertrag gebunden bleibt, dann muss diese Hürde für die Ablösung nach § 613a Abs. 1 S. 3 BGB aus Arbeitnehmerschutzgründen maßgeblich sein. Ein gleichwertiger „Ersatz" für diese Tarifregelungen können dann nur kollektivrechtlich wirkende, eigene Tarifregelungen des Erwerbers sein, die die betroffenen Arbeitnehmer genau wie bisher erfassen, nämlich normativ. Nur dann wird ein Schutzniveau i.S.d. §§ 613a Abs. 1 S. 2, 3 BGB gewährleistet. Damit ist eine kongruente Tarifbindung von Erwerber und betroffenen Arbeitnehmer für die Ablösung nach S. 3 zu fordern.[358] Andernfalls entstünde eine „tarifliche Leere", die mangels normativer Bindung der betroffenen Arbeitnehmer an den Erwerbertarifvertrag kein vergleichbares Schutzniveau in tariflicher Hinsicht begründet.[359] Im Unterschied zur Überkreuz-Ablösung ist der Arbeitnehmerschutz somit erhöht. Dies ist auch gerechtfertigt, da eine Betriebsvereinbarung schon dann gilt, wenn ihr persönlicher Anwendungsbereich eröffnet ist und sie die betroffenen Arbeitnehmer betriebsorganisatorisch erfasst. Eine Tarifregelung „gilt" aber für die betroffenen Arbeitnehmer erst, wenn diese

356 *Hohenstatt*, a.a.O.

357 BAG v. 22.04.2009 – 4 AZR 100/08 – NZA 2010, 41, 45.

358 *Trittin*, in: BKMT, Kap. 5 Rdnr. 199, 202 ff; *Karthaus/Richter*, in: DHSW, § 613a BGB Rdnr. 126.

359 BAG v. 21.02.2001 – 4 AZR 18/00 – NZA 2001, 1318, 1321, 1322.

entsprechend tarifgebunden sind. Dieser Unterschied wirkt sich dann auch auf die Ablösungsfähigkeit von Tarifnormen aus.

Das tarifliche Schutzniveau steht als Argument auch der These entgegen, dass die Regelung in S. 3 obsolet sei, wenn ohnehin eine normative Tarifbindung zur Voraussetzung der Ablösung gemacht wird.[360] Diese These ist schon angesichts des S. 3 als ausfüllungsbedürftiger „Negativregelung" verfehlt. Wenn als Ergebnis der Norminterpretation eine kongruente Tarifbindung zu fordern ist, mag die These vordergründig zutreffen, erweist sich aber angesichts des zwingend zu gewährleistenden Schutzes als bloßer Reflex. Auch die Kritik am Argument der „tariflichen Leere" überzeugt nicht, wonach es sich einigen Stimmen in der Literatur zufolge um ein Scheinargument handele.[361] Die ganz überwiegende Anzahl von Arbeitsverträgen enthielten Bezugnahmeklauseln auf diverse Tarifverträge, die auch den betroffenen Arbeitnehmern über § 613a Abs. 1 S. 1 BGB tariflicher Rechtspositionen zukommen lassen. Fehle es an einer solchen vertraglichen Bezugnahme und werde sie auch nach Betriebsübergang nicht vereinbart, könne der „tariflose Zustand" durch § 612 Abs. 2 BGB behoben werden.[362] Über § 612 Abs. 2 BGB als dispositives Gesetzesrecht könne die „übliche Vergütung" bestimmt werden, die kraft des Erwerbertarifvertrages geschuldet sei. Das Prinzip der Üblichkeit gelte auch für die Arbeitszeit.[363] Maßgeblich sei dann zumindest die betriebsübliche Arbeitszeit. Andere Vertragsinhalte müssten im Wege der ergänzenden Vertragsauslegung nach §§ 133, 157 BGB ermittelt werden.[364] Diese Argumentation verkennt jedoch den Ausnahmecharakter des § 612 Abs. 2 BGB, bei dem es sich um eine Auslegungsregel und damit eine Konkretisierung des § 612 Abs. 1 BGB handelt.[365] Schon deshalb können andere Arbeitsbedingungen als die Vergütung, etwa die Arbeitszeit, durch § 612 Abs. 2 BGB weder direkt noch analog geregelt werden.[366] I.Ü. ist es bereits umstritten, ob ein Tariflohn als Maßstab der „Üblichkeit" überhaupt herangezogen werden kann.[367] Ein anderes Problem liegt darin, dass durch § 612 Abs. 2 BGB den betroffenen Arbeitnehmern Arbeitsbedingungen aufoktroyiert würden, die ihren Ursprung

---

360 Vgl. nur *Willemsen/Müller-Bonanni*, in: HWK, § 613a BGB Rdnr. 254 m.w.N.

361 *Lambrich*, in: FS Ehmann, 169, 210 unter Verweis auf die inhaltlich vergleichbare Diskussion um „inhaltsleere Arbeitsverhältnisse" bei §§ 3 Abs. 3, 4 Abs. 5 TVG.

362 *Zöllner*, DB 1995, 1401, 1405; *Moll*, RdA 1996, 275, 282.

363 *Lambrich*, in: FS Ehmann, 169, 211.

364 *Zöllner*, a.a.O; *Lambrich*, in: FS Ehmann, a.a.O.

365 *Thüsing*, in: HWK, § 612 BGB Rdnr. 32.

366 *Richardi/Fischinger*, in: v. Staudinger, § 612 Rdnr. 33.

367 *Thüsing*, in: HWK, § 612 BGB Rdnr. 40.

in einem Tarifvertrag haben, an den diese nicht gebunden sind. Dies ist mit ihrer negativen Koalitionsfreiheit nach Art. 9 Abs. 3 GG nicht zu vereinbaren.[368] Überdies ist es mehr als problematisch, die rechtliche Gewährung tariflicher Mindestbedingungen von einer stets schwankenden, weil rein tatsächlichen Größe, dem Vorhandensein von vertraglichen Bezugnahmeklauseln, abhängig zu machen. Auch wenn es zutreffen mag, dass die Mehrzahl aller Arbeitsverträge solche Klauseln enthält, kann daraus kein allgemein gültiger Rückschluss für ein zu erhaltendes Tarifniveau gezogen werden.

Auch wenn § 612 Abs. 2 BGB zur Anwendung kommen sollte, könnten dadurch nur Vergütungsfragen geregelt werden. Für die übrigen Arbeitsbedingungen müssten andere zwingende oder dispositive Gesetzesregelungen herangezogen werden oder auf betriebliche Übungen bei dem Erwerber abgestellt werden. Dies wird regelmäßig im Vergleich zu den an sich fortgeltenden Tarifbestimmungen nach § 613a Abs. 1 S. 2 BGB eine deutliche Verschlechterung bedeuten und den Bestandsschutz zu stark aushöhlen, weil § 612 Abs. 2 BGB seiner ratio nach keinen vergleichbaren kollektivrechtlichen Maßstab im Hinblick auf die tariflichen Regelungen beim Veräußerer bietet.[369] Letztlich kann eine tarifliche Ablösung i.S.d. §§ 613a Abs. 1 S. 2, 3 BGB nur erfolgen, wenn Arbeitnehmer und Erwerber kongruent tarifgebunden sind.[370]

(d) Verfassungskonforme Auslegung - Art. 9 Abs. 3 GG

Das Erfordernis einer kongruenten Tarifbindung nach Betriebsübergang verstößt auch nicht gegen die Koalitionsfreiheit i.S.d. Art. 9 Abs. 3 GG. Dies gilt vor dem Hintergrund des Regelungsmechanismus der §§ 613a Abs. 1 S. 2, 3 BGB sowohl für die Arbeitnehmer als auch für den Erwerber. Dagegen wird angeführt, dass der Erwerber über § 613a Abs. 1 S. 2 BGB für ein Jahr an ein kollektivrechtliches System tariflicher Regelungen gebunden werde, das er selbst nicht kraft seiner Mitgliedschaft im Arbeitgeberverband oder als Partei eines Firmentarifvertrages legitimiert hat.[371] Dies stelle einen Verstoß gegen sein Recht auf Fernbleiben einer Koalition und den damit einhergehenden Bindungen dar.[372] Dies werde dadurch

368 *Kamanabrou*, SAE 1/2002, 19, 30, 31.

369 *Hartmann*, Weitergeltung von firmentariflichen Regelungen, S. 92.

370 *Preis/Steffan*, in: FS Kraft, 477, 485, 486; *Trittin*, in: BKMT, Kap. 5 Rdnr. 199, 202, 203; *Oetker*, in: Wiedemann, § 3 Rdnr. 253.

371 *Lambrich*, in: FS Ehmann, 169, 212.

372 *Wellenhofer-Klein*, ZfA 1999, 239, 257 (Fn. 101); *Heinze*, in: FS Schaub, S. 275, 290; *Teschner*, Firmentarifvertrag und Unternehmensumstrukturierung, S. 143, 144.

noch verstärkt, dass die tariflichen Regelungen des Veräußerertarifvertrages infolge der Rechtsprechungsänderung nunmehr ihren kollektivrechtlichen Charakter behalten und den Erwerber faktisch den normativen Tarifbindungen des Veräußerers unterwerfen.[373]

Eine solche Bindung des Erwerbers wird durch den Aspekt des Bestandsschutzes der betroffenen Arbeitnehmer über §§ 613a Abs. 1 S. 2, 3 BGB legitimiert.[374] Die Erwerberbindung an die Tarifregelungen des Veräußerers ist als Rechtsfolge von dessen Willenserklärung, den Betrieb rechtsgeschäftlich zu erwerben, von Art. 2 Abs. 1 GG erfasst.[375] Eine hiervon abweichende Anwendung eines beim Erwerber geltenden Tarifvertrages kann nur infrage kommen, wenn ein vergleichbares kollektivrechtliches Schutzniveau erreicht wird. Dann wird auch die über Art. 9 Abs. 3 GG gewährleistete positive Koalitionsfreiheit der Arbeitnehmer, tarifpolitisch in ihrer Gewerkschaft mitzubestimmen, nicht in einem unzulässigen Maße beeinträchtigt.[376] Dies wird aber nur erreicht, wenn man vom Erfordernis einer kongruenten Tarifbindung ausgeht. Neben der negativen ist aber auch die positive Koalitionsfreiheit des Erwerbers durch das Erfordernis einer kongruenten Tarifbindung nicht verletzt.[377] Dem Erwerber bleibt es unbenommen, für sich Tarifverträge in Kraft zu setzen. Dass diese dann aufgrund der besonderen Interessenlage bei §§ 613a Abs. 1 S. 2, 3 BGB eventuell nicht anwendbar sind, ist dem Schutzzweck dieser Normen geschuldet. Die unternehmerische Entscheidung des Erwerbers zum Betriebsübergang ist zwar selbst durch Art. 12 Abs. 1 und Art. 14 Abs. 1 GG geschützt. Die damit verbundene Geltung eigenen Tarifrechts wird aber sachlich zulässig eingeschränkt, indem die kollektivrechtliche Selbstbestimmung der betroffenen Arbeitnehmer und deren erreichter Bestandsschutz über Art. 9 Abs. 3 GG vorrangig geschützt werden.[378] Dies kommt in den §§ 613a Abs. 1 S. 2, 3 BGB und des dort enthaltenen gesetzgeberischeren Gestaltungsspielraums zum Ausdruck. Wenn der Gesetzgeber primär den Arbeitnehmern die tariflichen Rechte erhalten will, gewährt er diesen verfassungsgemäß den Vorzug vor den Vereinheitlichungsinteressen des Erwerbers, ohne diese gänzlich zu beschneiden.[379] Diesem verbleiben nach Ablauf der einjährigen Veränderungssperre in S. 2

---

373 Dies erkennt BAG v. 22.04.2009 – 4 AZR 100/08 – NZA 2010, 41, 47 Rdnr. 68.

374 BAG a.a.O.; *Löwer*, in: v. Münch/Kunig, Art. 9 Rdnr. 100.

375 BAG a.a.O.; *Löwer*, in: v. Münch/Kunig, Art. 9 Rdnr. 100.

376 *Kempen*, in: Kempen/Zachert, § 3 Rdnr. 113.

377 Anders *Lambrich*, in: FS Ehmann, 169, 212; *Heinze*, DB 1998, 1861, 1866.

378 *Karthaus/Richter*, in: DHSW, § 613a BGB Rdnr. 125.

379 *Gussen/Dauck*, Rdnr. 239.

die individualrechtlichen Gestaltungsmöglichkeiten nach § 613a Abs. 1 S. 4 BGB. Somit erweist sich die grundrechtliche Einschränkung des Erwerbers als gerechtfertigt und ist als bloß wirtschaftliche Beeinträchtigung hinzunehmen.

Das Erfordernis einer kongruenten Tarifbindung verletzt auch die Arbeitnehmer nicht in ihrer Koalitionsfreiheit (Art. 9 Abs. 3 GG). Erforderlich wäre hierfür, dass ein unzulässiger Druck erzeugt wird, einer Gewerkschaft bei- oder aus ihr auszutreten, um in den Genuss tariflicher Rechte zu kommen.[380] Nach einer Ansicht könnten die Arbeitnehmer von einem Wechsel in die für den Erwerbertarifvertrag zuständige Gewerkschaft abgehalten werden, wenn dieser gegenüber dem Veräußerertarifvertrag ungünstiger ist, da ihnen nur so die günstigeren Regelungen des Veräußerertarifvertrages erhalten blieben.[381] Eine erhebliche Drucksituation besteht für die Arbeitnehmer gleichwohl nicht. Allein die Tatsache, dass organisierte Arbeitnehmer anders behandelt werden als Außenseiter oder anderweitig tarifgebundene Arbeitnehmer, begründet keinen unzulässigen Druck.[382] Dies entspricht der Lage beim Betriebsübergang bei nicht kongruenter Tarifbindung von Arbeitnehmern und Erwerber. Wenn die nach wie vor an den Veräußerertarifvertrag gebundenen Arbeitnehmer über § 613a Abs. 1 S. 2 BGB einen anderen tariflichen Schutz genießen, als ihn der Erwerbertarifvertrag vorsieht, kann allein dieser Unterschied nicht genügen, um eine unzulässige Druckausübung in Hinblick auf einen forcierten Gewerkschaftswechsel zu rechtfertigen.[383] Anders ausgedrückt: Den betroffenen Arbeitnehmern verbleibt über S. 2 in jedem Fall eine Tarifposition, wenn man für die tarifliche Ablösung eine kongruente Tarifbindung nach Betriebsübergang verlangt.

Dagegen läge eine unzulässige Druckausübung aber gerade dann vor, wenn man eine einseitige Tarifbindung des Erwerbers genügen ließe.[384] Dann wäre aufgrund der Ablösung der Veräußerertarifvertrag nicht mehr anwendbar und mangels Tarifbindung an den Erwerbertarifvertrag käme den betroffenen Arbeitnehmern überhaupt kein originärer Tarifschutz mehr zu. Sie kämen nur dann in den Genuss tariflicher Mindestarbeitsbedingungen, wenn sie der zuständigen Gewerkschaft beitreten oder mit dem Erwerber eine vertragliche Bezugnahme auf den Erwerbertarifvertrag vereinbaren. Dadurch würde zumindest im erstgenannten Fall die

---

380 *Löwer*, in: Münch/Kunig, Art. 9 Rdnr. 100.

381 *Röder*, DB 1981, 1980, 1982.

382 In diese Richtung BverfG v. 11.07.2006 – 1 BvL 4/00 – NZA 2007, 42, 44 für Tariftreueerklärungen; BVerfG v. 20.07.1971 – 1 BvR 13/69 – NJW 1971, 2301.

383 Es fehlt an der Sozialinadäquanz, vgl. *Scholz*, in: Maunz/Dürig, Art. 9 Rdnr. 231.

384 *Hartmann*, Weitergeltung von firmentariflichen Regelungen, S. 99.

Möglichkeit zum Beitritt zur zuständigen Gewerkschaft zur rechtlichen Pflicht.[385] Darin läge dann eine unzulässige Druckausübung. Demnach sprechen auch verfassungsrechtliche Argumente für eine kongruente Tarifbindung.[386]

cc.) Regelungskollision von Veräußerer- und Erwerbertarifvertrag

Liegt eine kongruente Tarifbindung nach Betriebsübergang vor, kommt es zur Ablösung, wenn die jeweiligen Tarifregelungen denselben Regelungsgegenstand betreffen.[387] Es genügt, wenn die jeweiligen Tarifregelungen die gleiche Sachgruppe inhaltlich abweichend voneinander regeln, was nach allgemeinen tarifvertraglichen Auslegungsgrundsätzen aufzulösen ist.[388] Auch Negativregelungen können ablösend wirken.[389] Dies gilt jedoch nur im Fall des „beredten Schweigens", der von einer bloßen Nichtregelung abzugrenzen ist.[390] Enthalten die Tarifverträge keine Regelungen zur selben Sachgruppe, scheidet eine Ablösung aus. Es bleibt dann bei der Fortwirkung nach § 613a Abs. 1 S. 2 BGB.[391]

dd.) Kollektivrechtliches Verschlechterungsverbot durch die Scattolon-Rechtsprechung des EuGH?

Liegt nach Betriebsübergang eine kongruente Tarifbindung vor, sind erneut die Einschränkungen der Scattolon-Rechtsprechung zu beachten.[392] Neben den bereits dargestellten Kritikpunkten an der Rechtsfigur des kollektivrechtlichen Verschlechterungsverbotes ergibt sich i.R.d. tarifvertraglichen Ablösung ein weiteres Problem. Dies betrifft die in der Grundrechtecharta (GRC) enthaltenen Gemeinschaftsgrundrechte. Durch den Vertrag von Lissabon wurde das Grundrecht auf kollektive Verhandlungen als Freiheitsgrundrecht in Art. 28 GRC kodifiziert.[393] Richtlinienvorschriften, die diese Freiheiten inhaltlich ausgestalten, sind anhand

---

385 BAG v. 21.02.2001 – 4 AZR 18/00 – NZA 2001, 1318, 1321, 1322.
386 *Karthaus/Richter*, in: DHSW, § 613a BGB Rdnr. 125, 126.
387 *Willemsen/Müller-Bonanni*, in: HWK, § 613a BGB Rdnr. 271.
388 BAG v. 23.01.2008 – 4 AZR 602/06 – ZTR 2008, 665, 667; *Jacobs*, in: JKO, § 4 Rdnr. 62; *Moll*, RdA 1996, 275, 284; *Fitting*, § 77 Rdnr. 84.
389 BAG v. 22.01.2003 – 10 AZR 227/02 – NZA 2003, 879.
390 *Dreher*, in: BDH, § 613a BGB Rdnr. 305.
391 *Hohenstatt*, in: WHSSS, Abschn. E Rdnr. 145.
392 S. o. für die Überkreuz-Ablösung B.) 1.) c.) bb.) (3) (e).
393 *Rixen*, in: GK zur EGC, Art. 28 Rdnr. 5, 6.

dieser Freiheitsrechte auszulegen.[394] Art. 28 GRC garantiert Arbeitnehmern sowie Arbeitgebern das Recht auf Kollektivverhandlungen und –maßnahmen mit Ziel, Tarifverträge auszuhandeln und als Folge hiervon auch anzuwenden.[395] Art. 3 Abs. 3 RL beschäftigt sich mit der Anwendbarkeit von Kollektivverträgen des Erwerbers nach Betriebsübergang. Diesem soll, auf der Grundlage einer Einigung mit der zuständigen Gewerkschaft als Sozialpartnerin, dem Wortlaut des Art. 3 Abs. 3 RL nach die Anwendung eigenen Tarifrechts unter bestimmten Voraussetzungen ermöglicht werden. Liegen diese Voraussetzungen vor, muss der Erwerber es uneingeschränkt und ohne weitere Vorbehalte, anwenden können.[396] Dies ist unmittelbare Folge der Auslegung von Art. 3 Abs. 3 RL, Art. 28 GRC.

Der EuGH erreicht das gegenteilige Ergebnis, wenn er einer Ablösung durch den Erwerbertarifvertrag einen kollektiven Günstigkeitsvergleich vorschaltet, wofür Art. 3 Abs. 3 RL nichts hergibt. Eine Einschränkung ist auch nicht über Art 52 GRC möglich.[397] Grundrechtseinschränkungen müssen grundsätzlich nach Art. 52 Abs. 1 S. 2 GRC verhältnismäßig sein und einen legitimen Zweck verfolgen. Nach Art. 52 Abs. 1 S. 1 GRC muss ferner der Wesensgehalt der eingeschränkten Freiheiten gewahrt werden.[398] Der Arbeitnehmerschutz ist unbestritten ein legitimer Zweck, der durch das kollektivrechtliche Verschlechterungsverbot sichergestellt werden soll. Jedoch stellt diese Rechtsfigur einen unverhältnismäßigen, weil nicht angemessenen Eingriff in das Recht des Erwerbers auf Kollektivverhandlungen nach Art. 28 GRC dar. Zwar wird dem Erwerber nicht die Möglichkeit genommen, überhaupt tarifliche Regelungen mit der zuständigen Gewerkschaft zu vereinbaren. Diesen wird jedoch, ohne entsprechenden Anhaltspunkt in Art. 3 Abs. 3 RL, ausnahmslos die Geltung versagt, wenn sie ungünstiger sind als die Tarifregelungen des Veräußerers. Dadurch wird das Verhandlungsrecht faktisch auf Null reduziert, indem ihm jede Effektivität durch die versagte Anwendung genommen wird. Dies ist mit dem Gemeinschaftsgrundrecht des Art. 28 GRC unvereinbar, zumal auch dem Erwerbertarifvertrag eine „Richtigkeitsgewähr“ i.S.d. Konkretisierung eines Mindestschutzes der Arbeitnehmer zukommt. Erkennt man das kollektivrechtliche Verschlechterungsverbot gleichwohl an, bleibt eine Ablösung möglich, solange der Erwerbertarifvertrag die Arbeitsbedingungen nicht wesentlich

394 *Sagan*, EuZA 2012, 247, 254, 255.

395 *Riedel*, in: Meyer, Art. 28 Rdnr. 1, 2.

396 *Sagan*, EuZA 2012, 247, 254.

397 *Sagan*, a.a.O.

398 *Frenz*, Rdnr. 601.

verschlechtert oder in unmittelbaren zeitlichen Zusammenhang mit dem Betriebsübergang keine Verschlechterung bezweckt.[399]

ee.) Ergebnisse zur Ablösung durch Erwerbertarifvertrag

Eine Ablösung der über S. 2 fortwirkenden Tarifregelungen durch eigenes Tarifrecht des Erwerbers findet nur statt, wenn die kongruente Tarifbindung von betroffenen Arbeitnehmern und Erwerber hieran vorliegt. Nur dann wird ein vergleichbares tarifliches Schutzniveau auch auf Erwerberseite erreicht. Nur so kann eine „tarifliche Leere" verhindert werden, die ansonsten aufgrund der „Negativregelung" in S. 3 die Folge wäre. In diesem Fall kann zudem nur wenig überzeugend erklärt werden, was tatsächlich gelten soll, um diese „tarifliche Leere" adäquat aufzufüllen.[400] Dieser am abgestuften Schutzzweck der §§ 613a Abs. 1 S. 2, 3 BGB orientierten Auslegung steht weder der Richtlinienwortlaut noch die Gesetzesbegründung entscheidend entgegen. Betriebserwerber werden sich demnach mit Tarifpluralitäten auseinandersetzen müssen und eine tarifliche Ablösung nur unter erschwerten Bedingungen durchführen können.[401] Eine weitere, rechtspraktische Erschwerung stellt zudem die Scattolon-Rechtsprechung des EuGH dar.[402]

2.) Die Änderungsmöglichkeiten nach §§ 613a Abs. 1 S. 2, 4 Alt. 1 BGB

Dem Erwerber eröffnen sich neben den kollektivrechtlichen auch individualrechtliche Ablösungsmöglichkeiten (§ 613a Abs. 1 S. 4 Alt. 1 BGB).[403] Dabei handelt es sich um vertragliche Änderungsvereinbarungen sowie Änderungskündigungen.[404] Diese Möglichkeiten bestehen nicht nur nach, sondern im Rahmen von S. 4 Alt. 1 auch schon vor Ablauf der Veränderungssperre des S. 2 mit der Folge, dass der Erwerber verschlechternd in die fortgeltenden Arbeitsbedingungen des Veräußerertarifvertrages eingreifen kann. Voraussetzung ist, dass der fort geltende Tarifvertrag „nicht mehr gilt".

---

399 S. o. B.) 1.) c.) bb.) (3) (e) (cc).

400 *Hohenstatt*, in: WHSSS, Abschn. E Rdnr. 157.

401 *Freckmann/Wörz*, BB 2013, 2549, 2553; *Hohenstatt*, in: WHSSS, Abschn. E Rdnr. 173.

402 S. o. B.) 1.) c.) bb.) (3) (e) (aa) bis (cc).

403 *Willemsen/Müller-Bonanni*, in: HWK, § 613a BGB Rdnr. 281.

404 *Kania*, DB 1994, 529, 531.

a.) Die Konzeption des § 613a Abs. 1 S. 4 Alt. 1 BGB

Die individualrechtliche Ablösungsmöglichkeit in S. 4 Alt. 1 setzt die Nichtmehrgeltung des Veräußerertarifvertrages voraus. Der Erwerber kann seine Gestaltungsmöglichkeiten somit erst wahrnehmen, wenn die kollektivrechtliche „Barriere“ beseitigt worden ist.

aa.) Kollektivrechtliche Nichtmehrgeltung von tariflichen Regelungen

Eine Nichtmehrgeltung i.S.d Norm liegt vor, wenn von den Tarifregelungen des Veräußerertarifvertrages keine zwingende Wirkung mehr ausgeht oder sie ihre zwingende Wirkung im Laufe der einjährigen Veränderungssperre verlieren.[405] Die zwingende Wirkung eines Tarifvertrages endet durch Ablauf der vereinbarten Laufzeit, durch Abschluss eines Aufhebungsvertrages, durch den Eintritt einer auflösenden Bedingung und durch dessen Kündigung (Voll- oder Teilkündigung).[406] Hier wirken die Tarifnormen nur gem. § 4 Abs. 5 TVG nach und können durch den Erwerber individualrechtlich nachteilig verändert werden.[407]

bb.) Systematischer Zusammenhang mit § 613a Abs.1 S. 2 BGB

Der systematische Zusammenhang von S. 4 Alt. 1 und S. 2 ergibt sich aus dem Wortlaut von S. 4 Alt. 1, wonach „vor Ablauf der Frist nach S. 2 … die Rechte und Pflichten geändert werden [können], wenn der Tarifvertrag … nicht mehr gilt…“. Die Nichtmehrgeltung der Regelungen des Veräußerertarifvertrages kann dabei rechtsgestaltend nur durch dessen Kündigung herbeigeführt werden, die nach zivilrechtlichen Grundsätzen nur von den Tarifvertragsparteien selbst erklärt werden kann.[408] Eine nicht feststellbare Partei hat wegen des Schriftformgebots nach § 1 Abs. 2 TVG kein Kündigungsrecht.[409] Damit ist der Erwerber schon formal mangels Stellung als Partei des Veräußerertarifvertrages nicht kündigungsberechtigt. Dies ergibt sich aufgrund des bisherigen Normverständnisses auch aus der inhaltlichen Verbindung von S. 4 Alt. 1 zu S. 2. Nach bisheriger Auffassung enthält S. 2 eine individualrechtliche Transformationsregelung.[410]

---

405 *Willemsen/Müller-Bonanni*, in: HWK, § 613a BGB Rdnr. 282.
406 *Gaul*, Arbeitsrecht der Betriebs- und Unternehmensspaltung, S. 828 Rdnr. 35, 36.
407 *Wank* in: Wiedemann, § 4 Rdnr. 91.
408 BAG v. 26.04.2000 – 4 AZR 170/99 – NZA 2000, 1010, 1012.
409 *Wank*, in: Wiedemann, § 4 Rdnr. 21; *Deinert*, in: Däubler, § 4 Rdnr. 110.
410 S. o. B.) 1.) a.) und c.).

Besteht nach Betriebsübergang keine originäre Bindung des Erwerbers an den Veräußerertarifvertrag nach §§ 3, 4 TVG, werden diese normativen Tarifregelungen in den Arbeitsvertrag transformiert. Die schuldrechtlichen Bestimmungen des Veräußerertarifvertrages, wie etwa das tarifliche Kündigungsrecht, nehmen an dieser Transformation aber nicht teil.[411] Damit wird der Erwerber vertraglich nur an die tariflichen Inhaltsnormen gebunden, er kann somit allein wegen des Betriebsübergangs mangels einer kollektivrechtlichen Rechtsposition in keinem Fall ein originäres kollektivrechtliches Gestaltungsrecht ausüben und die kollektivrechtliche „Nichtmehrgeltung" als Voraussetzung einer individualrechtlichen Ablösung nach S. 4 Alt. 1 auch nicht selbst herbeiführen.

b.) Die Wirkungsweise des § 613a Abs.1 S. 2 BGB nach der geänderten Rechtsprechung

Der 4. Senat hat § 613a Abs. 1 S. 2 BGB i.S.e. faktisch kollektivrechtlichen Fortgeltungsanordnung ausgelegt.[412] Der Erwerber ist in einer Weise an die Regelungen des Veräußerertarifvertrages gebunden, durch die im Verhältnis des § 613a Abs. 1 S. 2 BGB zu § 613a Abs. 1 S. 1 BGB das Günstigkeitsprinzip gilt.[413] Dies setzt inhaltlich voraus, dass der nicht oder anderweitig tarifgebundene Erwerber faktisch unmittelbar und zwingend an die Tarifregelungen des Veräußerertarifvertrages gebunden sein muss. Diese faktisch normative Wirkung ergibt sich aus der inhaltlichen Verbindung des von dem 4. Senat vergleichsweise herangezogenen § 3 Abs. 3 TVG zu § 3 Abs. 1 TVG.[414] Gleichwohl soll der Erwerber nicht in die schuldrechtliche Stellung als Partei des Veräußerertarifvertrages einrücken. Damit werden ihm die Zwänge eines von ihm nicht geschlossenen Tarifvertrages nicht nur vertraglich, sondern faktisch normativ auferlegt und ihm gleichzeitig versagt, sich trotz der kollektivrechtlichen Wirkungsweise der fortgeltenden Tarifregelungen von diesen Bindungen mit den hierfür vorgesehenen kollektivrechtlichen Mitteln einseitig zu lösen.[415] Auch wenn, wie gesehen, die faktisch normative Tarifbindung des Erwerbers über S. 2 nicht gegen Art. 9 Abs. 3 GG verstößt, ist es

411 Vgl. nur *Bayreuther*, in: DFL, § 613a BGB Rdnr. 62 m.w.N.

412 BAG v. 22.04.2009 – 4 AZR 100/08 – NZA 2010, 41, 43, 46 Rdnr. 27, 61, 63; bestätigend BAG v. 03.07.2013 – 4 AZR 961/11 – BB 2013, 2483.

413 BAG a.a.O; *Hohenstatt*, NZA 2010, 23, 25.

414 S. o. B.) 1.) c.) bb.) (3).

415 So aber BAG v. 26.08.2009 – 4 AZR 280/08 – NZA 2010, 238, 240.

fraglich, ob dies zu seinen Lasten auch unbesehen für den Ausschluss kollektivrechtlicher Gestaltungsmöglichkeiten als an sich innerer Annex zur Tarifbindung über S. 2 gelten kann. Ob angesichts dieser Wertungswidersprüche der geänderten Rechtsprechung dem Erwerber gleichwohl ein kollektivrechtliches Kündigungsrecht als Ausgleich auch aus grundrechtlicher Perspektive für die faktisch normative Tarifanbindung an den Veräußerertarifvertrag zusteht, ist umstritten.[416] Die Annahme eines Kündigungsrechts hätte zur Folge, dass sich auch die systematische Verbindung von §§ 613a Abs. 1 S. 2 und 4 Alt. 1 BGB verändert, indem der Erwerber in die Lage versetzt würde, die Nichtmehrgeltung i.S.d. § 613a Abs. 1 S. 4 Alt. 1 BGB selbst herbei zu führen. In jedem Fall ist vor diesem Hintergrund ein kollektivrechtliches Kündigungsrecht des Erwerbers überhaupt nur denkbar, wenn das Modell der faktisch kollektivrechtlichen Fortgeltung dem Transformationsmodell vorzuziehen ist, da letzteres nur eine vertragliche und gerade keine kollektivrechtlich wirkende Tariffortgeltung begründet.

aa.) Schwächen des Transformationsmodells

Kommt es infolge eines Betriebsübergangs nicht zu einer normativen Weitergeltung des Veräußerertarifvertrages nach den §§ 3 ff. TVG, werden die Tarifregelungen in das „Arbeitsverhältnis" transformiert. Dabei wird durch Wechsel der Geltungsgrundlage aus Tarifvertragsinhalt Arbeitsvertragsinhalt.[417] Schon während des Gesetzgebungsverfahrens wurde dieses Transformationsergebnis als „unbekannte Zwitterfigur" kritisiert.[418] Diese Zwitterstellung resultiert aus der einseitig zwingenden Wirkung der transformierten Tarifregelungen als Vertragsinhalt, die sich darin zeigt, dass diese gem. § 613a Abs. 1 S. 2 BGB nicht „vor Ablauf eines Jahres … geändert werden [dürfen]"- eine Konstruktion, die jedem schuldrechtlich-vertraglichen Verständnis diametral entgegensteht, weil sie Ergebnis einer gesetzlichen Anordnung ist. Schon deshalb kann die Fortgeltungsanordnung des S. 2 kaum individualrechtliche Inhalte als echte vertragliche Vereinbarungen erzeugen.[419] Diese Diskrepanz haben auch die Vertreter der Transformationstheorie erkannt. Die über S. 2 fortgeltenden Tarifregelungen werden wenig überzeugend

416 Vgl. *Bauer/v. Medem*, DB 2010, 2560, 2562 ff.

417 BAG v. 18.11.2003 – 1 AZR 604/02 – NZA 2004, 803, 805; *Wank*, in: MHA, § 102 Rdnr. 163.

418 *Seiter*, DB 1980, 877, 878; in diese Richtung auch *Binkert*, JZ 1979, 747, 750 ff.

419 *Lorenz*, DB 1980, 1745, 1748.

als „fiktive Individualvereinbarungen“[420], „Arbeitsvertragsregelungen besonderer Art“[421] oder als „transformiertes Sonderindividualrecht“[422] bezeichnet. Diese Wortschöpfungen wollen erklären, wie, als Unikum im Arbeitsrecht, aus originär kollektivrechtlichen Tarifregelungen der Inhalt eines Arbeitsvertrages wird. Das Transformationsmodell kann dies rechtskonstruktiv nicht überzeugend begründen.

(1) Mehrfacher Betriebsübergang

Eine Schwäche zeigt sich bei einem mehrfachen Betriebsübergang.[423] Wird der Betrieb zunächst auf einen nicht tarifgebundenen Erwerber übertragen, werden gem. § 613a Abs. 1 S. 2 BGB die Regelungen des Veräußerertarifvertrages zum Inhalt des Arbeitsvertrages. Wird der Betrieb dann auf einen anderweitig tarifgebundenen Erwerber übertragen, stünden sich nun, streng nach dem Transformationsmodell, vertragliche Regelungen i.S.d. § 613a Abs. 1 S. 1 BGB und originäres Tarifrecht gegenüber. Damit gälte das Günstigkeitsprinzip i.S.d. § 4 Abs. 3 TVG, das gerade die Kollision von vertraglichen und kollektiven Regelungen auflöst.[424] Diese an sich zwingende Folge des Transformationsmodells widersprach aber nach bisheriger Auffassung des 4. Senats dem Normverständnis des § 613a Abs. 1 S. 3 BGB.[425] Als kollektivrechtlicher Ablösungstatbestand gelte S. 3 nicht nur für die Ablösung eines unmittelbar und zwingend wirkenden Tarifvertrags durch einen anderen, sondern gerade auch für die Ablösung von nach S. 2 individualvertraglich fortgeltendem Tarifrecht, das demnach kollisionsrechtlich so behandelt wird wie originäres Kollektivrecht. Um diese Wertung aufrecht zu erhalten, wird im Fall des zweiten Betriebsübergangs das transformierte Tarifrecht in widersprüchlicher Weise nicht nach § 613a Abs. 1 S. 1 BGB als Vertragsinhalt behandelt, sondern die §§ 613a Abs. 1 S. 2–4 BGB angewendet, weil § 613a Abs. 1 S. 3 BGB ansonsten sinnentleert wäre.[426] Wendete man das Günstigkeitsprinzip im Verhältnis des S. 1 zu den Sätzen 2–4 bei dem zweiten Betriebsübergang an, würde § 613a Abs. 1 S. 3 BGB umgangen. Diese Regelung schließt das Günstigkeitsprinzip aber gerade aus. Zudem wollte der Gesetzgeber das Prinzip der Gleichwertigkeit aller

420 *Wank*, NZA 1987, 505, 508.
421 *Moll*, RdA 1996, 275, 277.
422 *Bepler*, RdA 2009, 65, 70.
423 *Sagan*, RdA 2011, 163, 165.
424 *Deinert*, in: Däubler, § 4 Rdnr. 621 ff.
425 BAG v. 11.05.2005 – 4 AZR 315/04 – NZA 2005, 1362, 1365.
426 *Bepler*, RdA 2009, 65, 70; *Gamillscheg*, Koll. Arbeitsrecht, § 17 S. 783.

Tarifverträge auch im Sonderfall des Betriebsübergangs beibehalten.[427] Eine solche Gleichwertigkeit sei auch dann anzunehmen, wenn eine Transformation in Individualvertragsrecht stattgefunden habe. Diese Argumentation verkennt, dass eine rein kollektivrechtliche Normkollision gar nicht erst entsteht, wenn man dem Transformationsmodell folgt. Dem kann nicht entgegengehalten werden, dass S. 3 dem Günstigkeitsprinzip vorgeht, da S. 3 wegen der Fortgeltung der Tarifregelungen nach dem ersten Betriebsübergang als Vertragsinhalt nach S. 1 konsequenterweise nicht mehr anwendbar ist.

Das Transformationsmodell kann auch zu gemeinschaftsrechtswidrigen Ergebnissen führen, wenn es bereits innerhalb eines Jahres nach dem ersten zu einem zweiten Betriebsübergang kommt.[428] Wendet man konsequent mit der Transformationstheorie nach dem ersten Betriebsübergang § 613a Abs. 1 S. 1 BGB bezüglich der vertraglich fortgeltenden Tarifregelungen an, kann die Sperrfrist einer Verschlechterung der Arbeitsbedingungen im Zeitpunkt des zweiten Betriebsübergangs nicht mehr entgegenstehen. Sie endet vielmehr mit dem zweiten Betriebsübergang, da sie nur für S. 2, nicht jedoch für S.1 gilt. Wird ein nicht tarifgebundener Erwerber in den Akquisitionsprozess pro forma eingebunden, nur um den Betrieb innerhalb eines Jahres an einen anderweitig tarifgebundenen Erwerber weiter zu veräußern, wird die (Mindest-) Sperrfrist des S. 2 rechtsmissbräuchlich umgangen. Dies steht Art. 3 Abs. 2 S. 2, Abs. 3 RL diametral entgegen, wo ein zeitlicher Mindestschutz der tariflichen Positionen vorgesehen ist. Dieser Schutz kann vor Ablauf der Sperrfrist aber nur kollektivrechtlich nach S. 3 begrenzt werden.[429]

(2) Systemwidrige Kollision von Tarif- und Gesetzesrecht

Das Transformationsmodell kann ferner keine befriedigende Antwort auf die Frage geben, welche Normen des Veräußerertarifvertrages überhaupt geeignet sind, als Arbeitsvertragsinhalt fort zu gelten.[430] Es führt dazu, dass gesetzliche Differenzierungen zwischen kollektiv- und individualrechtlichen Regelungen systemwidrig unterlaufen werden.

(a) §§ 622 Abs. 4, 5 BGB

Nach § 622 Abs. 4 S. 1 BGB können durch Tarifvertrag die gesetzlichen Kündigungsfristen verkürzt werden. Diese Regelung ist, auch im systematischen Vergleich

427 *Sieg/Maschmann*, Rdnr. 306.

428 *Sagan*, RdA 2011, 163, 165.

429 *Skuderis*, Weitergeltung, S. 174; *Waltermann*, § 19 Rdnr. 414.

430 *Binkert*, JZ 1979, 747, 751.

zu § 622 Abs. 5 BGB, einer einzelvertraglichen Gestaltung nicht zugänglich. Wird infolge einer Transformation aus Tarifregelungen Arbeitsvertragsinhalt, hat dies deren Nichtigkeit zur Folge, sie können in dieser Form nicht weiter gelten.[431]

(b) Tarifvertragliche Erweiterung gesetzlicher Mindestvoraussetzungen

Ähnlich liegt der Fall, wenn ein Tarifvertrag etwa die Einhaltung der Schriftform als konstitutive Wirksamkeitsvoraussetzung eines Arbeitsvertrages vorschreibt. Diese Regelung bezieht sich auf alle Arbeitsverträge, die von dem Geltungsbereich des jeweiligen Tarifvertrages erfasst werden. Eine solche konstitutive Wirkung kann von einer vertraglichen Regelung gerade nicht ausgehen. Unbeantwortet bleibt demnach die Frage, wie eine solche Tarifregelung nach Betriebsübergang ihren Regelungsinhalt behalten können soll.[432]

(c) § 310 Abs. 4 S. 1 BGB

Das Transformationsmodell unterläuft gesetzliche Differenzierungen zwischen kollektivrechtlichen und individualrechtlichen Regelungen.[433] So klammert beispielsweise § 310 Abs. 4 S. 1 BGB Tarifverträge von der AGB-Kontrolle aus. Nach der Umwandlung der Normen des Veräußerertarifvertrages in arbeitsvertragliche Regelungen als Folge des Betriebsübergangs wären tarifliche Normen und Regelungen gleichwohl kontrollfähig. Dies stellt eine vertragliche Umgehung der Tarifautonomie der Tarifvertragsparteien dar, die der Gesetzgeber mit § 310 Abs. 4 S. 1 BGB gerade verhindern wollte. Hierfür spricht auch ein Vergleich mit § 613a Abs. 1 S. 1 BGB. Enthält ein Arbeitsvertrag eine Bezugnahmeklausel auf den gesamten Inhalt eines Tarifvertrags als Globalverweisung, ist diese Klausel von der AGB-Kontrolle ausgenommen.[434] Dieser Kontrollausschluss gilt auch im Fall des Betriebsübergangs, da die Bezugnahmeklausel als Bestandteil des Arbeitsvertrags nach § 613a Abs. 1 S. 1 BGB auf den Erwerber übergeht. Etwas anderes kann nur gelten, wenn es zu einer Teilablösung des Veräußerertarifvertrages durch den Erwerbertarifvertrag nach den §§ 613a Abs. 1 S. 2, 3 BGB kommt. Der verbleibende Rest könnte dann als kontrollfähige Teilverweisung anzusehen sein.[435] Grundsätzlich sind

---

431 *Seiter*, DB 1980, 877, 878.

432 *Seiter*, a.a.O; *Binkert*, JZ 1979, 747, 750.

433 *Sagan*, RdA 2011, 163, 165, 166.

434 BAG v. 27.07.2005 – 7 AZR 486/04 – NZA 2006, 40, 45, 46; *Thüsing/Lambrich*, NZA 2002, 1361, 1363.

435 *Müller-Glöge*, in: MüKo, § 613a BGB Rdnr. 142; offen gelassen BAG v. 06.05.2009 – 10 AZR 390/08 – NZA-RR 2009, 593 ff.

Globalverweisungen als Bezugnahmeklauseln aber nicht kontrollfähig. Das Transformationsmodell hebelt diesen Grundsatz aus, indem es zu einer Umwandlung von nicht kontrollfähigem Tarifinhalt zu kontrollfähigem Vertragsinhalt führt. Dies steht der ratio der §§ 310 Abs. 4 S. 1 und 613a Abs. 1 S. 1 BGB entgegen.

(d) § 15 Abs. 3 AGG

Gleiches gilt für § 15 Abs. 3 AGG. Sind Tarifvertragsregelungen wegen Verstoß gegen das Benachteiligungsverbot des § 7 Abs. 2 AGG unwirksam, haftet der Arbeitgeber nur dann, wenn er die unwirksame Regelung wissentlich vorsätzlich oder fahrlässig angewendet hat.[436] Der Gesetzgeber hat sich dazu entschieden, gerade aufgrund der kollektivrechtlichen Natur derartiger Regelungen den Haftungsmaßstab erheblich zu beschränken.[437] Dies zeigt sich im Vergleich zur Schadensersatzregelung in § 15 Abs. 1 AGG, bei der i.R.e. bestehenden Arbeitsverhältnisses einfaches Verschulden genügt, und der verschuldensunabhängigen Regelung des § 15 Abs. 2 AGG.[438] Diese Differenzierung ist aufgrund der erhöhten Richtigkeitsgewähr tariflicher Regelungen und der besonderen Stellung der Tarifvertragsparteien aus Art. 9 Abs. 3 GG sachgerecht.[439] Bei konsequenter Anwendung des Transformationsmodells könnte der Erwerber sich nicht mehr auf § 15 Abs. 3 AGG berufen, da sich eine originär tarifliche Regelung in eine rein vertragliche umwandelt. Dies gilt dann sogar für den Zeitraum innerhalb der einjährigen Veränderungssperre.[440] Die Transformation führt demnach dazu, dass das ausgewogene System des § 15 AGG seine Bedeutung in haftungsrechtlicher Sicht verliert und als Ausdruck einer gesetzlichen Differenzierung leer läuft. Behält man den faktisch kollektivrechtlichen Charakter der Tarifnormen bei, wird dies vermieden.

(e) § 4 Abs. 4 S. 3 TVG

Auch § 4 Abs. 4 S. 3 TVG sieht vor, dass Ausschlussfristen für tarifliche Rechte nur in einem Tarifvertrag enthalten sein können. Kommt es zur Transformation derartiger Regelungsinhalte in den Arbeitsvertrag, könnten für die ehemals tariflichen

436 *Stein*, in: Wendeling-Schröder/Stein, § 15 Rdnr. 63; Nebeling/Miller, RdA 2007, 289, 291, 292.

437 *Wiedemann*, NZA 2007, 950, 953.

438 *Voigt*, in: SSV, § 15 Rdnr. 57

439 Krit. hierzu *Deinert*, in: Däubler/Bertzbach, § 15 Rdnr. 89, der den gemeinschaftsrechtlichen Vorgaben zu § 15 Abs. 3 AGG keine Privilegierung zu entnehmen vermag und auch das Postulat der Richtigkeitsgewähr anzweifelt.

440 *Sagan*, RdA 2011, 163, 165, 166.

Rechte nunmehr arbeitsvertragliche Ausschlussfristen gelten. Genau dies will § 4 Abs. 4 S. 3 TVG verhindern.[441] Da arbeitsvertragliche im Vergleich zu tariflichen Ausschlussfristen oftmals kürzer sind, stellt dies eine Verschlechterung der Rechtsstellung der vom Betriebsübergang betroffenen Arbeitnehmer dar. Dies ist mit dem Mindestschutz des Art. 3 Abs. 3 RL nicht zu vereinbaren. Die Transformation verkehrt damit den Arbeitnehmerschutz zumindest dann in sein Gegenteil, wenn im Tarifvertrag keine anderweitigen Fristen vorgesehen sind.[442] Wird dagegen § 613a Abs. 1 S. 2 BGB als faktisch kollektivrechtliche Fortgeltungsanordnung verstanden, wird er Arbeitnehmerschutz nicht in einer solchen Weise ausgehöhlt.

(3) Die Begründung zur Ablehnung der Überkreuz-Ablösung

Das Transformationsmodell ist schließlich nicht geeignet, den Ausschluss einer Überkreuz-Ablösung zu erklären. Wird die Überkreuz-Ablösung mit einem Vergleich der Situationen vor und nach Betriebsübergang abgelehnt, gelingt dies überzeugend nur, wenn die kollektivrechtlichen Mechanismen zur Kollisionsauflösung zwischen Tarifverträgen und Betriebsvereinbarungen, wie von der Rechtsprechung stillschweigend vollzogen, auch nach Betriebsübergang angewendet werden.[443] Legt man einer Betrachtung vor und nach Betriebsübergang das Transformationsmodell zugrunde, ist dieses Ergebnis nicht erzielbar. Obwohl sich nach Betriebsübergang kollektive und arbeitsvertragliche Reglungen gegenüberstehen, soll das Günstigkeitsprinzip (§ 4 Abs. 3 TVG) nicht gelten. Diese Ungereimtheiten lassen sich mit einer faktisch normativen Fortgeltung vermeiden.

bb.) Grundsatz einer faktisch kollektivrechtlichen Fortgeltung und deren Ausgestaltung im Anwendungsbereich des § 613a Abs. 1 S. 2 BGB

Der 4. Senat hat das Transformationsmodell aufgrund der dargestellten Schwächen zugunsten einer faktisch kollektivrechtlichen Fortgeltung ausdrücklich aufgegeben.[444] Damit schließt er sich einer in der Literatur bereits vertretenen Ansicht an.[445]

441 Vgl. *Gamillscheg*, Koll. Arbeitsrecht, § 18, S. 800, 801, der allein tarifliche Ansprüche von § 4 Abs. 4 TVG erfasst sieht und die Norm zum Kernbereich des Art. 9 Abs. 3 GG rechnet. Vertragliche Ansprüche sind hiervon nicht erfasst.

442 *Sagan*, RdA 2011, 163, 166.

443 So auch mittlerweile *Preis*, in: ErfK, § 613a BGB Rdnr. 123.

444 BAG v. 22.04.2009 – 4 AZR 100/08 – NZA 2010, 41, 46, Rdnr. 61.

445 *Hohenstatt*, in: WHSSS, Abschn. E Rdnr. 3, 36; *Kreutz*, in: FS BAG, 993, 1002.

Dies wird dort besonders deutlich, wo er zur Kollisionsauflösung zwischen § 613a Abs. 1 S. 1 BGB und § 613a Abs. 1 S. 2 BGB das Günstigkeitsprinzip des § 4 Abs. 3 TVG anwendet.[446] Da Tarifregelungen, die kraft Bezugnahmeklausel nach S. 1 gelten, unstreitig arbeitsvertraglicher Natur sind, kann ein Günstigkeitsvergleich nur stattfinden, wenn die über S. 2 fortgeltenden Tarifregelungen „ihren kollektivrechtlichen Charakter behalten".[447] Damit knüpft der 4. Senat für das Verhältnis von S. 1 zu S. 2 und den Ausschluss des Günstigkeitsprinzips i.R.d. S. 2 und 3 inhaltlich an die Rechtsprechung zur Fortgeltung von Betriebsvereinbarungen an.[448] Danach werde eine Betriebsvereinbarung des Veräußerers nach Betriebsübergang zum Inhalt des Arbeitsverhältnisses, ohne dass deswegen eine vertragliche Fortgeltung anzunehmen ist.[449] Gleichwohl könne aufgrund einer wertenden Betrachtung der kollektivrechtlich vermittelte Bestand an Mindestarbeitsbedingungen nicht stärker geschützt sein als er dies ohne oder vor Betriebsübergang wäre.[450] In diesem Fall könnte auch eine (verschlechternde) Betriebsvereinbarung ablösende Wirkung entfalten. Dann müsse das Gleiche auch nach Betriebsübergang gelten, da dadurch die Stellung des Arbeitnehmers jedenfalls nicht verbessert werden soll. Dies werde erreicht, indem die nach S. 2 fortgeltende Betriebsvereinbarung teleologisch darauf zu reduzieren ist, dass sie entsprechend ihrem kollektivrechtlichen Ursprung geschützt wird und so eine Ablösung nach S. 3 ermöglicht wird. Der Sache nach ist dies eine beschränkt normative Fortgeltungsanordnung.[451]

Der 4. Senat nimmt aber nicht nur eine teleologische Reduktion des § 613a Abs. 1 S. 2 BGB vor, sondern erzielt dasselbe Ergebnis, indem er den ursprünglichen kollektivrechtlichen Charakter der Tarifnormen erhält und S. 2 als entsprechende Fortgeltungsregel anerkennt.[452] Zwar verwendet er hierbei erneut den Begriff der „Transformation".[453] Wenn er aber unmittelbar zuvor § 613a Abs. 1 S. 2 BGB ausdrücklich als vertragliche Fortgeltungsanordnung ausschließt, kann er damit nur meinen, dass unmittelbar und zwingend wirkende Tarifnormen auf das

---

446 BAG v. 22.04.2009 – 4 AZR 100/08 – NZA 2010, 41, 43, Rdnr. 29.

447 BAG v. 22.04.2009 – 4 AZR 100/08 – NZA 2010, 41, 46, Rdnr. 61.

448 BAG v. 22.04.2009 – 4 AZR 100/08 – NZA 2010, 41, 47, Rdnr. 64.

449 BAG v. 14.08.2001 – 1 AZR 619/00 – NZA 2002, 276, 278, 279.

450 BAG a.a.O mit Anmerkung *Reichold*, SAE 7/2002, 263 ff.

451 *Zöllner*, DB 1995, 1401, 1402; *Gamillscheg*, Koll. Arbeitsrecht, § 17 S. 780 ff. *Hohenstatt*, NZA 2010, 23, 26.

452 Zust. BAG v. 26.08.2009 – 5 AZR 969/08 – NZA 2010, 173, 174, Rdnr. 20 und BAG v. 24.02.2010 – 4 AZR 691/08 – NZA-RR 2010, 530, 534, 535 Rdnr. 45, 50.

453 BAG v. 22.04.2009 – 4 AZR 100/08 – NZA 2010, 41, 43, Rdnr. 29.

Arbeitsverhältnis einwirken.[454] Dies und die Tatsache, dass der 4. Senat die Vorschrift des § 4 Abs. 3 TVG unmittelbar und nicht lediglich analog anwendet, hat zu der Annahme geführt, dass es sich bei dem fortgeltenden Tarifrecht um genuines Tarifrecht handeln müsse.[455] Nur so könne der Gleichlauf von kollektivrechtlicher Normgeltung vor und nach Betriebsübergang sichergestellt werden. An anderer Stelle spricht der 4. Senat jedoch davon, dass „der Erwerber … an die transformierten Regelungen in einer Weise gebunden [ist], die der Nachbindung des aus einem tarifschließenden Arbeitgeberverband ausgetretenen Arbeitgebers gem. § 3 Abs. 3 TVG weitgehend entspricht“.[456] Der 4. Senat beschreibt bei dem Vergleich von § 613a Abs. 1 S. 2 BGB und § 3 Abs. 3 TVG lediglich die mit dem Betriebsübergang eintretenden inhaltlich-kollektivrechtlichen Normwirkungen. Eine direkte Anwendung des § 3 Abs. 3 TVG zieht er dagegen nicht in Betracht, da „der Erwerber für diesen Zeitraum [einjährige Veränderungssperre des § 613a Abs. 1 S. 2 BGB, Anm. d. Verf.] im Hinblick auf die übergegangenen Arbeitsverhältnisse so gestellt [wird], als sei er wie der Veräußerer zwingend an den normativen Teil des Tarifvertrags gebunden. … Die transformierten Normen wirken daher in dieser Zeit vergleichbar wie Mindestarbeitsbedingungen i.S. von § 4 Abs. 1, Abs. 3 TVG“.[457] Der 4. Senat differenziert demnach zwischen einer Fortgeltung nach § 613a Abs. 1 S. 2 BGB und einer tariflichen Normwirkung nach den §§ 3, 4 TVG, auch wenn die Rechtsfolge in beiden Fällen in einer unmittelbaren und zwingenden Wirkung der jeweiligen tariflichen Regelungen besteht.

Hieraus resultiert letztlich ein dreistufiges Modell.[458] Auf der ersten Stufe finden sich die Arbeitsbedingungen wieder, die schon nach § 613a Abs. 1 S. 1 BGB arbeitsvertraglich gelten. Die zweite Stufe erfasst die Arbeitsbedingungen, die auch nach Betriebsübergang ohnehin genuin tarifrechtlich gelten und die dritte Stufe schließlich solche, die infolge des Betriebsübergangs ihren kollektivrechtlichen Charakter behalten und wie Tarifrecht auf die Arbeitsverhältnisse einwirken, ohne originäres Tarifrecht zu sein. Der 4.Senat hat damit eine Fortgeltungsanordnung „sui generis“ geschaffen.[459] Dieser Differenzierungsansatz hat bezüglich

---

454 So BAG v. 22.04.2009 – 4 AZR 100/08 – NZA 2010, 41, 46, Rdnr. 62.

455 *Sagan*, RdA 2011, 163, 166.

456 BAG v. 22.04.2009 – 4 AZR 100/08 – NZA 2010, 41, 43, Rdnr. 61; bestätigend LAG München v. 22.03.2012 – 5 Sa 848/11 – juris.

457 BAG v. 22.04.2009 – 4 AZR 100/08 – NZA 2010, 41, 43, Rdnr. 63; bestätigend LAG München a.a.O.

458 *Bauer/v. Medem*, DB 2010, 2560, 2561.

459 *Willemsen/Müller-Bonanni*, in: HWK, § 613a BGB Rdnr. 250; so schon zuvor *Reichold*, in: Fuchs/Reichold, Teil VI Rdnr. 205; *Reichold*, SAE 07/2002, 263, 269.

der kollektivrechtlichen Fortgeltungswirkung tariflicher Normen lediglich das „Herkommen" der jeweiligen, hierfür in Betracht kommenden Rechtsgrundlage im Blick. § 613a Abs. 1 S. 2 BGB führt zu einer normativen Tarifbindung des Erwerbers kraft gesetzlicher Anordnung infolge der rechtsgeschäftlichen Betriebsübernahme.[460] Davon zu trennen ist die Tarifgeltung kraft vorheriger originärer Tarifbindung.[461] Dies gilt auch, wenn mit dem Betriebsübergang ein Branchenwechsel verbunden ist und der Geltungsbereich des Tarifvertrages des Veräußerers verlassen wird.[462] Eine Unterscheidung in der Normwirkung wird nicht bezweckt, da ansonsten der Vergleich von § 613a Abs. 1 S. 2 BGB mit §§ 3, 4 TVG auf der Rechtsfolgenseite leer liefe. § 613a Abs. 1 S. 2 BGB erfasst ferner nur die von dem Betriebsübergang betroffenen Arbeitnehmer. Zudem ist die Reichweite der zu gewährenden Tarifinhalte zeitlich beschränkt, da im Gegensatz zu §§ 3, 4 TVG die Dynamik des Tarifvertrags mit Betriebsübergang grundsätzlich endet und dieser nur statisch fort gilt.[463]

cc.) Kritik an einer faktisch kollektivrechtlichen Fortgeltung

Das Modell der faktisch kollektivrechtlichen Fortgeltung hat Kritik erfahren.[464] Die Begründungsansätze dieser Kritik sind unterschiedlich.

(1) Wortlaut und Systematik des § 613a Abs. 1 BGB

Nach einer Auffassung steht schon der Wortlaut des § 613a Abs. 1 S. 2 BGB einer faktisch kollektivrechtlichen Fortgeltung entgegen.[465] Als „Arbeitsverhältnis" i.S.d. Norm könne nur der Arbeitsvertrag an sich angesehen werden. Dies folge daraus, dass ein Kollektivvertrag nur von außen auf ein Arbeitsverhältnis einwirken, nicht aber zu dessen Inhalt werden könne.[466] Ein solches individualvertragliches Verständnis gibt der Wortlaut aber nicht vor.[467] Auch eine tarifliche Regelung wirkt auf ein

460 *Heinze*, in: FS Schaub, 275, 280, 281.
461 BAG v. 22.04.2009 – 4 AZR 100/08 – NZA 2010, 41, 47 Rdnr. 68; *Schliemann*, NZA Beil. 16/2003, 3, 11.
462 BAG v. 26.08.2009 – 4 AZR 280/08 - NZA 2010, 238, 240 Rdnr. 21.
463 BAG v. 29.08.2001 – 4 AZR 332/00 – NZA 2002, 513, 515.
464 Vgl. nur *Oetker*, in: Wiedemann, § 3 Rdnr. 230; *Waas*, Tarifvertrag und Betriebsübergang, S. 22, 23.
465 *Wank*, in: MHA § 102 Rdnr. 169; *Preis/Steffan*, in: FS Kraft, S. 477, 478.
466 BAG v. 29.08.2007 – 4 AZR 767/06 – NZA 2008, 364, 366; Dreher, in: BDH, § 613a BGB Rdnr. 287.
467 *Rinck*, RdA 2010, 216, 220.

Arbeitsverhältnis ein, indem es dieses ausgestaltet und so zu dessen Inhalt wird. Der Wortlaut des § 613a Abs. 1 S. 2 BGB lässt offen, welche Rechtsqualität den fortgeltenden Tarifregelungen zukommen soll, indem er den weiter gefassten Begriff des „Arbeitsverhältnisses“ und nicht den des „Arbeitsvertrages“ verwendet.[468] „Arbeitsverhältnis“ ist die Gesamtheit aller Arbeitsvertragsinhalte und allen diese normativ prägenden Kollektivvereinbarungen.[469] Dieses Begriffsverständnis entspricht § 2 Abs. 1 Nr. 3 lit. a ArbGG, wo von Ansprüchen „aus dem Arbeitsverhältnis“ auch solche erfasst sind, deren Ursprung in einem Tarifvertrag oder einer Betriebsvereinbarung liegen.[470] Auch in systematischer Hinsicht ist eine faktisch kollektivrechtliche Fortgeltung gerechtfertigt. Während § 613a Abs. 1 S. 1 BGB eine vertragliche Fortgeltung tariflicher Inhalte anordnet, stellt § 613a Abs. 1 S. 2 BGB im Gegensatz hierzu eine kollektivrechtlich wirkende Fortgeltungsanordnung dar.[471] Mit diesem „Transfer“ kollektivrechtlicher Regelungen anlässlich eines Betriebsübergangs ist kein Wechsel der Geltungsgrundlage von Tarifinhalt zu Arbeitsvertragsinhalt verbunden, sondern es wird eine unmittelbare und zwingende Normgeltung „sui generis“ der Inhalte des Veräußerertarifvertrages für den Erwerber auch nach Betriebsübergang etabliert. Dies ist die entscheidende Rechtsfolgenanordnung des S. 2, der als kollektivrechtlich wirkende Parallelvorschrift zu S. 1 ein in sich geschlossenes und dem Arbeitnehmerschutz umfänglich dienendes System darstellt.[472] Dies kann das Transformationsmodell gerade nicht erreichen. Dieses Parallelverhalten von S. 1 zu S. 2 setzt sich dann auch konsequent im Verhältnis von S. 3 zu S. 4 fort. Während S. 3 eine Ausnahme von S. 2 zulässt, wenn auf Seiten des Erwerbers anwendbares und wirksames Kollektivrecht vorhanden ist, erlaubt S. 4 demgegenüber die individualvertragliche Ablösung von Kollektivrecht im Fall seiner Nichtmehrgeltung. Nur eine so verstandene Gesamtsystematik wird dem primären Arbeitnehmerschutz gerecht. Somit spricht auch die systematische Betrachtungsweise für eine faktisch kollektivrechtliche Fortgeltungswirkung in S. 2.

(2) Die Betriebsübergangsrichtlinie 2001/23/EG und die Gesetzesbegründung des nationalen Gesetzgebers

Angesichts des gemeinschaftsrechtlichen Ursprungs des § 613a Abs. 1 S. 2 BGB ist vor allem dessen europarechtskonforme Auslegung von Bedeutung. Hierbei

---

468 So jetzt auch BAG v. 22.04.2009 – 4 AZR 100/08 – NZA 2010, 41, 46 Rdnr. 62.
469 *Sagan*, RdA 2011, 163, 167.
470 *Matthes*, in: Germelmann, § 2 Rdnr. 56; *Walker*, in: Schwab/Weth, § 2 Rdnr. 100.
471 *Lambrich*, in: FS Ehmann, S. 169, 178.
472 Ähnlich *Sagan*, RdA 2011, 163, 167.

ist Art. 3 Abs. 3 RL zu beachten, der die Fortgeltung kollektiven Rechts im Falle des Betriebsübergangs regelt, wonach die „Arbeitsbedingungen“ grundsätzlich „in gleichem Maße“ aufrechterhalten werden müssen, wie sie bei dem Veräußerer gegolten haben. Eine streng am Wortlaut orientierte Auslegung des Begriffs „Arbeitsbedingungen“ führt dabei zu dem Ergebnis, dass diese im Fall eines Betriebsübergangs lediglich inhaltlich aufrecht zu erhalten sind.[473] In welcher Form dies zu geschehen hat, etwa durch Transformation dieser Bedingungen in den Arbeitsvertrag oder durch eine kollektivrechtliche wirkende Fortgeltung bei dem Erwerber, ist dagegen nicht vorgegeben.[474] Der vorrangige Schutzzweck der Betriebsübergangsrichtlinie, der Arbeitnehmerschutz, wird nicht dadurch tangiert, wie Arbeitsbedingungen erhalten bleiben, da eine Fortgeltung nur „in gleichem Maße“ und damit rein inhaltlich zu erfolgen hat. Der Arbeitnehmerschutz könne sich aber per se nur auf diejenigen Arbeitnehmer beziehen, die zum Zeitpunkt des Betriebsübergangs in einem Arbeitsverhältnis zu dem Veräußerer standen und von ihm betroffen sind.[475] Würde aber eine kollektivrechtlich wirkende Fortgeltung der tariflichen Regelungen des Veräußerers angenommen, dann müssten die fortgeltenden Arbeitsbedingungen auch für die bei dem Erwerber nach dem Betriebsübergang neu eintretenden Arbeitnehmer Geltung beanspruchen, was den Schutzzweck der Richtlinie überdehnen würde.[476] Vor dem Hintergrund des Art. 3 Abs. 3 RL könnten die Transformationstheorie und die arbeitsvertragliche Fortgeltungsanordnung des § 613a Abs. 1 S. 2 BGB nicht abgelehnt werden.[477] Anders als der Richtlinienentwurf überlasse die Richtlinie den Mitgliedstaaten selbst die Wahl der Mittel zur Ausgestaltung der Fortgeltungsregelung in Art. 3 Abs. 3 RL.[478] Auf dieser Grundlage habe der deutsche Gesetzgeber entschieden, eine individualrechtliche, d.h. „arbeitsvertragliche Festschreibung“ der u.a. tariflichen Mindestarbeitsbedingungen des Veräußerers vorzunehmen.[479]

Gegen eine individualrechtliche Konzeption spricht jedoch, dass Art. 3 Abs. 3 RL diejenigen Normen eines Kollektivvertrages als Gegenstand der Fortgeltung ansieht, die die Arbeitsbedingungen insgesamt erfassen und damit den Inhalt der übergehenden Arbeitsverhältnisse gestalten. Daraus folgt, dass sich Art. 3 Abs. 3

---

473 BAG v. 26.08.2009 – 5 AZR 969/08 – NZA 2010, 173, 175; *Moll*, RdA 1996, 275, 276.; *Seitz/Werner*, NZA 2000, 1257, 1267; *Marhold*, in: FM, S. 262.

474 *Thüsing*, § 5 Rdnr. 61; *Wank*, in: HSW, § 18 Rdnr. 129.

475 *Einfeldt*, in: Nägele, S. 172, 173, 178; *Schiek*, Europäisches Arbeitsrecht, S. 285.

476 *Marhold*, in: FM, S. 262.

477 *Thüsing*, a.a.O.

478 *Wank*, in: HSW, a.a.O.

479 BT-Drucks. 8/3317, S.7/11; *Seiter*, Betriebsinhaberwechsel, S. 95.

RL nicht auf den einzelnen Arbeitsvertrag bezieht, sondern der Regelung ein umfassenderes Verständnis von „Arbeitsbedingungen" zugrunde liegt.[480] Dieses Verständnis erfasst dann nicht nur den einzelnen Arbeitsvertrag eines Arbeitnehmers, sondern die gesamte, von dem Betriebsübergang betroffene Arbeitnehmerschaft.[481] Auch aus rechtsvergleichender Perspektive ist eine nicht nur individualvertragliche, sondern darüber hinaus gehende, kollektive Betrachtungsweise angezeigt. So enthält die englische Fassung bezüglich des Fortgeltungsgegenstands die Wendung „terms and conditions", in der französischen Fassung ist der Begriff „conditions de travail" enthalten.[482] Diese Begrifflichkeiten sprechen ebenso wie die Schutzrichtung der Richtlinie (grundsätzliche Erhaltung des gesamten kollektivrechtlichen Schutzniveaus) gegen ein verengtes individualrechtliches Verständnis.[483]

Dem folgt auch die Rechtsprechung des EuGH. Der EuGH hat bislang zwar noch nicht konkret über die Rechtsqualität der Fortgeltungsregelung in Art. 3 Abs. 3 RL entschieden.[484] Seiner bisherigen Rechtsprechung kann jedoch entnommen werden, dass er Art. 3 Abs. 3 RL nicht als bloße schuldrechtliche Regelung betrachtet, sondern den kollektivrechtlichen Charakter dieser Fortgeltungsregelung gerade in Abgrenzung zu Art. 3 Abs. 1 RL in den Vordergrund stellt.[485] Dieser Differenzierung steht auch die dogmatisch fragwürdige Scattolon-Entscheidung[486] nicht entgegen, da es dort um die Figur und Begründung eines kollektivrechtlichen Verschlechterungsverbotes geht. Dass der EuGH hierbei die vertragliche (Art. 3 Abs. 1 RL) und kollektivrechtliche Regelungsebene (Art. 3 Abs. 3 RL) unzulässig vermengt, zeigt nur, dass er den Arbeitnehmerschutz als übergeordneten Schutzzweck der Richtlinie in kollektivrechtlich unzulässiger Weise ausdehnt. Diese Vorgehensweise enthält jedoch keine Aussage darüber, welchen Rechtscharakter Art. 3 Abs. 3 RL haben soll. Er bestätigt lediglich, dass eine kollektivrechtliche Ablösung auf der Grundlage des Art. 3 Abs. 3 RL möglich sein kann, was dann sogar eher für den kollektivrechtlichen Charakter des Art. 3 Abs. 3 RL als Fortgeltungsregel spricht.

In zwei frühen Entscheidungen hatte der EuGH zunächst lediglich klargestellt, dass das Arbeitsverhältnis in seiner ursprünglichen Form auch nach Betriebsübergang

480 *Thüsing*, § 5 Rdnr. 62.

481 *Seiter*, DB 1980, 877, 881; *Thüsing*, a.a.O.

482 *V. Alvensleben*, Grundlagen § 613a BGB, S. 244.

483 *V. Alvensleben*, Grundlagen § 613a BGB, S. 245; *Marhold*, in: FM, S. 262, 263.

484 *Marhold*, in: FM, S. 261, 262.

485 *Sagan*, RdA 2011, 163, 168.

486 EuGH v. 06.09.2011 – Rs. C-108/10 (Ivana Scattolon ./. Ministero dell'Instruzione, dell'Università e della Ricerca) – NZA 2011, 1077 ff.

fortgesetzt werden müsse.[487] Dadurch sollen die kollektivrechtlichen Arbeitsbedingungen auch nach Betriebsübergang aufrecht erhalten werden. Diese Entscheidungen enthalten keine konkreten Vorgaben, ob dies gerade auf kollektivrechtliche oder aber individualvertragliche Weise zu erfolgen hat. Wenn der EuGH aber von der „ursprünglichen Form der Arbeitsverhältnisse“ spricht, dann auch davon, welche weiteren Umstände hierfür ausschlaggebend waren. Wenn nun Mindestarbeitsbedingungen tariflich geregelt waren, haben diese das Arbeitsverhältnis normativ geprägt. Diese Prägung muss dann dem EuGH folgend in vergleichbarer Form auch nach Betriebsübergang fort bestehen, was für eine kollektivrechtliche Fortgeltungswirkung spricht.

In einer jüngeren Entscheidung konkretisiert der EuGH seine bisherige Rechtsprechung.[488] Danach soll Art. 3 RL so zu verstehen sein, dass die kollektivrechtlich begründeten Verpflichtungen des Veräußerers auf den Erwerber übergehen. Dies spricht dafür, dass nach Betriebsübergang auch der Erwerber in kollektivrechtlicher Weise an diese Verpflichtungen gebunden ist. Dies ergibt sich auch aus dem Hinweis des EuGH, dass „unabhängig von den praktischen Modalitäten“ der Fortgeltung und ihrer Umsetzung nach Art. 3 RL ein Bestandsschutz zu gewährleisten ist.[489] Dabei ist aber mit dem EuGH und als Folge davon auch dem BAG[490] zwischen Art. 3 Abs.1 und 3 RL zu trennen, die die Voraussetzungen einer vertraglichen (Abs. 1) und im Unterschied dazu kollektivrechtlichen Fortgeltungswirkung (Abs. 3) enthalten. Diese Trennung in Bezug auf die Art und Weise der Fortgeltung hat der EuGH in einer anderen Entscheidung bestätigt.[491] Dem entsprechen auch die Überlegungen der Europäischen Kommission, wonach die Richtlinie die Fortgeltung von Kollektivverträgen nach einem Betriebsübergang anordnet und zu einem automatischen Übergang“ der Regelungen des Veräußerertarifvertrages auf den Erwerber führt.[492] Die fortgeltenden Kollektivregelungen weisen auf der Grundlage des Art. 3 Abs. 3 RL eine kollektivrechtliche Struktur auch auf Seiten des Erwerbers auf, die eine unmittelbare und zwingende Wirkungsweise auch nach

---

487 EuGH v.07.02.1985 – Rs. 19/83, Slg. 1985, 457, Rdnr. 15 (Wendelboe).; EuGH v. 11.07.1985 – Rs. 150/84, Slg. 1985, 2639, Rdnr. 15 – Danmols Inventar.

488 EuGH, NZA 2003, 1325, 1327, Rdnr. 35 – Martin, Daby and Willis.

489 EuGH, a.a.O.

490 BAG v. 23.09.2009 – 4 AZR 100/08 – NZA 2010, 513, 517 Rdnr. 34, wobei es sich auch auf EuGH v. 12.11.1992 – Rs. C-209/91 (Anne Watson Rask und Kirsten Christensen ./. JSS Kantinenservice A/S) – NZA 1995, 475 ff. bezieht.

491 EuGH, NZA 2002, 729, 730, 731 Rdnr. 29, 39 – Beckmann.

492 KOM (2007) 334 endg. 18.06.2007, S.6.

Betriebsübergang indiziert.[493] Diese Normstruktur der Richtlinie und die Rechtsprechung des EuGH hierzu sind für die Auslegung des nationalen Rechts verbindlich. Sie entspricht i.S.d. Fortgeltungswirkung kollektiven Rechts der Nachbindung nach § 3 Abs. 3 TVG.[494] Dies deckt sich wiederum mit den Vorgaben der §§ 613a Abs. 1 S. 3, 4 BGB bei einem Betriebsübergang.[495] In beiden Fällen führt das Ende des bisher geltenden oder die Anwendbarkeit de Erwerbertarifvertrages zum Ende der zwingenden Tarifwirkung. Aus der klaren Trennung zwischen Art. 3 Abs. 1 und 3 RL in Bezug auf den jeweiligen Fortgeltungscharakter kann damit eine für die Auslegung des § 613a Abs. 1 S. 2 BGB verbindliche kollektivrechtlich wirkende Fortgeltungsanordnung entnommen werden.

Ein solches Normverständnis geht dann auch der Gesetzesbegründung des nationalen Gesetzgebers vor, die die Umsetzung des § 613a Abs. 1 S. 2 BGB als bloß individualrechtlich wirkende Fortgeltungsanordnung vorsieht.[496] Der Wille des Gesetzgebers spielt für die Gesetzesauslegung nur dort eine Rolle, wo es um die zu verwirklichenden Grundsatzentscheidungen und Regelungszwecke der Norm geht.[497] Hier geht es primär um den Arbeitnehmerschutz nach Betriebsübergang. Die kollektivrechtlich wirkende Fortgeltungsanordnung steht diesem Normziel nicht entgegen.[498] Konkrete Vorstellungen über die Wirkungsweise einer Norm oder deren Rechtsqualität sind dagegen für Auslegung nicht verbindlich.[499] Die Vorstellung des Gesetzgebers von 1980, bei § 613a Abs. 1 S. 2 BGB handele es sich um eine Anordnung der individualvertraglichen Fortgeltung, ist somit nicht bindend.[500] Daher ist auch die Auffassung abzulehnen, die in einer kollektivrechtlichen Auslegung des § 613a Abs. 1 S. 2 BGB anhand einer Parallelbetrachtung mit § 3 Abs. 3 TVG einen Verstoß gegen Art. 20 Abs. 3 GG sieht.[501] Die Rechtsprechung des EuGH spricht somit für eine kollektivrechtliche Fortgeltungswirkung des § 613a Abs. 1 S. 2 BGB.

---

493 BAG v. 22.04.2009 – 4 AZR 100/08 – NZA 2010, 41, 48 Rdnr. 77; so schon *Zöllner*, DB 1995, 1401, 1402.

494 BAG v. 22.04.2009 – 4 AZR 100/08 – NZA 2010, 41, 48 Rdnr. 78

495 BAG, a.a.O.

496 *Sagan*, RdA 2011, 163, 168.

497 Allgemein hierzu *Larenz/Canaris*, Methodenlehre der Rechtswissenschaft, S. 168 ff.

498 *Sagan*, RdA 2011, 163, 169.

499 BverfG v. 11.06.1980 – 1 PBvU 1/79 – NJW 1981, 39, 42.

500 *Zöllner*, DB 1995, 1401, 1402.

501 So *Franzen* in: FS Picker, S. 929, 945; *Löwisch/Rieble*, § 3 Rdnr. 371.

(3) Die Koalitionsfreiheit des Erwerbers

Nach ständiger Rechtsprechung des EuGH unterliegt §§ 613a Abs. 1 S. 2–4 BGB als nationalrechtliche Regelung in ihrer Auslegung den europäischen Grundrechten.[502] Dies folgt aus der Tatsache, dass § 613a Abs. 1 S. 2–4 BGB gem. Art. 288 AEUV das Ergebnis einer umsetzungspflichtigen Richtlinie, der Betriebsübergangsrichtlinie ist und als solches die Ausführung eines gemeinschaftsrechtlichen Aktes darstellt.[503] Prüfungsmaßstab ist demnach über Art. 6 Abs. 1 EU-Vertrag, Art. 51 Abs. 1 GRC die EU-Grundrechtecharta.[504] Innerhalb der Grundrechtecharta ist das Grundrecht der Vereinigungsfreiheit nach Art. 12 GRC zu beachten, das sowohl die positive als auch die negative Vereinigungsfreiheit schützt.[505] Wendet der Erwerber nach Betriebsübergang Kollektivrecht des Veräußerers an, so kann er nach Auffassung des EuGH in seiner negativen Vereinigungsfreiheit nur dann beeinträchtigt sein, wenn er an die dynamische Tarifentwicklung des Veräußerertarifvertrages gebunden wird.[506] Eine bloß statische Fortgeltung der Tarifregelungen des Veräußerers stellt demnach keinen Eingriff in die negative Vereinigungsfreiheit des Erwerbers dar. In welcher Weise er statisch an die Tarifnormen des Veräußerers gebunden ist, bleibt dagegen außen vor. Das Modell der faktisch kollektivrechtlichen Fortgeltung verändert die statische Fortgeltung tariflicher Regelungen nicht.[507] Dies ist folgerichtig, da es die persönliche Tarifgebundenheit des Erwerbers in unmittelbarer und zwingender Weise statuiert, nicht jedoch das sich fortentwickelnde Tarifniveau bei dem Erwerber regelt. Ein gemeinschaftswidriger Eingriff in Art. 12 GRC liegt damit nicht vor. Ob neben Art. 12 GRC auch Art. 9 Abs. 3 GG anzuwenden ist, hängt davon ab, ob der Schutz des Art. 9 Abs. 3 GG weiter reicht als der des Art. 12 GRC.[508] Regelmäßig tritt der vorrangige Schutz der

---

502 Seit EuGH v. 13.07.1989, Rs. C-5/88, Slg. 1989, 2609 (Wachauf); *Borowsky*, in Meyer, Art. 51 Rdnr. 26, 27.

503 *Willemsen/Sagan*, NZA 2011, 258, 259.

504 *Ruffert*, EuR 2004, 165, 177; *Ladenburger*, in: GK zur EGC, Art. 51 Rdnr. 35.

505 EuGH v. 10.07.2003 – verb. Rs. C-20/00 und 64/00 (Booker and Hydro Seafood ./. The Scottish Ministers) – DVBl. 2003, 1344; *Bernsdorff*, in: Meyer, Art. 12 Rdnr. 18.; *Frenz*, Rdnr. 2255.

506 EuGH, NZA 2006, 376, 378 – Werhof, eine dynamische, weil vertragliche Tarifbindung über § 613a Abs. 1 S.1 BGB ist dagegen unbedenklich und verletzt auch den nicht tarifgebundenen Erwerber nicht in seiner negativen Koalitionsfreiheit nach Art. 9 Abs. 3 GG; BAG v. 23.09.2009 – 4 AZR 331/08 – BB 2010, 1796, 1797.

507 BAG v. 22.04.2009 – 4 AZR 100/08 – NZA 2010, 41, 48 Rdnr. 78.

508 *Ladenburger*, in: GK zur EGC, Art, 51 Rdnr. 30; in diese Richtung auch *Pache*, in: Heselhaus/Nowak, § 4 Rdnr. 104, der aber den grds. Vorrang der Gemeinschaftsgrundrechte betont.

Grundrechtecharta in Gestalt „sich überschneidender Netze“ zu dem Schutz der Grundrechte auf nationaler Ebene hinzu und überlagert diesen.[509] Diese Parallelität der Grundrechtsordnungen entspricht auch Art. 53 GRC.[510] Der grundsätzliche Vorrang des Gemeinschaftsrechts darf demzufolge nicht durch eine nationale Regelung verkürzt werden. Der EuGH hat bislang die konkrete Ausgestaltung des Schutzbereichs des Art. 12 GRC bis auf die Gewährung des Rechts, Vereinigungen und im Sonderfall des Art. 28 GRC Koalitionen zu gründen und solchen Vereinigungen fern zu bleiben, weitgehend offen gelassen.[511]

Zur Konkretisierung mag daher ausnahmsweise der rangniedrigere Art. 9 Abs. 3 GG dienen, der durch das Bundesverfassungsgericht gemeinschaftsrechtskonform hinreichend bestimmt worden ist. I.R.e. Betriebsübergangs werden insbesondere die Fortgeltung der Veräußerertarifregelungen und die Bindung des Erwerbers hieran als Eingriff in dessen negative Koalitionsfreiheit genannt.[512] Ein solcher Eingriff setzt aber eine erhebliche, weil „unziemliche“[513] Druckausübung zur Wahrnehmung kollektiver Rechtspositionen voraus.[514] Dies sollte nach einer Auffassung der Fall sein, wenn infolge eines Betriebsübergangs der Erwerber das Kollektivrecht des Veräußerers als solches gegen sich gelten lassen muss.[515] Dem ist entgegenzuhalten, dass eine Allgemeinverbindlichkeitserklärung i.S.d. § 5 TVG kraft Gesetzes durch die Erstreckung der originär normativen Geltung eines Tarifvertrages auch auf nicht tarifgebundene Beteiligte deutlich intensiver in deren negative Koalitionsfreiheit eingreift, als jedes Fortgeltungsmodell und damit auch das Modell der faktisch kollektivrechtlichen Fortgeltung nach einem freiwilligen rechtsgeschäftlichen Betriebsübergang.[516] Gerade Letzteres führt dazu, dass die mit dem Erwerb verbundenen Rechtsfolgen von der rechtsgeschäftlichen Willenserklärung des Erwerbers mit umfasst und Ausdruck der Vertragsfreiheit nach Art. 2 Abs. 1 GG sind.[517]

509 *Weiler*, The Constitution, S. 125, 126; *Schmitz*, JZ 2001, 833, 836, 837.

510 *Ladenburger*, a.a.O.

511 *Bernsdorff*, in: Meyer, Art. 12 Rdnr. 17; *Frenz*, Rdnr. 2253 m.w.N.

512 *Kania*, DB 1994, 529, 530; *Seiter*, DB 1980, 877, 881, der i.E. aufgrund der nur einjährigen Tarifanbindung des Erwerbers einen Verstoß ablehnt.

513 So wörtlich BAG v. 19.09.2007 – 4 AZR 711/06 – NZA 2008, 241, 243 unter Verweis auf BverfG v. 11.07.2006 – 1 BvL 4/00 – NZA 2007, 42, 44.

514 S. o. B.) 1.) c.) cc.) (3); *Adomeit*, in: Hanau/Adomeit, Teil C Rdnr. 193.

515 *Schaub*, BB 1995, 2003, 2006.

516 *Gamillscheg*, Koll. Arbeitsrecht, § 17 S. 779, 780.

517 BAG v. 22.04.2009 – 4 AZR 100/08 – NZA 2010, 41, 47 Rdnr. 68.

Wie die Nachbindung i.S.d. § 3 Abs. 3 TVG dient auch § 613a Abs. 1 S. 2 BGB primär dem Arbeitnehmerschutz, indem tarifliche Mindestarbeitsbedingungen erhalten werden. In dem Umfang, wie durch § 3 Abs. 3 TVG eine Tarifflucht der Arbeitgeber verhindert werden soll, die nach ihrem Austritt keinen inhaltlichen Einfluss mehr auf den anzuwendenden Tarifvertrag haben, so will wegen des übergeordneten Interessenschutzes auch § 613a Abs. 1 S. 2 BGB sicherstellen, dass die kollektivrechtlich begründeten Arbeitsbedingungen unmittelbar und zwingend weiter gelten. Der Erwerber, der sich sehenden Auges diesen Bindungen unterwirft, wird dadurch nicht „unziemlich" unter Druck gesetzt.[518] Der 4. Senat hatte schon vor Einführung der §§ 613a Abs. 1 S. 2–4 BGB die negative Koalitionsfreiheit des Erwerbers nach Art. 9 Abs. 3 GG nur als verletzt angesehen, wenn er nicht nur den übernommenen, sondern auch den neu eintretenden Arbeitnehmern gegenüber die fortgeltenden Tarifregelungen als kollektivrechtliche Positionen gewähren muss.[519] Dies ist wegen der statisch wirkenden Beschränkung auf die betroffenen Arbeitnehmer gem. § 613a Abs. 1 S. 2 BGB aber ausgeschlossen und folgt auch nicht aus der faktisch kollektivrechtlichen Fortgeltung.[520]

(4) Das Prinzip der Tarifeinheit

Das langjährig unumstrittene Prinzip der Tarifeinheit („ein Betrieb, ein Tarifvertrag") wurde im Verfahren zur Umsetzung der Betriebsübergangsrichtlinie 2001/23/EG zur Einführung der §§ 613a Abs. 1 S. 2–4 BGB in einer Weise berücksichtigt, durch die eine originär kollektivrechtliche Fortgeltung des Veräußerertarifvertrages im Falle des Betriebsübergangs nur bei identischer Tarifbindung des Veräußerers hieran ermöglicht wurde.[521] War der Erwerber demgegenüber anderweitig tarifgebunden, war auch dessen Tarifvertrag nach Betriebsübergang regelmäßig als spezieller anzusehen und daher gegenüber dem Veräußerertarifvertrag vorzuziehen.[522] Es sollte demnach stets nur ein Tarifvertrag gelten, der die seinem Geltungsbereich unterfallenden Arbeitsverhältnisse prägt. Gleichwohl sollten die betroffenen Arbeitnehmer die erworbenen Rechtspositionen dem Schutzzweck des Art. 3 Abs. 3 RL und dem folgend § 613a Abs. 1 S. 2 BGB entsprechend behalten.[523] Dieser Interessengegensatz wurde durch eine individualvertragliche Konzeption des § 613a

---

518 BAG a.a.O.; BverfG 18.07.2000 – 1 BvR 948/00 – NZA 2000, 948, 949.
519 BAG v. 26.09.1979 – 4 AZR 819/77 – NJW 1980, 1591, 1592.
520 So mittlerweile auch BAG v. 19.09.2007 – 4 AZR 711/06 – NZA 2008, 241, 243.
521 *Wank*, NZA 1987, 505, 506.
522 *Schaub*, DB 1995, 2003, 2006; *Wank*, a.a.O.
523 *Zöllner*, DB 1995, 1401, 1404; *Moll*, RdA 1996, 275, 280.

Abs. 1 S. 2 BGB zu erreichen versucht. Durch den Wechsel der Geltungsgrundlage kam es infolge des Betriebsübergangs jedenfalls zu keiner kollektivrechtlichen Kollision von Veräußerer- und Erwerbertarifvertrag. Die erworbenen Rechtspositionen der betroffenen Arbeitnehmer konnten nicht aufgrund von Tarifpluralität entfallen und waren grundsätzlich für den Zeitraum eines Jahres vor Veränderungen geschützt.[524] Die kollektivrechtlich wirkende Fortgeltung wurde, wie bereits gesehen, entgegen Art. 3 Abs. 3 RL systemwidrig eingeschränkt, um einerseits das Prinzip der Tarifeinheit zu wahren und andererseits im Spezialfall des Betriebsübergangs die Rechtspositionen der Arbeitnehmer zu erhalten. Das Prinzip der Tarifeinheit ist mittlerweile aufgegeben worden.[525] Es kann damit nicht länger die individualvertragliche Ausgestaltung des § 613a Abs. 1 S. 2 BGB begründen und steht auch § 613a Abs. 1 S. 2 BGB als kollektivrechtlich wirkender Fortgeltungsanordnung nicht mehr im Wege.

(5) Vergleich mit § 3 Abs. 3 TVG

Gegenstand der Kritik ist vor allem die Parallelwertung des 4. Senats bezüglich der Rechtsnatur des § 613a Abs. 1 S. 2 BGB und seinen Rechtswirkungen im Vergleich zur Nachbindung i.S.d. § 3 Abs. 3 TVG.

(a) Auffassung der Rechtsprechung

§ 613a Abs. 1 S. 2 BGB ist nach Ansicht der Rechtsprechung weder mit einzelvertraglichen Regelungen noch mit nur nachwirkenden Tarifnormen i.S.d. § 4 Abs. 5 TVG vergleichbar, da S. 2 eine einseitig zwingende Wirkung der Normen des Veräußerertarifvertrages innerhalb der Sperrfrist nach Betriebsübergang anordnet.[526] S. 2 entspreche daher aus Sicht des Erwerbers, mit Ausnahme der Jahresfrist, der Nachbindung nach § 3 Abs. 3 TVG. Erst nach Ablauf der Jahresfrist bestehe eine Vergleichbarkeit mit § 4 Abs. 5 TVG.[527] Dies gelte zunächst in der Konstellation, in der der Tarifvertrag bei dem Veräußerer unverändert fortgilt.[528] Nach Ablauf der Jahresfrist ende die zwingende Wirkung des Veräußerertarifvertrages, so dass dann

---

524 *Säcker/Oetker* ZfA 1993, 1, 9, wonach § 613a Abs. 1 S. 3 BGB gerade Ausdruck des Prinzips der Tarifeinheit ist; *Kraft*, RdA 1992, 161, 167.

525 BAG v. 07.07.2010 – 4 AZR 549/08 – NZA 2010, 1068, 1073; *Konzen*, JZ 2010, 1036.; *Löwisch*, RdA 2010, 263.

526 BAG v. 22.04.2009 – 4 AZR 100/08 – NZA 2010, 41, 46 Rdnr. 63; zust. *Hunold*, NZA-RR 6/2010, 281, 286; *Müller-Bonanni/Mehrens*, NZA 2012, 195, 197.

527 So auch *Müller-Bonanni/Mehrens*, NZA 2012, 1194, 1198.

528 BAG v. 22.04.2009 – 4 AZR 100/08 – NZA 2010, 41, 47 Rdnr. 70.

auch nachteilige Regelungen zu Lasten der betroffenen Arbeitnehmer möglich sind. Dabei fingiere der Ablauf der Jahresfrist das Ende der Tarifbindung i.S.d. § 3 Abs. 3 TVG. Dies entspreche in einer Parallelbetrachtung der Situation des zuvor aus dem Arbeitgeberverband ausgetretenen Veräußerers. Mit dem Ende des Tarifvertrages entfalle für diesen auch die zwingende Wirkung des § 3 Abs. 3 TVG. Es entstehe eine auch zu Lasten seiner Arbeitnehmer wirkende Abänderungsmöglichkeit i.S.d. § 4 Abs. 5 TVG. Damit entsprächen sich die Rechtsfolgen.[529] Dasselbe gelte, wenn der Tarifvertrag des Veräußerers schon vor Ablauf der Jahresfrist endet, sei es durch bloßen Fristablauf oder infolge Kündigung.[530] Für einen der Nachbindung unterliegenden Veräußerer käme es dann zum Eintritt der Nachwirkung (§ 4 Abs. 5 TVG). Dieselben Rechtsfolgen gälten für den Erwerber aufgrund § 613a Abs. 1 S. 4 Alt. 1 BGB. Die Parallelwertung gelte auch, wenn die Tarifnormen schon bei dem Veräußerer nur noch nachgewirkt haben oder vertragsdispositiv waren.[531] Eine Sperrfrist bestünde nach Betriebsübergang für den Erwerber dann gar nicht und die ehemals zwingenden Tarifnormen behielten ihren Charakter als einzelvertraglich abänderbare Regelungsinhalte. War die Nachwirkung ausgeschlossen, entfalle der Rechtscharakter der Tarifnormen mit dem Ende des Tarifvertrages nicht nur für den Veräußerer, sondern in gleicher Weise auch für den Erwerber. Stattdessen seien, sofern vorhanden, die verdrängten, aber nicht abgelösten sonst vorhandenen Tarifregelungen anwendbar. Gegenstand der Fortgeltung sei damit die gesamte Tariflage des Veräußerers.[532] Die betroffenen Arbeitnehmer würden in diesen Konstellationen jeweils richtlinienkonform nicht besser gestellt als diejenigen Arbeitnehmer, die bei dem Veräußerer verbleiben.[533]

Eine Parallelwertung der Rechtsfolgen von § 3 Abs. 3 TVG und § 613a Abs.1 S. 2 BGB sei auch dort angezeigt, wo es um das Ende der zwingenden Tarifwirkung an sich geht. Wie der Veräußerer, der aus dem tarifvertragsschließenden Arbeitgeberverband austritt, sei auch der Erwerber im Fall des Betriebsübergangs nicht mehr an die dynamisch-tarifliche Fortentwicklung gebunden. Für den Veräußerer folge dies aus tarifrechtlichen Prinzipien (§§ 3 Abs. 3, 4 Abs. 5 TVG), für den Erwerber (§§ 613a Abs. 1 S. 2, 4. Alt. 1 BGB) aus der Werhof-Rechtsprechung des EuGH.[534]

---

529 Ähnlich *Heinze*, in: FS Schaub, 275, 282.
530 BAG v. 22.04.2009 – 4 AZR 100/08 – NZA 2010, 41, 47, 48 Rdnr. 71, 72.
531 BAG a.a.O., Rdnr. 73, 74.
532 BAG v. 22.04.2009 – 4 AZR 100/08 – NZA 2010, 41, 49 Rdnr. 83.
533 BAG v. 22.04.2009 – 4 AZR 100/08 – NZA 2010, 41, 48 Rdnr. 75.
534 BAG a.a.O., Rdnr. 78. *Hunold*, NZA-RR 6/2010, 281, 286; anders aber für die arbeitsvertragliche Tarifanbindung per Bezugnahmeklausel.

Tarifliche Rechtspositionen durch den Veräußerer nach dessen Austritt wie durch den Erwerber nach Betriebsübergang können daher nur auf statischer Grundlage gewährt werden. Dies schließe sowohl eine dynamische als auch eine rückwirkende Tarifbindung des Erwerbers an Tarifverträge aus, die zum Zeitpunkt des Betriebsübergangs noch nicht abgeschlossen waren. Dies entspreche den Grundsätzen zu § 3 Abs. 3 TVG, die auch für den ausgetretenen Veräußerer gelten.[535]

(b) § 3 Abs. 3 TVG als tarifrechtliche Sondervorschrift mit abweichender personeller Reichweite

Nach einer Auffassung scheitert die von dem 4. Senat vorgenommene Parallelwertung bereits daran, dass § 3 Abs. 3 TVG eine tarifrechtliche Sondervorschrift darstellt.[536] § 3 Abs. 3 TVG solle seinem Sinn und Zweck nach nur die „Tarifflucht" des Arbeitgebers zu Gunsten seiner Arbeitnehmer verhindern. Dies geschehe, indem er bis zum Ende des betreffenden Tarifvertrages oder dessen inhaltlicher Veränderung normativ an dessen Inhalte gebunden bleibt. Dabei sei der austretende Arbeitgeber aber verpflichtet, die aus dem Tarifvertrag resultierenden kollektivrechtlichen Ansprüche sowohl seiner bereits im Zeitpunkt des Austritts vorhandenen Belegschaft als auch den nach dem Austritt hinzukommenden Arbeitnehmern zu gewähren.[537] Dies liege aber in seiner ursprünglich mitgliedschaftlich legitimierten, eigenen Tarifbindung begründet. Anders verhalte es sich dagegen bei § 613a Abs. 1 S. 2 BGB, der nur diejenigen Arbeitnehmer erfassen will, die von dem Betriebsübergang auch tatsächlich betroffen sind. Nur für diese solle der kollektivrechtlich vermittelte Schutz greifen, nicht dagegen für nach Betriebsübergang von dem Erwerber eingestellte Arbeitnehmer.[538] Fehle es damit an einer solchen Tarifbindung des Erwerbers, könne das Modell der faktisch kollektivrechtlichen Fortgeltung bei § 613a Abs. 1 S. 2 BGB nicht mit einer Parallelwertung zu § 3 Abs. 3 TVG begründet werden, da der nicht tarifgebundene Erwerber nie mitgliedschaftlich legitimiert war.[539] Damit passten entgegen der Auffassung des 4. Senats auch die Rechtsfolgen des § 613a Abs. 1 S. 2 BGB und § 3 Abs. 3 TVG nicht vollständig zusammen. Gerade die Reichweite des Schutzbereichs unterscheide sich in personeller Hinsicht erheblich.[540] Der Arbeitnehmerschutz als

535 BAG a.a.O., Rdnr. 79; *Oetker* in: Wiedemann, § 3 Rdnr. 95.

536 *Meyer*, DB 2010, 1404, 1405.

537 *Löwisch/Rieble*, § 3 Rdnr. 372; *Henssler*, in: HWK, § 3 TVG Rdnr. 42.

538 Allgemeine Auffassung, s. nur *Franzen*, in: FS Picker, S. 929, 947.

539 *Meyer*, DB 2010, 1404, 1405; *Oetker*, in: Wiedemann, § 3 Rdnr. 226.

540 *Leitmeier*, Nachwirkung von Tarifverträgen, S. 47, 48.

Schutzkonzept des § 613a Abs. 1 S. 2 BGB könne daher schon seinem Wortlaut nach nur individualvertraglich vermittelt werden („Arbeitsverhältnis").[541] Nur dann könne diese Normwirkung auch auf die betroffenen Arbeitnehmer begrenzt werden. Eine Fortgeltung, die kollektivrechtlich verstanden werde, aber doch nur partiell wirken soll, verliere dagegen ihren kollektiven Charakter.[542] § 613a Abs. 1 S. 2 BGB entspreche daher einer Nachwirkung i.S.d. § 4 Abs. 5 TVG mit den dazugehörenden individualrechtlichen Ablösungsmöglichkeiten.[543]

(c) Offener Wortlaut des S. 2 und zwingender Charakter der Veränderungssperre als zivilrechtlicher Widerspruch

Gegen diese Auffassung spricht zunächst, dass der Wortlaut des § 613a Abs. 1 S. 2 BGB eine eindeutige Einordnung als individualvertragliche Fortgeltungsanordnung nicht zulässt.[544] Der Begriff des „Arbeitsverhältnisses" ist ambivalent, er legt die Rechtsqualität der fortgeltenden Tarifregelungen nicht fest. Eine Reduktion der Tarifregelungen auf arbeitsvertragliche Inhalte lässt sich nicht herleiten. Der Wortlaut steht einer kollektivrechtlich wirkenden Fortgeltung nicht entgegen. Auch der Wortlauteinwand hinsichtlich der einjährigen Veränderungssperre überzeugt nicht. Zwar könnte damit argumentiert werden, der Gesetzgeber habe durch die Sperrfrist die individualvertragliche Fortgeltung sicherstellen wollen. Hätte er dagegen eine zwingende, kollektivrechtlich wirkende Fortgeltung etablieren wollen, hätte es einer solchen Sperrfrist nicht bedurft.[545] Umgekehrt darf dem Gesetzgeber jedoch nicht unterstellt werden, den Unterschied zwischen vertraglichen und normativen Regelungen nicht zu kennen. Wenn eine Transformation von Tarifregelungen in den Arbeitsvertrag erfolgen sollte, dann unterliegen diese der Vertragsfreiheit und der Disposition der Arbeitsvertragsparteien. Der Charakter als einseitig zwingende Regelung steht nach zivilrechtlichem Verständnis einer lediglich vertraglich wirkenden Regelung aber gerade nicht zu.[546] Diese Wirkung kann nur von Regelungen ausgehen, die wie Tarifregelungen normativ auf Vertragsinhalte einwirken. Damit kann auch ein Vergleich mit § 4 Abs. 5 TVG nicht überzeugen, da derartige Regelungen stets auch einzelvertraglich zu Ungunsten der

541 *Löwisch/Rieble*, § 3 Rdnr. 366.
542 *Leitmeier*, a.a.O.
543 *Lambrich*, in: FS Ehmann, S. 169, 193, 195.
544 *Sagan*, RdA 2011, 163, 167.
545 *Löwisch/Rieble*, § 3 Rdnr. 371.
546 *Leitmeier*, Nachwirkung von Tarifverträgen, S. 45, 46.

Arbeitnehmer abgeändert werden können.[547] Ein wirksamer Arbeitnehmerschutz wird, der primären ratio des § 613a Abs. 1 S. 2 BGB entsprechend, grundsätzlich nur dadurch erreicht, dass die tariflichen Regelungen auch als solche fortgelten.[548] Dadurch ist auch der nicht tarifgebundene Erwerber nicht in seinen Grundrechten verletzt. Er entscheidet sich bewusst für den rechtsgeschäftlichen Erwerb eines Betriebs und ist daher aufgrund Art. 2 Abs. 1 GG an die beim Veräußerer bestehenden kollektivrechtlichen Verpflichtungen gebunden. Der primär zu gewährende Arbeitnehmerschutz ist gerade hierdurch legitimiert.[549]

(d) Schutzbereichsbegrenzung des § 613a Abs. 1 S. 2 BGB als hinreichender Grund für Beschränkung auf übergehende Arbeitnehmer

Auch das Argument der unterschiedlichen personellen Reichweite von § 3 Abs. 3 TVG und § 613a Abs. 1 S. 2 BGB kann nur vordergründig überzeugen. Richtig daran ist, dass die Parallelwertung von § 3 Abs. 3 TVG und § 613a Abs. 1 S. 2 BGB sich zunächst nur auf die inhaltlichen Tarifwirkungen während der Nachbindungsphase i.S.d. § 3 Abs. 3 TVG bezieht, die auch übereinstimmen.[550] Die personellen Wirkungen i.S.d. jeweils erfassten Personenkreises entsprechen sich dagegen nicht. Eine Vergleichbarkeit gerade der jeweiligen personellen Reichweite i.R.d. Parallelwertung wird von dem 4. Senat aber weder unterstellt noch konstruiert. Entscheidend ist hierfür Folgendes: Der 4. Senat kann die Schutzbereichsbegrenzung der §§ 613a Abs. 1 S. 2, 3 BGB nicht unberücksichtigt lassen, die nur die vor dem Betriebsübergang normativ tarifgebundenen Arbeitnehmer erfasst. Anknüpfungspunkt ist dabei deren übergeordneter, weil primär erfasster „Transferschutz". Nur hinsichtlich dieser Arbeitnehmer muss sich der Erwerber faktisch so stellen lassen, als wäre er dem Stadium der Nachbindung entsprechend zwingend den Regelungen des einschlägigen Tarifvertrages unterworfen. Allein auf diesem Wege lässt sich zudem der klare Wortlaut des § 613a Abs. 1 S. 2 BGB in personeller Hinsicht umsetzen. Jede darüber hinaus gehende oder hiervon abweichende Auslegung verkennt den Schutzbereich des § 613a Abs. 1 S. 2 BGB und führt zu grundrechtswidrigen Ergebnissen. Der Erwerber legitimiert seine faktische kollektivrechtliche Unterworfenheit unter die Tarifregelungen des

547 *Waas*, RdA 2006, 312, 316; unzutreffend daher *Leitmeier*, Nachwirkung von Tarifverträgen, S. 53 ff., der § 613a Abs. 1 S. 2 BGB als Sonderfall der Nachwirkung i.S.d. § 4 Abs. 5 TVG beschreibt.

548 EuGH, NZA 2006, 376 ff. – Werhof; *Rinck*, RdA 2010, 216, 221.

549 BAG v. 22.04.2009 – 4 AZR 100/08 – NZA 2010, 41, 47 Rdnr. 68.

550 BAG v. 22.04.2009 – 4 AZR 100/08 – NZA 2010, 41, 46 Rdnr. 63 ff.

Veräußerers durch die Betriebsübernahme nämlich nur soweit, als dies aus Gründen des Arbeitnehmerschutzes zu Gunsten der betroffenen Arbeitnehmer erforderlich ist. Alles andere ist nicht mehr von Art. 2 Abs. 1 GG gedeckt. Während also die inhaltliche Konzeption des § 3 Abs. 3 TVG zu § 613a Abs. 1 S. 2 BGB passt, gilt dies für die personelle Vergleichbarkeit aus übergeordneten, verfassungsrechtlich erheblichen Gründen nicht. Dies wäre nur anders, wenn man den Erwerber allein wegen des Betriebsübergangs gänzlich in die Position des Veräußerers als aktuelle oder ehemalige Tarifvertragspartei eintreten lassen wollte. Träte er dann aus dem Arbeitgeberverband aus oder in die Stellung als der Nachbindung unterworfener Arbeitgeber ein, gälte unbestritten die Nachbindung nach § 3 Abs. 3 TVG mit all ihren Konsequenzen, insbesondere kämen auch die nach Betriebsübergang eingestellten Arbeitnehmer in den Genuss des tariflichen Schutzes. Genau dies hat der 4. Senat in Übereinstimmung mit nahezu sämtlichen Auffassungen in Literatur und Schrifttum nicht getan.[551] Auch die Kritiker des 4. Senats vertreten diese Auffassung nicht.[552] Der Einwand, der die fehlende personelle Vergleichbarkeit von § 3 Abs. 3 TVG und § 613a Abs. 1 S. 2 BGB und die dahin gehende Inkonsequenz der Rechtsprechung rügt, verkennt sowohl Wortlaut als auch Schutzbereich des S. 2 und führt selbst mit der Forderung, die Schutzbereiche beider Normen müssten sich für eine Parallelwertung entsprechen, zu grundrechtswidrigen Ergebnissen.

In der Unterscheidung zwischen anzuwendender inhaltlicher und ausgeblendeter personeller Vergleichbarkeit von § 3 Abs. 3 TVG und § 613a Abs. 1 S. 2 BGB liegt auch kein unzulässiges „Rosinenpicken". Dies folgt daraus, dass der nicht oder anderweitig tarifgebundene Erwerber vor Betriebsübergang regelmäßig nicht Tarifvertragspartei des Veräußerertarifvertrages war. Ein Arbeitgeber muss sich aber nur soweit an tariflichen Regelungen und damit auch an der personellen Reichweite des § 3 Abs. 3 TVG festhalten lassen, wie er hierzu durch seine tarifliche Bindung verpflichtet ist. Der personelle Schutzbereich des § 613a Abs. 1 S. 2 BGB ist für den nicht oder anders tarifgebundenen Erwerber dann spezieller und geht entsprechend vor, was jedoch nichts an der inhaltlichen Vergleichbarkeit der Rechtsfolgen von § 3 Abs. 3 TVG und § 613a Abs. 1 S. 2 BGB ändert. Dann steht auch der Charakter des § 3 Abs. 3 TVG als tarifliche Spezialvorschrift nicht mehr entgegen. Auf Erwerberseite bestand und besteht gerade keine, sämtlichen Rechtsfolgen des § 3 TVG auslösende Mitgliedschaft gerade im Tarifverband des Veräußerers. Überdies ist zu berücksichtigen, dass die gerügte unterschiedliche personelle Reichweite faktisch erheblich weniger ins Gewicht fällt, als dies auf

551 BAG v. 22.04.2009 – 4 AZR 100/08 – NZA 2010, 41, 48 Rdnr. 80.
552 Vgl. nur *Löwisch/Rieble*, § 1 Rdnr. 1377.

den ersten Blick anzunehmen ist.[553] Der Grund liegt darin, dass auch im Fall der Nachbindung i.S.d. § 3 Abs. 3 TVG nicht alle neu eingestellten Arbeitnehmer in den Genuss der Tarifregelungen kommen. Dies gilt nur für tarifgebundene Arbeitnehmer, die in den personellen Schutzbereich des Tarifvertrages fallen, der nach Austritt des Arbeitgebers aus dem tarifvertragsschließenden Verband diesen der Nachbindung unterwirft.[554]

(e) Fiktion bezüglich der Jahresfrist als beliebiges Vorgehen der Rechtsprechung

Ein weiterer Kritikpunkt betrifft die Fiktion des 4. Senats hinsichtlich der Jahresfrist in S. 2. Die Wirkung der Nachbindung nach § 3 Abs. 3 TVG soll im Fall des Betriebsübergangs gemäß der Sperrfrist in S. 2 auf ein Jahr begrenzt werden.[555] Diese Vorgehensweise sei „beliebig" und ohne dogmatisches oder methodisches Vorbild.[556] Bestünde eine inhaltliche Vergleichbarkeit von § 3 Abs. 3 TVG und § 613a Abs. 1 S. 2 BGB, dann müsste die Jahresfrist des S. 2 umgekehrt auf die Nachbindung nach § 3 Abs. 3 TVG übertragen werden können, was der 4. Senat jedoch ausdrücklich abgelehnt hat.[557]

(f) Parallelwertung zu § 3 Abs. 3 TVG aus Schutzzweckerwägungen

Die von den Kritikern angeführte Entscheidung des 4. Senats beruht neben dem Wortlaut des § 3 Abs. 3 TVG maßgeblich auf Schutzzweckerwägungen.[558] Danach soll eine „Tarifflucht" des Arbeitgebers unterbleiben und den organisierten Arbeitnehmern durch eigenmächtiges Handeln ihres Arbeitgebers der tarifliche Schutz nicht abrupt entzogen werden.[559] Wie lange dieser Tarifschutz indes fortdauert, hängt von der jeweiligen Tarifentwicklung ab, § 3 Abs. 3 TVG ersetzt nur die fehlende Verbandsmitgliedschaft und legitimiert deshalb die fortgeltende und zunächst unbefristete Tarifbindung. Die Ausgangslage bei einem Betriebsübergang ist von dem Schutzzweck her vergleichbar und rechtfertigt daher den Vergleich mit § 3 Abs. 3 TVG. In beiden Fällen geht es primär um den Arbeitnehmerschutz.

---

553 *Heise*, in: Thüsing/Braun, Kap. 11 Rdnr. 29.

554 BAG v. 07.11.2001 – 4 AZR 703/00 – NZA 2002, 748, 750; LAG Sachsen v. 21.06.2000 – 16 Sa 931/99 – NZA-RR 2001 40, 41; *Oetker*, in: Wiedemann, § 3 Rdnr. 67; *Gutzeit*, SAE 3/2003, 112, 116, 117.

555 BAG v. 22.04.2009 – 4 AZR 100/08 – NZA 2010, 41, 46, 47 Rdnr. 61, 70.

556 *Franzen*, in: FS Picker, S. 929, 948, 949; *Löwisch/Rieble*, § 3 Rdnr. 372.

557 BAG v. 01.07.2009 – 4 AZR 261/08 – NZA 2010, 53, 57 Rdnr. 35.

558 BAG a.a.O. Rdnr. 36.

559 So schon BAG v. 15.10.1986 – 4 AZR 289/85 – NZA 1987, 246, 247.

Den betroffenen Arbeitnehmern sollen grundsätzlich die erworbenen tariflichen Rechte und Arbeitsbedingungen erhalten bleiben. Allerdings soll dadurch kein einseitiges Handeln des bisherigen Arbeitgebers kompensiert, sondern als Folge einer rechtsgeschäftlichen Betriebsübernahme ein sachgerechter Schutz- und Interessenausgleich erreicht werden. Hierbei sind die Interessen des Erwerbers zur Vereinheitlichung der bei ihm geltenden Arbeitsbedingungen in ausreichendem Maße zu berücksichtigen (§§ 613a Abs. 1 S. 3, 4 BGB).

Die unterschiedliche gesetzgeberische Konzeption zur Umsetzung der vergleichbaren Schutzzwecke der § 3 Abs. 3 TVG und 613a Abs. 1 S. 2 BGB führt zu mehreren Schlussfolgerungen. Zunächst ist jeweils durch die Einführung und den Ausschluss einer zeitlichen Grenze hinsichtlich der Tarifbindung die Annahme gerechtfertigt, die Frist des § 613a Abs. 1 S. 2 BGB lasse sich nicht auf § 3 Abs. 3 TVG übertragen.[560] Andere Lösungsvorschläge zur Harmonisierung der Rechtslage zur zeitlichen Einschränkung der Nachbindung sind abzulehnen.[561] Wenn der 4. Senat jedoch im umgekehrten Verhältnis den Erwerber zum Schutz der betroffenen Arbeitnehmer für ein Jahr zwingend an den Veräußerertarifvertrag bindet, kann er dabei erneut nicht den abgestuften Interessenausgleich des § 613a Abs. 1 BGB außer Acht lassen. Dieser setzt anders als § 3 Abs. 3 TVG gerade nicht voraus, dass der Erwerber selbst tarifgebunden war und daher eine Kompensation etwa für seinen eigenmächtigen Austritt aus einem Arbeitgeberverband erfolgen muss, die in einer im Ausgangspunkt unbefristeten Bindung an existierende Tarifverträge besteht.[562] Die kollektivrechtlich wirkende Fortgeltung i.R.d. § 613a Abs. 1 S. 2 BGB kann daher auch nicht dazu führen, dass der Erwerber über die Sperrfrist hinaus zwingend an des Veräußerertarifrecht gebunden bleibt. Dies wäre nur dann der Fall, wenn er als unmittelbare Folge des Betriebsübergangs in die Position des Veräußerers als Partei der jeweiligen Tarifverträge oder in dessen Mitgliedschaft in dem betreffenden Arbeitgeberverband einrücken würde. Beides ist jedoch nicht der Fall.[563] Der Erwerber wird aus Gründen des Arbeitnehmerschutzes lediglich faktisch normativ an den Veräußerertarifvertrag gebunden, weshalb die Vorgehensweise des 4. Senats auch nicht „beliebig“ ist.

560 BAG v. 01.07.2009 – 4 AZR 261/08 – NZA 2010, 53, 57 Rdnr. 35, 36.

561 Vgl. aber *Konzen*, NZA 1995, 913, 920; *Rieble*, Arbeitsmarkt und Wettbewerb, S. 468–470 Rdnr. 1554–1558; *Hanau*, RdA 1998, 65, 68; *Lieb*, NZA 1994, 337, 339; *Frieges*, DB 1996, 1281; *Dahlbender*, Loslösung von Tarifverträgen, S. 58; *Gorissen*, Der Arbeitgeberverbandswechsel, S. 31.

562 Zur zeitlichen Reichweite bei § 3 Abs. 3 TVG ausführlich *Willemsen/Mehrens*, NZA 2010, 307, 308.

563 BAG v. 22.04.2009 – 4 AZR 100/08 – NZA 2010, 41, 48 Rdnr. 80.

Er erhält den in den §§ 613a Abs. 1 S. 2–4 BGB angelegten Interessenausgleich konsequent aufrecht. Die Parallelwertung zu § 3 Abs. 3 TVG muss sich demnach auf die am Arbeitnehmerschutz orientierte inhaltliche Betrachtung der Rechtsfolgen beschränken. Der anderweitig oder nicht tarifgebundene Erwerber muss sich aber in personeller Hinsicht bei einem Betriebsübergang, anders als bei der Nachbindung, mangels eigenmächtigen Handelns auch nicht grundsätzlich unbegrenzt an einer einst mitgliedschaftlich legitimierten Tarifbindung festhalten lassen. Im Gegenteil: Die dem Erwerber auferlegte faktisch normative Bindung an den Veräußerertarifvertrag endet wegen seines Vereinheitlichungsinteresses dann, wenn die Jahresfrist abläuft. Etwas anderes wäre nur angezeigt, wenn etwa die Stellung als Tarifvertragspartei mit übertragen würde.

(g) Zeitliche Veränderung des tariflichen Maßstabs bei Parallelwertung zu § 3 Abs. 3 TVG

Ein weiterer Kritikpunkt betrifft den tariflichen Maßstab. Eine inhaltliche Orientierung an § 3 Abs. 3 TVG habe zur Folge, dass sich dieser maßgeblich verändert.[564] Nach dem Grundsatz der statischen Fortgeltung in § 613a Abs. 1 S. 2 BGB werde der maßgebliche Tarifinhalt so „in das Arbeitsverhältnis" transportiert, wie er zum Zeitpunkt des Betriebsübergangs gegolten hat. Dieser Grundsatz werde umgangen, da nach § 3 Abs. 3 TVG nicht mehr länger auf den Zeitpunkt des Betriebsübergangs sondern auf das Ende der Jahresfrist abgestellt werden müsse.[565] Erst dann fänden die Nachbindung und mit ihr die zwingende Tarifwirkung ein Ende. Das Prinzip der „Entdynamisierung" könne dann aber, anders als bei einer individualvertraglichen Betrachtungsweise, nicht mehr konsequent durchgehalten werden.

(aa) Externe Tarifdynamik

Grundsätzlich wirken die fortgeltenden Tarifregelungen nach Betriebsübergang nur noch statisch in der Fassung zum Zeitpunkt des Betriebsübergangs fort.[566] Neue Tarifabschlüsse auf Veräußererseite können damit grundsätzlich keine Wirkung für den Erwerber entfalten (keine externe Tarifdynamik).[567] Das Gleiche gilt, wenn die fortgeltenden Tarifregelungen nach Betriebübergang inhaltlich geändert werden.[568]

---

564 *Franzen*, in: FS Picker, S. 929, 948.

565 *Franzen*, a.a.O.

566 BAG v. 29.08.2001 – 4 AZR 332/00 – NZA 2002, 513, 515; *Willemsen/Müller-Bonanni*, in: HWK, § 613a ABGB Rdnr. 265; *Preis*, in: ErfK, § 613a BGB Rdnr. 112.

567 BAG v. 26.08.2009 – 5 AZR 969/08 – NZA 2010, 173, 175; *Bepler*, RdA 2009, 65, 67.

568 *Löwisch/Rieble*, § 3 Rdnr. 387.

(bb) Interne Tarifdynamik

Anders liegt der Fall bei der internen Tarifdynamik. Hier sind verschiedene Konstellationen zu unterscheiden. Bei der Tarifdynamik im weiteren Sinne, bei der ein Tarifvertrag dynamisch auf einen anderen verweist, endet mit dem Betriebsübergang grundsätzlich auch diese Verweisungsdynamik.[569] Die Verweisung an sich bleibt aber erhalten. Vielmehr wird der in Bezug genommene Tarifvertrag wie der verweisende auch statisch auf den Erwerber übergeleitet, mit der Folge, dass beide als Einheit anzusehen sind und auf die Arbeitsverhältnisse einwirken.[570] Genau diese Rechtsfolgen treten aber schon ein, wenn man das individualrechtliche Transformationsmodell mit statischer Fortgeltung der dann vertraglich wirkenden Tarifnormen anwendet.[571] Dies ergibt sich zwingend aus einer Parallelbetrachtung mit den Rechtsfolgen, wie sie bei hinweg gedachtem Betriebsübergang i.R.d. Nachbindung i.S.d. § 3 Abs. 3 TVG auf Seiten des Veräußerers als Arbeitgeber auftreten. Hieraus wird ersichtlich, dass nur so eine effektive Fortgeltung kollektivrechtlich begründeter Rechte der betroffenen Arbeitnehmer (Bestandsschutz) vor dem Hintergrund des Art. 3 Abs. 3 RL und § 613a Abs. 1 S. 2 BGB auch bei einem Betriebsübergang erreicht werden kann, da diese ansonsten im Vergleich zur Situation ohne Betriebsübergang schlechter gestellt würden. Anders ausgedrückt: Die betroffenen Arbeitnehmer werden nur so richtlinienkonform „in dem Maße geschützt" (Art. 3 Abs. 3 RL), wie es bei dem Veräußerer der Fall wäre, wenn die Verweisungsdynamik im Fall des Verbandsaustritts i.S.d. § 3 Abs. 3 TVG endet. Das Modell der kollektivrechtlich wirkenden Fortgeltung, wie es der 4. Senat gerade anhand einer Parallelwertung zu § 3 Abs. 3 TVG entwickelt, wird durch diese Betrachtungsweise nicht widerlegt, sondern gerade bestätigt. Wenn nach Betriebsübergang die Verweisungsdynamik endet, gelangt die kraft Verweisung auf das Arbeitsverhältnis einwirkende Tariflage statisch zur Anwendung, da auch hier diese Regelungen als Einheit anzusehen sind. Auch dies entspricht dem Rechtsfolgenkonzept der Nachbindung nach § 3 Abs. 3 TVG und führt gerade nicht dazu, dass sich der zeitliche Maßstab der Tarifgeltung und die damit verbundene Entdynamisierung verändert.

---

569 *Löwisch/Rieble*, § 3 Rdnr. 390.

570 BAG v. 26.08.2009 – 5 AZR 969/08 – NZA 2010, 173, 175 Rdnr. 22; BAG v. 29.08.2001 – 4 AZR 332/00 – NZA 2002, 513, 515; *Willemsen/Müller-Bonanni*, in: HWK, § 613a BGB Rdnr. 265.

571 Dies konstatierend *Löwisch/Rieble*, § 3 Rdnr. 390.

Eine andere Konstellation betrifft die tarifinterne Dynamik im engeren Sinne, die sich in eine Tatbestands- und eine Rechtsfolgendynamik unterteilen lässt.[572] In beiden Fällen bleibt die bereits angelegte Tarifdynamik erhalten. So wird z.B. ein Auszubildender nach einer höheren tariflichen Gehaltsstufe bezahlt, wenn er nach Betriebsübergang in ein Arbeitsverhältnis übernommen wird, obwohl er zuvor nicht zur Gruppe der ausgebildeten Arbeitnehmer gehörte (Fall der Tatbestandsdynamik).[573] Gleiches gilt, wenn der anzuwendende Tarifvertrag vor Betriebsübergang bestimmte Rechtsfolgen bereits fest und verbindlich vorsieht, etwa Gehaltserhöhungen i.R.e. Stufentarifs. Diese Rechtsfolgen treten zu den tariflich vorgesehenen Zeitpunkten ein und zwar auch dann, wenn diese innerhalb der Jahresfrist nach Betriebsübergang liegen. Auch diese Konzeption entspricht der Nachbindung i.S.d. § 3 Abs. 3 TVG und ist aufgrund der statischen Fortgeltungswirkung aufgrund des „in gleichem Maße" zu gewährenden Arbeitnehmerschutzes in der Situation ohne Betriebsübergang zwingend.

(cc) Keine zeitliche Verschiebung der maßgeblichen Tarifgeltung

Der Einwand, das Modell der kollektivrechtlich wirkenden Fortgeltung verschiebe den maßgeblichen Zeitpunkt auf das Ende der Jahresfrist, ist unzulässig. Gleiches trifft nämlich zu, wenn man dem Transformationsmodell folgt. Dabei wird gar legitimatorisch auf das Konzept des § 3 Abs. 3 TVG zurückgegriffen.[574] Das Argument der zeitlichen Verschiebung des Beurteilungsmaßstabs verfängt demnach nicht. Dass es sich hierbei vielmehr um ein Scheinargument gegen das Modell der kollektivrechtlich wirkenden Fortgeltung handelt, zeigt sich daran, dass nach ständiger Rechtsprechung des Bundesarbeitsgerichts jede Veränderung eines Tarifvertrages während der Nachbindung diese sofort und nicht zeitlich versetzt beendet.[575] Bei beiden Fortgeltungsmodellen kommt es somit in gleichem Maße zu einer Entdynamisierung des fortgeltenden Tarifrechts. Ein Unterschied in der Rechtsqualität auf der Grundlage einer Parallelwertung zu § 3 Abs. 3 TVG besteht nicht.

572 BAG v. 21.04.2010 – 4 AZR 768/08 – ArbuR 2010, 444; *Bepler*, RdA 2009, 65, 67; *Jacobs*, NZA Beil. 1/2009, 45, 47.

573 vgl. BAG v. 19.09.2007 – 4 AZR 711/06 – NZA 2008, 241, 243.

574 *Löwisch/Rieble*, § 3 Rdnr. 387.

575 *Franzen*, in: FS Picker, S. 929, 948 m.w.N.

(h) Inhaltliche Veränderung des tariflichen Maßstabs bei Parallelwertung zu § 3 Abs. 3 TVG

Schließlich wird der entscheidende tarifliche Maßstab auch hinsichtlich der Reichweite der tariflichen Fortgeltung kritisiert. Die individualrechtliche Konzeption des § 613a Abs. 1 S. 2 BGB verbiete es, den Erwerber in die gesamte Tariflage des Veräußerers einrücken zu lassen, fortgelten könne nach §§ 613a Abs. 1 S. 2–4 BGB immer nur der konkret anwendbare Veräußerertarifvertrag.[576] Unerheblich sei, ob es sich dabei um einen Firmen- oder Verbandstarifvertrag handelt. Die Inhalte dieses Tarifvertrages würden eingefroren. Die hiervon verdrängten tariflichen Regelungen gälten nicht und könnten auch dann nicht wieder aufleben, wenn der vorrangige Tarifvertrag entfällt.[577]

(i) Geltungsdichte nach tarifrechtlichen Grundsätzen

Die Frage nach der Geltungsdichte tariflicher Regelungen kann ausschließlich nach tarifrechtlichen Grundsätzen beantwortet werden. Nach vollzogenem Betriebsübergang gilt ein Veräußerertarifvertrag nur dann als alleiniges Bezugsobjekt, wenn sich die tariflichen Rechte und Pflichten der betroffenen Arbeitnehmer ausschließlich nach diesem Tarifvertrag richten. Werden tarifliche Rechte und Pflichten jedoch durch mehrere Tarifverträge ausgestaltet, ist der Gesamtbestand der Tarifnormen, die diese Rechte und Pflichten regeln, zu betrachten.[578] Um den Bestand der Rechte und Pflichten konkret zu ermitteln, müssen demzufolge alle anwendbaren und in ihrem jeweiligen Geltungsbereich eröffneten Tarifverträge herangezogen werden und zwar unabhängig davon, ob sie sich inhaltlich überschneiden oder Sachregelungen enthalten, die sich voneinander unterscheiden.[579] Letzteres ist z.B. bei Vorliegen von Mantel- Beschäftigungssicherungs- und Entgelttarifverträgen als klassischerweise verbandstarifliche Regelungen der Fall. Endet einer dieser Tarifverträge, sei es durch Fristablauf oder Kündigung, vor den übrigen, endet die Tarifbindung eines Arbeitgebers nur hinsichtlich dieses Tarifvertrages.[580] Während dieser Tarifvertrag demnach ggf. i.S.d. § 4 Abs. 5

576 *Oetker*, in: Wiedemann, § 3 Rdnr. 230.
577 *Löwisch/Rieble*, § 3 Rdnr. 370.
578 *Sieg/Maschmann*, Rdnr. 294.
579 *Sieg/Maschmann*, a.a.O.
580 *Oetker*, in: Wiedemann, § 3 Rdnr. 84.

TVG nachwirkt, gelten die übrigen Tarifverträge unverändert normativ fort.[581] Ausnahmsweise gilt etwas anderes, wenn zwischen den einzelnen Tarifverträgen ein untrennbarer Sachzusammenhang besteht.[582] Dass dieses Ergebnis als unbefriedigend empfunden und de lege ferenda eine einheitliche Beendigung aller Tarifverträge vorgeschlagen wird[583], ändert nichts an der geltenden Rechtslage.

Ähnlich verhält es sich, wenn Verbands- und Firmentarifvertrag zusammentreffen, z.B. wenn ein Manteltarifvertrag durch einen (Firmen)- Sanierungstarifvertrag modifiziert wird. Dabei geht der Sanierungstarifvertrag dem Verbandstarifvertrag dort vor, wo er spezieller ist.[584] Dabei wird der allgemeinere Verbandstarifvertrag weder unwirksam noch mit der Folge seiner Nichtmehrgeltung abgelöst.[585] Es besteht lediglich ein Anwendungsvorrang.[586] Es wirkt dann nur der Firmentarifvertrag auf die Arbeitsverhältnisse ein, die rechtserhebliche Geltung des Verbandstarifvertrages ist aber nicht ausgeschlossen, sie wird nur überlagert.[587] Dies führt konsequent dazu, dass der Verbandstarifvertrag Wirkung entfaltet, sobald der Sanierungstarifvertrag ohne Nachwirkung endet.[588] Aufgrund dessen ist auch der Vergleich mit der Konstellation unzulässig, in der ein an sich verdrängter Tarifvertrag nicht „gilt“, weil er noch nicht in Kraft getreten ist.[589] Ein solcher Tarifvertrag kann keine rechtliche Geltung beanspruchen und enthält keine für einzelne Arbeitsverhältnisse verbindlichen Regelungen. Dies ist aber gerade dort anders, wo der Tarifvertrag nur überlagert wird, obwohl er an sich Rechtswirkung erzeugt. Damit „gilt“ der gesamte, in Kraft getretene Tarifnormenbestand.[590] Für den Fall des Betriebsübergangs kann dies nur bedeuten, dass auch der Erwerber im Zeitpunkt des Betriebsübergangs die gesamte Tariflage des Veräußerers für und gegen sich gelten lassen muss. Jedes gegenteilige Ergebnis würde dazu führen,

---

581 LAG Baden-Württemberg v. 24.10.2000 – 10 TaBV 2/99 – BB 2001, 257, 258; *Schmidt*, RdA 2004, 152, 155, 156; *Kleinebrink*, ArbRB 2004, 22, 23; *Däubler* ZTR 1994, 448, 450.

582 *Gamillscheg*, Koll. Arbeitsrecht, § 17 Rdnr. 728.

583 *Oetker*, in: Wiedemann, § 3 Rdnr. 62 ff., 84.

584 *Buchner*, in: FS Schaub, S. 75, 84, 85.

585 *Wank*, in: Wiedemann, § 4 Rdnr. 299i; *Sieg/Maschmann*, Rdnr. 295.

586 BAG v. 04.04.2001 – 4 AZR 237/00 – NZA 2001, 1085, 1086; *Jacobs*, Tarifeinheit und Tarifkonkurrenz, S. 277, 278; *Schliemann*, NZA Beil. 24/2000, 24, 30.

587 Dies verkennen *Löwisch/Rieble*, § 3 Rdnr. 370, 389.

588 *Sieg/Maschmann*, Rdnr. 295.

589 So aber *Löwisch/Rieble*, § 3 Rdnr. 389 unter Verweis auf BAG v. 26.08.2009 – 5 AZR 969/08 – NZA 2010, 173 ff.

590 *Müller-Bonanni/Mehrens*, NZA 2012, 1194, 1195.

dass Rechte der betroffenen Arbeitnehmer aufgrund des Betriebsübergangs verkürzt würden.[591] Dies zeigt sich am Beispiel eines Firmensanierungstarifvertrages, der regelmäßig die tariflichen Rechte der Arbeitnehmer zu deren Ungunsten verändert. Endet dieser Tarifvertrag ohne Nachwirkung, wäre der verdrängte Verbandstarifvertrag wieder anwendbar. Die Auffassung, die hier auf individualrechtlicher Grundlage allein den Sanierungstarifvertrag als Fortgeltungsobjekt ansieht, schließt diese für die Arbeitnehmer vorteilhafte Rückkehr aus. Dies steht grundlegenden tariflichen Prinzipien ebenso diametral entgegen wie der Intention des Art. 3 Abs. 3 RL, die gerade diese Verkürzung kollektiv begründeter Rechtspositionen der von dem Betriebsübergang betroffenen Arbeitnehmer verhindern will. Dies muss auch für § 613a Abs. 1 S. 2 BGB ausschlaggebend sein, was für eine kollektivrechtlich wirkende Fortgeltung der Tariflage des Veräußerers i.R.d. § 613a Abs. 1 S. 2 BGB spricht. Dies entspricht dann wiederum den Grundsätzen zu § 3 Abs. 3 TVG, die der 4. Senat als Parallelwertung zu § 613a Abs. 1 S. 2 BGB anführt.[592]

dd.) Stellungnahme

Das Modell der faktisch kollektivrechtlichen Fortgeltung und der damit zusammenhängende eigenständige Charakter des S. 2 kann weder mit dem Grundsatz der Tarifeinheit noch anhand grundrechtlicher Erwägungen abgelehnt werden. Sowohl die Rechtsprechung des EuGH als auch das Element einer bloß statischen Fortgeltung stehen einer kollektivrechtlich wirkenden Fortgeltung nicht entgegen, die erforderlich ist, um den Arbeitnehmerschutz als Schutzzweck der Betriebsübergangsrichtlinie richtlinienkonform umzusetzen.[593] Ändert sich wie bei § 613a Abs. 1 S. 2 BGB die rechtliche Bewertung einer Norm grundlegend, kann die Entscheidung für die individualvertragliche Transformation bei S. 2 auch nicht deshalb aufrechterhalten werden, weil sich der Gesetzgeber einst hierfür entschieden hatte.[594] Die Aussage, § 613a Abs. 1 S. 2 BGB enthalte aufgrund dieser Entscheidung ein „schuldrechtliches Dogma", ist unzutreffend, da im Fall des Betriebsübergangs gerade kein Wechsel der Geltungsgrundlage von

591 *Sagan*, RdA 2011, 163, 170.

592 BAG v. 22.04.2009 – 4 AZR 100/08 – NZA 2010, 41, 49 Rdnr. 83; *Sieg/Maschmann*, Rdnr. 294; *Hunold*, NZA-RR 6/2010, 281, 286.

593 *Sagan*, RdA 2011, 163, 169, 170.

594 S. o. B.) 2.) b.) cc.) (2).

Tarif- zu Arbeitsvertragsinhalt stattfindet.[595] Der Arbeitnehmerschutz als vorrangiges Ziel wird durch eine individualrechtliche (S. 1, 4) und kollektivrechtliche (S. 2, 3) Auslegung in umfassenderem Maße erreicht. Der Wortlaut lässt zudem aufgrund seiner Auslegungsoffenheit eine faktisch kollektivrechtliche Fortgeltung zu. Letztlich kann auch die Kritik an der Parallelwertung zu § 3 Abs. 3 TVG, wenn überhaupt, nur vordergründig überzeugen. Insgesamt ist daher das Modell der faktisch kollektivrechtlichen Fortgeltung vor zu ziehen.

c.) Konsequenzen der faktisch kollektivrechtlichen Fortgeltung

Das Modell der faktisch kollektivrechtlichen Fortgeltung bindet den Erwerber als selbständiger Geltungsgrund über § 613a Abs. 1 S. 2 BGB quasi normativ und grundsätzlich statisch an die bei dem Veräußerer geltende Tariflage. Dies hat aus rechtsgestaltender Perspektive zwei wesentliche Konsequenzen.

aa.) Umfang und Reichweite der Tarifbindung des Erwerbers

Für den nicht tarifgebunden Erwerber gilt die Tariflage beim Veräußerer gemäß § 613a Abs. 1 S. 2 BGB mit quasi normativer Wirkung. Dies beruht auf der rechtsgeschäftlichen Grundlage des Betriebsübergangs und damit auf Art. 2 Abs. 1 GG, wonach der Erwerber diese tariflichen Bindungen bewusst eingeht.[596] Dieselben Überlegungen gelten jedoch auch für den tarifgebundenen Erwerber. Dabei spielt es keine Rolle, ob der Erwerber anderweitig tarifgebunden oder ob er Mitglied desselben tarifschließenden Arbeitgeberverbandes wie der Veräußerer ist. Der 4. Senat sieht in § 613a Abs. 1 S. 2 BGB eine eigenständige kollektivrechtliche Fortgeltungsanordnung „sui generis“. Der wesentliche Unterschied zu Tarifnormen i.S.d. §§ 3, 4 TVG besteht demnach nicht in der Normwirkung. Diese ist in beiden Fällen unmittelbar und zwingend, auch wenn ihr rechtliches Herkommen verschieden ist. Er besteht vielmehr in der nur beschränkten Fortgeltung im Falle des Betriebsübergangs. Die Fortgeltung nach § 613a Abs. 1 S. 2 BGB wirkt nur

---

595 S. o. aber u.a. *Oetker*, in: Wiedemann, § 3 Rdnr. 229, 230; *Gamillscheg*, Koll. Arbeitsrecht, § 17 S. 780; *Kempen*, in: Kempen/Zachert, § 3 Rdnr. 99; *Kempen*, BB 1991, 2006, 2009; *Lieb/Jacobs*, Rdnr. 319; *Moll*, NJW 1993, 2016, 2020; *Waas*, Tarifvertrag und Betriebsübergang, S. 26 ff., 30, 31.

596 BAG v. 22.04.2009 – 4 AZR 100/08 – NZA 2010, 41, 47 Rdnr. 68.

gegenüber den betroffenen Arbeitnehmern (personelle Reduktion), nur für den Zeitraum eines Jahres (zeitliche Reduktion) sowie für den Inhalt der Fortgeltung selbst (statische Wirkung und damit inhaltliche Reduktion). Damit schafft der 4. Senat aber eine faktisch normative Tarifgeltung, deren eigenständiger Geltungsgrund sich von der tradierten Tarifgeltung unterscheidet. Der Geltungsgrund der faktisch kollektivrechtlichen Fortgeltung ist die bewusste Entscheidung des Erwerbers zur Betriebsübernahme auf der Grundlage des § 613a Abs. 1 S. 2 BGB. Kommt es zu einem Betriebsübergang, legitimiert diese bewusste Entscheidung des Erwerbers die faktisch-normative und inhaltlich beschränkte Tarifbindung kraft Willenserklärung. Die Tatsache, dass der 4. Senat sich in Bezug auf § 613a Abs. 1 S. 2 BGB bis auf die genannten Einschränkungen an §§ 3, 4 TVG anlehnt und eine inhaltliche Vergleichbarkeit herstellt ist dahingehend interpretiert worden, es handele sich bei § 613a Abs. 1 S. 2 BGB nicht um ein „Aliud", sondern ein „Minus" zu §§ 3, 4 TVG.[597] Diese These wäre indes nur korrekt, wenn eine unverändert originär-normative, aber z.B. personell beschränkte Tarifbindung bestünde. Dies ist nicht der Fall. Der Geltungsgrund der quasi normativen Tarifbindung bei § 613a Abs. 1 S. 2 BGB ist „ein anderer". Damit könnte, im Vergleich zu §§ 3, 4 TVG, von einer Kombination von „Aliud" (anderer Geltungsgrund der Tarifbindung) und „Minus" (zeitliche, personelle und inhaltliche Beschränkung) gesprochen werden. Dieser selbständige Geltungsgrund muss auch dann die Tarifregelungen des Veräußerers zur Anwendung bringen, wenn die Tarifregelungen nach Betriebsübergang originär normativ Wirkung entfalten. Nur so ist eine einheitliche Behandlung der tariflichen Fortgeltung in allen Fällen des Betriebsübergangs möglich.

(1) § 613a Abs. 1 S. 2 BGB als Auffangnorm

Vor diesem Hintergrund kann die These von § 613a Abs. 1 S. 2 BGB als „Auffangnorm" nicht mehr aufrecht erhalten werden.[598] Danach soll § 613a Abs. 1 S. 2 BGB unangewendet bleiben, wenn die Regelungen des Veräußerertarifvertrages auch für den Erwerber ohnehin originär normativ gelten (§§ 3, 4 TVG).[599] Diese Schlussfolgerung wird auf die Gesetzesbegründung gestützt, wonach kollektivrechtliche Regelungen „wie üblich" arbeitsvertraglichen Vereinbarungen

597 *Bauer/v. Medem*, BB 2010, 2560, 2561.

598 *Willemsen/Müller-Bonanni*, in: HWK, § 613a BGB Rdnr. 254; *Kreutz*, in: FS BAG, S. 993, 994; *Bauer/v. Medem*, DB 2010, 2560; *Kreft*, in: FS Wißmann, S. 347.

599 *Moll*, RdA 1996, 275, 277.

vorgehen sollen.[600] Diese Ausführungen des Gesetzgebers beschreiben aber in erster Linie die Rechtswirkungen des S. 3 als kollektivrechtlichen Ablösungstatbestand.[601] Eine Beschreibung des S. 2 als bloße Auffangnorm kann dem nicht entnommen werden. Dass der Gesetzgeber im Jahre 1980 davon ausging, mit S. 2 eine individualvertragliche Regelung zu schaffen, ist für die Auslegung des S. 2 nicht verbindlich.[602] Schließlich zeigt auch die Auffassung, bei der Gesetzesbegründung handele es sich an dieser Stelle um ein „Redaktionsversehen“[603], dass sich auch die Vertreter der „Auffanglösung“ der Kontroverse durchaus bewusst sind und keineswegs eine eindeutige Charakterisierung des S. 2 als Auffangnorm möglich ist. Vielmehr liegt der Schluss nahe, dass §§ 613a Abs. 1 S. 2–4 BGB keine Auffangnormen, sondern abschließende und eigenständige Sonderregelungen für die Fortgeltung tariflicher Positionen nach Betriebsübergang sind.[604] Der Geltungsgrund hierfür kann dann aber nur die bewusste Entscheidung des Erwerbers zur Betriebsübernahme selbst sein. Nur so lässt sich die tarifliche Fortgeltung überhaupt bewirken. Der Erwerber wird also, will er die ihm auferlegte Tarifbindung rechtsgestaltend abstreifen, den faktisch normativen Charakter des S. 2 stets als eigenständigen Geltungsgrund zu beachten haben.

(2) Doppelte Tarifbindung des Erwerbers

Der selbständige Charakter des S. 2 setzt sich an anderer Stelle fort. Ist der Erwerber im Vergleich zu dem Veräußerer identisch tarifgebunden, besteht mangels Auffangcharakter des § 613a Abs. 1 S. 2 BGB eine weitere Besonderheit. Aufgrund der unterschiedlichen Geltungsgründe der tariflichen Fortgeltung nach § 613a Abs. 1 S. 2 BGB und § 3 Abs. 1 TVG ist der Erwerber an denselben Tarifvertrag doppelt gebunden.[605] Dies hat keine praktischen Auswirkungen. Wenn der Tarifvertrag etwa infolge Zeitablaufs endet und nur noch nachwirkt, gilt bei originärer Tarifbindung nach § 3 Abs. 1 TVG die Regelung des § 4 Abs. 5 TVG, im Fall des § 613a Abs. 1 S. 2 BGB § 613a Abs. 1 S. 4 Alt. 1 BGB mit der identischen Rechtsfolge, dass eine „andere Abmachung“ die nur noch unmittelbare Tarifgeltung ersetzen kann. Dasselbe gilt, wenn der Tarifvertrag endet ohne nachzuwirken.

600 BT-Drucks. 8/3317, S. 7, 11.
601 Vgl. *Jung*, RdA 1981, 360, 362, 363.
602 S. o. B.) 2.) b.) cc.) (2).
603 *Hanau/Vossen*, in: FS Hilger/Stumpf, S. 271, 282.
604 So die Gesetzesbegründung BT-Drucks. 8/3317, S. 7, wo davon die Rede ist, die offenen Fragen der Fortgeltung von Tarifverträgen regeln zu wollen.
605 *Sagan*, RdA 2011, 163, 170.

Dann entfallen beide Tarifbindungen ersatzlos, weil derselbe Tarifvertrag jeweils die Grundlage der Tarifgeltung war. Da die faktische Bindung über S. 2 nicht weiter reichen kann als die originäre Tarifbindung, können beide Geltungsgründe grundsätzlich nebeneinander bestehen. In keinem Fall wird dadurch die Rechtsposition der betroffenen Arbeitnehmer gegenüber den bei dem Veräußerer verbleibenden Arbeitnehmern verbessert. Aus praktischer Sicht kommt es in dem Fall der identischen Tarifbindung über § 613a Abs. 1 S. 3 BGB, genau wie über §§ 3, 4 TVG, jedoch zur dynamischen Anwendung des für den Erwerber und Veräußerer geltenden Tarifvertrages, wenn der Arbeitnehmer entsprechend kongruent tarifgebunden ist. Für die Gestaltungs- und Ablösungsmöglichkeiten des Erwerbers wirkt sich, v.a. im Hinblick auf Bezugnahmeklauseln, aber gleichwohl der Charakter des S. 2 als eigenständiger Geltungsgrund tariflicher Regelungen aus.[606]

bb.) Kündigungsrecht des Erwerbers

Das Modell der faktisch kollektivrechtlichen Fortgeltung führt zur normativen Bindung des Erwerbers an die Inhaltsnormen des Veräußerertarifvertrages nach Betriebsübergang.[607] Ein tarifvertragliches Kündigungsrecht, das nur schuldrechtlichen Charakter hat, ist wie alle sonstigen schuldrechtlichen Inhalte von der Fortgeltung nicht erfasst.[608] Tarifvertragliche Kündigungserklärungen können demnach nur von dem Veräußerer als Tarifvertragspartei ausgesprochen und entgegen genommen werden. Der Erwerber bleibt damit grundsätzlich auf die individualrechtlichen Ablösungsmöglichkeiten des S. 4 Alt. 1 beschränkt.[609] Gleichzeitig führt aber eine Tarifkündigung des Veräußerers dazu, dass die normative Wirkung der Tarifregelungen nicht nur gegenüber den bei ihm verbliebenen Arbeitnehmern, sondern auch und gerade mit Wirkung für den Erwerber und die betroffenen Arbeitnehmer entfällt.[610] Damit kann der Veräußerer nach Betriebsübergang die Arbeitsbedingungen und damit unmittelbar die wirtschaftlichen Verhältnisse des Erwerbers beeinflussen, ohne dass es hierfür auf dessen Kenntnis ankommt.[611] Diese „paradoxe Situation“[612] erweist sich als tarifrechtliches Grundproblem und führt zu einem erheblichen

606 S. hierzu unter B.) 4.) d.) bb.) (2) (b) (aa) und (bb).; B.) 4.) e.) bb.) (2).

607 *Bayreuther*, in: DFL, § 613a BGB Rdnr. 62.

608 BAG v. 24.08.2011 – 4 AZR 566/09 – ZTR 2011, 92, 93; *Grau/Sittard*, BB 2010, 1093, 1095.

609 *Meyer*, DB 2010, 1404, 1405.

610 BAG v. 22.04.2009 – 4 AZR 100/08 – NZA 2010, 41, 47 Rdnr. 71.

611 *Sagan*, RdA 2011, 163, 170, 171.

612 *V. Medem*, ArbRAktuell 2011, 372, 375.

Wertungswiderspruch zwischen „tariflichem Müssen" (zwingende und unmittelbare Gewährung des Tarifschutzes) und „tariflichem Dürfen" (Beendigungsmöglichkeiten) des Erwerbers. Dies führt konsequent zu der Frage nach einem, dem Erwerber zustehenden tariflichen Kündigungsrecht als Ausgleich dieses Wertungswiderspruchs.[613] Diese Frage stellt sich von vorne herein nicht bei der Fortgeltung von Verbandstarifverträgen, da das tarifliche Kündigungsrecht hier nur dem Arbeitgeberverband und der Gewerkschaft als Tarifvertragsparteien, nicht aber dem einzelnen Arbeitgeber, etwa dem Veräußerer als bloßes Koalitionsmitglied, zusteht.[614] Schon der Veräußerer war zur Kündigung des Verbandstarifvertrages nicht allein in der Lage, der Betriebsübergang kann hieran nichts ändern. Folgerichtig kann auch der Erwerber hier nie kündigungsberechtigt sein. Anders verhält es sich dagegen bei einem Firmentarifvertrag, das Kündigungsrecht steht dem Veräußerer als Tarifvertragspartei zu. Gleichwohl soll der Erwerber nach ganz überwiegender Auffassung trotzdem nicht zur Kündigung des fortgeltenden Firmentarifvertrages berechtigt sein, da der Betriebsübergang den Erwerber nicht zu dessen Vertragspartei mache.[615]

(1) Eigenes firmentarifvertragliches Kündigungsrecht des Erwerbers

Angesichts dieser Wertungswidersprüche stellt sich die Frage, ob dem Erwerber infolge des Betriebsübergangs gleichwohl ein eigenes tarifvertragliches Kündigungsrecht hinsichtlich des Firmentarifvertrages des Veräußerers zuzusprechen ist. Diese Frage stellt sich vor allem deshalb, weil der Firmentarifvertrag aufgrund des Betriebsübergangs als Regelungsobjekt nicht automatisch und ersatzlos entfällt.[616] Dies folgt aus § 613a Abs. 1 S. 4 Alt. 1 BGB, der die Weitergeltung des Firmentarifvertrages voraussetzt, da sonst eine Kündigung ausscheiden und aus rechtsgestaltender Sicht die Fortgeltung nach S. 2 nie vor Ablauf der Jahresfrist enden würde. Ein Kündigungsrecht des Erwerbers müsste sich aufgrund der faktisch kollektivrechtlichen Fortgeltung nach § 613a Abs. 1 S. 2 BGB auf die übergehenden Arbeitsverhältnisse beziehen.[617]

---

613 *Kreft*, in: FS Wißmann, S. 347, 356.

614 *Bauer/v. Medem*, DB 2010, 2560, 2562, 2563.

615 So schon für das Transformationsmodell BAG v. 29.08.2001 – 4 AZR 332/00 – NZA 2002, 513, 514, 515; nun auch für die faktisch kollektivrechtliche Fortgeltung BAG v. 26.08.2009 – 4 AZR 280/08 – NZA 2010, 238, 240, 241; zust. *Dreher*, in: BDH, § 613a Rdnr. 291, 311; *Grau/Sittard*, BB 2010, 1093, 1094.

616 *Seiter*, Betriebsinhaberwechsel, S. 90.

617 *V. Medem*, ArbRAktuell 2011, 372, 375; *Sagan*, RdA 2011, 163, 170, 171; *Bauer/v. Medem*, DB 2010, 2560, 2563.

(a) Das „Sukzessionsmodell“

Ein eigenes tarifvertragliches Kündigungsrecht des Erwerbers käme dann in Frage, wenn man ihn als Folge des Betriebsübergangs nicht nur normativ an die fortgeltenden Tarifinhalte bände, sondern als Tarifvertragspartei hinsichtlich der übergehenden Arbeitsverhältnisse gänzlich in die schuldrechtliche Position des Veräußerers einrücken ließe. Dann wäre infolge der Rechtsnatur eines Tarifvertrages als Dauerrechtsverhältnis sowohl an eine eigene ordentliche wie auch außerordentliche Kündigungsmöglichkeit des Erwerbers zu denken.[618] Gleichzeitig kämen ihm als Tarifvertragspartei auch die übrigen schuldrechtlichen Inhalte, wie etwa die Friedenspflicht, zu Gute.[619]

Diese Rechtsfolgen treten auf der Grundlage des „Sukzessionsmodells“ ein. Dieses erstmals von *Zöllner*[620] begründete Modell einer auf die übergehenden Arbeitsverhältnisse „beschränkten normativen Weitergeltung“ ist i.S.e. personell partiellen aber gleichzeitig inhaltlich gänzlich unbeschränkten Fortgeltung des Veräußererfirmentarifvertrages zu verstehen. Es unterscheidet sich von der Rechtsprechung des 4. Senats in seiner Typik. *Zöllner* versteht unter einer „beschränkten“ Weitergeltung eine nur personelle Beschränkung auf die betroffenen Arbeitnehmer und deren übergehende Arbeitsverhältnisse. Darüber hinaus rückt der Erwerber in das entstandene tarifrechtliche Vakuum ein, er wird mithin zum „Ersatztarifvertragspartner“ der betroffenen Arbeitnehmer und ist auch an die schuldrechtlichen Bestimmungen des Tarifvertrages gebunden. Im Gegensatz dazu begründet der 4. Senat mit § 613a Abs. 1 S. 2 BGB eine faktisch normative Tarifbindung des Erwerbers, ohne dass dieser zur Tarifvertragspartei wird und in die schuldrechtliche Stellung des Veräußerers einrückt. Sie unterscheidet sich von einer vertraglich bewirkten Tarifgeltung gem. § 613a Abs. 1 S. 1 BGB und einer solchen kraft mitgliedschaftlicher Legitimation nach §§ 3, 4 TVG. Während *Zöllner* das Modell der beschränkt normativen Weitergeltung maßgeblich auf die konstruktiven Schwächen des Transformationsmodells zurückführt, begründet *Sagan*[621] die Sukzession des Erwerbers in die tarifvertragliche Stellung des Veräußerers infolge des Betriebsübergangs mit gemeinschaftsrechtlichen Erwägungen. Bezüglich der betroffenen Arbeitsverhältnisse entspreche es den Vorgaben in Art. 3 Abs. 3 RL, den Erwerber gänzlich in die Rechtsbindungen des Veräußerers

618 *Deinert*, in: Däubler, § 4 Rdnr. 105 ff., 118 ff.

619 *Thüsing*, in: Wiedemann, § 1 Rdnr. 860.

620 *Zöllner*, DB 1995, 1401, 1402, 1403; ihm folgend *Schliemann*, NZA Beil. 16/2003, 3, 11; *Richardi*, in: Richardi, § 77 Rdnr. 216.

621 *Sagan*, RdA 2011, 163, 171; ihm folgend *Preis*, in: ErfK, § 613a Rdnr. 112.

einrücken zu lassen, um einen kontinuierlichen Arbeitnehmerschutz zu gewährleisten. Dies schließe als notwendigen Annex die schuldrechtlichen Bindungen als Partei des (Firmen)-Tarifvertrages mit ein.[622] Neben einer künstlichen Aufspaltung von Tarifverträgen in normativen und schuldrechtlichen Teil würden auch rechtskonstruktive Nachteile sowohl der Transformationstheorie als auch der faktisch kollektivrechtlichen Fortgeltung nach dem Verständnis des 4. Senats vermieden.[623] Die Transformationstheorie führe dazu, dass eine im Arbeitsrecht unbekannte Zwitterfigur entsteht, wenn einstmals zwingende tarifliche Regelungen in den Arbeitsvertrag transformiert würden.[624] Würden vertragliche Inhalte durch eine einseitig zwingende Wirkung zu Lasten des Erwerbers und eine Sperrfrist geschützt, widerspreche dies dem Charakter einer dispositiven, weil vertraglichen Regelung. Die Rechtsprechung des 4.Senats ersetze schließlich nur eine Zwitterfigur durch eine andere, da sie mit § 613a Abs. 1 S. 2 BGB eine dem deutschen Tarifrecht bislang unbekannte dritte Kategorie der Geltung tariflicher Normen „erfinde".[625] *Aus diesen Gründen plädiert Sagan* dafür, über den Wortlaut des S. 2 hinaus im Wege der Rechtsfortbildung auch die schuldrechtlichen Bindungen auf den Erwerber übergehen zu lassen. Handele es sich um einen Veräußererfirmentarifvertrag, sei dem Erwerber bezüglich der betroffenen Arbeitsverhältnisse als Partei desselben ein eigenes tarifvertragliches Kündigungsrecht zuzugestehen, um sich von der ihm auferzwungenen Tarifbindung wieder sachgerecht lösen zu können.[626]

(aa) Kritik am Sukzessionsmodell

Die Grundthese des Sukzessionsmodells, der Erwerber rücke als Folge des Betriebsübergangs in die schuldrechtlichen Bindungen als Partei des Firmentarifvertrages ein, sieht sich erheblicher Kritik ausgesetzt.[627] Danach sei es weder mit tarifrechtlichen Prinzipien noch dem Wortlaut des § 613a Abs. 1 S. 2 BGB vereinbar und übersteige dessen Rechtsfolgenanordnung.

(α) Tarifrechtliche Prinzipien und Wortlaut des § 613a Abs. 1 S. 2 BGB

Der Geltungsgrund der faktisch normativen Tarifbindung des Erwerbers ist § 613a Abs. 1 S. 2 BGB. Unabhängig davon, ob und ggf. wie der Erwerber selbst

622 *Sagan*, RdA 2011, 163, 170.
623 *Preis*, a.a.O.
624 S. o. B.) 2.) b.) aa.) (2).
625 *Preis*, a.a.O.
626 *Sagan*, RdA 2011, 163, 170.
627 *Schiefer/Hartmann*, BB 2012, 1985, 1990.

tarifgebunden ist, kann über S. 2 keine mitgliedschaftlich legitimierte, sondern nur eine gesetzlich angeordnete Tarifbindung erzeugt werden. Erstere entsteht nur, wenn die Voraussetzungen der §§ 3 ff. TVG erfüllt sind. Die Tatsache, dass sich die Rechtsfolgen von § 613a Abs. 1 S. 2 BGB und § 3 Abs. 3 TVG mit der Konsequenz einer unmittelbaren und zwingenden Tarifbindung i.R.e. Parallelwertung entsprechen, ändert daran nichts. Entscheidend ist allein, ob ein Betriebsübergang eine originär normative Tarifbindung des Erwerbers erzeugen kann, die ihn in die Stellung als Partei des Veräußererfirmentarifvertrages einrücken lässt. Dies ist nur in drei Konstellationen anerkannt.[628] Dabei handelt es sich um die Gesamtrechtsnachfolge i.S.d. Umwandlungsgesetzes (UmwG), die dreiseitige Tarifvertragsübernahme als gewillkürte Singularsukzession, die ein Mitwirken des Veräußerers, des Erwerbers und der Gewerkschaft erfordert, und schließlich den Tarifbeitritt des Erwerbers durch Abschluss eines Anerkennungstarifvertrages mit der zuständigen Gewerkschaft.[629] Ein Betriebsübergang stellt einen Fall der gesetzlichen Einzelrechtsnachfolge dar. Ohne weiteren Legitimationsakt (Tarifbeitritt, Tarifvertragsübernahme) wird der Erwerber nach tarifrechtlichem Grundverständnis nicht zur Firmentarifvertragspartei.[630] Etwas anderes folgt auch nicht aus dem Rechtscharakter des Firmentarifvertrages selbst.[631] Von den genannten Ausnahmen abgesehen, fehlt auch bei einem Firmentarifvertrag eine gesetzliche Grundlage für die Übertragung der Parteistellung. Gemäß § 613a Abs. 1 S. 2 BGB gehen bei einem Betriebsübergang nur diejenigen Rechte und Pflichten über, die durch „Rechtsnormen eines Tarifvertrages" geregelt sind.[632] Dies sind Inhaltsnormen, aber keine schuldrechtlichen Bestimmungen und damit auch kein tarifvertragliches Kündigungsrecht, da letztere nur das Verhältnis der Tarifpartner zueinander regeln, nicht aber das Arbeitsverhältnis inhaltlich erfassen.[633]

Auch aus einem Vergleich eines Firmentarifvertrages mit einer Betriebsvereinbarung ergibt sich im Fall des Betriebsübergangs nichts anderes. Gilt eine Betriebsvereinbarung nach § 613a Abs. 1 S. 2 BGB fort, tritt der Erwerber auch in die darin geregelten Rechte und Pflichten ein. Der Unterschied zu einem Firmentarifvertrag

---

628 *Löwisch/Rieble*, § 3 Rdnr. 375, 438 ff., § 1 Rdnr. 1297, 1300 ff.

629 BAG v. 10.06.2009 – 4 ABR 21/08 – NZA 2010, 51, 52, 53 Rdnr. 28; BAG v. 26.08.2009 – 4 AZR 280/08 – NZA 2010, 238, 241 Rdnr. 29; ausf. zur Singularsukzession *Schmitt-Rolfes*, in: FS Buchner, S. 817, 820 ff.

630 BAG v. 26.08.2009 – 4 AZR 280/08 – NZA 2010, 238, 240 Rdnr. 27

631 BAG v. 20.06.2001 – 4 AZR 295/00 – NZA 2002, 517, 518; *Hohenstatt*, in: WHSSS, Abschn. E Rdnr. 98; *Kania*, DB 1994, 529, 533, 534.

632 *Jacobs*, NZA Beil. 1/2009, 45, 48.

633 *Grau/Sittard*, BB 2010, 1093, 1094.

besteht aber darin, dass bei einer Betriebsvereinbarung der personelle Wechsel von Veräußerer zu Erwerber deren uneingeschränkte Fortgeltung gerade nicht verhindert.[634] Dies gilt jedenfalls dann, wenn nicht nur ein Betriebsteil, sondern der gesamte Betrieb übergeht, da die Arbeitgeberstellung im betriebsverfassungsrechtlichen Sinne nur an die arbeitsorganisatorische Einheit des Betriebes selbst anknüpft. Diese bleibt bei Betriebsübergang regelmäßig gewahrt, so dass eine genuin normative Fortgeltung der Betriebsvereinbarung möglich ist.[635] Bei einem Firmentarifvertrag ist dies anders, da die Stellung als Tarifvertragspartei durch einen mitgliedschaftlich legitimierten Akt entsteht. Somit ist der nicht oder anderweitig tarifgebundene Erwerber mit dem Veräußerer als Arbeitgeber nicht vergleichbar, da die Stellung als Tarifvertragspartei allein durch Betriebsübergang nicht vermittelt werden kann.[636] Etwas anderes soll dann gelten, wenn die Organisationseinheiten, auf die sich der Firmentarifvertrag bezieht, als Gesamtheit auch nach Betriebsübergang erhalten blieben, da dann der personelle Wechsel die Kontinuität der Tarifregelung nicht unterbricht.[637] Dies wäre als klare Ausnahme aber nur dann der Fall, wenn sämtliche Betriebe des Veräußerers auf den Erwerber übergingen, was dann schon wieder der Gesamtrechtsfolge i.S.d. UmwG sehr nahe kommt.[638] Ungeachtet dessen ist ein solches betriebsbezogenes Verständnis der Tarifbindung dem TVG aber nicht zu entnehmen.[639]

(β) Gemeinschaftsrechtliches Gebot der Aufnahme schuldrechtlicher Regelungen in die Fortgeltungsanordnung des Art. 3 Abs. 3 RL?

Grundsätzlich kann Art. 3 Abs. 3 RL und der hierzu ergangenen Rechtsprechung des EuGH eine kollektivrechtliche Grundprägung entnommen werden.[640] Danach sollen bei dem Veräußerer begründete kollektivrechtliche Rechte und Pflichten als solche bei dem Erwerber fort gelten. Dies kann erreicht werden, indem der Erwerber gänzlich in die Stellung als Tarifvertragspartei einrückt und somit an den gesamten Tarifvertragsinhalt und damit auch dessen schuldrechtliche Bestimmungen als genuines Tarifrecht gebunden ist.[641] Es kann aber auch erreicht werden,

---

634 So schon BAG v. 05.02.1991 – 1 ABR 32/90 – NZA 1991, 639, 641.

635 BAG, a.a.O.

636 *Hohenstatt*, in: WHSSS, Abschn. E Rdnr. 98.

637 *Lorenz*, in: Däubler, § 3 Rdnr. 176; *Däubler*, RdA 2002, 299, 303, 304.

638 *Hohenstatt*, in: WHSSS, Abschn. E Rdnr. 96.

639 *Henssler*, ZfA 1998, 517, 532, 533; *Grau/Sittard*, BB 2010, 1093.

640 S. o. B.) 2.) b.) cc.) (2).

641 Dies wäre an dieser Stelle die logische Konsequenz des Sukzessionsmodells.

indem der Erwerber normativ an die Tarifregelungen gebunden wird, ohne die tarifvertragliche Parteistellung einzunehmen. Während der letztgenannte Ansatz dem insoweit klaren Wortlaut des Art. 3 Abs. 3 RL entspricht, ist dort für den erstgenannten Ansatz kein Anhaltspunkt vorhanden.[642] Schuldrechtliche Bestimmungen eines Firmentarifvertrages könnten nur dann fortgelten, wenn sie ausnahmsweise Regelungen über Rechte und Pflichten der Tarifunterworfenen enthalten und die konkreten Arbeitsbedingungen betreffen.[643] Es ist zwar mit dem Wortlaut prima facie nicht zu vereinbaren, der von „Rechtsnormen“ eines Tarifvertrages spricht, also schuldrechtliche Bestimmungen gerade nicht erfasst. Jedoch sagt Art. 3 Abs. 3 RL nichts darüber aus, ob Regelungen in Bezug auf Arbeitsbedingungen schuldrechtlich oder normativ zu regeln sind. Geht man davon aus, dass der Gesetzgeber die Richtlinie vollständig umsetzen wollte[644], kann § 613a Abs. 1 S. 2 BGB im Wege der richtlinienkonformen Auslegung dort analog auf schuldrechtliche Bestimmungen angewendet werden, wo sie Arbeitsbedingungen betreffen, die aus Gründen des Arbeitnehmerschutzes bei einem Betriebsübergang aufrecht zu erhalten sind.[645] Dies gilt aber gerade nicht für ein tarifvertragliches Kündigungsrecht, da dieses nur das Verhältnis der Tarifvertragspartner zueinander regelt, jedoch nicht die Arbeitsbedingungen der Arbeitnehmer.

(γ) Die Methodik der Rechtsfortbildung als Begründungsansatz für ein eigenes Kündigungsrecht des Erwerbers

Nach der Auffassung *Sagans* soll der Erwerber im Wege der teleologischen Rechtsfortbildung in die schuldrechtliche Stellung als Partei des Firmentarifvertrages einrücken.[646] Gemeinschaftsrechtliche Vorgaben erzwingen, entgegen der Ansicht *Sagans*, diesen Schritt grundsätzlich nicht, eine analoge Anwendung des § 613a Abs. 1 S. 2 BGB auf schuldrechtliche Inhalte erfasst jedenfalls kein Kündigungsrecht. Eine Rechtsfortbildung kann darüber hinaus nur dort stattfinden, wo der Bereich der noch möglichen Auslegung anhand des Wortlauts, wie hier in Bezug auf „Rechtsnormen“ eines Tarifvertrages für das schuldrechtliche Kündigungsrecht als Regelung zwischen den Tarifvertragsparteien, nicht überschritten

642 *Hartmann*, Weitergeltung von firmentariflichen Regelungen, S. 61.

643 *Mayer*, Arbeitsbedingungen, S. 59, 60.

644 BT-Drucks. 8/3317, S. 1, 6, 7.

645 Grundlegend zur richtlinienkonformen Auslegung *Höpfner*, JJZ 2009, S. 85, 86; *Däubler*, Tarifvertragsrecht Rdnr. 1536.

646 *Sagan*, RdA 2011, 163, 170, 171.

wird.[647] Gleichzeitig müssen anderweitige und übergeordnete Interessen das bisherige Normverständnis in einer Weise modifizieren, die eine Normanwendung in dem intendierten Sinne gebietet und zwingend erscheinen lässt.[648] Dabei gelten strengere Voraussetzungen als für die bloße Gesetzesauslegung, da aufgrund der Wortlautüberschreitung das Gebot der Rechtssicherheit (Art. 20 Abs. 3 GG) tangiert wird.[649] Gleiches gilt für das Prinzip der Gesetzesbindung (Art. 20 Abs. 3 GG) und den Gewaltenteilungsgrundsatz (Art. 20 Abs. 2 S. 2 GG) im Falle der richterlichen Rechtsfortbildung.[650]

Die Rechtsfortbildung ist kein abstraktes Rechtsinstitut. Sie lässt sich in drei Kategorien mit jeweils unterschiedlichen Voraussetzungen einteilen.[651] Die erste Kategorie beschreibt die gesetzeskonkretisierende Rechtsfortbildung (praeter legem). Hauptanwendungsfälle sind die Analogie und die teleologische Reduktion.[652] Beiden ist gemein, dass die hinter dem Gesetz stehende Intention durch den Gesetzgeber nicht oder nicht vollständig in dem Gesetzeswortlaut zum Ausdruck kommt. Während bei der Analogie der Anwendungsbereich einer Norm erweitert wird, in dem sie auf einen ähnlichen, aber nicht geregelten Fall angewendet wird, findet bei der Reduktion eine Eingrenzung einer zu weit gefassten Norm statt. Für den Fall, dass dem Erwerber nach Betriebsübergang ein tarifvertragliches Kündigungsrecht eingeräumt wird, muss eine Reduktion als Ausprägung einer Rechtsfortbildung praeter legem von vorne herein ausscheiden. Der Vorschlag *Sagans* zieht keine Einschränkung, sondern eine Erweiterung des § 613a Abs. 1 S. 2 BGB nach sich, indem die Rechtsstellung des Erwerbers ausgedehnt wird. Denkbar wäre dann nur noch eine analoge Anwendung des § 613a Abs. 1 S. 2 BGB in dem von *Sagan* vorgeschlagenen Sinne.

Allerdings können schuldrechtliche Bestimmungen eines Tarifvertrages nur dort nach dem Betriebsübergang für und gegen den Erwerber gelten, wo diese ausnahmsweise Arbeitsbedingungen regeln. Dann ist eine den Wortlaut übersteigende Auslegung („Rechtsnormen“) möglich, da es inhaltlich um den Arbeitnehmerschutz als primären Schutzzweck i.S.d. Art. 3 Abs. 3 RL und § 613a Abs. 1 S. 2 BGB geht. Dies trifft auf bloß zwischen den Tarifvertragsparteien wirkende

---

647 *Larenz/Canaris*, Methodenlehre der Rechtswissenschaft, S. 187.

648 *Larenz/Canaris*, Methodenlehre der Rechtswissenschaft, S. 245; dieser Methode skeptisch gegenüberstehend *Fikentscher*, Methoden des Rechts, Band IV, S. 296, 297.

649 *Meys*, Rechtsfortbildung extra legem, S. 5, 6.

650 *Larenz/Canaris*, Methodenlehre der Rechtswissenschaft, S. 246; *Meys*, Rechtsfortbildung extra legem, S. 6.

651 *Larenz/Canaris*, Methodenlehre der Rechtswissenschaft, S. 187 ff., 191 ff., 232 ff.

652 *Meys*, Rechtsfortbildung extra legem, S. 7, 8.

Bestimmungen schon gar nicht zu. Man mag aus diesem Grund zwar eine Regelungslücke hinsichtlich der schuldrechtlichen Bestimmungen eines Tarifvertrages und deren Schicksal in der Normfassung des § 613a Abs. 1 S. 2 BGB bejahen, die lediglich eine auf die übergehenden Arbeitsverhältnisse beschränkte, faktisch normative Fortgeltung von Inhaltsnormen anordnet.[653] Diese Regelungslücke ist aber nicht planwidrig. Diese Planwidrigkeit ergibt sich auch nicht aus übergeordneten Schutz- und Normzwecken, obwohl der Schutzzweck des § 613a Abs. 1 BGB ambivalent ist. Er gewährleistet über S. 2 primär den Arbeitnehmerschutz, jedoch wird auch der Erwerber geschützt, indem er über S. 3 eigene Kollektivregelungen zur Anwendung bringen und dadurch die Arbeitsbedingungen seiner Gesamtbelegschaft zumindest anpassen kann. Allein die Tatsache, dass der Gesetzgeber diese Möglichkeit vorsieht und in S. 4 Alt. 1 jedoch gerade keine Gestaltungsmöglichkeit in Gestalt eines originären Kündigungsrechts für den Erwerber zur Verfügung stellt, führt zum Ausschluss der Planwidrigkeit. Der Gesetzgeber hat diesen Fall nicht übersehen, sondern bewusst nicht geregelt.

Auch die Übertragung des Regel- Ausnahme-Verhältnisses des S. 2 zu S. 3 auf das Verhältnis von S. 2 zu S. 4 Alt. 1 im Wege der Rechtsfortbildung könnte aufgrund der faktisch kollektivrechtlichen Fortgeltung eine entsprechende kollektivrechtliche Lösungsmöglichkeit durch Einräumung eines genuinen Kündigungsrechts begründen. Dies entspräche dann in der Folge der kollektivrechtlichen „Nichtmehrgeltung" nach S. 4 Alt. 1, wenn der Erwerber das Kündigungsrecht ausübt, um dann die individualrechtlichen Gestaltungsoptionen wahrzunehmen. Da wie dort, so die gedachte Analogie, müsste es dem Erwerber möglich sein, die ihm auferlegten Bindungen effektiv auch wieder abstreifen zu können, wenn man den ambivalenten Schutzzweck des § 613a Abs. 1 BGB ernst nimmt. Dies meint *Sagan*, wenn er von einer teleologischen Rechtsfortbildung durch Einrücken des Erwerbers in die schuldrechtliche Position als Tarifvertragspartei spricht. Der Unterschied von S. 3 als positiv geregeltem, kollektivrechtlichen Ablösungstatbestand zu S. 2 und S. 4 Alt. 1, der allein die „Nichtmehrgeltung" des Veräußerertarifvertrages verlangt, besteht aber darin, dass der ambivalente Schutzzweck in S. 3 zum Ausdruck kommt und S. 3 dem Erwerber bestimmte Gestaltungsoptionen eröffnet. S. 4 Alt. 1 tut dies aber gerade nicht; wer eine „Nichtmehrgeltung" herbeiführen können soll, bleibt dem Wortlaut nach offen. Wenn man aber davon ausgeht, dass die Stellung als Tarifvertragspartei allein durch den Betriebsübergang nicht übergeht, dann kann der Erwerber auch keine eigenen schuldrechtlichen Gestaltungsrechte geltend machen. Genau daran ändert auch der tarifrechtliche

---

653 Vgl. *Hartmann*, Weitergeltung von firmentariflichen Regelungen, S. 61, 62.

Wertungswiderspruch einer faktisch normativen Fortgeltung ohne entsprechende Lösungsmöglichkeiten nichts, dem Erwerber sollten hieraus eben keine originär tarifvertraglichen Rechte erwachsen.[654] Für eine „kollektivrechtliche Nichtmehrgeltung" i.S.d. S. 4 Alt. 1 kann es daher nur auf die Tariflage auf Veräußererseite ankommen, dies geht auch aus der Gesetzesbegründung hervor.[655] Dort heißt es, dass „eine Änderung … [der nach S. 2 fortgeltenden, Anm. d. Verf.] Rechte und Pflichten" möglich ist, „wenn der Tarifvertrag … auch bei dem bisherigen Arbeitgeber nicht mehr gegolten hätte". Abgestellt wird also, auch gestalterisch, auf den Veräußerer als Tarifvertragspartei, da nur dort der Tarifvertrag zunächst in dieser Form originär „gilt". Ein gegenteiliges Ergebnis folgt weder aus § 613a Abs. 1 BGB noch aus Art. 3 Abs. 3 RL. Eine Analogie scheidet damit aus.

Die zweite Gruppe ist die gesetzesübersteigende Rechtsfortbildung (extra legem), wo der Wortlaut einer Norm in einer Weise erweitert und ausgedehnt wird, die nicht mehr von dem Willen und den Intentionen des Gesetzgebers gedeckt ist.[656] Durch die Rechtsfortbildung extra legem wird der Norm eine bislang nicht vorhandene Rechtsfolge hinzugefügt und so an die Rechtsordnung und deren (Schutzzweck-) Anforderungen angepasst.[657] Voraussetzung ist, dass die Schutzzweckerwägungen so dringend sind, dass der Gesetzgeber die Rechtsfolge in das Gesetz einarbeiten müsste, wenn er tätig würde.[658] Als Beispiel einer solchen Vorgehensweise der Rechtsprechung kann die Ausdehnung von und der Schutz vor Wettbewerbsverboten nach den §§ 74, 74a HGB aufgrund eines Gleichbehandlungserfordernisses aller Arbeitnehmer nach Art. 3 GG dienen.[659] Dies ist mit der vorliegenden Konstellation nicht zu vergleichen, da keine Ungleichbehandlung der jeweiligen Erwerber im Falle des Betriebsübergangs zu befürchten ist, die gerade durch die Einräumung einer Stellung als Tarifvertragspartei zwingend auszugleichen wäre. Dies folgt daraus, dass der nicht oder (anderweitig) tarifgebundene Erwerber in jedem Fall nur auf die übergehenden Arbeitsverhältnisse bezogen faktisch normativ tarifgebunden wird. Wollte man den Erwerber dennoch gänzlich in die Tarifstellung des Veräußerers einrücken lassen, wäre eine weitergehende Rechtsgewährung zu Gunsten des Erwerbers (Kündigungsrecht)

654 S. o. B.) 2.) c.) bb.).
655 BT-Drucks. 8/3317, S. 7, 11 a.E.
656 *Meys*, Rechtsfortbildung extra legem, S. 7, 8.
657 *Meys*, Rechtsfortbildung extra legem, S. 8, 9.
658 *Meys*, a.a.O.
659 S. hierzu BAG v. 13.09.1969 – 3 AZR 138/68 – NJW 1970, 626 ff.

als Tarifvertragspartei im Wege der Rechtsfortbildung gerechtfertigt.[660] Ein solches Vorgehen widerspricht jedoch tarifrechtlichen Grundsätzen in Bezug auf den Betriebsübergang.[661] Die Intention des Bundesarbeitsgerichts ging zudem dahin, den Arbeitnehmerschutz durch Beibehaltung des kollektiven Charakters der Tarifnormen im Günstigkeitsvergleich mit § 613a Abs. 1 S. 1 BGB zu stärken. Eine Stärkung der Rechtsposition des Erwerbers gerade dadurch, dass ihm originär schuldrechtlich-tarifliche Rechte eingeräumt werden, war nicht vorgesehen und ist angesichts der vorhandenen Gestaltungsoptionen in §§ 613a Abs. 1 S. 2–4 BGB auch nicht zwingend erforderlich. Eine Rechtsfortbildung extra legem ist demnach ausgeschlossen. Dies gilt auch im Falle einer Parallelwertung anhand vergleichbarer Normen. In Betracht käme hier § 566 BGB.[662] Im Grundsatz sind § 613a Abs. 1 S. 2 BGB und § 566 BGB miteinander vergleichbar, da die Rechtsfolge jeweils ein kraft Gesetzes erfolgender Vertragsübergang ist.[663] Dies stellt jeweils eine Systemausnahme im Kontext des Zivilrechts dar, das ansonsten nur den Übergang einzelner Rechte und Pflichten in §§ 398 ff. BGB und §§ 414 ff. BGB regelt.[664] In beiden Fällen dient die Vorschrift dem Schutz des jeweils sozial Schwächeren, nämlich dem des betroffenen Arbeitnehmers und des Mieters.[665] Dieser Schutz manifestiert sich in erster Linie im Hinblick auf die Kündigungsmöglichkeiten anlässlich des Vertragsübergangs durch den Erwerber bei § 613a BGB und den neuen Eigentümer als Vermieter bei § 566 BGB. Während dies für § 613a durch die Regelung in Abs. 4 besonders deutlich wird, folgt dies für § 566 BGB aus der Entwicklung der Rechtsprechung. So kann der neue Vermieter das Kündigungsrecht erst ausüben, wenn seine Grundbucheintragung als Neueigentümer erfolgt ist.[666] Darüber hinaus tritt dieser grundsätzlich in eine Kündigungslage ein, die bereits zu Gunsten des Alteigentümers bestanden hatte, von diesem jedoch ungenutzt blieb.[667] Gestaltungsrechte und damit auch das Kündigungsrecht bei § 566 BGB gehen jedoch unbestritten und ungeachtet dieses Schutzes auf

660 *Seiter*, Betriebsinhaberwechsel, S. 92.
661 *Seiter*, a.a.O.
662 *Otto*, Arbeitsrecht, S. 297, Rdnr. 612.
663 Für § 613a BGB vgl. *Paki*, in: Wedde, § 613a BGB Rdnr. 31; für § 566 BGB vgl. *Häublein*, in: MüKo, § 566 Rdnr. 23.
664 *Preis*, in: ErfK, § 613a BGB Rdnr. 3.
665 Für § 613a BGB *Willemsen*, in: HWK, § 613a BGB Rdnr. 6, 8; für § 566 BGB *Emmerich*, in: v. Staudinger, § 566 BGB Rdnr. 3.
666 *Streyl*, in: Schmidt-Futterer, § 566 Rdnr. 53.
667 *Häublein*, in: MüKo, § 566 Rdnr. 35; *Börstinghaus*, NZM 2004, 481, 488.

den Rechtserwerber über.[668] Dies trifft auch auf § 613a Abs. 1 BGB zu, der dem Erwerber die Kündigung des Arbeitsverhältnisses aus anderen Gründen als dem Betriebsübergang nicht versagt. Vor diesem Hintergrund erscheint es konsequent, den Erwerber, der in beiden Fällen vollständig in das Schuldverhältnis eintritt, auch vollständig in die damit verbundenen Gestaltungspositionen einrücken zu lassen. Bezogen auf den Betriebsübergang muss sich dies auch auf das tarifvertragliche Kündigungsrecht beziehen, da es sich auch hier um ein schuldrechtlich begründetes Gestaltungsrecht handelt. So gedacht wäre es lebensfremd, den Erwerber wie eine Tarifvertragspartei zu behandeln, ihm gleichzeitig aber die Gestaltungsrechte zu nehmen, die mit einer solchen Stellung korrespondieren. Hierfür ließe sich auch der Vergleich zu § 566 BGB anführen. Dieser Ansatz verkennt aber, dass, anders als bei einem übergehenden Mietvertrag, bei § 613a Abs. 1 S. 2 BGB der Arbeitsvertrag durch einen Tarifvertrag überlagert wird. Damit stehen sich zwar Miet- und Arbeitsvertrag als schuldrechtlich vergleichbare Regelungen gegenüber, das Mietverhältnis wird aber gerade nicht durch eine vergleichbare Regelung wie den Tarifvertrag unmittelbar und zwingend beeinflusst. Neben seinem Charakter als Institut des Privatrechts mit arbeitsrechtlichem Inhalt ist ein Tarifvertrag auch als Gesetz im materiellen Sinn anzusehen, dessen „Rechtsnormen" hoheitliche Geltung zukommt (Doppelnatur des Tarifvertrages).[669] Dabei wirken dessen schuldrechtliche Bestimmungen und damit auch das Kündigungsrecht lediglich zwischen den Tarifvertragsparteien. Die sind aber von den Parteien des Arbeitsvertrages zu unterscheiden. Geltungsgrund der jeweiligen Vertragsübernahme ist das Gesetz. Damit gehen auch die vertraglichen Gestaltungsrechte kraft Gesetzes auf den Erwerber/Neueigentümer über, der jeweils in die Rechte und Pflichten aus dem Vertrag eintritt (§§ 613a Abs. 1 S. 1 bzw. § 566 Abs. 1 BGB). Geltungsgrund für den Übergang eines tarifvertraglichen Kündigungsrechts i.R.e. Betriebsübergangs ist aber das Tarifrecht. Nur wenn dessen Voraussetzungen erfüllt sind, kann ein Wechsel in der Gestaltungsposition erfolgen. Gerade das Tarifrecht aber lässt den Betriebsübergang hierfür nicht genügen. Gestaltungsrechte können nur von den jeweiligen Vertragsparteien ausgeübt werden. Die Parteistellung geht aber bei einem Tarifvertrag eines Betriebsübergangs gerade nicht über. Während demnach bei § 566 BGB nur eine Regelungsebene besteht, sind es bei einem Betriebsübergang zwei. Dabei folgen Arbeitsvertrag und Tarifvertrag jeweils ihren eigenen Regeln. Eine Vergleichbarkeit des § 613a Abs. 1 mit § 566 BGB liegt somit nicht

---

668 *Streyl*, a.a.O.

669 *Thüsing*, in: Thüsing/Braun, 1. Kap. Rdnr. 58; *Reim/Nebe*, in: Däubler, § 1 Rdnr. 40.

vor.[670] Die Wertungen des § 566 BGB prägen die Rechtsordnung zudem in keinem Maße, das eine Neuregelung des § 613a Abs. 1 erforderlich macht.

Schließlich bleibt die gesetzeskorrigierende Rechtsfortbildung (contra legem). Diese wendet sich gegen den Wortlaut und die klar zum Ausdruck kommende Intention des Gesetzgebers. Rechtsfortbildung in diesem Sinne ist wegen Verstoßes gegen das Rechtsstaats- und Demokratieprinzip unzulässig.[671] Anerkannt sind nur drei Ausnahmen: Die Beseitigung eines Rechtsnotstandes sowie als Ausgleich dafür, dass die Norm jeden denkbaren Zweck verliert und letztlich, dass ein verfassungswidriges Gesetz nicht mehr angewendet wird.[672] Diese Fälle liegen hier nicht vor. Somit kann mit dem Institut der Rechtsfortbildung kein Kündigungsrecht begründet werden, wenn es darauf abzielt, den Erwerber in die schuldrechtlichen Bindungen des Veräußererfirmentarifvertrages als dessen Partei einrücken zu lassen.

(bb) Stellungnahme

Das Sukzessionsmodell kann kein tarifliches Kündigungsrecht des Erwerbers begründen. Allein durch den Betriebsübergang wird er nicht zur Partei des Veräußerertarifvertrages und rückt damit auch nicht in dessen schuldrechtliche Bestimmungen mit der Folge eines eigenen Kündigungsrechts ein.[673] Auch das Institut der Rechtsfortbildung in Gestalt einer analogen Anwendung des § 613a Abs. 1 S. 2 BGB kann dieses Ergebnis nicht begründen. I.Ü. differenziert der 4. Senat nach dem Geltungsgrund tariflicher Regelungen. Dabei gilt der Tarifvertrag bei rechtsgeschäftlicher Betriebsübernahme i.S.d. § 613a Abs. 1 S. 2 BGB als lex specialis kraft gesetzlicher Anordnung, im Fall der identischen Tarifgebundenheit des Erwerbers, eventuell zusätzlich, kraft originär mitgliedschaftlicher Tarifbindung. Diese Unterschiede bezüglich eines tariflichen Legitimationsaktes, der nur im zweiten Fall vorliegt, rechtfertigen die Begründung der kollektivrechtlich wirkenden Tarifgeltung ohne Parteistellung und originären Gestaltungsoptionen bei § 613a Abs. 1 S. 2 BGB. Die Annahme, dem Erwerber müsse angesichts dieser „Kontroverse" ein eigenes tarifvertragliches Kündigungsrecht zukommen, ist verfehlt.

(b) Das Modell des „partiellen Übergangs"

Nach einem anderen Ansatz soll der Erwerber nicht gänzlich in die Stellung des Veräußerers als Partei des Firmentarifvertrages einrücken sondern nur in Bezug auf

670 *Otto*, Arbeitsrecht, S. 297, Rdnr. 612.
671 *Larenz/Canaris*, Methodenlehre der Rechtswissenschaft, S. 246.
672 *Neuner*, Rechtsfindung contra legem, S. 118, 150.
673 Allg. Ansicht, vgl. *Picot/Schnitker*, Teil I Abschn. F Rdnr. 307.

das Kündigungsrecht.[674] Der Unterschied zu dem Sukzessionsmodell besteht demnach in der Reichweite der avisierten Parteistellung des Erwerbers, der infolge des nur partiellen Übergangs lediglich als „Teilpartei“ des Tarifvertrages anzusehen ist. Dieses Modell enthält somit eine doppelte Beschränkung. Als Folge der faktisch normativen Fortgeltung nach § 613a Abs. 1 S. 2 BGB geht nur das Kündigungsrecht als schuldrechtliche Bestimmung über und gilt zudem nur für die betroffenen Arbeitsverhältnisse. Dadurch werden sowohl die genannten Wertungswidersprüche vermieden als auch die Stellung der Gewerkschaft als Tarifvertragspartei nicht verschlechtert. Sie kann ihr eigenes Kündigungsrecht gegenüber Veräußerer und Erwerber als Tarifvertragspartei aussprechen. Sollte sie ausnahmsweise keine Kenntnis von dem Betriebsübergang haben, seien §§ 412, 407 BGB analog anzuwenden, eine Kündigungserklärung gegenüber dem Veräußerer wirke dann auch in Bezug auf die auf den Erwerber übergegangenen Arbeitnehmer und ginge nicht „ins Leere“.[675]

(aa) Kritik am Modell des „partiellen Übergangs“

Das Modell des partiellen Übergangs geht wie das Sukzessionsmodell davon aus, dass der Erwerber in die Position des Veräußerers als Firmentarifvertragspartei einrückt, freilich begrenzt auf die tarifvertragliche Kündigungsbefugnis. Damit weist dieser Ansatz dieselben konstruktiven Schwächen auf wie das Sukzessionsmodell. Zudem besteht ein weiteres Problem. Nehme man eine tarifvertragliche Kündigungsbefugnis des Erwerbers als „Teilpartei“ des Firmentarifvertrages an, würde das ursprünglich einheitliche tarifvertragliche Kündigungsrecht als Gestaltungsrecht zweigeteilt. Veräußerer und Erwerber könnten den Firmentarifvertrag mit Wirkung für und gegen die ihnen zuzuordnenden Arbeitsverhältnisse gegenüber der Gewerkschaft kündigen. Dieser Ansicht zufolge ist dies problematisch, da der Erwerber zur Tarifvertragspartei bezüglich der auf ihn übergehenden Arbeitsverhältnisse „aufrückt“ und somit als Rechtsinhaber den Tarifvertrag als Rechtsverhältnis beenden könne.[676] Diese Auffassung ist abzulehnen.[677] Eine eigene Kündigungsbefugnis des Erwerbers kraft eigener Parteistellung kann sich nur auf die übergegangenen Arbeitsverhältnisse beziehen. Dies folgt aus der in § 613a Abs. 1 S. 2 BGB enthaltenen Beschränkung. Die Kündigung eines Tarifvertrages,

---

674 *Bauer/v. Medem*, DB 2010, 2560, 2563; *v. Medem*, ArbRAktuell 2011, 372, 375.

675 *Sagan*, RdA 2011, 163, 171.

676 Ausf. zu Voraussetzungen und Grenzen schuldrechtlicher Gestaltungsrechte, *Medicus*, § 12 Rdnr. 79 ff; *Wolf/Neuner*, § 20 Rdnr. 29 ff.

677 BAG v. 26.08.2009 – 4 AZR 280/08 - NZA 2010, 238, 240 Rdnr. 24; *Seiter*, Betriebsinhaberwechsel, S. 91, 92; *Waas*, Tarifvertrag und Betriebsübergang, S. 61.

die lediglich auf einen Teil der von ihm erfassten Arbeitsverhältnisse bezieht, ist aber in jedem Fall nach tarifrechtlichen Grundsätzen unzulässig.[678]

Etwas anderes ergibt sich auch nicht aufgrund des Instituts der Teilkündigung eines Tarifvertrages, die den Tarifvertrag als Regelungseinheit aufbricht und ihn entgegen dem Willen der Tarifvertragsparteien verändert.[679] Sie ist nur dort möglich, wo sie im Tarifvertrag ausdrücklich vorgesehen ist und sich auf bestimmte inhaltliche Sachregelungen bezieht.[680] Eine „personenbezogene" Teilkündigung hinsichtlich der betroffenen Arbeitnehmer ist damit nicht möglich.[681]

(bb) Stellungnahme

Das Modell des „partiellen Übergangs" ist abzulehnen. Danach soll sich eine Kündigung des Erwerbers als „Teilpartei" nur auf die übergegangenen Arbeitsverhältnisse beziehen. Diese so gespaltene Kündigungsbefugnis und damit die Teilbeendigung der Tarifwirkung ist aber „irregulär"[682]. Dem stehen tarifrechtliche Grundprinzipen diametral entgegen, da sowohl die Tarifautonomie der Tarifvertragsparteien als auch deren ursprünglicher Tarifentschluss konterkariert werden, wenn man bedenkt, dass selbst ein tarifungebundener Erwerber zu Änderungen berechtigt sein soll. Insgesamt scheidet das Modell des „partiellen Übergangs" als tragfähige Grundlage eines eigenen tariflichen Kündigungsrechts des Erwerbers ungeachtet der vorhandenen Wertungswidersprüche aus. Diese können nicht durch eine rechtswidrige Konstruktion überwunden werden. Infolge dessen muss jedes tarifvertraglich begründete, ordentliche wie außerordentliche Kündigungsrecht des Erwerbers, das gerade auf seiner Stellung als Partei des Firmentarifvertrages basiert, ausscheiden. Damit ist dem Erwerber insbesondere die Möglichkeit zur außerordentlichen Kündigung des Firmentarifvertrages wegen wirtschaftlicher Unzumutbarkeit infolge des Betriebsübergangs abgeschnitten.[683]

(2) Arbeitsvertragliches Kündigungsrecht des Erwerbers

Eine andere Auffassung begründet ein Kündigungsrecht des Erwerbers mit der individualrechtlichen Transformationstheorie.[684] Dieses Kündigungsrecht habe

---

678 *Waas*, Tarifvertrag und Betriebsübergang, S. 62.

679 BAG v. 03.05.2006 – 4 AZR 795/05 – NZA 2006, 1125, 1126, 1127.

680 Allg.M., vgl. *Umbach*, Anerkennungstarifvertrag, S. 475 (Fn. 50 m.w.N.).

681 *Löwisch/Rieble*, § 1 Rdnr. 1386.

682 *Waas*, Tarifvertrag und Betriebsübergang, S. 62.

683 S. hierzu *Deinert*, in: Däubler, § 4 Rdnr. 118 ff., 129 ff.

684 *Gussen/Dauck*, Rdnr. 174.

seinen Rechtsgrund in der Transformation von tarif- zu arbeitsvertraglichen Inhalten im Zuge des Betriebsübergangs. Bei der Kündigung der fortgeltenden Tarifregelungen handele es sich dann nicht mehr länger um ein tarif- sondern um ein arbeitsvertragliches Problem. Die Kündigung sei dann gegenüber den Arbeitnehmern zu erklären und müsse zumindest nach Ablauf der einjährigen Veränderungssperre des § 613a Abs. 1 S. 2 BGB möglich sein.[685] Eine Kündigung könne dann aber nur das gesamte Arbeitsverhältnis erfassen, auch wenn sie sich inhaltlich allein auf die fortgeltenden Tarifregelungen bezieht.

(a) Kritik an der Auffassung von *Gussen/Dauck*

Die von *Gussen/Dauck* vorgeschlagene Lösung basiert auf einer streng individualvertraglichen Betrachtungsweise des § 613a Abs. 1 S. 2 BGB. Danach kommt es wegen der Transformation der tariflichen in arbeitsvertragliche Inhalte nicht mehr länger auf eine Differenzierung zwischen tarifvertraglichem und arbeitsvertraglichem Beendigungsgrund an. Dies gilt dann auch für die Frage der Vereinheitlichung von Arbeitsbedingungen durch den Erwerber und zwar im Grundsatz sowohl für die Zeit vor als auch nach Ablauf der Veränderungssperre. Dieser muss, wenn er die ihrem Herkommen nach tariflichen Inhalte beseitigen will, das gesamte Arbeitsverhältnis kündigen. Hierzu kann er sich des arbeitsvertraglichen Instrumentariums bedienen, muss dabei aber die Beendigungsnormen des Veräußerertarifvertrages beachten, da diese mit übergehen und das Arbeitsverhältnis vorrangig prägen.[686] So kann ein Kündigungsrecht des Erwerbers jedoch nicht hergeleitet werden. Dies gilt für den Zeitraum nach Ablauf der einjährigen Veränderungssperre des § 613a Abs. 1 S. 2 BGB und erst Recht für die Zeit davor. Dabei kommt es in beiden Fällen nicht einmal entscheidend auf die Ablehnung des Transformationsmodells durch den 4. Senat an.[687]

(aa) Vertragliches Kündigungsrecht nach Ablauf der Sperrfrist

Gussen/Dauck argumentieren zumindest für die Zeit nach Ablauf der Veränderungssperre mit der Rechtslage bei fortgeltenden Betriebsvereinbarungen.[688] Es sei nicht einzusehen, warum das Kündigungsrecht in Bezug auf eine Betriebsvereinbarung dann auf den Erwerber übergeht, wenn diese originär kollektivrechtlich weiter gelte, jedoch dann nicht, wenn sie nur individualrechtlich über S. 2 wirke.

---

685 *Gussen/Dauck*, Rdnr. 174, 252.

686 *Gussen/Dauck*, Rdnr. 253, 205 ff.

687 BAG v. 22.04.2009 – 4 AZR 100/08 – NZA 2010, 41 ff.

688 *Gussen/Dauck*, Rdnr. 174 ff.

Dies führe dazu, dass ein außerhalb des Arbeitsvertrages stehender Dritter gestaltend auf diesen einwirken könne, indem er die Betriebsvereinbarung kündigt. Um dies zu verhindern, müsse das Kündigungsrecht in jedem Fall dem Erwerber zustehen. Dies werde durch die Transformation des tariflichen Kündigungsrechts in den Arbeitsvertrag über S. 2 erreicht. Dies müsse konsequenterweise dann aber auch für Tarifregelungen gelten, da eine unterschiedliche Behandlung von vormals originär wirkendem Kollektivrecht im Falle des Betriebsübergangs nicht gerechtfertigt ist.

Gussen/Dauck verkennen jedoch, dass die originär kollektivrechtliche Weitergeltung von Betriebsvereinbarungen i.R.e. Betriebsübergangs bereits dann eintritt, wenn die arbeitsorganisatorische Einheit des Betriebs gewahrt bleibt. Der Grund hierfür liegt in der fortgesetzten Arbeitgeberstellung des Erwerbers als betriebsverfassungsrechtlich entscheidendes Merkmal etwa bei Übergang des Gesamtbetriebs als arbeitsorganisatorische Einheit. Dies ist bei tariflichen Regelungen gerade anders. Dort vermittelt die Stellung als Tarifvertragspartei die genuin kollektivrechtliche Geltung. Allein der Betriebsübergang lässt den Erwerber zwar zum Arbeitgeber im Betrieb werden, nicht aber zur Tarifvertragspartei. Schon aufgrund dieser Differenzierung kann das von *Gussen/Dauck* vorgeschlagene Konzept nicht überzeugen. Demnach muss für die Zeit nach Ablauf der Sperrfrist, selbst bei individualrechtlichem Verständnis des S. 2, zwischen den kollektivrechtlichen Regelungsebenen Tarifvertrag und Betriebsvereinbarung unterschieden werden. Die schon für Betriebsvereinbarungen problematische Sichtweise der „Hinzuschreibung“ eines vertraglichen Kündigungsrechts ist daher nicht auf Tarifregelungen übertragbar. Sie verkennt ferner, dass nur Inhaltsnormen fortgelten können.

(bb) Vertragliches Kündigungsrecht vor Ablauf der Sperrfrist

Überdies kann auch und gerade für die Zeit vor Ablauf der Sperrfrist die Annahme eines vertraglichen Kündigungsrechts nicht überzeugen. Eine Kündigung, die nur die fortgeltenden Tarifregelungen erfassen und den Arbeitsvertrag sonst unangetastet lassen will, ist vor Ablauf der Sperrfrist keine Änderungs- sondern eine unzulässige Teilkündigung.[689] Mit der Transformationstheorie ist dann konsequenterweise nur noch eine Kündigung des gesamten Arbeitsverhältnisses erklärbar. Dies führt dann zu keiner Anpassung von Arbeitsbedingungen, sondern zu einer vor Ablauf eines Jahres unzulässigen Kündigung des Arbeitsverhältnisses. Damit verstieße eine solche Kündigungsmöglichkeit gegen das Kündigungsverbot des

---

689 BAG v. 26.08.2009 – 4 AZR 280/08 – NZA 2010, 238, 241 Rdnr. 32; st. Rspr. seit BAG v. 07.10.1982 – 2 AZR 455/80 – NJW 1983, 2285.

§ 613a Abs. 4 BGB.[690] Schließlich passt das Konzept einer individualrechtlichen Fortgeltung nicht zu § 613a Abs. 1 S. 4 Alt. 1 BGB, der inhaltlich an die Ausübung eines kollektivrechtlichen Kündigungsrechts vor Ablauf der Jahresfrist für die „Nichtmehrgeltung“ anknüpft.[691] Ein transformiertes und dann vertragliches Kündigungsrecht entspricht dem nicht mehr, der Adressat der Kündigung wäre dann nicht mehr die Gewerkschaft, sondern der einzelne Arbeitnehmer. Ein solches tarifvertragliches Kündigungsrecht sieht das Transformationsmodell überdies nicht vor, da der schuldrechtliche Inhalt eines Tarifvertrags nicht von der Fortgeltungsregelung in S. 2 erfasst ist. Darin unterscheidet sich das Modell der faktisch kollektiv- und individualrechtlichen Fortgeltung zwar nicht. Im letztgenannten Fall soll aber ein rein arbeitsvertragliches Kündigungsrecht auch die kollektivrechtlich vermittelten Inhalte beseitigen können. Dies widerspricht § 613a Abs. 1 S. 4 Alt. 1 BGB. Aus Gründen des Arbeitnehmerschutzes kann gerade eine vor Ablauf der Sperrfrist des S. 2 erfolgende Beseitigung der fortgeltenden Tarifinhalte nicht aufgrund eines arbeitsvertraglichen Kündigungsrechts erfolgen.

(b) Stellungnahme

Das Konzept eines arbeitsvertraglichen Kündigungsrechts hinsichtlich der fortgeltenden Tarifregelungen ist weder vor noch nach Ablauf der Sperrfrist denkbar. Es ist überdies aufgrund der dogmatisch überzeugenden Rechtsprechung des 4. Senats zur Rechtsqualität der Fortgeltungsregelung des § 613a Abs. 1 S. 2 BGB ohnehin obsolet.

(3) Gesetzliches Kündigungsrecht des Erwerbers

Einen anderen Weg schlägt *Waas* vor.[692] Praktikabel sei allein eine Lösung, die den gesetzlichen Rechtsgrund der Fortgeltung in den Vordergrund stelle. In § 613a Abs. 1 S. 2 BGB habe der Gesetzgeber angeordnet, dass tariflich geregelte Rechte und Pflichten übergehen. Allein deshalb sei etwa ein nicht tarifgebundener Erwerber verpflichtet, überhaupt tarifliche Mindestarbeitsbedingungen zu gewähren. Wenn der Erwerber faktisch einer originär normativ gebundenen Tarifvertragspartei gleichgestellt werde, dann müsse er, ähnlich dem Veräußerer,

690 *Willemsen/Müller-Bonanni*, in: HWK, § 613a BGB Rdnr. 8, 305, die die Komplementärfunktion des § 613a Abs. 4 im Verhältnis zu Abs. 1 betonen.

691 *Willemsen/Müller-Bonanni*, a.a.O., Rdnr. 282.

692 *Waas*, Tarifvertrag und Betriebsübergang, S. 62, 63, 64; ähnlich auch *Heinze*, DB 1998, 1861, 1862; *Heinze*, in: FS Schaub, S. 275, 281; *Hanau/Vossen*, in: FS Hilger/Stumpf, S. 271, 284.

nicht als Normunterworfener sondern Normgeber behandelt werden. Aufgrund der lediglich gesetzlich angeordneten Fortgeltung könnten aber nicht die kollektiv-tarifrechtlichen Maßstäbe hinsichtlich der Kündigung eines Tarifvertrages angelegt werden. Dies habe zur Folge, dass dem Erwerber gerade ein gesetzliches Kündigungsrecht hinsichtlich der Tarifbindung zustehe. Dann sei nicht die Gewerkschaft als Empfänger einer etwaigen Kündigungserklärung anzusehen, sondern der betroffene Arbeitnehmer.

(a) Kritik an der Auffassung von *Waas*

Für die von *Waas* begründete Auffassung spricht zunächst die richtige Unterscheidung zwischen tariflicher und gesetzlicher Fortgeltung. Der Geltungsgrund originärer Tarifregelungen sind in diesem Kontext die §§ 3–5 TVG. Grundvoraussetzung einer Tarifbindung ist hier ein mitgliedschaftlich legitimierter Tarifvertragsabschluss.[693] Unabhängig von der Tarifbindung des Erwerbers will § 613a Abs.1 S. 2 BGB aber sicherstellen, dass ursprünglich mitgliedschaftlich begründete Rechte fortbestehen. Mit dem Charakter des § 613a Abs. 1 S. 2 BGB als Spezialvorschrift verträgt sich demnach eine ausschließlich tariflich legitimierte Geltung von Rechten und Pflichten nicht, da aus Gründen des Arbeitnehmerschutzes alle Erwerber von der Fortgeltung des S. 2 erfasst werden sollen und nicht nur solche, die gleich tarifgebunden sind wie der Veräußerer. § 613a Abs. 1 S. 2 BGB erzeugt damit einen eigenen Geltungsgrund tariflicher Normen im Verhältnis des Erwerbers zu den betroffenen Arbeitnehmern. Diese Unterscheidung hatte auch der 4. Senat im Blick, wenn er die Fortgeltungsanordnung des § 613a Abs. 1 S. 2 BGB zwar mit Parallelwertungen zu tariflichen Regelungen (§ 3 Abs. 3 TVG) begründet, deren Wirkung aber nur als faktisch kollektivrechtlich, weil nicht tariflich legitimiert, einstuft.[694]

Die Argumentation von *Waas* verliert aber an anderer Stelle ihre Stringenz. Aus der gesetzlich angeordneten Fortgeltung tariflicher Normen in § 613a Abs. 1 S. 2 BGB schließt *Waas,* dass auch hinsichtlich ihrer Beendigung auf ein von tariflichen Parametern unabhängiges Regime zurückzugreifen sein müsse. § 613a Abs. 1 S. 2 BGB soll sich somit als rein gesetzlicher Geltungsgrund und lex specialis in Bezug auf die Fortgeltung tariflicher Regelungen so weit von dem ursprünglichen Geltungsgrund mitgliedschaftlich legitimierter Tarifnormwirkung in Gestalt des Tarifvertrages entfernen, dass dies auch auf § 613a Abs. 1 S. 4 Alt. 1 BGB durchschlägt. Dies hätte zur Folge, dass die dort geregelte „Nichtmehrgeltung"

693 *Lorenz*, in: Däubler, § 3 Rdnr. 1, 2; *Deinert*, in: Däubler, § 4 Rdnr. 4.
694 BAG v. 22.04.2009 – 4 AZR 100/08 – NZA 2010, 41 ff.

nicht länger an die tarifrechtlichen Regeln folgende Beendigung des Tarifvertrages anknüpft, sondern als eine Art „Nichtmehrsogeltung" unabhängig von dem Schicksal des Tarifvertrages eigenen Regeln folgt.[695] Ein solches, rein gesetzliches Geltungsregime muss dann auch eigene Beendigungsmöglichkeiten, wie etwa ein gesetzliches Kündigungsrecht des Erwerbers gegenüber den betroffenen Arbeitnehmern, enthalten. Wenn man davon ausgeht, dass § 613a Abs. 1 S. 2 und S. 4 Alt. 1 BGB in einem systematischen Zusammenhang stehen, erscheint es zunächst konsequent, den gesetzlichen Fortgeltungsgrund des S. 2 auch in die Regelung des S. 4 Alt. 1 zu transportieren. Allerdings ist hier der Wortlaut als Grenze noch zulässiger Auslegung zu berücksichtigen. Dort ist eine kollektivrechtliche Nichtmehrgeltung des ursprünglichen Tarifvertrages als Bezugsobjekt geregelt („wenn der Tarifvertrag [des Veräußerers nach S. 2, Anm. d. Verf.] nicht mehr gilt").[696] Eine solche Nichtmehrgeltung liegt vor, wenn der Tarifvertrag durch Zeitablauf endet, gekündigt wird oder nur noch gem. § 4 Abs. 5 TVG nachwirkt.[697] Notwendiger Bezugspunkt ist demnach stets der Tarifvertrag des Veräußerers. S. 4 Alt. 1 zeigt also, dass dieser Tarifvertrag und dessen Bestand trotz der Fortgeltungsregelung des S. 2 als Anknüpfungspunkt für die Nichtmehrgeltung entscheidend sind.[698] Dem Gesetzgeber kann hier auch aufgrund des eindeutigen Wortlauts nicht unterstellt werden, er hätte über den Kanon des S. 4 Alt. 1 hinausreichende Beendigungsgründe schaffen wollen. Die tarifliche „Rückwärtsgewandtheit" des S. 4 Alt. 1 und der eigenständige Geltungsgrund des S. 2 stehen damit zueinander nicht in Konflikt. Dies gilt im Ergebnis auch unabhängig davon, ob man eine Nichtmehrgeltung bei dem Veräußerer oder dem Erwerber verlangt.[699] Die Prämisse der Nichtmehrgeltung des Veräußerertarifvertrages ist und bleibt notwendiger Anknüpfungspunkt - auch nach Betriebsübergang. Ein davon unabhängiges gesetzliches Kündigungsrecht wird weder von S. 2 verlangt noch ist es von dem eindeutigen Wortlaut des S. 4 umfasst.[700]

---

695 *Waas*, Tarifvertrag und Betriebsübergang, S. 62, 63.

696 *Willemsen/Müller-Bonanni*, in: HWK, § 613a BGB Rdnr. 282.

697 *Preis*, in: ErfK, § 613a BGB Rdnr. 121; *Müller-Glöge*, in: MüKo, § 613a Rdnr 137.

698 *Hohenstatt*, in: WHSSS, Abschn. E Rdnr. 134; *Willemsen/Müller-Bonanni*, in: HWK § 613a BGB Rdnr. 281, 282.

699 Entscheidend ist, ob der Erwerber in die Position als Tarifvertragspartei einrückt. dafür *Bauer/v. Medem*, DB 2010, 2560, 2563; *Sagan*, RdA 2011, 163, 170; dagegen BAG v. 22.04.2009 – 4 AZR 100/08 – NZA 2010, 41, 42; BAG v. 26.08.2009 – 4 AZR 280/08 – NZA 2010, 238, 239 Rdnr. 24, 25, 31; *Rinck*, RdA 2010, 216, 224.

700 Es bleibt bei dem schuldrechtlichen Charakter des tarifvertraglichen Kündigungsrechts, BAG v. 26.08.2009 – 4 AZR 280/08 – NZA 2010, 238, 239, 240.

Ein weiterer Kritikpunkt betrifft die Rechtswirkung der Fortgeltung, die sich zwar auf die übergehenden Arbeitsverhältnisse beziehen soll, jedoch ein Kündigungsrecht gegenüber den Arbeitnehmern vorsieht.[701] Damit steht die Auffassung von *Waas* in dieser Hinsicht dem überholten Transformationsmodell sehr nahe. Um aber Wertungswidersprüche zu dem elementaren Schutzprinzip des § 613a Abs. 1 BGB, dem Arbeitnehmerschutz, zu vermeiden, will *Waas* das Kündigungsrecht nur zulassen, wenn es einheitlich gegenüber allen Arbeitnehmern ausgeübt wird.[702] Nur dann stünden die übernommenen Arbeitnehmer nicht schlechter als im Vergleich zur Situation ohne Betriebsübergang, da dann auch der Veräußerer nur einheitlich gegenüber der Gewerkschaft und im Ergebnis mit Wirkung gegenüber allen tarifgebundenen Arbeitnehmern kündigen könne. Ließe man ein Kündigungsrecht gegenüber dem einzelnen Arbeitnehmer zu, hätte dies regelmäßig den sofortigen Kündigungsausspruch nach Betriebsübergang durch den Erwerber zur Folge und von der einjährigen Sperrfrist zugunsten der übernommenen Arbeitnehmer bliebe nichts mehr übrig. Daher soll das Kündigungsrecht auch kollektivrechtlichen Charakter haben.[703] An dieser Argumentation zeigt sich, dass ein Kündigungsrecht des Erwerbers, unabhängig von dessen Herleitung oder Begründung, kollektivrechtlich wirken muss, um nicht von vorneherein unwirksam zu sein. Nur dann besteht keine Beziehung zum überholten Modell der individualrechtlichen Transformation. Damit unvereinbar ist aber die Herleitung als bloß gesetzliches Kündigungsrecht, dem dann kollektivrechtliche Prägungen übergestülpt werden. Hier werden Rechtswirkung und Rechtsfolge der §§ 613a Abs. 1 S. 2, S. 4 Alt. 1 BGB vermischt und in unzulässiger Weise ausgedehnt. Ein kollektivrechtlich vermitteltes Kündigungsrecht kann nicht aus sich heraus entstehen sondern benötigt einen notwendigen kollektivrechtlichen Anknüpfungspunkt.

(b) Stellungnahme

Das von *Waas* vorgeschlagene gesetzliche Kündigungsrecht des Erwerbers kann nicht überzeugen, da es auf eine Kündigungsbefugnis gegenüber dem einzelnen Arbeitnehmer hinausläuft, die in ihren Wirkungen dem überholten Transformationsmodell entspricht. Dies ist unzulässig, da auch der Veräußerer nur kollektiv mit Wirkung für alle tarifgebundenen Arbeitnehmer kündigen kann. Eine solche Schlechterstellung ist von S. 2 und S. 4. Alt. 1 nicht gedeckt. Auch der Wortlaut

---

701 *Waas* spricht hier insoweit von einer „verwandelten Kündigungsbefugnis", *Waas*, Tarifvertrag und Betriebsübergang, S. 63.

702 *Waas*, a.a.O.

703 *Waas*, Tarifvertrag und Betriebsübergang, S. 63.

des S. 4 Alt. 1 sieht als notwendigen Anknüpfungspunkt der Nichtmehrgeltung den Tarifvertrag des Veräußerers vor, dessen Beendigung maßgeblich ist. Darauf bezieht sich ein gesetzliches Kündigungsrecht als Kündigungsrecht „sui generis" gerade nicht. Der eigenständige gesetzliche Geltungsgrund der Fortgeltungsanordnung in S. 2 kann nicht dazu führen, dass entsprechend hierzu auch S. 4 ein eigenes Regime der „Nichtmehrgeltung" erhält.

(4) Recht auf Vertragsanpassung oder Kündigung wegen Störung der Geschäftsgrundlage nach § 313 BGB?

Ungeachtet der Frage nach einem tariflichen oder gesetzlichen Kündigungsrecht könnte der Erwerber aus einem anderen Rechtsgrund zur Kündigung der fortgeltenden Tarifnormen berechtigt sein. Denkbar wäre ein Sonderkündigungsrecht in Gestalt der Störung der Geschäftsgrundlage (§ 313 Abs. 1 BGB).[704] Eine (außerordentliche) Kündigungsmöglichkeit bestünde jedenfalls dann, wenn dem Erwerber eine Vertragsanpassung unzumutbar wäre (§ 313 Abs. 3 S. 2 BGB).[705]

Diese Möglichkeit könnte sich aufgrund einer Sanierungssituation bei dem Veräußerer ergeben, zu deren Bewältigung ein besonderer Sanierungsfirmentarifvertrag geschlossen wurde. Die Normen dieses Tarifvertrages wurden von den Tarifvertragsparteien auf Veräußererseite auf eine spezielle Situation im Veräußererbetrieb zugeschnitten. Dieser besondere Sanierungsbedarf wird bei dem Erwerber regelmäßig nicht bestehen. Dann könnte dem Erwerber ausnahmsweise ein eigenes Sonderkündigungsrecht bezüglich der fortgeltenden Regelungen des Sanierungstarifvertrages zustehen, wenn er sich selbst keiner besonderen Sanierungskonstellation gegenüber sieht.[706] Erforderlich für die Annahme eines Sonderkündigungsrechts ist zunächst, die Geschäftsgrundlage der Fortgeltung i.S.d. § 613a Abs. 1 S. 2 BGB zu ermitteln.[707] Dabei kommen zwei mögliche Anknüpfungspunkte in Betracht.[708] Zum einen kann die normative Geltung der Tarifregelungen vor Betriebsübergang als Geschäftsgrundlage des S. 2 angesehen werden, da eine Fortgeltung voraussetzt, dass Veräußerer und betroffene Arbeitnehmer vor

704 BAG v. 24.01.2001 – 4 AZR 655/99 – NZA 2001, 788, 789; *Löwisch/Rieble*, § 1 Rdnr. 1404, 1405.

705 BAG a.a.O; *Belling/Hartmann*, ZfA 1997, 87, 110; *Oetker*, RdA 1995, 96

706 *Löwisch/Rieble*, § 3 Rdnr. 283 ff., 404, die die Tariftreupflicht des Erwerbers über § 613a Abs. 1 S. 2 BGB jedoch als stets vorrangige Geltungsanordnung ansehen und § 313 BGB aus diesem Grund in diesem Kontext ausschließen.

707 *Grau/Sittard*, BB 2010, 1093.

708 BAG v. 26.08.2009 – 4 AZR 280/08 – NZA 2010, 238, 240 Rdnr. 21.

Betriebsübergang originär normativ tarifgebunden waren.[709] Zum anderen kann die Geschäftsgrundlage der fortgeltenden Kollektivregelungen auch in den Begleitumständen gesehen werden, die zu dem Tarifabschluss geführt haben.[710] Der 4. Senat folgt erstgenannter Ansicht.[711] § 613a Abs. 1 S. 2 BGB soll ungeachtet der Frage, wie Tarifnormen zustande kommen, primär sicherstellen, dass das bis dato erreichte kollektivrechtlich begründete Schutzniveau erhalten bleibt. Aus diesem Grund kommt § 613a Abs. 1 S. 2 BGB gerade auch dann zur Anwendung, wenn etwa der Erwerber selbst nicht tarifgebunden oder für die betroffenen Arbeitnehmer mit dem Betriebsübergang ein Branchenwechsel verbunden ist. Wollte man eine Fortgeltung nach S. 2 nur dann zulassen, wenn die Tarifregelungen des Veräußerers auch auf das Unternehmen oder die Branche des Erwerbers „passen", würde der Anwendungsbereich des § 613a Abs. 1 S. 2 BGB erheblich reduziert.[712]

Einem besonderen Kündigungsrecht infolge des Betriebsübergangs stehen zudem weitere Aspekte entgegen. Die für eine Gestaltungsmöglichkeit nach § 313 BGB erforderliche Störungswirkung in Form der wirtschaftlichen Unzumutbarkeit der Tarifbindung kann sich nur auf die Tarifvertragsparteien und gerade nicht den Erwerber beziehen.[713] Auf die Frage, ob ein speziell auf den Veräußererbetrieb zugeschnittener Sanierungsfirmentarifvertrag bei dem Erwerber mangels Sanierungslage überhaupt fortgelten kann, kommt es wegen fehlender Stellung des Erwerbers als Tarifvertragspartei nach Betriebsübergang gar nicht an.[714] Für ein besonderes Kündigungsrecht des Erwerbers fehlt dann der tarifliche Anknüpfungspunkt, wenn über die bei diesem nicht bestehende Sanierungslage hinaus kein anderer vergleichbarer Störungsgrund ersichtlich ist. Insbesondere kann allein der Betriebsübergang kein solcher Störungsgrund sein, da dann die Regelung des § 613a Abs. 1 S. 2 BGB schon gar nicht erforderlich wäre. Auch die faktisch kollektivrechtlich wirkende Tarifbindung des Erwerbers reicht nicht aus, da sie von diesem als Folge der rechtsgeschäftlichen Betriebsübernahme bewusst eingegangen und damit von Art. 2 Abs. 1 GG erfasst wird. Es wäre widersprüchlich, wenn man dem Erwerber einerseits die Vorteile des Betriebsübergangs (Erwerb von Betriebsmitteln sowie fachlichen und personellen Kapazitäten) belassen wollte, ihm aber gleichzeitig die Möglichkeit

709 BAG, a.a.O.

710 So hatte auch die Revision in dem Verfahren 4 AZR 280/08 argumentiert.

711 BAG, a.a.O.

712 *Grau/Sittard*, DB 2010, 1093.

713 *Löwisch/Rieble*, § 1 Rdnr. 1377, 1414.

714 So die Ausgangslage in BAG v. 26.08.2009 – 4 AZR 280/08 - NZA 2010, 238 ff.

gäbe, die damit verbundenen Rahmenbedingungen über ein Sonderkündigungsrecht beseitigen zu können. Zudem sind die Tarifregelungen, die infolge des Betriebsübergangs faktisch kollektivrechtlich fort gelten, als Bestandteil des Arbeitsverhältnisses anzusehen, das in seiner Gesamtheit auf den Erwerber übergeht. Diese Tarifregelungen prägen das Arbeitsverhältnis unmittelbar und zwingend. Eine Kündigung allein dieser tariflichen Regelungen, etwa in Gestalt eines Sanierungstarifvertrages, wäre als Teilkündigung unzulässig, da sie sich nur auf einzelne Rechte und Pflichten des Arbeitsverhältnisses bezieht und den Arbeitsvertrag sonst bestehen lassen will.[715] Damit ist der Ansicht zu folgen, die ein besonderes Kündigungsrecht des Erwerbers allein wegen einer Sanierungssituation auf Seiten des Veräußerers ausschließt.[716] Entsprechendes gilt für den Fall der Veräußererinsolvenz nach Betriebsübergang.[717] Das Sonderkündigungsrecht des § 120 Abs. 1 S. 2 InsO gilt nur für Betriebsvereinbarungen. Der Insolvenzverwalter kann Tarifregelungen daher nur aus wichtigem Grund (§ 314 BGB) kündigen, wenn die Insolvenzsituation im Einzelfall eine Unzumutbarkeit begründet. Dem Erwerber steht dieses Recht nicht zu, da er nie Tarifvertragspartei war.

(5) Ansprüche des Erwerbers gegen den Veräußerer?

Der Erwerber kann die ihm nach § 613a Abs. 1 S. 2 BGB auferlegte Tarifbindung nur einseitig beenden, wenn ihm ein Anspruch gegen den Veräußerer zusteht, der auf die Kündigung des Firmentarifvertrages gerichtet ist. Ein solcher Anspruch muss aber die Ausnahme bleiben, da ansonsten das systematische Gleichgewicht von S. 2 zu S. 4 Alt. 1 gestört würde und der Erwerber in die Lage versetzt würde, die „Nichtmehrgeltung" i.S.d. S. 4 Alt. 1 herbeizuführen. Diese Möglichkeit steht aber grundsätzlich nur den eigentlichen Tarifvertragsparteien zu.

(a) Anspruch des Erwerbers auf Kündigung des Tarifvertrages

Die Frage, ob dem Erwerber gegen den Veräußerer ein Anspruch auf Beendigung des Tarifvertrages durch Kündigung zusteht, ist umstritten.[718] Das hierzu vertretene

---

715 BAG v. 13.03.2007 – 9 AZR 612/05 – NZA 2007, 563, 565; BAG v. 14.11.1990 – 5 AZR 509/89 – NZA 1991, 377, 378.

716 BAG v. 22.04.2009 – 4 AZR 100/08 – NZA 2010, 41, 45 Rdnr. 51; *Hohenstatt*, NZA 2010, 23, 24.

717 *Löwisch/Rieble*, § 1 Rdnr. 1429.

718 *Bauer*, Unternehmensveräußerung und Arbeitsrecht, S. 112, 113; *Waas*, Tarifvertrag und Betriebsübergang, S. 60, 61; *Wank*, NZA 1987, 505, 508, 509; *Oetker*, in: Wiedemann, § 3 Rdnr. 239; *Hanau/Vossen*, in: FS Hilger/Stumpf, S. 271, 283 ff.

Meinungsspektrum reicht von dem kategorischen Ausschluss eines solchen Anspruchs bis zur Anerkennung eines Anspruchs auf Teilkündigung bezogen auf die übergehenden Arbeitsverhältnisse. Gleiches gilt für die Frage, wie ein solcher Anspruch rechtlich ausgestaltet werden kann, etwa durch Ermächtigung des Erwerbers zur Kündigung in Form eines Verschaffungsanspruchs oder in Gestalt eines Leistungsanspruchs, der auf Vornahme einer Kündigung durch den Veräußerer gerichtet ist. Einigkeit besteht nur darüber, dass § 613a Abs. 1 BGB die Frage der Kündigungsbefugnis in Bezug auf Firmentarifverträge nach Betriebsübergang nicht regelt.[719] Angesichts der bereits aufgezeigten Wertungswidersprüche der faktisch kollektivrechtlichen Fortgeltung bei § 613a Abs. 1 S. 2 BGB ist ein gesteigertes Interesse des Erwerbers an einer Beseitigung der quasi normativen Tarifbindung schon vor Ablauf der Sperrfrist nicht von der Hand zu weisen. Ob sich diese Interessenlage in zulässiger Weise zu einem Anspruch auf Beendigung des fortgeltenden Firmentarifvertrages verdichten kann, hängt von bestimmten Parametern ab.

(aa) Keine Parteistellung des Erwerbers bezüglich des Veräußererfirmentarifvertrages infolge Betriebsübergang

Allein der Betriebsübergang führt nicht dazu, dass der Erwerber Partei des Firmentarifvertrages wird. Ihm kann daher das genuin tarifvertragliche Kündigungsrecht nicht zustehen, nur weil es zu einem Betriebsübergang gekommen ist. Dieses Recht verbleibt bei dem Veräußerer. Schon aus diesem Umstand ist gefolgert worden, dass der Erwerber in keinem Fall in den Genuss eines Kündigungsrechts kommen könne.[720] Diese Annahme ist aber nicht zwingend. Bei einem Kündigungsrecht handelt es sich um ein Gestaltungsrecht, durch dessen Ausübung ein Rechtsverhältnis beendet wird.[721] Nichts anderes gilt für das schuldrechtliche Kündigungsrecht eines Firmentarifvertrages als Dauerschuldverhältnis. Obwohl ein Gestaltungsrecht grundsätzlich nicht selbständig übertragbar ist, gilt dies jedoch nur für höchstpersönliche Rechte (§§ 119 ff. BGB, §§ 530 ff. BGB).[722] Dem entspricht die Rechtslage für forderungsbezogene Rechte wie das Abrufrecht bei der Bürgschaft auf erstes Anfordern.[723] Bei Gestaltungsrechten, die vertragsbezogen wirken und den ganzen Vertrag betreffen, ist eine Übertragung jedoch möglich, da ansonsten die Privatautonomie unzulässig eingeschränkt würde und

719 *Bauer*, Unternehmensveräußerung und Arbeitsrecht, S. 112.

720 Vgl. Wank, NZA 1987, 505, 508; *Oetker*, in: Wiedemann, § 3 Rdnr. 239.

721 *Wolf/Neuner*, § 20 Rdnr. 29.

722 *Wolf/Neuner*, § 20 Rdnr. 43.

723 *Schürnbrand*, AcP 2004, 177, 192 ff., 198.

der Gestaltungsgegner in den vertraglichen und gesetzlichen Grenzen ohnehin mit der Ausübung der Gestaltungsrechte rechnen muss.[724]

Geht man davon aus, dass das tarifliche Kündigungsrecht als vertragsbezogenes Gestaltungsrecht übertragbar ist, kommt als Gestaltungsgegner nur die Gewerkschaft als Vertragspartner des Veräußerers in Betracht. Beachtet der Erwerber sowohl die vertraglichen Vorgaben als auch die gesetzlichen Grenzen (etwa §§ 242, 226 BGB) des tariflichen Kündigungsrechts, dann könnte auch er das Kündigungsrecht ausüben, sofern er es wirksam erlangt hat. Ein Anspruch des Erwerbers muss daher darauf gerichtet sein, das Kündigungsrecht von dem Veräußerer übertragen zu bekommen oder sich zur Kündigung ermächtigen zu lassen. Letzteres stellt eine im Tarifrecht anerkannte Konstellation dar, in der ein Dritter das Kündigungsrecht ausübt.[725] Denkbar wäre auch ein Anspruch, der auf Kündigung durch den Veräußerer gerichtet ist. Eine solche Vorgehensweise ist in den aufgezeigten Konstellationen zwingend, auch wenn sie als „lästiger Umweg über den Veräußerer" empfunden wird.[726]

(bb) Übergegangene Arbeitsverhältnisse als notwendiger Bezugspunkt

Die §§ 613a Abs. 1 S. 2, 4 Alt. 1 BGB haben schon ihrem Schutzzweck nach nur diejenigen Arbeitsverhältnisse im Blick, die infolge des Betriebsübergangs auf den Erwerber übergehen. Nur diese betroffenen (tarifgebundenen) Arbeitnehmer sollen durch die Fortgeltungsregel des S. 2 geschützt werden.[727] In demselben Maße, wie diese Arbeitnehmer geschützt werden, wird der Erwerber mit der faktisch kollektivrechtlichen Bindung an den Veräußerertarifvertrag belastet. Eine „Loslösung" von diesen tariflichen Bindungen kommt somit nur soweit in Frage, als dadurch gerade diejenigen Bindungen beseitigt werden, die im Zuge des Betriebsübergangs hinzugekommen sind. Gegen eine solche Beschränkung der Kündigungswirkung bestehen aber rechtssystematische Bedenken. Die Ausübung eines genuin tarifvertraglichen Kündigungsrechts müsste sich notwendigerweise auf den gesamten Firmentarifvertrag und damit auch alle bei dem Veräußerer verbleibenden Arbeitnehmer beziehen.[728] Mit welchem Rechtsgrund aber der Erwerber von dem Veräußerer zusätzlich verlangen könnte, den Tarifvertrag

724 *Schürnbrand*, AcP 2004, 177, 203, 204.

725 *Oetker*, in: Wiedemann, § 3 Rdnr. 239.

726 So *Waas*, Tarifvertrag und Betriebsübergang, S. 62.

727 *Hergenröder*, in: ZLH, § 21, S. 250.

728 *Hartmann*, Weitergeltung von firmentariflichen Regelungen, S. 64; *Seiter*, Betriebsinhaberwechsel, S. 91, 92.

durch Kündigung auch gegenüber dessen Arbeitnehmern zu beenden, ist nicht ersichtlich.[729] Dies hat der Veräußerer weder nach tarifrechtlichen noch gesetzlichen Vorgaben (§ 613a Abs. 1 BGB) zu leisten und zwar selbst dann nicht, wenn man einen Anspruch des Erwerbers auf Kündigung grundsätzlich anerkennt. Von einem Gestaltungsrecht, und damit auch von einer Kündigung, kann nur einheitlich Gebrauch gemacht werden. Eine „Aufteilung" des tarifvertraglichen Kündigungsrechts zwischen Erwerber und Veräußerer jeweils beschränkt auf die diesen zuzuordnenden Arbeitsverhältnisse ist folglich rechtswidrig. Genauso rechtswidrig wäre es aber, das Kündigungsrecht zwar allein dem Veräußerer (oder dem Erwerber) zuzuschreiben, jedoch die Kündigungswirkung auf eine bestimmte Personengruppe zu beschränken. Dies stellte eine unzulässige Teilkündigung dar.[730] Eine Teilkündigung kann sich nur auf einen Teil der Gesamtregelungen eines Tarifvertrages beziehen. Dies will der Erwerber aber regelmäßig nicht. Ihm kommt es auf eine vollständige Beendigung der faktischen Tarifbindung bezogen auf die auf ihn übergegangenen Arbeitsverhältnisse an. Gleichwohl sind Konstellationen denkbar, in denen sich eine Kündigung des Erwerbers in rechtlich erforderlicher Weise zwar auf alle Arbeitsverhältnisse des Firmentarifvertrags bezieht, jedoch nicht auf den Veräußerer auswirkt.[731]

(cc) Anspruch auf ordentliche Kündigung

Ein Anspruch des Erwerbers kann nur auf eine ordentliche Kündigung des Firmentarifvertrages gerichtet sein, da für eine außerordentliche Kündigung eine umfassende Interessenabwägung vorgenommen werden muss.[732] Diese bezieht sich aber stets auf die Interessen der Tarifvertragsparteien bzw. deren Mitglieder.[733] Interessen Dritter, etwa potenzieller Erwerber i.R.e. Betriebsübergangs, werden nicht berücksichtigt.[734] Eine ordentliche Kündigung dagegen ist, sofern sie nicht ausnahmsweise tarifvertraglich ausgeschlossen ist, regelmäßig an keinen bestimmten Kündigungsgrund gebunden, der typischerweise nur auf Seiten der Tarifvertragsparteien vorliegen kann. Ein Anspruch auf Kündigung kann demnach nur auf ordentliche Kündigung gerichtet sein.

---

729 A.A. *Bauer*, Unternehmensveräußerung und Arbeitsrecht, S. 112, der eine Teilkündigung trotz dogmatischer Bedenken allein aus Wertungsgesichtspunkten bejaht.

730 *Löwisch/Rieble*, § 1 Rdnr. 1386; s. o. B.) 2.) c.) bb.) (1) (b) (bb).

731 Hierzu sogleich B.) 2.) c.) bb.) (5) (a) (dd).

732 *Beathalter*, einseitige Gestaltungsmöglichkeiten, S. 284, 292 ff.

733 *Wank*, in; Wiedemann, § 4 Rdnr. 21 ff., 33; *Deinert*, in: Däubler, § 4 Rdnr. 148.

734 *Deinert*, in: Däubler, § 4 Rdnr. 135; *Hey*, ZfA 2002, 275, 281 ff.

(dd) Denkbare Konstellationen eines Anspruchs auf Kündigung

Ein Anspruch auf ordentliche Kündigung kann nur bestehen, wenn sich die Kündigung auf die Arbeitsverhältnisse auf Seiten des Veräußerers nicht auswirkt oder im Falle einer Auswirkung aufgrund von überragenden normativen Wertungsgesichtsgesichtspunkten ausnahmsweise eine abweichende Rechtsfolge angezeigt ist.

(α) Veräußerer überträgt sämtliche Unternehmensbestandteile

Eine erste Konstellation, in der sich eine Kündigung der fortgeltenden Tarifregelungen des Veräußererfirmentarifvertrages durch den Erwerber nicht auf den Veräußerer auswirkt, liegt vor, wenn bei Letzterem keine Arbeitsverhältnisse mehr vorhanden sind. Hierzu zählt der Fall der Übertragung sämtlicher Betriebe und Unternehmensbestandteile durch den Veräußerer. Dabei muss die Übertragung des gesamten Unternehmens allein auf den Erwerber als Anwendungsfall eines Anspruchs auf Kündigung von vorneherein ausscheiden. Im Falle der Gesamtrechtsnachfolge nach den Vorschriften des Umwandlungsgesetzes rückt der Erwerber ohnehin in die Stellung als Tarifvertragspartei ein und kommt ohne Umweg über den Veräußerer in den Genuss des genuinen tarifvertraglichen Kündigungsrechts.[735] Anders liegt der Fall, wenn der Veräußerer sein Unternehmen vollständig, aber nur zum Teil auf den Erwerber überträgt. Dann wirkt sich eine Kündigung des Erwerbers gerade nicht in dem beschriebenen Sinne aus. Obwohl sich ein solcher Anspruch zwingend auf den gesamten Bestand der Arbeitsverhältnisse, die unter den Firmentarifvertrag des Veräußerers fallen, beziehen muss, können Arbeitsverhältnisse auf Seiten des Veräußerers in dieser Konstellation schon rein tatsächlich nicht mehr länger betroffen sein, da dort keine mehr vorhanden sind. Unerheblich ist, dass weitere Arbeitsverhältnisse bei Dritten fortbestehen, da diese, wie der Erwerber, keine Parteien des Tarifvertrages geworden sind. Dieser Konstellation steht auch der Einwand der Gegenstandslosigkeit eines Tarifvertrages nicht entgegen.[736] Allein die Tatsache, dass der Veräußerer sämtliche Unternehmensbestandteile überträgt, führt ohne gesonderten Beendigungsakt der Tarifvertragsparteien nicht dazu, dass der Firmentarifvertrag endgültig außer Kraft tritt.[737] Gleiches gilt für den Fall, in dem das Unternehmen des Veräußerers

---

735 *Bopp*, in: Tschöpe, Teil 2 G Rdnr. 227.

736 *Deinert*, in: Däubler, § 4 Rdnr. 126; a.A. *Däubler*, Tarifvertragsrecht, Rdnr. 1440; *Waas*, Tarifvertrag und Betriebsübergang, S. 61, 62; *Henssler*, ZfA 1998, 517, 531.

737 Die Allgemeinverbindlichkeit nach § 5 TVG oder die Tarifgeltung nach den Vorgaben des AEntG wird durch den Gesetz- bzw. Verordnungsgeber beendet, *Mückl/Krings*, BB 2012, 769.

als Kaufmann aus dem Handelsregister gelöscht wird.[738] Der Firmentarifvertrag besteht da wie dort fort. Entscheidend ist hier aber, dass der Erwerber die übernommenen Unternehmensbestandteile fortführt und der Veräußerer im Zuge der Übertragung sämtlicher Unternehmensbestandteile kein rechtserhebliches Interesse mehr an seiner Stellung als Tarifvertragspartei, der damit zusammenhängenden Rechtspositionen und damit letztlich an einem Fortbestehen „seines" Firmentarifvertrages haben kann. Dasselbe gilt auch für dessen Interesse am Fortbestand des schuldrechtlichen Kündigungsrechts. In dieser Konstellation stehen sich Gewerkschaft und Erwerber sowie die weiteren beteiligten Dritten nach Betriebsübergang faktisch wie Tarifpartner gegenüber. Dies korrespondiert mit der gesetzlichen Anordnung in § 613a Abs. 1 S. 2 BGB, wonach die firmentarifvertraglichen Inhalte ihren kollektivrechtlichen Charakter behalten und den Erwerber faktisch kollektivrechtlich der Tarifbindung unterwerfen. Überdies ist zu beachten, dass die bisherigen Tarifvertragsparteien als Folge des Betriebsübergangs grundsätzlich ihre Tarifmacht und damit ihre Gestaltungsmöglichkeiten hinsichtlich der weiteren dynamischen Tarifentwicklung bezogen auf die nur noch statisch bei dem Erwerber fortgeltenden tariflichen Regelungen der gesamten bisher vorhandenen Tariflage verlieren.[739] In diesem Zusammenhang ist die Wertung des 4. Senats entscheidend, wonach § 613a Abs. 1 S. 2 BGB seine faktisch kollektivrechtliche Rechtswirkung gerade deswegen entfaltet, weil der Erwerber den Betrieb kraft Rechtsgeschäfts übernimmt und dadurch über Art. 2 Abs. 1 GG seine Bindung an die Tariflage des Veräußerers legitimiert.[740] Dann muss im Gegenzug auch eine rechtsgeschäftlich begründbare Position des Erwerbers gerade aufgrund der rechtsgeschäftlichen Betriebsübernahme in Gestalt eines Anspruchs bestehen, diese Bindung i.R.d. geltenden (Tarif)-Rechts auch wieder beseitigen zu können, etwa durch Kündigung der tariflichen Regelungen. Würde man dem Erwerber dies versagen, entstünde ein

738 *Wank*, in: Wiedemann, § 4 Rdnr. 14, 89.

739 BAG v. 14.11.2007 – 4 AZR 828/06 – NZA 2008, 420, 421; In dieser Feststellung liegt auch kein Widerspruch begründet. Zwar kann ein bisher geltender Firmentarifvertrag von den Tarifvertragsparteien auch nach Betriebsübergang nach wie vor mit der Folge gekündigt werden, dass der bis dato verdrängte Verbandstarifvertrag auch mit Wirkung für den Erwerber wieder auflebt. Dies geschieht aber nur statisch, auch wenn eine in der statischen Tarifregelung enthaltene Dynamik erhalten bleibt. Der Verlust der Gestaltungsmöglichkeiten bezieht sich nur auf die künftige tariflich-dynamische Fortentwicklung und begründet im Gegenzug eine statische Fortgeltung der gesamten Tariflage, vgl. BAG v. 26.08.2009 – 5 AZR 969/08 – NZA 2010, 173, 175. Nichts anderes ergibt sich aus der Rechtsprechung des EuGH, NZA 2006, 376 ff. – Werhof.

740 BAG v. 22.04.2009 – 4 AZR 100/08 – NZA 2010, 41, 47 Rdnr. 68.

erhebliches Ungleichgewicht zwischen rechtsgeschäftlicher begründeter Übernahmeverpflichtung der Arbeitsverhältnisse einerseits und entsprechenden kollektivrechtlichen Lösungsmöglichkeiten andererseits. Dies gilt jedenfalls dann, wenn der Veräußerer wie in der dargelegten Konstellation kein Interesse mehr daran hat und nicht haben kann, das tarifvertragliche Kündigungsrecht auszuüben. Ein solcher Ausgleich erfolgt i.R.e. rechtsgeschäftlichen Betriebsübernahme, indem eine von dem Erwerber einklagbare, leistungsbezogene Nebenpflicht des Veräußerers geschaffen wird. Diese bezieht sich entweder auf Abtretung des Kündigungsrechts an den Erwerber (§§ 241 Abs. 1, 398 Abs. 1 BGB) oder auf seine Ermächtigung (§ 182 BGB) zu dessen Ausübung.

In beiden Fällen wird eine Rechtsposition aus Wertungsgesichtspunkten heraus geschaffen und der rechtsgeschäftliche Übernahmevertrag, etwa der Unternehmenskaufvertrag, erweitert. Dies ist ein anerkannter Anwendungsfall des Prinzips von Treu und Glauben nach § 242 BGB in seiner Ergänzungsfunktion aufgrund besonderer Interessenlage.[741] Der Anwendung des Prinzips von Treu und Glauben steht im vorliegenden Fall auch nicht die zeitliche Beschränkung der faktisch kollektivrechtlichen Tarifbindung des Erwerbers auf nur ein Jahr entgegen (§ 613a Abs. 1 S. 2 BGB). Zwar wird der Erwerber hierdurch nicht in seiner negativen Koalitionsfreiheit verletzt.[742] Der Umfang der ihm auferlegten Bindung korrespondiert aber nicht mit den ihm zugestandenen Handlungsmöglichkeiten, obwohl beides in der rechtsgeschäftlichen Betriebsübernahme wurzelt. Gerade dieses identische Herkommen rechtfertigt ein zumindest in bestimmten Situationen schon innerhalb der Sperrfrist bestehendes Gegenrecht des Erwerbers, das sich in einem Anspruch auf Kündigung manifestiert. Der Anspruch des Erwerbers, der gewissermaßen „überschießend" auf (Gesamt)-Kündigung der fortgeltenden tariflichen Regelungen hinsichtlich aller Arbeitsverhältnisse gerichtet sein muss, reduziert sich in der vorliegenden Konstellation demzufolge faktisch auf die auf ihn übergegangenen Arbeitsverhältnisse. Es kommt für den Erwerber hierbei wertungsmäßig wegen der rechtsgeschäftlichen Vertragsbeziehung nur zu dem Veräußerer auch nur auf diese Rechtsbeziehung an. Der Erwerber kann in diesem Rahmen die Abtretung des Kündigungsrechts oder eine entsprechende Ermächtigung hierzu kraft eigenen Anspruchs von dem Veräußerer verlangen und gegenüber der Gewerkschaft geltend machen. Aufgrund der zeitlichen Beschränkung dieser faktischen Tarifbindung auf ein Jahr (§ 613a Abs. 1 S. 2 BGB), besteht ein solcher Anspruch

---

741 Vgl. *Medicus/Lorenz*, § 16 Rdnr. 146, 147; *Roth/Schubert*, in: MüKo, § 242 Rdnr. 135, 141 ff.

742 S. o. B.) 2.) b.) cc.) (3).

aber nur, wenn der Veräußerer gerade innerhalb der einjährigen Sperrfrist alle Unternehmensteile rechtsverbindlich überträgt. Der Erwerber ist anders herum auf diesen Anspruch aber auch nur angewiesen, solange die einjährige Sperrfrist läuft. Danach „gilt“ der Veräußerertarifvertrag nicht mehr, der Erwerber kann auf die Gestaltungsoptionen i.S.d. § 613a Abs. 1 S. 4 Alt8. 1 BGB zurück greifen.

(β) Übertragung sämtlicher Unternehmensbestandteile in der Insolvenz

Grundsätzlich bleibt § 613a Abs. 1 BGB auch im Fall der Insolvenz des bisherigen Arbeitgebers anwendbar, obwohl Art. 5 RL 2011/23/EG dies nicht fordert.[743] „Veräußerer“ i.S.d. § 613a Abs. 1 BGB ist dann der Insolvenzverwalter als Rechtsnachfolger eines (tarifgebundenen) Arbeitgebers.[744] Auch hier liegt im Fall der Übernahme eines Betriebs oder Betriebsteils durch den Erwerber eine rechtsgeschäftliche Übertragung vor, wobei allerdings im Unterschied zur eben dargestellten Situation das Insolvenzverfahren schon vor Betriebsübergang i.S.d § 613a Abs. 1 BGB hinsichtlich aller Unternehmensbestandteile vollständig eröffnet worden ist.[745] Diese Übertragung löst in gleichem Maße die Rechtsfolgen des § 613a Abs. 1 S. 2–4 BGB aus, auch wenn die Haftungsfolgen des § 613a BGB für den Erwerber durch die Spezialregelungen der InsO verdrängt werden.[746] Damit gilt insbesondere eine vormalig bei dem Arbeitgeber bestehende kollektivrechtliche, weil (firmen)tarifvertragliche Bindung über den insoweit nur zwischengeschalteten Insolvenzverwalter gem. § 613a Abs. S. 2 BGB fort.[747] Auch in der Insolvenz gilt der vormalige Firmentarifvertrag damit grundsätzlich weiter, er wird nicht gegenstandslos.[748] Wird ein Arbeitgeber in Gestalt einer juristischen Person als Partei eines Firmentarifvertrages liquidiert, behält er seine Tariffähigkeit nach § 2 Abs. 1

743 EuGH v. 12.03.1998 – Rs. C-319/94 (Jules Dethier Equipement SA ./. Jules Dassy u. Sovam SPRL) – NZA 1998, 529, 531; BAG v. 20.06.2002 – 8 AZR 459/01 – NZA 2003, 318, 322; BAG v. 04.12.1986 – 2 AZR 246/86 – NZA 1987, 460, 461; *Otto*, Arbeitsrecht, S. 298 Rdnr. 613.

744 *Willemsen/Müller-Bonanni*, in: HWK, § 613a BGB Rdnr. 363; *Willemsen*, in: WHSSS, Abschn. G Rdnr. 126.

745 Dies ergibt sich aus § 128 InsO.

746 *Koblitz*, Betriebsübergang in der Insolvenz, S. 52; *Unfried*, Betriebsübergang und Sanierung, S. 55, 64.

747 Für Betriebsvereinbarungen (Sozialplan) als Kollektivrecht BAG v. 15.01.2002 – 1 AZR 58/01 – NZA 2002, 1034, 1035, 1036; *Willemsen/Müller-Bonanni*, in: HWK, § 613a BGB Rdnr. 364.

748 *Lorenz*, in: Däubler, § 3 Rdnr. 92.

TVG.[749] Dies gilt zumindest bis zum Abschluss des Liquidations- bzw. Insolvenzverfahrens.[750] Die Eröffnung des Insolvenzverfahrens oder der Liquidationsbeschluss selbst führen daher nicht zum Untergang des Veräußerers oder seinem Rechtsnachfolger, dem Insolvenzverwalter, als Tarifvertragspartei und damit zum Ende des Tarifvertrages.[751] Damit gelten, angepasst an die Situation der Insolvenz, grundsätzlich dieselben Prinzipien wie bei der Übertragung aller Unternehmensbestandteile durch den Veräußerer ohne Insolvenzfall.[752] Dem Erwerber steht über § 242 BGB ein Anspruch auf Kündigung als Ausfluss einer leistungsbezogenen Nebenpflicht des Veräußerers (Einräumung des Kündigungsrechts) jedenfalls dann zu, wenn vor der Übernahme eines Betriebs(teils) durch den Erwerber hinsichtlich aller Unternehmensbestandteile des vormaligen Arbeitgebers vollständig das Insolvenzverfahren eröffnet wurde und dem Veräußerer bzw. Insolvenzverwalter zusätzlich hierzu keine Arbeitsverhältnisse mehr zuzuordnen sind. Dies wäre etwa der Fall, wenn der Insolvenzverwalter alle Unternehmensbestandteile innerhalb der Jahresfrist des § 613a Abs. 1 S. 2 BGB rechtsverbindlich auf Dritte überträgt. Damit und mit der vollständigen Eröffnung des Insolvenzverfahrens in dieser Konstellation korrespondiert die in der oben genannten Fallgruppe der Veräußerung aller Unternehmensbestandteile ohne Insolvenzfall die vollständige rechtsverbindliche Veräußerung aller übrigen, nicht auf den Erwerber übergegangenen Unternehmensbestandteile innerhalb der Jahresfrist. Liegen diese Voraussetzungen nicht vor, existieren nach wie vor dem Insolvenzverwalter zuordenbare Arbeitsverhältnisse und ein Anspruch auf Kündigung würde letztlich wegen überschießender Wirkung der Kündigung an sich zu einer unzulässigen Teilkündigung führen. Andernfalls muss der Erwerber den Anspruch innerhalb der Jahresfrist regelmäßig gegenüber dem bestellten Insolvenzverwalter geltend machen.[753] Danach gilt zugunsten des Erwerbers wiederum § 613a Abs. 1 S. 4 Alt.1 BGB.

Ein möglicher Anspruch des Erwerbers auf Kündigung kann in dieser Konstellation auch nicht mit dem Argument der insolvenzbedingten Abweichung von § 613a Abs. 1 BGB abgelehnt werden. Die Parallelität gerade der Rechtsfolgen des § 613a Abs. 1 BGB in der Insolvenzsituation steht dem entgegen. Ein Anspruch

---

749 BAG 23.01.2008 – 4 AZR 312/01 – NZA 2008, 771, 772, 773, Rdnr. 15–22; BAG v. 27.06.2000 – 1 ABR 31/99 – NZA 2001, 334, 335, 336; *Seel*, in: Thüsing/Braun, 3. Kap. Rdnr. 215; a.A. *Löwisch/Rieble*, § 1 Rdnr. 1424.

750 BAG v. 27.06.2000 – 1 ABR 31/99 – NZA 2001, 334; *Mückl/Krings*, BB 2012, 769.

751 Fn. 753, 754, BAG jeweils a.a.O.

752 S.o. B.) 2.) c.) bb.) (5) (a) (cc) (α).

753 *Mückl/Krings*, BB 2012, 769; *Arens/Brand*, § 1 Rdnr. 1, 15, 16.

des Erwerbers auf ordentliche Kündigung korrespondiert in dieser Konstellation konsequenterweise mit den Gestaltungsmöglichkeiten des Insolvenzverwalters als Rechtsnachfolger des Veräußerers. Diese stehen in logischer Fortsetzung zu den Gestaltungsmöglichkeiten des Veräußerers vor Eröffnung des Insolvenzverfahrens, der als Tarifvertragspartei in den Genuss eines tariflichen Kündigungsrechts kam. Der Insolvenzverwalter kann, wie ehedem der Veräußerer, den unbefristeten Firmentarifvertrag ohne Berücksichtigung des (Teil-) Betriebsübergangs auf den Erwerber dann ordentlich und ohne erforderlichen Sachgrund kündigen, selbst wenn diese Gestaltungsoption nicht ausdrücklich im Tarifvertrag geregelt ist.[754] Dann gilt entweder die tariflich vorgesehene oder in analoger Anwendung der §§ 77 Abs. 5 BetrVG, 28 Abs. 2 S. 4 SprAuG eine dreimonatige Kündigungsfrist.[755] Die Kündigung bewirkt nach Ablauf der Kündigungsfrist, dass der Firmentarifvertrag nicht mehr normativ gilt sondern nur noch gem. § 4 Abs. 5 TVG nachwirkt und durch eine andere Abmachung ersetzt werden kann.[756] Nichts anderes bewirkt der Erwerberanspruch auf Kündigung: Er führt, unter Einhaltung der eventuell bestehenden Formalien (§ 125 BGB) und Fristen dazu, dass der Erwerber sich auch im Insolvenzfall des Veräußerers abgesehen von dem erworbenen Betrieb(steil) von der normativen Tarifbindung über § 613a Abs. 1 S. 2 BGB i.V.m. § 3 Abs. 3 TVG lösen kann. Die Folge davon ist die Nachwirkung des Firmentarifvertrags gem. § 613a Abs. 1 S. 4 Alt. 1 BGB i.V.m. § 4 Abs. 5 TVG mit den sich hieraus ergebenden, individualrechtlichen Gestaltungsmöglichkeiten. Der Erwerber ist zwar anders als i.d.R. der Insolvenzverwalter (oder der Veräußerer) nicht Partei des Veräußererfirmentarifvertrages. Um aufgrund der faktisch normativen Wirkung des § 613a Abs. 1 S. 2 BGB aber gestaltend tätig werden zu können, muss aus seiner Sicht als Folge der rechtsgeschäftlichen Betriebsübernahme die Tarifbindung im Wege der Kündigung beseitigt werden können. Diese Möglichkeit muss dem Erwerber im Rahmen einer schuldrechtlichen Betriebsübernahme auf der Grundlage einer wertenden Betrachtung in jedem Fall dann zustehen, wenn nur noch ihm Arbeitsverhältnisse zuzuordnen sind. Dann hat die Kündigung des gesamten Firmentarifvertrages zwar überschießende Wirkung, reduziert sich aber faktisch auf die dem Erwerber zuzuordnenden Arbeitsverhältnisse und stellt dann gerade keine unzulässige Teilkündigung dar. Sind diese Voraussetzungen erfüllt, ergibt

754 BAG v. 15.04.2008 – 9 AZR 159/07 – NZA-RR 2008, 586; BAG v. 21.06.2005 – 9 AZR 353/04 – NZA 2006, 456.

755 BAG v. 18.06.1997 – 4 AZR 710/95 – NZA 1997, 1234.

756 BAG v. 17.05.2000 – 4 AZR 363/99 – NZA 2001, 453; *Franzen*, in: ErfK, § 4 TVG Rdnr. 50.

sich aus dieser Parallelbetrachtung, dass dem Erwerber durch Einräumung eines Kündigungsrechts i.R.d. §§ 613a Abs. 1 S. 2, 4 Alt. 1 BGB weder eine rechtsübergreifend unzulässige oder systematisch fremde, noch eine überschießende Rechtsstellung eingeräumt wird, die die Rechtsfolgenanordnung des § 613a Abs. 1 BGB gerade auch im Insolvenzfall des Veräußerers unzulässig ausdehnt. Dem Erwerber wird hier vielmehr eine Gestaltungsoption eingeräumt, die nur wiedergibt, was ohne Betriebsübergang für den Veräußerer und Insolvenzverwalter ohnehin gälte, da alle Beteiligten dann wertungsmäßig im Hinblick auf die Möglichkeit der Kündigung gleichzustellen sind.

(γ) Veräußerer überträgt nur einen bestimmten Unternehmensbestandteil

In dieser Konstellation setzt der bisherige Arbeitgeber oder nach Eröffnung des Insolvenzverfahrens der Insolvenzverwalter als Veräußerer seine Geschäftstätigkeit ohne die an den Erwerber übertragenen Betriebsteile fort. Denkbar ist auch, dass der bisherige Arbeitgeber als Veräußerer vor oder der Insolvenzverwalter nach Eröffnung des Insolvenzverfahrens einen Betrieb(steil) an den Erwerber überträgt und das übrige Unternehmen insolvenzbedingt liquidiert und stillgelegt wird.

(αα) Fortführung des übrigen Unternehmens durch den bisherigen Arbeitgeber oder Insolvenzverwalter als Veräußerer

Überträgt der bisherige Arbeitgeber oder nach Eröffnung des Insolvenzverfahrens Insolvenzverwalter als Veräußerer nur einen bestimmten Unternehmens- oder Betriebsteil auf den Erwerber und setzt i.Ü. die Geschäftstätigkeit fort, bleibt zunächst der Tarifvertrag bestehen.[757] Dem jeweiligen Veräußerer sind dann nach wie vor auch eine bestimmte Anzahl Arbeitsverhältnisse zugeordnet. Eine Kündigung des Firmentarifvertrages, die sich aus Erwerbersicht nur auf die ihm zugeordneten Arbeitsverhältnisse beziehen kann, würde sich gerade nicht faktisch auf diese reduzieren. Sie behält stattdessen ihre überschießende Wirkung und würde zu einer einheitlichen Beendigung des gesamten Firmentarifvertrages führen. Wollte man dem Erwerber auch hier einen Anspruch auf (Teil-) Kündigung einräumen, würde dadurch in rechtswidriger Weise ein geteiltes Kündigungsrecht geschaffen.[758]

Etwas anderes könnte nur dann gelten, wenn der von dem Erwerber übernommene Betrieb gegenüber dem bei dem Veräußerer verbleibenden Unternehmensrest

757 S. Fn. 748, 749.

758 *Waas*, Tarifvertrag und Betriebsübergang, S. 62, 63.

in einem Verhältnis steht, das faktisch einer Unternehmensnachfolge durch den Erwerber gleichkommt.[759] Notwendiger Bezugspunkt sind die übergehenden Arbeitsverhältnisse im Vergleich zu denjenigen, die bei dem Veräußerer verbleiben. Erstere müssten zahlenmäßig in einem Ausmaß überwiegen, das aufgrund einer normativ wertenden Betrachtungsweise ein Anspruch des Erwerbers auf Kündigung rechtfertigt. Offen bleibt jedoch zunächst, welche Anzahl an Arbeitsverhältnissen übergehen muss, damit wertend von einer faktischen Unternehmensnachfolge gesprochen werden könnte. Einen möglichen Ansatz könnten das Recht der Kapitalgesellschaften und die diesbezügliche Transaktionspraxis liefern.[760] Dabei wird neben anderen Transaktionsmodellen der so genannte „*share deal*" auch zur Betriebsübernahme eingesetzt, mit dem der Erwerb (nahezu) sämtlicher Gesellschaftsanteile des Veräußererunternehmens verbunden ist.[761] Schließt der Erwerber einen solchen *share deal* zur Betriebsübernahme ab, könnte aus der damit verbundenen, faktisch alleinigen Steuerungsmöglichkeit ein Rückschluss auf die Anzahl der Arbeitsverhältnisse gezogen werden, die übergehen müssen, damit für den Erwerber ein Anspruch auf Kündigung entsteht. So gilt etwa für eine GmbH, dass die Anzahl der Geschäftsanteile, die eine absolut dominierende Steuerungsmöglichkeit der GmbH selbst ermöglichen, bei über 90% liegen muss.[762] Danach ist es einem Gesellschafter, der über 90% am Stammkapital hält, nicht nur möglich, einseitig jeden Beschluss zu fassen, der eine einfache und qualifizierte Stimmmehrheit (75%) erfordert (§§ 47 Abs. 1, 53 Abs. 2, 60 Abs. 1 Nr. 2 GmbHG) sondern auch die Einberufung der Gesellschafterversammlung in Ausübung des Minderheitenrechts nach § 50 Abs. 1 GmbHG zu verhindern.[763] Ein in gleicher Weise dominierender Einfluss kann auch nach den Vorschriften des AktG bestehen.[764] Über die Beschlüsse in der Hauptversammlung hinaus, die nach § 133 Abs. 1 AktG mit einfacher und in bestimmten Fällen (z.B. §§ 179 Abs. 2 S. 1 AktG) mit qualifizierter Stimmenmehrheit (75%) gefasst werden, können bei der Vereinigung des Grundkapitals in Höhe von über 90% auf einen Aktionär Rechte der Aktionärsminderheit ausgeschlossen werden.

Wollte man diese Richtgröße von 90% auf die erforderliche Anzahl von Arbeitsverhältnissen übertragen, die mindestens auf den Erwerber übergehen müssen,

---

759 Hier bestünde dann ein eigenes firmentarifliches Kündigungsrecht des Erwerbers, vgl. *Löwisch/Rieble*, § 3 Rdnr. 374, 375.

760 Hierzu *Seibt/Hohenstatt*, in: WHSSS, Abschn. K Rdnr. 38, 39, 40; *Seibt*, in: Seibt, Mergers & Acquistions, A II S. 5 ff.

761 *Seibt/Hohenstatt*, a.a.O; *Picot/Schnitker*, Teil I Abschn. F Rdnr. 307.

762 *Zöllner*, in: Baumbach/Hueck, § 50 Rdnr. 1.

763 *Raiser/Veil*, § 33 Rdnr. 34.

764 *Hirschmann*, in: Hölters AktG, § 133 Rdnr. 31–33.

damit von einer faktischen Unternehmensnachfolge gesprochen werden könnte, würde gleichwohl die Besonderheit des tarifvertraglichen Kündigungsrechts übersehen. Diese besteht gerade darin, dass es nur einheitlich für alle betroffenen Arbeitsverhältnisse ausgeübt werden kann. Anders als in den genannten Fällen der überragenden Mehrheit am Stamm- bzw. Grundkapital i.R.d. Beschlussfassung kann eine solche Mehrheit bezüglich der Arbeitsverhältnisse die Tatsache nicht überwinden, dass die bei dem Veräußerer verbleibenden Arbeitsverhältnisse bezüglich der Kündigung des Firmentarifvertrages beachtlich sind. Anders ausgedrückt: Während die abgegebenen Stimmen der Minderheit i.R.d. GmbHG und AktG in den oben genannten Fällen zwar zählen aber unbeachtlich sind, ist die Aufteilung der Arbeitsverhältnisse auf Veräußerer und Erwerber für die Frage der nur einheitlich möglichen Ausübung des Kündigungsrechts stets beachtlich. Aufgrund des strikten Ausnahmecharakters eines Erwerberanspruchs auf Kündigung wäre es zudem i.R.e. Wertung, unabhängig von dem konkreten Verhältnis der Arbeitsverhältnisse zueinander im Einzelfall, systemwidrig, die verbleibenden Arbeitsverhältnisse unberücksichtigt zu lassen. Nur wenn eine überschießende Wirkung des Kündigungsrechts besteht, sich diese Wirkung bei einer faktisch normativen Betrachtung aber auf die übergehenden Arbeitsverhältnisse reduziert, kommt eine Kündigung in Betracht.[765] Bestehen demnach Arbeitsverhältnisse auf Seiten des Veräußerers fort, scheidet ein Anspruch auf Kündigung stets aus.

(ββ) Insolvenzbedingte Stilllegung der nicht veräußerten Unternehmensbestandteile

Wird das restliche Unternehmen innerhalb bzw. bis Ablauf der Jahresfrist nach Betriebsübergang nicht an Dritte veräußert oder fortgeführt, sondern insolvenzbedingt vollständig liquidiert und stillgelegt, steht das Kündigungsrecht mangels sachlichem (Gegenstandslosigkeit des Firmentarifvertrages) und persönlichem Bezugsobjekt (tariffähiger Veräußerer oder Insolvenzverwalter in Arbeitgeberstellung) in jedem Fall dem Erwerber zu. Dann besteht in keiner denkbaren Form mehr ein schützenswertes Interesse in Gestalt verbliebener Arbeitsverhältnisse.[766] Der Erwerber muss dann den Kündigungsanspruch nicht einmal mehr gegenüber dem Insolvenzverwalter, sondern nur noch gegenüber der Gewerkschaft geltend machen. Vor Abschluss des Insolvenzverfahrens kann dagegen ein Anspruch des Erwerbers aufgrund zumindest dem Insolvenzverwalter noch zuordenbarer Arbeitsverhältnisse nie bestehen.

---

765 S. o. B.) 2.) c.) bb.) (5) (a) (cc) (α).

766 In diese Richtung *Sagan*, RdA 2011, 163, 171.

(b) Ergebnisse zum Anspruch des Erwerbers auf Kündigung

Dem Erwerber kann ein Anspruch auf ordentliche Kündigung des Firmentarifvertrages zumindest dann zustehen, wenn dem Veräußerer oder Insolvenzverwalter als dessen Rechtsnachfolger keine Arbeitsverhältnisse mehr zugeordnet werden können und die Kündigung des Erwerbers sich trotz ihrer an sich überschießenden Wirkung faktisch auf die auf ihn übergegangenen Arbeitsverhältnisse reduziert. Andernfalls gelangt man zu tarifrechtswidrigen Ergebnissen, da eine unzulässige Teilkündigung oder Aufspaltung des Kündigungsrechts als Gestaltungsrecht die Folge wäre. Die Wertungswidersprüche, die dadurch entstehen, dass dem Erwerber über § 613a Abs. 1 S. 2 BGB eine faktisch kollektivrechtliche Tarifbindung ohne entsprechende Lösungsmöglichkeit auferlegt wird, können durch Gewährung eines Anspruchs auf Kündigung in den genannten Fällen systemkonform ausgeglichen werden. Ein Kündigungsanspruch des Erwerbers ist in verschiedenen Konstellationen denkbar. Die systematische Stimmigkeit eines solchen Anspruchs zeigt sich dabei nicht nur im Fall der „regulären" Übernahme eines Betriebs oder Betriebsteils des Veräußerers durch den Erwerber, sondern in logischer Fortsetzung hiervon aufgrund der Parallelität der Rechtsfolgen auch in der Insolvenz. Damit wird letztlich ein Gleichlauf der Voraussetzungen eines Erwerberanspruchs auf Kündigung in allen Konstellationen erreicht. Für einen solchen Anspruch auf Kündigung spielt in allen Fällen die Tarifbindung über § 613a Abs. 1 S. 2 BGB als Ausfluss der rechtsgeschäftlichen Betriebsübernahme durch den Erwerber eine entscheidende Rolle. Als rechtsgeschäftliches Gegenstück zur Betriebsübernahme an sich fungiert die Nebenpflicht des Veräußerers, den Erwerber zumindest zur Kündigung des Firmentarifvertrages zu ermächtigen.[767] Ein solcher Anspruch ist, gegebenenfalls gegenüber dem zwischengeschalteten Insolvenzverwalter, entsprechend geltend zu machen und besteht dann uneingeschränkt, wenn der Firmentarifvertrag die ordentliche Kündigung nicht weiter erschwert. Selbst wenn die Voraussetzungen eines solchen Anspruchs einmal vorliegen, ist aus rechtspraktischer Sicht des Erwerbers eine Kündigung des Veräußererfirmentarifvertrages nur in bestimmten Fällen geeignet, die Tarifbindungen über § 613a Abs. 1 S. 2 BGB effektiv abzustreifen. Der Erwerber wird einmal eine Kündigung nur in Betracht ziehen, wenn keine bis dahin verdrängten, statisch wirkenden und dann wieder auflebenden Tarifbindungen des Veräußerers existieren. Kündigt der Erwerber in dieser Konstellation, erweist sich sein Anspruch als wirkungslos, wenn er den wieder auflebenden Tarifbindungen des Veräußerers unterliegt.

767 *Oetker*, in: Wiedemann, § 3 Rdnr. 239.

Gleichwohl ist eine Kündigung im Einzelfall auch hier denkbar, wenn die Bindung des Erwerbers an die wieder auflebenden Tarifregelungen des Veräußerers nach der Kündigung des Firmentarifvertrages für ihn zumindest eine inhaltliche Verringerung der tariflichen Last nach sich zieht.[768]

cc.) Ergebnisse zur Kündigungsmöglichkeit des Erwerbers nach §§ 613a Abs. 1 S. 2, 4 Alt. 1 BGB

Dem Erwerber kann ein tarifvertragliches Kündigungsrecht nicht zustehen, wenn es mit seiner Stellung als Firmentarifvertragspartei allein kraft Betriebsübergangs verknüpft wird.[769] Soll der Erwerber kompensatorisch vor der faktisch normativen Tarifbindung als Folge des § 613a Abs. 1 S. 2 BGB geschützt werden, kann dies nur auf eine Weise geschehen, die nicht selbst zu tarifrechtswidrigen Ergebnissen führt. Dasselbe gilt auch in Bezug auf ein vertragliches oder gesetzliches (Sonder)-Kündigungsrecht. Der Erwerber kann de lege lata nur durch Einräumung eines schuldrechtlichen Anspruchs auf Kündigung gegen den Veräußerer (oder Insolvenzverwalter) geschützt werden. Dieser Anspruch ist auf Ermächtigung zur Kündigung gerichtet und ist als leistungsbezogene Nebenpflicht des Veräußerers das schuldrechtliche Gegenstück zur rechtsgeschäftlichen Übernahme des Veräußererbetriebs und der von Art. 2 Abs. 1 GG erfassten Legitimation hinsichtlich einer faktisch kollektivrechtlichen Tarifbindung des Erwerbers. Er ist aber nur in bestimmten Konstellationen möglich.

Durch diese auf Wertungsgesichtspunkten beruhende Restriktion wird der Ausnahmecharakter eines solchen Anspruchs auch im Verhältnis zu S. 4 Alt. 1 systematisch korrekt betont.[770] Gleichwohl zeigt sich, auch in der Insolvenzsituation des Veräußererunternehmens, dass der Anspruch des Erwerbers keine systemfremde „Hinzuschreibung“ zu § 613a Abs. 1 BGB ist. Zum einen fügt sich ein solcher Anspruch in das Normgefüge des § 613a Abs. 1 BGB ein, da er Ausdruck eines Interessenausgleichs ist. Ein solcher Interessenausgleich ist der Norm bereits für den Fall der kollektivrechtlichen Ablösung nach den §§ 613a Abs. 1 S. 2 und 3 BGB immanent und zeigt, dass der Arbeitnehmerschutz der primäre, aber nicht der einzige Schutzzweck des § 613a Abs. 1 BGB ist.[771] Es wird somit in systematischer Übereinstimmung der kollektiv- mit der

768 S.o. hierzu B.) 2.) b.) cc.) (5) (i).
769 BAG v. 26.04.2000 – 4 AZR 170/99 – NZA 2000, 1010, 1012.
770 S.o. B.) 2.) b.) aa.).
771 *Pfeiffer*, in: KR, § 613a BGB Rdnr. 169; *Lambrich*, in: FS Ehmann, S. 169, 173.

individualrechtlichen Ablösungskonzeption ein abgestuftes Schutzprinzip etabliert, das sich als „roter Faden“ durch die Rechtsfolgen eines Betriebsübergangs zieht.[772]

Zum anderen wird weder der Erwerber besser noch werden die betroffenen Arbeitnehmer durch die Einräumung eines solchen Anspruchs schlechter gestellt als in der Situation ohne Betriebsübergang. Auch zu diesem Zeitpunkt war eine Kündigung des Firmentarifvertrages durch den Veräußerer (oder Insolvenzverwalter) möglich. Ein Anspruch des Erwerbers auf Ermächtigung zur Kündigung dehnt seine Rechtsposition damit nicht unzulässig aus und führt auch nicht zu Rechtsfolgen, die von dem Gesetz (z.B. InsO) selbst nicht vorgesehen wären. Sowohl Veräußerer (oder Insolvenzverwalter) als auch Erwerber werden nach Ausübung des Kündigungsrechts in die Lage versetzt, Tarifregelungen durch individualrechtliche Vereinbarungen zu ersetzen, da eine Kündigung des Firmentarifvertrages da wie dort zum Entstehen einer Nachwirkung nach § 4 Abs. 5 TVG (für den Erwerber nach § 613a Abs. 1 S. 4 Alt. 1 BGB) führt.[773] Auch dies zeigt, dass die dogmatisch mögliche Einräumung eines Anspruchs auf Kündigung in das Normgefüge des § 613a Abs. 1 BGB passt.

Auffassungen, die dagegen allein aufgrund von Wertungsgesichtspunkten und ohne schuldrechtliche Anknüpfung an die Betriebsübernahme dem Erwerber das Kündigungsrecht allein deshalb zusprechen, weil der Veräußerer (oder Insolvenzverwalter) vor bzw. nach Betriebsübergang kündigungsberechtigt ist, sind daher abzulehnen.[774] Das Kündigungsrecht kann nicht per se einem bis dato unbeteiligten Dritten zustehen, der nicht Tarifvertragspartei ist und dies auch nicht werden soll. Insgesamt ist damit ein Anspruch des Erwerbers nur dort anzuerkennen, wo er ausschließlich in den dargestellten Konstellationen als Folge der rechtsgeschäftlichen Betriebsübernahme und gleichsam als Ausgleich zur faktischen Tarifbindung nach S. 2 verstanden, den Schutzzweck des § 613a Abs. 1 BGB verwirklicht. Nur dann fügt er sich in das systematische Normgefüge ein und ist de lege lata zulässig. Liegen die Anspruchsvoraussetzungen vor, verliert die Veränderungssperre in letzter Konsequenz ihre Bedeutung.[775]

---

772 *Willemsen/Müller-Bonanni*, in: HWK, § 613a BGB Rdnr. 251, 252.

773 *Bauer/Diller*, DB 1993, 1085, 1089; *Deinert*, in: Däubler, § 4 Rdnr. 149.

774 So aber *Hartmann*, Weitergeltung von firmentariflichen Regelungen, S. 142.

775 *Annuß*, in: v. Staudinger, § 613a Rdnr. 215; *Kreutz*, in: FS BAG, S. 993, 1004.

d.) Änderungsmöglichkeiten nach §§ 613a Abs. 1 S. 2, 4 Alt. 1 BGB

Jede Änderung des Veräußerertarifvertrages durch die Tarifvertragsparteien nach Betriebsübergang führt in ihrem Umfang zur Beendigung der faktisch normativen Fortgeltungsanordnung des S. 2.[776] Eine Vollbeendigung nach Betriebsübergang durch Kündigung oder Zeitablauf beseitigt die Fortgeltung demnach vollständig.[777] Dem Erwerber stehen dann je nach Reichweite der Änderung die individualrechtlichen Ablösungsmöglichkeiten des § 613a Abs. 1 S. 4 Alt. 1 BGB offen.[778] Der Veräußerertarifvertrag „gilt" bei dem Erwerber, soweit er geändert worden ist, nicht mehr, er wirkt nur noch i.S.d. § 4 Abs. 5 TVG nach. Zu einer solchen Nachwirkung kommt es gar nicht erst, wenn der Tarifvertrag schon vor Betriebsübergang aufgrund einer entsprechenden Vereinbarung der Tarifvertragsparteien unter Ausschluss der Nachwirkung endet.[779] Der Grund liegt darin, dass § 613a Abs. 1 S. 2 BGB nie weiter reichen kann als die ursprüngliche Tarifbindung, weshalb es auf S. 4 Alt. 1 gar nicht mehr ankommt.[780] Die Gestaltungsmöglichkeiten des S. 4 Alt. 1 sind demnach nur von Bedeutung, wenn der Veräußerertarifvertrag nachwirkt und dessen Regelungen individualrechtlich verändert werden sollen. Andernfalls ist der Erwerber keinen Tarifbindungen über S. 2 unterworfen und unterliegt auch keinen diesbezüglichen Gestaltungszwängen. Der Erwerber kann über S. 4 Alt. 1 einen Änderungsvertrag abschließen und eine Änderungskündigung aussprechen, wenn er einzelne Arbeitsbedingungen gestalten oder verändern will.[781] Alt. 1 erlaubt im Unterschied zu Alt. 2 keine Vereinbarung, die auf die vollständige Anwendbarkeit eines anderen Tarifvertrages gerichtet ist.[782] Die praktische Relevanz derartiger Handlungsalternativen für den Erwerber ist offensichtlich: Die Betriebsübernahme kann dazu führen, dass innerhalb des Erwerberunternehmens oder gar innerhalb des erworbenen Betriebs selbst insgesamt oder in Bezug auf einzelne Arbeitsbedingungen unterschiedliche Regelungen bestehen.[783] Diese Diskrepanzen können zu erheblichem betrieblichen Unfrieden führen und den Erwerber rein tatsächlich unter erheblichen Gestaltungsdruck setzen.

---

776 BAG v. 22.04.2009 – 4 AZR 100/08 – NZA 2010, 41, 47 Rdnr. 71.

777 BAG a.a.O.

778 *Willemsen/Müller-Bonanni*, in: HWK, § 613a BGB Rdnr. 282.

779 *Gussen/Dauck*, Rdnr. 225.

780 BAG, a.a.O; *Annuß*, in: v. Staudinger, § 613a Rdnr. 234.

781 *Jacobs*, NZA Beil. 1/2009, 45, 49.

782 Im Umkehrschluss *Schweibert*, in: WHSSS, Abschn. I Rdnr. 53.

783 *Schweibert*, in: WHSSS, Abschn. I Rdnr. 31.

aa.) Änderungsvereinbarung zwischen Erwerber und Arbeitnehmer

Grundsätzlich kann eine vertragliche Änderungsvereinbarung aufgrund des Günstigkeitsprinzips jederzeit getroffen werden, wenn sie den rechtlichen status quo des betroffenen Arbeitnehmers verbessert.[784] Wirkt sie sich zu Lasten des Arbeitnehmers aus, ist sie dagegen erst nach Ablauf der Sperrfrist oder im Fall der Nichtmehrgeltung nach § 613a Abs. 1 S. 4 Alt. 1 BGB möglich. Der Abschluss eines solchen Änderungsvertrages ist nach den Grundsätzen der §§ 145 ff. BGB sowohl ausdrücklich wie konkludent möglich, eines sachlichen Grundes bedarf es hierfür nicht.[785] In diesem Fall setzt sich die Privatautonomie gegen den Bestandsschutz des § 613a Abs. 1 S. 2 BGB durch. Derartige Abreden müssen zusätzlich zur „Nichtmehrgeltung eines Tarifvertrages" jedoch den gesetzlichen Mindeststandard der §§ 138, 134 BGB sowie bei dem Erwerber geltende Betriebsvereinbarungen einhalten.[786] Da der Arbeitnehmer regelmäßig nicht ausdrücklich einen für ihn nachteiligen Änderungsvertrag abschließen wird, wird eine verschlechternde Vereinbarung nur stillschweigend zustande kommen können.[787] Dabei kann der Arbeitgeber nur unter bestimmten Umständen von der Annahme eines von ihm konkludent gemachten Änderungsangebots ausgehen.[788] Entscheidend ist, dass er unter Beachtung der Verkehrssitte billigerweise davon ausgehen können muss, dass der Arbeitnehmer dem Änderungsangebot widerspräche, sollte er es ablehnen.[789] Dies setzt wiederum voraus, dass die Änderungen erkennbar sein und sich sofort auf das Arbeitsverhältnis auswirken müssen und nicht etwa unter einer Bedingung stehen.

In diesem Zusammenhang spielt unter praktischen Gesichtspunkten eine auf Erwerberseite bestehende betriebliche Übung eine besondere Rolle, die sich im Falle ihrer Anwendung auf das Arbeitsverhältnis des betroffenen Arbeitnehmers verschlechternd auswirken würde. Eine solche betriebliche Übung kann nach der herrschenden Vertragstheorie nur eingreifen, wenn der Arbeitnehmer die betriebliche Übung kennt oder hätte kennen müssen und unter Beachtung aller

---

784 BAG v. 22.04.2009 – 4 AZR 100/08 – NZA 2010, 41, 44 Rdnr. 32; *Preis*, in: ErfK, § 613a BGB Rdnr. 119; *Gussen /Dauck*, Rdnr. 227–229.

785 BAG v. 07.11.2007 – 5 AZR 1007/06 – NZA 2008, 530, 531; *Schweibert*, in: WHSSS, Abschn. I Rdnr. 56.; *Meyer*, SAE 03/2009, 110, 111.

786 *Schweibert*, in: WHSSS, Abschn. I Rdnr. 45.

787 *Jacobs*, NZA Beil. 1/2009, 45, 49.

788 BAG v. 01.08.2001 – 4 AZR 129/00 – NZA 2003, 924, 927.

789 BAG a.a.O.

Einzelfallumstände gem. § 242 BGB billigerweise davon ausgehen durfte, dass sich der Arbeitgeber in einer bestimmten Weise rechtlich binden will.[790] Einigen sich Erwerber und Arbeitnehmer hinsichtlich der Anwendung einzelner nachteiliger Arbeitsbedingungen, die in einem Tarifvertrag enthalten sind, sind diese über § 613a Abs. 1 S. 4 Alt. 1 BGB neuer Inhalt des Arbeitsvertrages, wenn der Veräußerertarifvertrag nicht mehr gilt.[791] Dabei muss es sich unabhängig von einer betrieblichen Übung bei den einzelnen Arbeitsbedingungen nicht zwingend um solche aus dem Tarifvertrag des Erwerbers handeln, sollte dieser tarifgebunden sein.[792] Daher besitzt auch der nicht tarifgebundene Erwerber eine entsprechende Gestaltungsmöglichkeit. In der Rechtspraxis wird eine Änderungsvereinbarung regelmäßig durch eine vertragliche Inbezugnahme der Tarifvertragsinhalte geschehen, die die Arbeitsbedingungen regeln.

bb.) Änderungskündigung zur Vertragsanpassung

Kommt keine einvernehmliche Vertragsänderung hinsichtlich einzelner Arbeitsbedingungen zustande, bleibt dem Erwerber aus einseitiggestalterischer Sicht die Änderungskündigung.

(1) Ausgangslage und Voraussetzungen einer Änderungskündigung

Eine Änderungskündigung i.S.d. § 2 KSchG kann auch i.R.e. Betriebsübergangs ausgesprochen werden.[793] Voraussetzung hierfür ist, dass das Kündigungsschutzgesetz im Unternehmen des Erwerbers anwendbar ist und dass kein Verstoß gegen das Kündigungsverbot nach § 613a Abs. 4 BGB vorliegt. Dies wäre der Fall, wenn der Erwerber eine Änderungskündigung ausspricht und allein der Betriebsübergang der tragende Beweggrund einer solchen Kündigung ist.[794] Wird eine Kündigung dagegen nur anlässlich des Betriebsübergangs ausgesprochen, bleibt sie möglich, wenn sie durch andere Motive des Erwerbers als Arbeitgeber

---

790 BAG v. 13.06.2007 – 5 AZR 849/06 – NZA 2007, 1016.

791 *Hartmann*, Weitergeltung von firmentariflichen Regelungen, S. 149.

792 Dies ergibt sich im Umkehrschluss aus § 613a Abs. 1 S. 4 Alt. 2 BGB, der die Anwendung des gesamten Erwerbertarifvertrages aufgrund Parteivereinbarung regelt. Hierbei muss der Geltungsbereich des Tarifvertrags eröffnet und er nur deswegen nicht anwendbar sein, weil es an der übereinstimmenden Tarifbindung von Erwerber und Arbeitnehmer fehlt, s. *Moll*, RdA 1996, 275, 284.

793 *Schweibert*, in: WHSSS, Abschn. I Rdnr. 27 ff.

794 *Willemsen/Müller-Bonanni*, in: HWK, § 613a BGB Rdnr. 305.

„aus sich heraus" gerechtfertigt ist.[795] Als derartige Motive kommen bei einem Betriebsübergang das Interesse des Erwerbers an einer Vereinheitlichung der bei ihm geltenden Arbeitsbedingungen, Maßnahmen zur Entgeltreduzierung sowie betriebliche Umstrukturierungs- und Organisationsmaßnahmen als Folge von außer- und innerbetrieblichen Gründen in Betracht.[796] Ob diese Motive, die ihrem Herkommen nach ausschließlich betriebsbedingt sind, eine Änderungskündigung rechtfertigen können, bestimmt sich nach dem hierfür geltenden, zweigliedrigen Prüfungsmaßstab.[797] In einem ersten Schritt ist danach zu fragen, ob anerkannte dringende betriebliche Gründe nach § 1 Abs. 2 KSchG der Kündigung des Arbeitsverhältnisses insgesamt verbunden mit dem Angebot auf Fortsetzung zu geänderten Bedingungen zugrunde liegen.[798]

In einem zweiten Schritt ist zu prüfen, ob der Arbeitnehmer das Angebot billigerweise annehmen muss und ob mildere Mittel in Betracht kommen, um die Änderungen in gleicher Weise zu erreichen.[799] I.R.d. Billigkeitskontrolle ist vor allem der ratio des § 2 KSchG Rechnung zu tragen. Diese besteht in erster Linie im Vertragsinhaltsschutz zugunsten des Arbeitnehmers, da die Änderungskündigung nach § 2 KSchG im Unterschied zu § 1 KSchG nicht vor der Beendigung des Arbeitsverhältnisses, sondern vor dessen unzulässiger inhaltlicher Veränderung schützen soll.[800] In diesem Sinne gewährt § 2 KSchG aber auch einen Bestandsschutz, da der Arbeitgeber zum einen weiterbeschäftigen muss, wenn die Arbeitsbedingungen geändert werden können und zum anderen diese einseitig nur verändern kann, wenn keine milderen Mittel zur Verfügung stehen. In diesem Zusammenhang gewinnt die Billigkeitskontrolle als Ausprägung des Verhältnismäßigkeitsgrundsatzes eine besondere Bedeutung.[801]

(a) Änderungskündigung und Gleichbehandlungsgrundsatz

Eine Änderungskündigung mit dem Ziel der Vereinheitlichung der Arbeitsbedingungen kann nur dann sozial gerechtfertigt sein, wenn dieser Vorgang als ein dringendes betriebliches Erfordernis auf Seiten des Erwerbers anzusehen ist. Denkbar wäre, dass der Erwerber zur Wahrung des Betriebsfriedens die geltenden

---

795 BAG v. 28.10.2004 – 8 AZR 391/03 – NZA 2005, 285; *Lipinski*, NZA 2002, 75, 77.
796 *Preis*, in: SPV Rdnr. 963 ff.
797 *Preis*, in: SPV Rdnr. 1306.
798 *Klumpp*, in: LCK, § 18 Rdnr. 785.
799 *Schweibert*, in: WHSSS, Abschn. I Rdnr. 29, 30.
800 BAG v. 23.06.2005 – 2 AZR 642/04 – NZA 2006, 92, 94.
801 *Stoffels*, in: FS Hromadka, S. 463, 467; *Oetker*, in: ErfK, § 2 KSchG Rdnr. 1, 3.

Arbeitszeit-, Entgelt- oder Urlaubsregelungen infolge des Betriebsübergangs durch Ausspruch von Änderungskündigungen vereinheitlichen, d.h. an das bestehende Niveau angleichen will und sich dabei auf den arbeitsrechtlichen Gleichbehandlungsgrundsatz beruft.[802]

Dieser Weg ist dem Erwerber jedoch versperrt.[803] Er kann sich zur Vereinheitlichung von materiellen Arbeitsbedingungen nicht auf den Gleichbehandlungsgrundsatz stützen. Dieser verpflichtet den Arbeitgeber, vergleichbare Arbeitnehmer gleich zu behandeln, sofern es um die Gewährung von Leistungen geht.[804] Der Gleichbehandlungsgrundsatz begründet somit grundsätzlich Rechte und schränkt sie nicht ein.[805] Könnte der Erwerber gleichwohl auf den Gleichbehandlungsgrundsatz zurückgreifen, würde es ihm in Umkehr der eigentlichen Zielrichtung erlaubt, bestehende vertragliche Ansprüche in ihrem materiellen Gehalt zu verkürzen. Der Erwerber kann somit unterschiedliche Arbeitsbedingungen innerhalb seiner Belegschaft nach Betriebsübergang nicht zum Nachteil der übernommenen Arbeitnehmer per Änderungskündigung verändern, wenn er sich dabei auf den Gleichbehandlungsgrundsatz stützt.[806] Das verbleibende Argument des gefährdeten Betriebsfriedens ist für sich genommen kein dringendes betriebliches Erfordernis, das eine Änderungskündigung rechtfertigt.[807] Hiergegen wird argumentiert, dem Erwerber müsse gleichwohl die Möglichkeit der Änderungskündigung zustehen.[808] Dies sei auf die Besonderheiten des Betriebsübergangs zurückzuführen, weil auch der Erwerber mit seinem Vereinheitlichungsinteresse geschützt sei (§ 613a Abs. 1 S. 3 BGB). Dies müsse sich i.R.e. Änderungskündigung als dringendes betriebliches Erfordernis niederschlagen und diese rechtfertigen.

Dem ist insoweit zuzustimmen, als der Erwerber infolge des Betriebsübergangs hinsichtlich der Arbeitsbedingungen vor vollendete Tatsachen gestellt wird. Gleichwohl handelt es sich bei den Vereinheitlichungsinteressen um ein gemeinschaftsrechtlich und gesetzgeberisch gewolltes Schutzinteresse i.R.d. § 613a BGB. Jedoch bezweckt § 613a Abs. 1 BGB primär den Arbeitnehmerschutz. Dies setzt sich in § 2 KSchG fort, der zuvorderst einen inhaltlichen Schutz gewährt, wonach der Arbeitnehmer keine unbilligen Vertragsänderungen hinnehmen muss.

---

802 *Schweibert*, in: WHSSS, Abschn. I Rdnr. 32.

803 H.M., vgl. nur *Rost*, in: KR, § 2 KSchG Rdnr. 107d, 110; *Hromadka/Maschmann/Wallner*, Der Tarifwechsel, Rdnr. 430.

804 BAG v. 31.08.2005 – 5 AZR 517/04 – NZA 2006, 265, 266.

805 *Künzl*, in: APS, § 2 KSchG Rdnr. 255.

806 BAG v. 12.01.2006 – 2 AZR 126/05 – NZA 2006, 587, 589, 590.

807 BAG v. 11.02.2009 – 10 AZR 222/08 – NZA 2009, 428, 430 Rdnr. 29.

808 *Oetker*, in: ErfK, § 2 KSchG Rdnr. 65.

Unbillig wäre es aber, dem Erwerber zur Vereinheitlichung der bei ihm geltenden Arbeitsbedingungen allein auf der Grundlage des Gleichbehandlungsgrundsatzes eine Gestaltungsmöglichkeit zu geben, die im Zuge des Betriebsübergangs so nicht anwendbar ist.[809] Dies folgt daraus, dass der Gleichbehandlungsgrundsatz nur anwendbar ist, soweit es um die Gewährung von Leistungen oder Ansprüchen geht, die der Arbeitgeber freiwillig aufgrund einer eigenen Entscheidung geschaffen hat. Im Gegensatz hierzu stehen §§ 613a Abs. 1 S. 2, 4 BGB, die eine Leistungsgewährung an die betroffenen Arbeitnehmer kraft Gesetzes vorsehen. Der Gleichbehandlungsgrundsatz ist hier schon in tatbestandlicher Hinsicht nicht einschlägig.[810] Jedenfalls können durch ihn keine erworbenen Besitzstände der betroffenen Arbeitnehmer bewusst geschmälert werden.[811] Die Möglichkeit einer Änderungskündigung allein aus Gründen der Gleichbehandlung ist abzulehnen.

(b) Änderungskündigung zur Entgeltreduzierung

In Betracht kommt eine Änderungskündigung auch, wenn der Erwerber unabhängig von dem arbeitsrechtlichen Gleichbehandlungsgrundsatz die Lohnkosten seiner Gesamtbelegschaft proportional senken will. Dies kann durch Entgeltkürzung oder Reduzierung von Sozialleistungen geschehen.[812] Gerade im Fall der Entgeltsenkung soll eine Änderungskündigung zusätzlich zu den bereits genannten Voraussetzungen aber nur unter erschwerten Voraussetzungen zulässig sein.[813] Will der Erwerber das Entgelt reduzieren, stellt dies eine einseitige Verschiebung des Leistungsaustauschverhältnisses Arbeit gegen Lohn dar.[814] Diese ist wegen des Bestandsschutzes, den auch § 2 KSchG gewährt, nicht schon dann gerechtfertigt, wenn sie für den Arbeitnehmer gerade noch hinnehmbar ist.[815] Dies folgt aus dem Grundsatz, wonach der Arbeitgeber stets das Wirtschafts- und Unternehmerrisiko zu tragen und geltende Verträge einzuhalten hat.[816] Allein eine schlechte Wirtschaftslage kann kein dringendes betriebliches Erfordernis sein, das eine Kündigung nach

809 *Hartmann*, Weitergeltung von firmentarifvertraglichen Regelungen, S. 152, 153.
810 BAG v. 31.08.2005 – 5 AZR 517/04 – NZA 2006, 265, 266.
811 BAG v. 20.01.2000 – 2 ABR 40/99 – NZA 2000, 592, 593, 594.
812 *Schweibert*, in: WHSSS, Abschn. I Rdnr. 33.
813 BAG v. 01.03.2007 – 2 AZR 580/05 – NZA 2007, 1445, 1447, 1448.
814 *Preis*, in: SPV Rdnr. 1310.
815 *Krause*, DB 1995, 574, 576.
816 BAG v. 21.01.2006 – 2 AZR 126/05 – NZA 2006, 587, 588; diff. und krit. hiergegen *Preis*, NZA 1995, 241, 248, 249; *Löwisch*, NZA 1988, 633, 637; *Schaub*, in: Hromadka, Änderung von Arbeitsbedingungen, S. 91, 94.

§ 1 Abs. 2 KSchG trägt.[817] Erst wenn der Erwerber über den Aspekt der wirtschaftlichen Krise oder ungünstigen Konjunkturlage hinaus berechtigte Interessen geltend machen kann und i.Ü. alle milderen Mittel ausgeschöpft sind, ist eine auf rein wirtschaftliche Erwägungen gestützte Änderungskündigung denkbar.[818] So liegt der Fall, wenn es ohne die Entgeltreduzierung zu Beendigungskündigungen und Betriebsstilllegung kommen müsste.[819] Damit ist der Erwerber im Bereich der Änderungskündigungen faktisch auf den Fall der Insolvenz oder absehbaren Existenzbedrohung reduziert.[820] In einigen jüngeren Entscheidungen hat der 2. Senat seine restriktive Rechtsprechung gelockert und sieht es nicht mehr als erforderlich, dass alle Arbeitsplätze im Erwerberbetrieb unmittelbar gefährdet sind und eine vollständige Betriebsstilllegung droht.[821] Es genügt, wenn durch den Ausspruch von Änderungskündigungen eine Verringerung der Belegschaft in erheblichem Maße verhindert werden kann, auch wenn sich die Gefährdungslage auf den gesamten Betrieb beziehen muss, wobei der Erwerber nicht zuwarten muss, bis sich die wirtschaftliche Krise zu einem drohenden Ruin auswächst.[822] Erforderlich ist aber, dass er einen Sanierungsplan erstellt, der ein Gesamtkonzept enthält und sich nicht nur auf die Personal- und Lohnkosten bezieht. Ein solcher Plan muss insbesondere die Gesamtfinanzlage darstellen, die Verknüpfung und Auswirkung der Entgeltsenkung auf die betriebliche Stabilität darlegen und aufzeigen, dass mildere Mittel ausscheiden.[823] Trotz dieser Erleichterungen sind die Anforderungen an die Darlegungs- und Beweislast hinsichtlich des dringenden betrieblichen Erfordernisses erheblich. Aus praktischer Sicht besteht zudem ein weiteres Problem. Eine Änderungskündigung kann nur verhältnismäßig sein, wenn der Erwerber eine Entgeltreduzierung anstrebt, die der betroffene Arbeitnehmer auch billigerweise hinzunehmen hat.[824] Andernfalls wäre die Änderungskündigung insgesamt unwirksam. Nach Ansicht der Rechtsprechung kann etwa eine Kürzung übertariflicher Zulagen oder außertariflicher Lohnbestandteile unter anschließender Gewährung allein des Tariflohns erfolgen.[825] Dies gilt zumindest dann, wenn sich der Erwerber auf ein bei ihm i.Ü. geltendes Tarifsystem bezieht und den in

817 BAG Fn. 798.; *Hirinda*, ZRP 2009, 225, 226.
818 BAG v. 27.09.2001 – 2 AZR 236/00 – NZA 2002, 750, 754.
819 *Schweibert*, in: WHSSS, Abschn. I Rdnr. 33.
820 *V. Hoyningen-Huene/Linck*, § 2 KSchG Rdnr. 149, 156a.
821 BAG v. 10.09.2009 – 2 AZR 822/07 – NZA 2010, 333, 336.
822 BAG v. 26.08.2006 – 2 AZR 139/07 – NZA 2008, 1182, 1184.
823 BAG a.a.O; *Schweibert*, in: WHSSS, Abschn. I Rdnr. 34.
824 BAG v. 10.09.2009 – 2 AZR 822/07 – NZA 2010, 333, 336.
825 BAG v. 23.06.2005 – 2 AZR 642/04 – NZA 2006, 92, 96, 97.

dem einschlägigen Tarifvertrag vorgesehenen Lohn nach Kürzung bezahlen will. Besteht jedoch kein solches Tarifsystem auf Seiten des Erwerbers, steht er trotz der ihm von der Rechtsprechung grundsätzlich eingeräumten Möglichkeit der Entgeltkürzung vor einem quasi unüberwindlichen Beweisproblem bezüglich der Angemessenheit der erstrebten Lohnsenkung. Er ist auf die Üblichkeit des verbleibenden Lohns oder eines vermeintlich geringeren Marktwerts der Tätigkeit des Arbeitnehmers beschränkt, sollte sich wegen der Änderungskündigung auch der Inhalt der Arbeitstätigkeit verändern.[826]

(c) Änderungskündigung aufgrund von Organisations- und Umstrukturierungsmaßnahmen

Eine Änderungskündigung kann nach Betriebsübergang auch in Betracht kommen, wenn der Erwerber eine Betriebsverlagerung oder Betriebszusammenlegung durchführen will, eine Produktionsumstellung anstrebt oder insgesamt Rationalisierungsmaßnahmen aufgrund Produktions- oder Umsatzrückgangs erforderlich werden. Dabei können diese Maßnahmen auf außerbetriebliche (z.B. branchenübergreifender Absatzrückgang) und innerbetriebliche Aspekte (konkrete Produktionsumstellung im Erwerberbetrieb) zurückzuführen sein. In beiden Fällen kann es anlässlich des Betriebsübergangs erforderlich werden, die Arbeitsverhältnisse an die veränderten Rahmenbedingungen anzupassen. Bei den außerbetrieblichen Aspekten muss der Erwerber, will er eine Änderungskündigung aussprechen, darlegen, wie sich diese auf die betroffenen Arbeitsverhältnisse auswirken und warum eine Reduzierung des Vertragsinhalts durch Änderungskündigung angezeigt ist.[827] Bei innerbetrieblich-organisatorischen Maßnahmen des Erwerbers handelt es sich dagegen um rein unternehmerische Entscheidungen. Diese werden gerichtlich nur auf daraufhin überprüft, ob sie willkürlich oder offenbar unsachlich, nicht dagegen, ob sie zweckmäßig sind.[828]

Unabhängig von inner- und außerbetrieblichen Motiven liegen Änderungskündigungen, sofern sie sich auf Veränderungen hinsichtlich des Arbeitsortes, der konkreten Tätigkeit oder der Arbeitszeit beziehen, stets unternehmerische Entscheidungen zugrunde.[829] Insofern sind sie wirksam, wenn sie nicht offenkundig

826 BAG a.a.O; *Preis*, in: SPV Rdnr. 1316.

827 St. Rspr., so schon BAG v. 15.06.1989 – 2 AZR 600/88, NZA 1990, 65, 66; BAG v. 18.10.2006 – 2 AZR 676/05 – NZA 2007, 798, 799.

828 BAG v. 29.03.2007 – 2 AZR 31/06 – NZA 2007, 855, 857; *Preis*, in: SPV Rdnr. 917 ff., 1315; *Hanau*, in: Hanau/Adomeit, Teil J Rdnr. 928.

829 *Hartmann*, Weitergeltung von firmentariflichen Regelungen, S. 150, 151.

unsachlich sind. Sind die Voraussetzungen des § 2 KSchG i.Ü. erfüllt, kann der Erwerber hier die erforderlichen Strukturänderungen vornehmen und die Verträge auch der betroffenen Arbeitnehmer ohne Verstoß gegen § 613a Abs. 4 BGB und ohne Berücksichtigung eines verschärften Maßstabes inhaltlich anpassen.

(2) Einschränkungen durch tarifvertragliche Beendigungsnormen?

§ 613a Abs. 1 S. 2 BGB umfasst alle tariflichen Normen, die "Rechte und Pflichten" des Arbeitsverhältnisses regeln. Erfasst ist der gesamte Bestand der tariflichen Individualnormen.[830] Dies schließt auch die Beendigungsnormen mit ein, die die Dauer oder Befristung der erfassten Arbeitsverhältnisse regeln sowie Regelungen über Form und Frist einer Kündigung und Kündigungsgründe enthalten.[831] Dabei stehen die Beendigungsnormen in direktem Bezug zum Arbeitsverhältnis, was insbesondere dort deutlich wird, wo die Tarifpartner das Recht zur ordentlichen Kündigung beschränken oder ausschließen.[832] Sie regeln in dieser Form „Rechte und Pflichten" im Arbeitsverhältnis. Ob diese Beschränkungen der ordentlichen Kündigung auch auf die (ordentliche) Änderungskündigung durchschlagen, ist umstritten.[833] Da derartige Beendigungsnormen von der Fortgeltung des. S. 2 erfasst werden, wird im Fall der „Nichtmehrgeltung" i.S.d. § 613a Abs. 1 S. 4 Alt. 1 BGB nur ihre zwingende Wirkung beseitigt. Der Erwerber bleibt in diesem Fall aber, ebenso wie für die Zeit nach Ablauf der Veränderungssperre des S. 2, unmittelbar an die dann i.S.d. § 4 Abs. 5 TVG nachwirkenden Normen gebunden. In beiden Fällen kann er durch Vertragsänderung oder Änderungskündigung die bei ihm geltenden Arbeitsbedingungen vereinheitlichen.[834]

Eine solche, tariflich bedingte Einschränkung des Erwerbers in seinen Möglichkeiten, Änderungskündigungen auszusprechen, wäre aber unwirksam.[835] Er wäre gegenüber den übernommenen Arbeitnehmern schlechter gestellt als in Bezug auf seine übrige Belegschaft, was aber mit dem Gesetzeszweck der §§ 613a Abs. 1 S. 2–4 BGB und seinem Vereinheitlichungsinteresse unvereinbar wäre.[836]

---

830 *Rieble/Klumpp*, in: MHA, § 177 Rdnr. 61.

831 *Gussen/Dauck*, Rdnr. 205 ff.

832 *Zachert*, AuR 1995, 1, 4.

833 Vgl. *Zöllner*, DB 1995, 1401, 1404; *Mayer*, Arbeitsbedingungen, S. 185, 186; *Hartmann*, Weitergeltung von firmentariflichen Regelungen, S. 153–155.

834 Für den Sonderfall ver.di *Schiefer*, DB 2003, 390, 392, 393; *Preis*, in: ErfK, § 613a BGB Rdnr. 120; *Kania*, DB 1994, 529, 531; *Koch*, in: Schaub, § 119 Rdnr. 19.

835 *Zöllner*, DB 1995, 1401, 1404; *Gussen/Dauck*, Rdnr. 240, 254.

836 *Mayer*, a.a.O.

Umgekehrt bezweckt § 613a Abs. 1 BGB auch keine Besserstellung der betroffenen Arbeitnehmer gegenüber der restlichen Belegschaft allein wegen des Betriebsübergangs.[837] Diese Einschränkungen einer Änderungskündigung bestehen auch dann nicht, wenn der Erwerber abweichend tarifgebunden ist. Der eigene Tarifvertrag entfaltet, selbst wenn er Beschränkungen vorsieht, keine Wirkung im Verhältnis zu den übernommenen, anderweitig tarifgebundenen Arbeitnehmern. Die tariflichen Beschränkungen einer ordentlichen Kündigung sind für die Änderungskündigung ohne Folgen.

(3) Stellungnahme

Die individualrechtlichen Gestaltungsmöglichkeiten des § 613a Abs. 1 S. 4 Alt. 1 BGB sind für den Erwerber „praktisch wenig hilfreich".[838] Bei der Vertragsänderung ist er auf die Mitwirkung des Arbeitnehmers angewiesen, die Änderungskündigung ist faktisch auf Maßnahmen zur Reorganisation und Umstrukturierung beschränkt und Entgeltreduzierungen sind nur im klaren Ausnahmefall möglich. Sie kann insbesondere aufgrund von Gleichbehandlungsaspekten nicht wirksam zur Vereinheitlichung der Arbeitsbedingungen auf Erwerberseite ausgesprochen werden.[839] Dem Erwerber ist der einseitig-gestalterische Weg daher regelmäßig versperrt und zwar auch dann, wenn er das Vorhandensein mehrerer unterschiedlicher Arbeitsbedingungen nicht zu vertreten hat, z.B. für den Fall des mehrfachen Betriebsübergangs.[840] § 613a Abs. 1 BGB enthält keinen Anhaltspunkt dafür, dass im Fall des mehrfachen Betriebsübergangs ein „Verschuldenselement" berücksichtigt werden soll. § 613a BGB muss schon aus Gründen der Rechtssicherheit stets einheitlich angewendet werden, um eine vor dem Hintergrund des Art. 9 Abs. 3 GG wirksame Rechtslage zu schaffen. Wenn der Erwerber den fraglichen Betrieb im Wege des mehrfachen Betriebsübergangs erwirbt, gilt für ihn dieselbe Rechtsfolge wie im Fall des Ersterwerbs. Dass dadurch rein tatsächlich ein „Flickenteppich" an Arbeitsbedingungen entstehen kann, die der Erwerber zu berücksichtigen hat, ist rechtlich irrelevant. Diese Arbeitnehmer sind zudem alle gleich schutzwürdig. Es ist nicht einzusehen, warum der Erwerber sich gerade im Fall des mehrfachen Betriebsübergangs auf Aspekte berufen können soll, die zu einer erleichterten Möglichkeit der

---

837 *Zöllner*, DB 1995, 1401, 1404 spricht von einer ungerechtfertigten „Zementierung" des Kündigungsschutzes; *Gussen/Dauck*, Rdnr. 254.

838 *Jacobs*, NZA Beil. 1/2009, 45, 49.

839 *Schweibert*, in: WHSSS, Abschn. I Rdnr. 32; *Berkowsky*, NZA Beil. 2/2010, 60.

840 A.A. *Herbert/Oberrath*, NJW 2008, 3177, 3180.

Änderungskündigung führen. Dies würde in letzter Konsequenz dazu führen, dass die „zuletzt" betroffenen Arbeitnehmer schlechter gestellt würden. Dies ist sachlich nicht zu rechtfertigen.

Gleichwohl ist der Erwerber stets in der Lage, Anreize zur Vereinheitlichung der bei ihm geltenden Arbeitsbedingungen zu setzen. So darf der Erwerber unter Beachtung des Gleichbehandlungsgrundsatzes eine freiwillige Gehaltserhöhung von der Angleichung an die eigenen Arbeitsbedingungen im Betrieb abhängig machen, auch wenn denn diese schlechter sind. Dies verstößt nach Ablauf der Sperrfrist nicht gegen § 612a BGB.[841] I.Ü. ist zu beachten, dass der Gleichbehandlungsgrundsatz auch im umgekehrten Verhältnis von betroffenen Arbeitnehmern zu Erwerber nicht zu automatischen Anpassungen in Bezug auf die Arbeitsbedingungen führen darf.[842] Daher ist der Erwerber auch nicht verpflichtet, den übernommenen Arbeitnehmern unter Gleichbehandlungsaspekten die bei ihm geltenden besseren Arbeitsbedingungen zu gewähren.[843] Dies gilt zumindest dann, wenn er infolge des Betriebsübergangs kein neues Vergütungssystem in seinem Betrieb etabliert, da der Erwerber mit der Fortzahlung der bisherigen Löhne lediglich seine gesetzlichen Pflichten nach S. 2 erfüllt.

e.) Ergebnisse zur Frage der Änderungsmöglichkeiten des Erwerbers nach §§ 613a Abs. 1 S. 2, 4 Alt. 1 BGB

Der Erwerber kann in den Grenzen der §§ 145 ff. BGB eine einvernehmliche Vertragsänderung erreichen. Die Gestaltungsoption der Änderungskündigung ist ihm dagegen regelmäßig nur zur Umsetzung unternehmerischer Strukturentscheidungen möglich. Diese Gestaltungsmöglichkeiten stehen dem Erwerber nach Ablauf der Jahresfrist und im Fall der Nichtmehrgeltung des Veräußerertarifvertrages i.S.d. § 613a Abs. 1 S. 4 Alt. 1 BGB auch schon davor zu. Auch im Fall des mehrfachen Betriebsübergangs sind Änderungskündigungen nicht unter erleichterten Voraussetzungen möglich.

---

841 BAG v. 14.03.2007 – 5 AZR 420/06 – NZA 2007, 862, 865; ausf. *Jacobs*, NZA Beil. 1/2009, 45, 49.

842 BAG v. 31.08.2005 – 5 AZR 517/04 – NZA 2006, 265, 266.

843 BAG a.a.O.

3.) Die Anpassungsmöglichkeiten nach § 613a Abs. 1 S. 4 Alt. 2 BGB

Wie § 613a Abs. 1 S. 4 Alt. 1 BGB enthält auch Alt. 2 individualrechtliche Ablösungsmöglichkeiten in Bezug auf einen kollektivrechtlichen Sonderfall.[844] Anders als Alt. 1 knüpft Alt. 2 aber nicht an die „Nichtmehrgeltung“ des Veräußerertarifvertrages, sondern die individualvertragliche Ersetzung dieses Tarifvertrages innerhalb der Sperrfrist durch einen anderen an, um so die Anwendbarkeit auch der dort geregelten Arbeitsbedingungen zu erreichen. Voraussetzung einer solchen individualrechtlichen Ersetzung ist, dass der gesamte Tarifvertrag, und nicht lediglich wie bei Alt. 1 einzelne Arbeitsbedingungen, anwendbar sein soll.[845] Darüber hinaus muss das Arbeitsverhältnis vollständig in den Geltungsbereich des „anderen“ Tarifvertrages fallen und dieser darf in diesem Verhältnis nicht bereits über § 3 Abs. 1 TVG anwendbar sein.[846] Dies ist der Fall, wenn es entweder an der Tarifbindung des Arbeitnehmers oder des Erwerbers an den „anderen“ Tarifvertrag“ fehlt. Dabei handelt es sich jeweils um einen Fall der fehlenden beiderseitigen Tarifgebundenheit nach Betriebsübergang.[847] Diese fehlende „beiderseitige Tarifgebundenheit“ i.S.d. § 613a Abs. 1 S. 4 Alt. 2 BGB liegt nach dem maßgeblichen Begriffsverständnis des § 3 TVG folglich nicht erst vor, wenn weder Erwerber noch betroffener Arbeitnehmer tarifgebunden sind.[848]

Dies hat aus gestalterischer Sicht mehrere Folgen. Der anderweitig tarifgebundene Erwerber kann etwa „seinen“ Tarifvertrag trotz nicht geglückter Ablösung nach § 613a Abs. 1 S. 3 BGB anwenden, wenn er und der betroffene, aber nicht kongruent tarifgebundene Arbeitnehmer sich individualvertraglich hierauf einigen.[849] Dies ist gerechtfertigt, da dem Erwerbertarifvertrag als Produkt der Tarifautonomie dieselbe Richtigkeitsgewähr zukommt wie dem Veräußerertarifvertrag.[850] Doch auch wenn der Erwerber nicht tarifgebunden ist, kann er mit dem betroffenen tarifgebundenen Arbeitnehmer individualvertraglich vereinbaren,

---

844 *Schweibert*, in: WHSSS, Abschn. I Rdnr. 53.

845 *Schweibert*, a.a.O.

846 *Hartmann*, Weitergeltung von firmentariflichen Regelungen, S. 157, 158.

847 *Moll*, RdA 1996, 275, 284; die Kritik an der weiten Fassung des S. 4 Alt. 2 kann aufgrund des hier maßgeblichen Verständnisses des § 3 TVG nicht überzeugen.

848 A.A. aber *Röder*, DB 1981, 1980, 1982; *Moll*, RdA 1996, 275, 284.

849 *Willemsen/Müller-Bonanni*, in: HWK, § 613a BGB Rdnr. 283.

850 In diese Richtung *Annuß*, in: Staudinger, § 613a BGB Rdnr. 235; *Müller-Glöge*, in: MüKo, § 613a Rdnr. 138.

dass ein „anderer“ Tarifvertrag gelten soll. Dabei kann es sich nach der ratio und dem Wortlaut des § 613a Abs. 1 S. 4 Alt. 2 BGB nicht um den Veräußerertarifvertrag handeln, dies wäre „derselbe“ Tarifvertrag. Sind Veräußerer und Erwerber identisch tarifgebunden, besteht schon wegen der Ablösung nach § 613a Abs. 1 S. 3 BGB kein praktisches Bedürfnis für eine Ersetzung nach S. 4 Alt. 2 mehr. S. 4 Alt. 2 erfasst daher den Branchenwechsel als ihren wesentlichen Anwendungsfall. Nach Betriebsübergang wird hier regelmäßig ein anderer Tarifvertrag einschlägig sein. In dieser Regelungsmöglichkeit zeigt sich für den nicht tarifgebundenen Erwerber die systematische Konsequenz des § 613a Abs. 1 BGB sowie der dieser Norm zugrunde liegende Charakter einer abschließenden Spezialnorm. Während ihm eine kollektivrechtliche Ablösung nach S. 3 versperrt ist, gleicht S. 4 dies aus, indem dem Erwerber individualrechtliche Gestaltungsmöglichkeiten eröffnet werden. Darin liegt eine umfassende Regelung der Rechtsfolgen des Betriebsübergangs.

a.) Änderungsvertrag

Eine individualrechtliche Ablösungsmöglichkeit besteht, wie bei Alt. 1 auch, in der einzelvertraglichen Vereinbarung.[851] Dabei wird regelmäßig der „andere“ Tarifvertrag durch eine Bezugnahmeklausel insgesamt für anwendbar erklärt. Durch betriebliche Übung kann dagegen eine „Vereinbarung“ i.S.d. Alt. 2 nur im Ausnahmefall begründet werden, wenn für den Arbeitnehmer ohne Weiteres erkennbar ist, dass allein der neue Tarifvertrag das Arbeitsverhältnis bestimmen soll und das gesamte Arbeitsverhältnis hiervon erfasst ist.[852] Dies wird die Ausnahme bleiben. Durch das Instrument der betrieblichen Übung kann der Erwerber daher regelmäßig nur einzelvertragliche Rechtspositionen begründen, aber keinen „anderen“ Tarifvertrag für anwendbar erklären.

b.) Änderungskündigung als Vereinbarung

Daneben kommt die Änderungskündigung als Gestaltungsmittel des Erwerbers zur Vertragsanpassung in Betracht. Dies entspricht dem Verständnis der

851 *Hohenstatt*, in: WHSSS, Abschn. E Rdnr. 135.; s. o. B.) 2.) d.) aa.)

852 LAG Niedersachsen v. 01.09.2006 – 16 Sa 1876/05 – AE 2007, 87, 88; *Hartmann*, Weitergeltung von firmentariflichen Regelungen, S. 158.

Änderungskündigung als zweiteiligem Rechtsgeschäft, bestehend aus (Beendigungs-)- Kündigung und Vertragsangebot.[853] Nimmt der Arbeitnehmer das Angebot unter Vorbehalt an, kommt eine „Vereinbarung“ i.S.d. Alt. 2 zustande.[854] Ob allerdings die gleichen Voraussetzungen einer Änderungskündigung wie bei Alt. 1 auch i.R.d. Alt. 2 bestehen, ist umstritten.[855] Dies liegt an der jeweils unterschiedlichen Zielrichtung einer Änderungskündigung. Während über Alt. 1 einzelne Arbeitsbedingungen an die Strukturen im Erwerberunternehmen angepasst werden sollen, zielt Alt. 2 auf die Vereinbarung einer vollständig neuen Tarifgeltung ab.[856]

aa.) Ansichten in der Literatur

Eine Auffassung befürwortet die grundsätzliche Möglichkeit des Erwerbers, eine abweichende Tarifgeltung durch Änderungskündigung herbei führen zu können.[857] Allerdings müssten auch hier ihre allgemeinen Voraussetzungen eingehalten werden. Allein die Vereinheitlichung von Arbeitsbedingungen unter Berufung auf den Gleichbehandlungsgrundsatz als Grund einer Änderungskündigung scheidet demnach aus, hierin liegt kein dringendes betriebliches Erfordernis nach § 1 Abs. 2 KSchG.[858] Nach anderer Auffassung[859] soll eine erweiterte Möglichkeit zur Änderungskündigung bestehen. Der Grund für diese Erweiterung liege darin, dass die Vereinheitlichungsinteressen des Erwerbers in der Gesamtsystematik des § 613a Abs. 1 sowohl durch die kollektivrechtliche (S. 3) wie durch die individualrechtliche Ablösungsmöglichkeit (S. 4) geschützt sind.[860] Dies rechtfertige es, in den Vereinheitlichungsinteressen des Erwerbers ein dringendes betriebliches Erfordernis zu erblicken.[861] Eine sozial gerechtfertigte Änderungskündigung werde so ermöglicht.

Zwar ist dieser Ansicht zuzugeben, dass (auch) das Vereinheitlichungsinteresse des Erwerbers von § 613a Abs. 1 BGB geschützt wird.[862] Zudem steht auch die faktisch

853 *Preis*, in: SPV Rdnr. 1288.

854 A.A. *Lorenz*, in: Däubler, § 3 Rdnr. 215; *Bepler*, RdA 2009, 65, 69.

855 *Mayer*, Arbeitsbedingungen, S. 190, 191, 192.

856 *Schweibert*, in: WHSSS, Abschn. I Rdnr. 39, 40.

857 *Seiter*, Betriebsinhaberwechsel, S. 96; *Edenfeld*, in: Erman, § 613a BGB Rdnr. 93.

858 *Hromadka/Maschmann/Wallner*, Der Tarifwechsel Rdnr. 379, 430.

859 *Künzl*, in: APS, § 2 KSchG Rdnr. 256; *Meyer*, NZA 2002, 246, 253.

860 *Lambrich*, in: FS Ehmann, S. 169, 199; *Mayer*, Arbeitsbedingungen, S. 192, 193.

861 *Bauer/Meinel*, NZA 2000, 181, 185, 186, die insoweit von einer „Vereinheitlichungskündigung“ sprechen.

862 BT-Drucks. 8/3317 S. 7, 11; *Lambrich*, in: FS Ehmann, S. 169, 173.

normative Tarifbindung des Erwerbers nach S. 2 der Möglichkeit einer privatautonomen Vereinbarung zwischen Erwerber und Arbeitnehmer nicht entgegen, wonach ein anderer Tarifvertrag anzuwenden ist und damit andere, im Zweifel schlechtere, Arbeitsbedingungen gelten sollen (S. 4 Alt. 2).[863] Der Arbeitnehmer kann auf den ihm über S. 2 gewährten Schutz ja auch verzichten. Andererseits kann das Institut der Änderungskündigung, das sich inhaltlich an die Kündigungsgründe des § 1 Abs. 2 KSchG anlehnt, nicht in rechtswidriger Weise erweitert werden.[864] Genau dies wäre jedoch die Folge, wenn allein das Vereinheitlichungsinteresse des Erwerbers aus § 613a Abs. 1 BGB als eigenständiger betriebsbedingter Kündigungsgrund anerkannt würde.[865] Dies führt spätestens auf der Ebene der Verhältnismäßigkeit dazu, dass allein die einseitige Interessenlage des Erwerbers ohne jedwede Berücksichtigung der Arbeitnehmerinteressen wegen des Verstoßes gegen das ultima-ratio-Prinzip keine Kündigung rechtfertigen kann.[866] Hiergegen kann auch nicht angeführt werden, dass der Gesetzgeber die Richtigkeitsgewähr des für den Erwerber einschlägigen sachlich näheren Tarifvertrages als wesentlichen Ablösungsgrund anerkennt und ausreichen lässt.[867] Beiden Tarifverträgen komme dieselbe Richtigkeitsgewähr zu. Bei den beiden Alternativen des S. 4 handele es sich zudem um Ausnahmevorschriften, deren Anwendung im Hinblick auf eine Änderungskündigung den diesem Institut eigenen Grenzen unterliegt. Damit reichten wegen der angezeigten restriktiven Normanwendung weder die Störung des Betriebsfriedens aufgrund unterschiedlicher Tarifgeltung noch allein die Vereinheitlichungsinteressen des Erwerbers aus.[868] Die Rechtslage entspricht damit der bei Alt. 1, wenn aus wirtschaftlichen Gründen eine Änderungskündigung wirksam ausgesprochen werden soll.

bb.) Ansicht der Rechtsprechung

Nach einer Tendenz in der jüngeren Rechtsprechung des 4. Senats sollte im Unterschied zu § 613a Abs. 1 S. 4 Alt. 1 eine erleichterte Änderungskündigung zur

---

863 *Hohenstatt*, in: WHSSS, Abschn. E Rdnr. 135.

864 *Preis*, in: SPV, Rdnr. 1305, wonach umstritten ist, ob der Prüfungsmaßstab einer Änderungskündigung aufgrund des Verhältnismäßigkeitsprinzips hinter dem einer Beendigungskündigung zurückbleiben darf. Unbestritten dürfe er aber nicht darüber hinausreichen.

865 *Jacobs*, BB 2011, 2037, 2040; *Jacobs/Willemsen*, JbArbR 2008, 47, 69 ff.

866 *Hromadka*, NZA 1996, 1, 12; *Preis*, in: SPV, Rdnr. 1306.

867 Vgl. aber *Hartmann*, Weitergeltung von firmentariflichen Regelungen, S. 163.

868 A. A. Gussen/Dauck, Rdnr. 281; *Hromadka/Maschmann/Wallner*, Der Tarifwechsel Rdnr. 311, 430.

Beseitigung von Tarifpluralitäten i.R.d. Alt. 2 möglich sein.[869] Diesen Entscheidungen lag jedoch der mittlerweile aufgegebene Grundsatz der Tarifeinheit als tragendes Ordnungsprinzip zu Grunde. Das Gestaltungsmittel der Änderungskündigung sollte ferner nur für den Zeitraum der Nachwirkung i.S.d. § 4 Abs. 5 TVG unter erleichterten Bedingungen eine andere Tarifgeltung herbei führen können.[870]

Diesen Fall erfasst § 613a Abs. 1 S. 4 Alt. 2 BGB aber nicht. Der Erwerber ist über § 613a Abs. 1 S. 2 BGB in Anlehnung an § 3 Abs. 3 TVG faktisch normativ an den Veräußerertarifvertrag gebunden. Diese Tarifbindung ist notwendiger inhaltlicher Anknüpfungspunkt für § 613a Abs. 1 S. 4 Alt. 2 BGB.[871] Dies gilt für bloß nachwirkende Tarifregelungen gerade nicht. An dieser inhaltlich zwingenden Fortgeltung bei S. 4 Alt. 2 hat sich im Gegensatz zu S. 4 Alt. 1 („Nichtmehrgeltung" des Veräußerertarifvertrag mit der Folge seiner Nachwirkung nach § 4 Abs. 5 TVG) auch nichts geändert. Der Veräußerertarifvertrag gilt bei Alt. 2 unverändert über S. 2 fort. Erleichterte Möglichkeiten einer Änderungskündigung zur Beseitigung dieser nicht nur unmittelbaren sondern gerade auch zwingenden Tarifwirkung bestehen damit nach der Rechtsprechung nicht, die nur den Fall der Nachwirkung erfassen wollte. Das Gegenteil ist der Fall. Dass von den allgemeinen Voraussetzungen einer Änderungskündigung auch i.R.d. § 613a Abs. 1 S. 4 Alt. 2 BGB nicht abgerückt werden soll, zeigt eine weitere Entscheidung des 2. Senats.[872]

cc.) Stellungnahme

Eine Änderungskündigung kann auch bei Alt. 2 nur unter den allgemeinen Voraussetzungen ausgesprochen werden und bleibt daher die Ausnahme.[873] Der über S. 2 gewährleistete Schutz tariflicher Arbeitsbedingungen erhöht sich nochmals, wenn infolge der Auswechslung des tariflichen Regelungsobjekts über S. 4 Alt. 2 durch Änderungskündigung auch eine Entgeltreduzierung eintritt oder von dem Erwerber bezweckt ist. Dann kann eine Änderungskündigung nur unter den verschärften Voraussetzungen der Rechtsprechung wirksam erfolgen.[874] Nur in wenigen Ausnahmefällen ist eine Änderungskündigung hier denkbar, da dann die Arbeitnehmer

---

869 BAG v. 21.02.2001 – 4 AZR 18/00 – NZA 2001, 1318, 1320.

870 BAG v. 25.10.2000 – 4 AZR 212/00 – NZA 2001, 1146, 1147.

871 *Willemsen/Müller-Bonanni*, in: HWK, § 613a BGB Rdnr. 282.

872 BAG v. 12.01.2006 – 2 AZR 126/05 – NZA 2006, 587, 588, 589 Rdnr. 16–21; nach wie vor a.A. *Röder/Krieger*, DB 2006, 2122, 2124, 2125.

873 S. o. B.) 2.) d.) bb.) (1) bis (3) zu den identischen Voraussetzungen für Alt. 1.

874 S.o. B.) 2.) d.) bb.) (1) (b).

ihren tariflichen Schutz nicht verlieren und ihnen die Änderung ihrer Arbeitsbedingungen insgesamt zumutbar ist.[875] Dies stellt auch keinen Gegensatz zu dem unter Umständen bestehenden Kündigungsrecht des Erwerbers und der damit verbundenen Ausdehnung seiner Rechtsposition nach § 613a Abs. 1 S. 4 Alt. 1 BGB dar. Im Rahmen von Alt. 1 geht es um die kollektivrechtliche Nichtmehrgeltung eines Tarifvertrages und die Frage, wem entsprechende Möglichkeiten hierfür zur Verfügung stehen.[876] Auf dieser Grundlage können dann in einem zweiten Schritt durch individualrechtliche Gestaltungsmittel die nicht mehr zwingend geltenden Tarifregelungen verändert oder beseitigt werden. Bei Alt. 2 verhält es sich anders. Hier „gilt" der Veräußerertarifvertrag noch faktisch normativ über S. 2 fort und soll auf individualrechtlichem Wege insgesamt abgelöst werden. Diese faktisch normative Tarifbindung kann nicht dadurch ausgehöhlt werden, dass der Erwerber sich ihrer unter im Vergleich zu Alt. 1 erleichterten Bedingungen einseitig entledigen kann. Es müssen in beiden Alternativen zumindest dieselben Voraussetzungen gelten. Damit bleibt die einvernehmliche Anwendung eines anderen Tarifvertrages aufgrund privatautonomer Vereinbarung möglich, auch wenn dies rein tatsächlich die Ausnahme bleiben dürfte.

c.) Tarifwechselklausel als Vereinbarung, § 613a Abs. 1 S. 4 Alt. 2 BGB

Die Gestaltungsmöglichkeiten des Erwerbers i.S.d. § 613a Abs. 1 S. 4 Alt. 2 BGB beruhen stets auf einer Vereinbarung zwischen ihm und dem jeweiligen Arbeitnehmer. Dies legt der Wortlaut der Alt. 2 nahe, wo von einer Vereinbarung zwischen „dem neuen Inhaber und dem Arbeitnehmer" bezüglich der vollständigen Anwendung eines einschlägigen „anderen" Tarifvertrages gesprochen wird. Der Arbeitsvertrag des Arbeitnehmers kann jedoch bereits im Zeitpunkt des Betriebsübergangs eine Bezugnahmeklausel enthalten, die genau diese Rechtsfolge auslösen soll, ohne dass sich Erwerber und Arbeitnehmer hierüber gesondert einigen müssten. Dies trifft von vorne herein jedoch nur auf eine so genannte Tarifwechselklausel in Gestalt einer großen dynamischen Bezugnahmeklausel zu.[877] Nur diese ermöglicht prima facie die Anwendung eines „anderen" Tarifvertrages i.S.d. Alt. 2, da sie die neuen, jeweils dann etwa für den Erwerber einschlägigen

875 S.o. B.) 2.) d.) bb.) (1) bis (3).
876 BAG v. 22.04.2009 – 4 AZR 100/08 – NZA 2010, 41, 48 Rdnr. 72–76.
877 *Hohenstatt*, in: WHSSS, Abschn. E Rdnr. 206.

Tarifverträge in ihrer jeweils gültigen Form für anwendbar erklärt.[878] Diese zeitliche wie inhaltliche Dynamik geht von einer kleinen dynamischen Bezugnahmeklausel nicht aus, da diese inhaltlich nur einen bestimmten Tarifvertrag statisch bezeichnet, der in der jeweils gültigen Fassung zeitlich dynamisch gelten soll.[879] Einen Tarifwechsel erreicht auch eine statische Bezugnahmeklausel nicht, die auf einen bestimmten Tarifvertrag in einer bestimmten Fassung verweist. Ob eine vor dem Betriebsübergang erfolgende Einigung zwischen Veräußerer und Arbeitnehmer hinsichtlich einer bestimmten Tarifgeltung auch als „Vereinbarung" zwischen Erwerber und Arbeitnehmer anzusehen ist, ist gleichwohl umstritten.[880]

aa.) Tarifwechselklausel als Bestandteil des Arbeitsverhältnisses

Eine solche Möglichkeit wird überwiegend bejaht.[881] Hierfür spreche, dass die Tarifwechselklausel über § 613a Abs. 1 S. 1 BGB in das Arbeitsverhältnis eingeht und der Erwerber schon deshalb an sie gebunden ist. Daher sei es aus seiner Sicht auch angemessen, diese Sonderform der Bezugnahmeklausel einer Abrede nach Betriebsübergang gleichzustellen.[882] Diese Auffassung verkennt, dass § 613a Abs. 1 S. 1 BGB einen von § 613a Abs. 1 S. 4 Alt. 2 BGB zu unterscheidenden Geltungsgrund in Bezug auf tarifliche Normen darstellt. Während S. 1 den Arbeitsvertragsinhalt mitsamt der Bezugnahme auf einen Tarifvertrag kraft Gesetzes verpflichtend auf den Erwerber überträgt, setzt die Tarifgeltung nach S. 4 Alt. 2 eine schuldrechtliche Vereinbarung voraus, die die Fortgeltung nach S. 2 überwindet.[883] Eine wertende Betrachtungsweise, die den „ohnehin" nach S. 1 in den Arbeitsvertrag einrückenden Erwerber an eine nicht von ihm getroffene Vereinbarung nach S. 4 Alt. 2 binden will, übersieht diesen systematischen Normzusammenhang und die jeweils unterschiedlichen Voraussetzungen einer Tarifgeltung.

Mit dem Ausschluss der Tarifwechselklausel als Vereinbarung i.S.d. S. 4 Alt. 2 aufgrund ihres Charakters als Vertragsinhalt i.S.d S. 1 sind aber keine weiteren Aussagen verbunden. Insbesondere ist damit noch nichts darüber gesagt, inwiefern eine vertragliche Tarifwechselklausel auch nach Betriebsübergang zu beachten ist und sich gegen die Fortgeltung des bisherigen Tarifvertrages

---

878 *Bauer/Günter*, NZA 2008, 6.

879 *Reichold*, in: Fuchs/Reichold, Teil VI Rdnr. 201.

880 *Hanau*, NZA 2005, 489, 492.; *Jacobs*, BB 2011, 2037, 2040, 2041.

881 *Henssler*, in: HWK, § 3 TVG Rdnr. 30b; *Bauer/Günter*, NZA 2008, 6, 11.

882 *Hohenstatt*, in: WHSSS, Abschn. E Rdnr. 206; *Rinck*, RdA 2010, 216, 223.

883 *Picot/Schnitker*, Teil I Abschn. F Rdnr. 303; *Jacobs*, in: FS Birk, S. 243, 263.

durchsetzen kann. Diese Frage betrifft aber nicht den vermeintlichen Normzusammenhang von S. 1 und S. 4 Alt. 2, sondern die Kollisionslage zwischen S. 1 und S. 2.[884] Beide Normbestandteile enthalten Regelungen, die den arbeitsvertraglichen (S. 1) wie tariflichen (S. 2) Standard an Arbeitsbedingungen nach Betriebsübergang erhalten wollen.[885] Der Geltungsgrund ist jedoch in beiden Fällen allein das Gesetz. In diesem Zusammenhang kann die Bezugnahmeklausel dazu führen, dass eine abweichende Tarifgeltung sich gegenüber der Fortgeltung des Veräußerertarifvertrages nach S. 2 durchsetzt. Dazu ist es aber nicht erforderlich, eine auf einer wertenden Betrachtung basierende Verbindung der Bezugnahmeklausel mit einer an sich noch zu treffenden Vereinbarung nach Betriebsübergang zu schaffen. Die Auffassung, die eine „antizipierte Vereinbarung" i.S.d. Alt. 2 in Gestalt der Tarifwechselklausel und deren Eingang in das Arbeitsverhältnis über S. 1 allein aufgrund wertender Betrachtung erblickt, ist demnach abzulehnen.

bb.) Vereinheitlichungsinteresse des Erwerbers

Eine andere Auffassung begründet die vorweggenommene Vereinbarung in Gestalt der Tarifwechselklausel mit den Vereinheitlichungsinteressen des Erwerbers.[886] Dieses Interesse sei in § 613a Abs. 1 BGB insbesondere durch die Regelungen in S. 3 und S. 4 geschützt. Dadurch werde sichergestellt, dass den Arbeitnehmern der tarifliche Schutz durch Anwendung des sachnäheren und insgesamt einschlägigen Tarifvertrages (des Erwerbers) nach Betriebsübergang zukommt.[887] Dieser Schutz werde durch die Richtigkeitsgewähr dieses „anderen" Tarifvertrages vermittelt.[888] Gleichzeitig könne der Erwerber den für ihn geltenden und einschlägigen Tarifvertrag einheitlich für alle Arbeitnehmer anwenden und die Arbeitsbedingungen insgesamt anpassen. Diese Auffassung verkennt jedoch den eindeutigen Wortlaut der Alt. 2, die eine noch zu treffende Vereinbarung beschreibt („vereinbart wird").[889] Das Vereinheitlichungsinteresse des Erwerbers kann dem Wortlaut der

---

884 *Lambrich*, in: FS Ehmann, S. 169, 234; *Reichel*, arbeitsvertragliche Bezugnahme, S. 203, 204; *Heinze*, in: FS Schaub, S. 275, 293, die allesamt eine Tarifwechselklausel als Mittel zur Kollisionsauflösung zwischen S. 1 und S. 2 ablehnen, hier kann nur das Günstigkeitsprinzip gelten, BAG v. 22.04.2009 – 4 AZR 100/08 – NZA 2010, 41, 43 Rdnr. 27, 29; a.A *Rinck*, RdA 2010, 216, 222, 223.

885 *Hohenstatt*, in: WHSSS, Abschn. E Rdnr. 123, 174, 191.

886 *Willemsen/Müller-Bonanni*, in: HWK, § 613a BGB Rdnr. 280a.

887 *Annuß*, RdA 2000, 179, 182; *Annuß*, BB 1999, 2558, 2561.

888 *Reufels*, in: Thüsing/Braun, 8. Kap. Rdnr. 71; *Bauer/Günter*, NZA 2008, 6, 11.

889 *Reichold*, in: Fuchs/Reichold, Teil VI Rdnr. 210; *Gussen /Dauck*, Rdnr. 266.

Norm nach nur soweit reichen, wie er selbst eine entsprechende Harmonisierung der Arbeitsbedingungen erreicht. Dies setzt eine Vereinbarung zwischen ihm und dem Arbeitnehmer voraus. Eine zeitlich vor dem Betriebsübergang liegende Vereinbarung reicht nicht aus, sie dient schon dem natürlichen Begriffsverständnis nach nicht den Interessen des Erwerbers, sondern vielmehr denen des Veräußerers.[890] Der Wortlaut fungiert hier methodisch als Grenze der Auslegung und beschränkt den Erwerber i.R.d. S. 4 Alt. 2 auf eigene „Vereinbarungen". Bis dahin gilt der Veräußerertarifvertrag über S. 2 und vermittelt den Schutz der darin enthaltenen Arbeitsbedingungen.

cc.) Vergleichbarkeit mit § 4 Abs. 5 TVG

Schließlich soll die vorweggenommene Einigung in Gestalt einer Tarifwechselklausel aufgrund einer Parallelbetrachtung zu § 4 Abs. 5 TVG möglich sein.[891] I.R.d. § 4 Abs. 5 TVG seien Tarifwechselklauseln als „andere Abmachung" anerkannt.[892] Dies müsse auch für einen Betriebsübergang gelten, da § 613a Abs. 1 S. 2 BGB einer Nachwirkung i.S.d. § 4 Abs. 5 TVG entspreche.[893] Die aufgrund der Bezugnahmeklausel nach Betriebsübergang über S. 1 anwendbaren Tarifverträge verdrängten dann die über S. 2 nachwirkenden Tarifregelungen des Veräußerers. Diese Rechtsfolge sei auf die Möglichkeit der ursprünglichen Arbeitsvertragsparteien zurückzuführen, im Wege einer privatautonomen Vereinbarung die Tarifgeltung in einer bestimmten Art und Weise auch für die Zukunft regeln zu können.[894] Hieran müsse sich auch der Erwerber festhalten lassen.

Dieser Auffassung kann nicht gefolgt werden. Die Problematik dieser Sichtweise liegt in der Wirkungsweise der tariflichen Fortgeltung i.S.d. § 613a Abs. 1 S. 2 BGB. Die Fortgeltungsregelung führt zu einer faktisch normativ wirkenden Tarifbindung des Erwerbers an die Tarifregelungen.[895] Diese Tarifbindung besteht im Fall der Alt. 2 nach wie vor, weil die Regelungen des Veräußerertarifvertrages nicht abgelöst worden sind (S. 3) oder ihre „Nichtmehrgeltung" nach Alt. 1 mit der Folge der Nachwirkung eingetreten ist. Die Tarifregelungen weisen i.R.d. Alt. 2 gegenüber der Nachwirkung eine strengere, weil zwingende Bindungstiefe

890 *Lambrich*, in: FS Ehmann, S. 169, 234.
891 *Heise*, in: Thüsing/Braun, 11. Kap. Rdnr. 39.
892 BAG v. 17.01.2006 – 9 AZR 41/05 – NZA 2006, 923, 925 Rdnr. 25.
893 *Leitmeier*, Nachwirkung von Tarifverträgen, S. 47, 48.
894 *Hohenstatt*, in: WHSSS, Abschn. E Rdnr. 206.
895 BAG v. 22.04.2009 – 4 AZR 100/08 – NZA 2010, 41, 46 Rdnr. 63.

auf. Eine individualrechtliche Ersetzung dieser nicht nur i.S.d. § 4 Abs. 5 TVG nachwirkenden, sondern faktisch normativen Tarifbindung durch eine Tarifwechselklausel kann damit mangels einer vergleichbaren Ausgangslage nicht aufgrund einer Parallele zu § 4 Abs. 5 TVG gerechtfertigt werden. Es verbleibt bei dem Wortlaut der Alt. 2, wonach eine Vereinbarung getroffen „wird" und sich somit Erwerber und Arbeitnehmer hinsichtlich einer abweichenden Tarifgeltung einigen müssen. Eine andere Tarifgeltung kann dem Erwerber aber nicht im Wege einer antizipierten Einigung auferlegt werden.[896] Davon zu unterschieden ist der Fall, in dem die Tarifregelungen des Veräußerers bereits im Zeitpunkt des Betriebsübergangs nur noch i.S.d. § 4 Abs. 5 TVG nachwirken. Dies betrifft aber nicht mehr länger den eigentlichen Regelungsfall des § 613a Abs. 1 S. 2 BGB, der die normative Geltung der Tarifregelungen vor Betriebsübergang voraussetzt.[897] Wenn aber S. 2 als Regelungsregime und systematische Verbindung zu S. 4 Alt. 2 nicht gilt, steht einem Tarifwechsel kraft entsprechender Vertragsklausel nichts im Wege, da § 4 Abs. 5 TVG dann direkt und nicht bloß im Wege der Parallelwertung gilt. § 613a Abs. 1 S. 2 BGB steht dem dann nicht entgegen und die Tarifwechselklausel erfüllt den ihr zugedachten Zweck. Dann ist auch der systematische Gleichlauf zu Alt. 1 wieder hergestellt. Dort kann der Erwerber im Fall der Nachwirkung einzelne Arbeitsbedingungen individualvertraglich regeln, weil der Tarifvertrag nicht mehr „gilt". In beiden Fällen realisiert sich der Ausnahmecharakter der jeweiligen Alternative. Dies gilt aber nicht, wenn S. 2 direkt eingreift.

dd.) Stellungnahme

Die Argumente, die zu einer vorweggenommenen Einigung durch Tarifwechselklausel im Rahmen von § 613a Abs. 1 S. 4 Alt. 2 BGB vorgebracht werden, können nicht überzeugen.[898] Der Geltungsgrund des S. 1 ist allein das Gesetz, wonach der Erwerber in die Rechte und Pflichten des Arbeitsvertrages eintritt. S. 4 Alt. 2 enthält dagegen eine individualrechtliche Möglichkeit, die kraft Gesetzes bestehende Fortgeltung des S. 2 zu überwinden.[899] Hier fehlt es aufgrund des jeweils unterschiedlichen Geltungsgrundes an einer Vergleichbarkeit, die auch nicht durch eine Zumutbarkeitsargumentation überwunden werden kann. Schließlich steht der

---

896 *Reichold*, in: Fuchs/Reichold, Teil VI Rdnr. 210.

897 S.o. B.) 1.) b.).

898 *Reichel*, arbeitsvertragliche Bezugnahme, S. 203, 204 ; *Heinze*, in: FS Schaub, S. 275, 293.

899 *Willemsen/Müller-Bonanni*, in: HWK, § 613a BGB Rdnr. 281, 282.

eindeutige Wortlaut des S. 4 Alt. 2 („getroffen wird") einer vorweggenommenen Einigung schon vor Betriebsübergang entgegen.[900] Dem kann dann auch nicht die Deutungsoffenheit der Gesetzesbegründung[901] entgegen gehalten werden. Dort ist lediglich von „einer Vereinbarung" die Rede, aufgrund der „ein anderer – allerdings nur der einschlägige – Tarifvertrag" auf das Arbeitsverhältnis angewendet wird. Eine solche Vereinbarung kann auch zwischen Erwerber und Arbeitnehmer nach Betriebsübergang getroffen werden. Jedoch kann dies nicht die eindeutige Formulierung des § 613a Abs. 1 S. 4 Alt. 2 BGB ersetzen, wonach eine Vereinbarung „zwischen dem neuen Inhaber und dem Arbeitnehmer" getroffen werden muss, damit die Ausnahmevorschrift der Alt. 2 greift. Eine vorweggenommene Einigung in Gestalt einer Tarifwechselklausel ist demnach abzulehnen.[902] Die Tarifwechselklausel bleibt deswegen aber nicht vollständig unberücksichtigt.[903] Die Frage, ob sie Rechtswirkung auch für den Erwerber entfaltet, verlagert sich auf die Kollisionsprüfung im Verhältnis von S. 1 zu S. 2. I.Ü. entfaltet sie ihre Wirkung bei im Zeitpunkt des Betriebsübergangs nur noch nachwirkenden Tarifregelungen.

d.) Ergebnisse zu den Anpassungsmöglichkeiten des Erwerbers nach § 613a Abs. 1 S. 4 Alt. 2 BGB

Der Erwerber kann eine „andere" Tarifgeltung durch privatautonome Vereinbarung mit dem Arbeitnehmer erreichen. Eine Änderungskündigung kann wie bei Alt. 1 nicht unter erleichterten Voraussetzungen ausgesprochen werden. Arbeitsvertragliche Bezugnahmeklauseln sind darüber hinaus nicht geeignet, eine abweichende Tarifbindung des Erwerbers durch Überwindung der Fortgeltungsregel des S. 2 zu begründen. Die Möglichkeiten des Erwerbers zur Vereinheitlichung der Arbeitsbedingungen über S. 4 Alt. 2 sind somit beschränkt. Dies entspricht aber, insoweit systematisch auch im Vergleich zu Alt. 1 kohärent, dem Ausnahmecharakter der Alt. 2.

900 *Reichold*, in: Fuchs/Reichold, Teil VI Rdnr. 210; *Lambrich*, in: FS Ehmann, S. 169, 234; a.A. *Grau*, in: HMB, Teil 15 Rdnr. 158; *Rinck*, RdA 2010, 216, 223, die den Wortlaut nicht für allein ausschlaggebend hält.

901 BT-Drucks. 8/3317 S. 7, 11.

902 *Willemsen*, Bezugnahme auf Tarifvertrag, S. 228; *Thüsing/Lambrich*, RdA 2002, 193, 212; *Franzen*, in: ErfK, § 3 TVG Rdnr. 41a; *Annuß*, BB 1999, 2558, 2561; *Müller-Glöge*, in: MüKo, § 613a Rdnr. 138.

903 BAG v. 24.02.2010 – 4 AZR 691/08 – NZA-RR 2010, 530, 533; BAG v. 21.10.2009 – 4 AZR 396/08 – NZA-RR 2010, 361, 363; *Grau*, in: HMB, Teil 15 Rdnr. 154, 157.

4.) Gestaltungsmöglichkeiten des Erwerbers bei vertraglicher Bezugnahme auf tarifliche Regelungen - § 613a Abs. 1 S. 1 BGB

Neben der originären Tarifgeltung spielt die vertragliche Bezugnahme auf Tarifregelungen eine bedeutende Rolle. Schließen Veräußerer und Arbeitnehmer vor Betriebsübergang einen Arbeitsvertrag, der eine Bezugnahme auf Tarifregelungen enthält, ist der Erwerber hieran individualrechtlich über § 613a Abs. 1 S. 1 BGB als Partei des Arbeitsvertrages gebunden.[904] Gemäß S. 1 gilt der in Bezug genommene Tarifvertrag damit nicht normativ (§§ 3, 4 TVG).[905] Aus diesem Grund kann der Arbeitnehmer grundsätzlich auf tarifliche Rechte verzichten und es können zu seinem Nachteil wirkende Vereinbarungen getroffen werden.[906] Deshalb kann der Erwerber die bei ihm nach Betriebsübergang nach S. 1 geltenden Arbeitsbedingungen anpassen, indem er die Bezugnahmeklausel mit vertraglichen Mitteln verändert. Zu beachten ist aus seiner Sicht aber immer, dass mit den §§ 613a Abs. 1 S. 2, 3 BGB schon andere selbständige Geltungsgründe tariflicher Inhalte gegeben sein können. So kann der Veräußerertarifvertrag etwa eigenständig über S. 2 und gleichzeitig kraft Bezugnahme über S. 1 anwendbar sein. Der Erwerber ist dann aus zwei Geltungsgründen an die Tarifregelungen gebunden. Eine Klauselanpassung käme zur Vereinheitlichung der Arbeitsbedingungen nur in Betracht, wenn sich die Bezugnahmeklausel gegen die faktisch normative Tarifgeltung vorrangig durchsetzt. Aus gestalterischer Sicht sind dabei die inhaltliche Reichweite, die Typik der Bezugnahmeklausel und das Abschlussdatum des Arbeitsvertrages mit Bezugnahmeklausel zu beachten.

a.) Die Dynamik von Bezugnahmeklauseln als Regelfall

Bezugnahmeklauseln lassen sich ihrer Typik nach in dynamische (große und kleine) und statische Bezugnahmeklauseln unterteilen. Sie sind, sofern sie nicht eindeutig einem bestimmten Klauseltyp[907] zugeordnet werden können, grundsätzlich nach den allgemeinen Regeln auszulegen.[908] Wenn dabei nicht eine statische,

---

904 *Stein*, in: Kempen/Zachert, § 3 Rdnr. 153.

905 *Hohenstatt*, in: WHSSS, Abschn. E Rdnr. 175.

906 *Hromadka/Maschmann/Wallner*, Der Tarifwechsel, Rdnr. 74, 75 ff.

907 Zu den Klauseltypen s. o. B.) 3.) c.).

908 *Rinck*, RdA 2010, 216, 217.

weil ausdrücklich sprachliche und inhaltliche Bezugnahme auf einen bestimmten Tarifvertrag in einer bestimmten Fassung vorliegt[909], soll es sich im Zweifel um eine kleine dynamische Klausel handeln.[910] Der Grund dafür liegt in der aus Sicht des Arbeitnehmers regelmäßig interessengerechten Ankoppelung an die weitere Tarifentwicklung.[911] Gerade dieses zeitlich-dynamische Element prägt eine kleine dynamische Bezugnahmeklausel, die einen bestimmten Tarifvertrag oder ein Tarifvertragswerk einer Branche in der jeweils gültigen Fassung inhaltlich in Bezug nimmt.[912] Ohne besondere Anhaltspunkte liegt aber auch keine große dynamische Bezugnahmeklausel vor, die sowohl zeitlich wie auch inhaltlich dynamisch ausgestaltet ist.[913] Damit ist die kleine dynamische Bezugnahmeklausel der Regelfall der inhaltlichen Reichweite einer vertraglichen Bezugnahmeklausel.[914]

b.) Die Wirkungsweise von Bezugnahmeklauseln

Während die Wirkungsweise großer dynamischer und statischer Bezugnahmeklauseln von jeher jeweils unverändert gleich verstanden wurde, ist diesbezüglich bei kleinen dynamischen Bezugnahmeklauseln zwischen einer deklaratorischen Wirkung i.S.e. Gleichstellungsabrede und einer ausschließlich konstitutiven Rechtsgeltung als schuldrechtliche Anspruchsgrundlage nach § 613a Abs. 1 S. 1 BGB zu unterscheiden.[915]

aa.) Deklaratorische Wirkung als Ausfluss des Gleichstellungszwecks

Die Rechtsprechung hat kleine dynamische Bezugnahmeklauseln in der Vergangenheit konträr zu ihrem Wortlaut als statisch wirkende Gleichstellungsabreden

---

909 Dies entspricht einer statischen Bezugnahme, *Henssler*, in; HMB, Teil 10 Rdnr. 53.

910 BAG v. 14.12.2011 – 10 AZR 447/10 – ZTR 2012, 282, 283; BAG v. 19.05.2010 – 4 AZR 796/08 – NZA 2010, 1183, 1185; *Reufels*, in: Hümmerich/Reufels, Rdnr. 1308.

911 *Däubler*, Tarifvertragrecht Rdnr. 333.

912 *Greiner*, NZA 2009, 877.

913 BAG v. 17.11.2010 – 4 AZR 391/09 – NZA 2011, 356, 358; *Jordan/Bissels*, NZA 2010, 71, 72.

914 *Jacobs*, BB 2011, 2037, 2039; *Bopp*, in: Tschöpe, Teil 2 G Rdnr. 199.

915 *Treber*, in: Schaub, § 206, Rdnr. 45; *Röller/Wissmann*, in: FS Küttner, S. 465, 472, 473.

ausgelegt.[916] Damit war im Ausgangspunkt jedoch kein bloß deklaratorischer, allein die Rechtslage wiedergebender sondern ein konstitutiver, also rechtsbegründender Akt beabsichtigt.[917] Erreicht werden sollte aus Arbeitnehmerschutzgründen lediglich eine Gleichbehandlung von Außenseitern und tarifgebundenen Arbeitnehmern im Betrieb eines tarifgebundenen Arbeitgebers.[918]

Zu differenzieren ist im Ausgangspunkt demnach zwischen Außenseitern und tarifgebundenen Arbeitnehmern. Für Außenseiter soll über den Arbeitsvertrag mit konstitutiver Wirkung die Rechtslage hergestellt werden, die für tarifgebundene Arbeitnehmer kollektivrechtlich gilt, i.R.e. Betriebsübergangs also z.B. die statische Tariffortgeltung über § 613a Abs. 1 S. 2 BGB. Gerade in diesem Fall wird für Außenseiter die konstitutiv und statisch wirkende, vertragliche Bezugnahmeklausel faktisch aber auf eine deklaratorische Verweisung reduziert, da auch für die vertragliche Ebene die tariflichen Maßstäbe des § 613a Abs. 1 S. 2 BGB gelten sollten.[919] Sie fungierte folglich nur als bloße Wiedergabe dessen, was ohnehin statisch nach S. 2 gilt. Diese deklaratorische Wirkung wird für Außenseiter aus Vertrauensschutzgründen für Arbeitsverträge mit entsprechenden Bezugnahmeklauseln, die vor dem 01.01.2002 abgeschlossen wurden, aufrecht erhalten.[920] Für tarifgebundene Arbeitnehmer wirken kleine dynamische Bezugnahmeklauseln stets konstitutiv, der vertraglich vermittelte, eigenständige Geltungsgrund einer Tarifbindung kann nicht deshalb entfallen, weil der Arbeitnehmer wie der Arbeitgeber originär tarifgebunden ist und die Tarifgeltung bereits gem. §§ 3, 4 TVG eintritt.[921] Jedoch kann sich auch bei Altverträgen tarifgebundener Arbeitnehmer die Gleichstellungsrechtsprechung auswirken, da das Bundesarbeitsgericht im Ausgangspunkt hierbei nicht zwischen der Tarifbindung der jeweiligen Arbeitnehmer differenziert.[922] Die Gleichstellungsdogmatik als einziger Regelungsinhalt kleiner dynamischer Bezugnahmeklauseln prägt damit Altverträge generell, auch die der tarifgebundenen Arbeitnehmer. Aus diesem Grund ist es auch für diese Arbeitnehmergruppe denkbar, dass eine konstitutive Bezugnahmeklausel auf eine

916 Zuletzt BAG v. 19.03.2003 – 4 AZR 331/02 – NZA 2003, 1207, 1208.

917 *Bepler*, RdA 2009, 65, 72 unter Verweis auf BAG v. 29.08.2007 – 4 AZR 767/06 – NZA 2008, 364, 366.

918 *Jacobs*, NZA Beil. 1/2009, 45, 50.

919 *Röller/Wissmann*, in: FS Küttner, S. 465, 467; *Thüsing*, NZA 2003, 1184, 1185.

920 Krit. *Simon/Kock/Halbsguth*, ZIP 2006, 726, 728; ablehnend *Höpfner*, NZA 2008, 91, 93; *Spielberger*, NZA 2007, 1086, 1089; *Clemenz*, NZA 2007, 769, 773; *Olbertz*, BB 2007, 2737, 2740; *Gaul/Naumann*, DB 2007, 2594, 2596.

921 *Hohenstatt*, in: WHSSS, Abschn. E Rdnr. 178.

922 *Willemsen*, Bezugnahme auf Tarifvertrag, S. 223.

deklaratorische Verweisung reduziert wird.[923] Diese Differenzierungen sind stets für kleine dynamische Bezugnahmeklauseln entscheidend und sind für die Gestaltungsoptionen des Erwerbers in diesem Bereich von enormer Bedeutung.

bb.) Konstitutive Geltung aufgrund der Klauseldynamik

Nach der endgültigen Rechtsprechungsänderung durch den 4. Senat[924] sind kleine dynamische Bezugnahmeklauseln nicht mehr länger als Gleichstellungsabreden auszulegen. Dies gilt in erster Linie für Arbeitsverträge, die nach dem 01.01.2002 abgeschlossen wurden, jedoch auch für Altverträge, die nach dem 01.01.2002 inhaltlich geändert wurden, wobei die Parteien die stets konstitutive Klauselwirkung und deren Bedeutung zum Gegenstand ihres erklärten Parteiwillens i.S.d. §§ 133, 157 BGB gemacht haben müssen.[925] Entscheidend sind nunmehr allein der Klauselwortlaut und damit die eigentliche, inhaltliche Klauseldynamik selbst.[926] Danach gewährt eine solche Klausel arbeitsvertragliche Ansprüche nach § 613a Abs. 1 S. 1 BGB und begründet eine sich stets dynamisch aktualisierende Tarifgeltung auch nach Betriebsübergang.[927] Dies ist auch unter gemeinschaftsrechtlichen Gesichtspunkten unbedenklich.[928] Der EuGH hatte zwar entschieden, dass die mit der Gleichstellungsdoktrin des 4. Senats verbundene statische Fortgeltung einer Bezugnahmeklausel, die ihrem Wortlaut nach eine dynamische Tarifankopplung vorsieht, richtlinienkonform ist.[929] Damit ist jedoch nicht gemeint, dass eine Fortgeltung i.R.d. § 613a Abs. 1 BGB immer nur statisch erfolgen kann.[930] Eine grundsätzlich statische Fortgeltung gerade von originären Tarifregelungen darf, so der EuGH, durch Vorgaben des nationalen Gesetzgebers nicht zu einer dynamischen werden.[931] Danach kann die Fortgeltung originärer Tarifinhalte über § 613a Abs. 1 S. 2 BGB immer nur statisch erfolgen.[932] Die negative Koalitionsfreiheit des

---

923 *Willemsen*, Bezugnahme auf Tarifvertrag, S. 143; s.u. B.) 4.) d.) bb.) (2) (a).

924 BAG v. 18.04.2007 – 4 AZR 652/05 – NZA 2007, 965 ff.

925 BAG v. 16.05.2012 – 4 AZR 290/10 – ZTR 2012, 707, 708; BAG v. 19.11.2011 – 4 AZR 811/09 – ZTR 2012, 226, 227; BAG v. 18.11.2009 – 4 AZR 514/08 – ZTR 2010, 256.

926 *Schwarz*, BB 2010, 1021, 1022.

927 *Henssler*, in: HMB, Teil 10 Rdnr. 48.

928 EuGH, NZA 2006, 376 ff. – Werhof.

929 EuGH, a.a.O.

930 So aber *Nicolai*, DB 2006, 670, 672; *Melot de Beauregard*, NJW 2006, 2522, 2525; *Meinel/Herms*, DB 2006, 1429, 1430, 1433.

931 *Hohenstatt/Kuhnke*, RdA 2009, 107, 108.

932 BAG v. 20.06.2001 – 4 AZR 295/00 – NZA 2002, 517, 519.

Erwerbers ist aber dann nicht tangiert, wenn die Fortgeltung nicht originär tariflicher sondern gerade arbeitsvertraglicher Inhalte kraft Bezugnahme wie bei § 613a Abs. 1 S. 1 BGB auf einer privatautonomen Grundlage dynamisch erfolgt.[933] Die damit verbundene Frage der Auslegung der Bezugnahmeklausel zur Ermittlung ihrer Reichweite ist somit gemeinschaftsrechtlich neutral.[934]

Die konstitutive Wirkung kleiner dynamischer Bezugnahmeklauseln führt für tarifgebundene Arbeitnehmer dazu, dass bei Betriebsübergang Tarifregelungen eigenständig sowohl über § 613a Abs. 1 S. 2 (oder S. 3) als auch über S. 1 rechtsbegründend gelten. Für die Gestaltungsoptionen des Erwerbers ist daher maßgeblich, welche der Fortgeltungsregeln vorrangig Geltung beansprucht. Danach richten sich dann auch die unterschiedlichen, weil einerseits vertraglichen und andererseits kollektivrechtlichen Gestaltungsmöglichkeiten. Hier ist eine Mehrzahl von Fallgestaltungen möglich.

c.) Erste Fallgruppe: Keine Tarifbindung von Veräußerer und Erwerber

Sind weder Veräußerer noch Erwerber tarifgebunden, kann auch keine normative Tarifbindung des tarifgebundenen Arbeitnehmers bestehen. Tarifregelungen können anlässlich eines Betriebsübergangs nur über eine vertragliche Bezugnahmeklausel nach § 613a Abs. 1 S. 1 BGB zur Anwendung kommen.[935] Eine faktisch normative Fortgeltung über § 613a Abs. 1 S. 2 BGB scheidet mangels Tarifbindung des Veräußerers und entsprechendem tariflichen Bezugsobjekt ebenso aus wie eine Ablösung nach S. 3. In dieser Konstellation ist auch eine Unterscheidung zwischen „Alt- und Neuverträgen", also Arbeitsverträgen mit kleinen dynamischen Bezugnahmeklauseln, die jeweils vor oder nach dem 01.01.2002 abgeschlossen wurden, entbehrlich.[936] Dies liegt daran, dass es dem Veräußerer vor Betriebsübergang mangels eigener Tarifbindung nie um eine Gleichstellung von Außenseitern und tarifgebundenen Arbeitnehmern gegangen sein kann.[937]

---

933 BAG v. 23.09.2009 – 4 AZR 331/08 – BB 2010, 1796, 1797; *Reinecke*, BB 2006, 2637, 2641.; *Schiek*, Europäisches Arbeitsrecht, S. 286; krit. dagegen *Thüsing*, NZA 2006, 473, 474.

934 BAG v. 18.04.2007 – 4 AZR 652/05 – NZA 2007, 965, 969; *Thüsing*, NZA 2006, 473, 475.; *Reichold*, JZ 2006, 725, 727.

935 *Hohenstatt*, in: WHSSS, Abschn. E Rdnr. 191.

936 BAG v. 25.09.2002 – 4 AZR 294/01 – NZA 2003, 807, 809.

937 *Henssler*, in: FS Wißmann, S. 133, 152.

Damit ist für jeden Klauseltyp stets eine am Wortlaut der Klausel orientierte Auslegung erforderlich, um die Reichweite der Erwerberbindung zu ermitteln.[938] Diese Auslegung muss ergeben, ob die Klausel statisch oder dynamisch wirkt und im letzteren Fall, ob eine kleine oder große Bezugnahmeklausel vorliegt.

aa.) Klauselauslegung nach §§ 133, 157 BGB ohne Gleichstellungszweck

Ergibt die Auslegung nach §§ 133, 157 BGB, dass eine statische Bezugnahmeklausel vorliegt, ist der Erwerber nur an den darin zeitlich und inhaltlich genau bestimmten Tarifvertrag gebunden. Im Fall einer kleinen dynamischen Bezugnahmeklausel entsteht eine dynamische „Ewigkeitsbindung" des Erwerbers an die in Bezug genommenen Tarifregelungen.[939] Auch wenn besondere Umstände[940] vorliegen und damit ausnahmsweise eine große dynamische Bezugnahmeklausel vorliegen sollte, ändert sich in dieser Konstellation für den Erwerber mangels eigener Tarifbindung im Vergleich zum Ergebnis bei einer kleinen dynamischen Bezugnahmeklausel nichts. Es kann zu keinem aufgrund des Betriebsübergangs eintretenden Tarifwechsel hin zu dem einschlägigen Tarifvertrag auf Erwerberseite kommen.

bb.) Gestaltungsmöglichkeiten des Erwerbers

Die Gestaltungsziele des Erwerbers orientieren sich am jeweiligen Klauseltyp. Liegt eine statische Bezugnahmeklausel vor, wird der Erwerber eine Klauselanpassung (nur) dort zu erreichen suchen, wo andere, an sich einschlägige Tarifverträge für ihn günstiger oder sachnäher sind oder von ihm arbeitsvertraglich bereits in Bezug genommen werden.[941] Dann wird er durch deren Anwendung eine Vereinheitlichung der Arbeitsbedingungen in seinem Betrieb anstreben. Im Fall einer dynamischen Bezugnahmeklausel kommt es dem Erwerber primär darauf an, die Klauseldynamik und damit seine vertragliche „Ewigkeitsbindung" an diese Tarifregelungen zu beseitigen.[942] Dann bliebe eine nur statische Bindung an den

---

938 *Gaul*, ZfA 2003, 75, 94, 95.
939 *Jacobs*, in: FS Birk, S. 243, 250.
940 Hierzu *Rinck*, RdA 2010, 216, 217; *Lorenz*, in: Däubler, § 3 Rdnr. 228 ff.
941 *Hohenstatt*, in: WHSSS, Abschn. E Rdnr. 180; *Jacobs*, NZA Beil. 1/2009, 45,50.
942 *Giesen*, NZA 2006, 625, 631.

in Bezug genommenen Tarifvertrag übrig.[943] Neben der Entdynamisierung kann und wird der Erwerber somit auch hier eine Anwendung der von ihm in Bezug genommenen Tarifregelungen anstreben.

(1) Statische Bezugnahmeklausel

Zur Anpassung einer statischen Bezugnahmeklausel kommen aufgrund der Fortgeltung nach S. 1 allein vertragliche Gestaltungsmittel in Betracht. Dabei gilt die Veränderungssperre des § 613a Abs. 1 S. 2 BGB in dieser Konstellation weder direkt noch analog.[944] Für eine direkte Anwendung der Norm fehlt es in dieser Konstellation an der normativen Tarifbindung des Veräußerers vor Betriebsübergang. Mit dem Argument, der tarifgebundene Arbeitnehmer dürfe allein wegen der fehlenden Tarifbindung seines bisherigen Arbeitgebers den Schutz des § 613a Abs. 1 S. 2 BGB nicht verlieren, kann auch eine analoge Anwendung nicht gerechtfertigt werden. Es fehlt hier am Schutzbedürfnis, da S. 2 nur solche Arbeitnehmer schützen will, die vormals originär tarifgebunden waren, und damit einer planwidrigen Regelungslücke.[945] Daraus folgt, dass die Arbeitsbedingungen der betroffenen Arbeitnehmer auch schon vor Ablauf der einjährigen Sperrfrist zu deren Nachteil geändert werden dürfen. Das Günstigkeitsprinzip des § 4 Abs. 3 TVG gilt hier nicht.[946]

(a) Änderungsvertrag und vertragliche Leistungsbestimmungsrechte

Durch vertragliche Vereinbarung können Erwerber und betroffene Arbeitnehmer stets die statische Tarifgeltung über § 613a Abs. 1 S. 1 BGB beenden und durch die dynamisch oder statisch wirkende vertragliche Bezugnahme eines anderen, einschlägigen Tarifvertrages ersetzen.[947] Die Wahrscheinlichkeit, dass eine solche Vereinbarung erzielt wird ist gering, wenn der tarifgebundene Arbeitnehmer dazu für ihn insgesamt ungünstigere Arbeitsbedingungen akzeptieren müsste.[948] Der Erwerber wäre überdies gehalten, die betroffenen Arbeitnehmer umfassend über den Klauselwechsel zu unterrichten, will er keine arglistige Täuschung nach § 123 BGB begehen.[949] Etwas anderes würde zum Teil gelten, wenn der nicht tarifgebundene

943 *Müller-Bonanni/Mehrens*, NZA 2012, 195, 197.
944 *Gaul*, ZfA 2003, 75, 94.
945 *Annuß*, RdA 2000, 179, 181; *Henssler*, in: FS Schaub, S. 311, 322.
946 Im Umkehrschluss *Preis*, in: ErfK, § 613a BGB Rdnr. 117.
947 *Oetker*, in: Wiedemann, § 3 Rdnr. 311.
948 *Jacobs*, NZA Beil. 1/2009, 45, 51.
949 *Klebeck*, NZA 2006, 15, 20.

Erwerber einen formularvertraglichen Widerrufsvorbehalt ausüben könnte.[950] Dann wäre er in der Lage, durch ein vertragliches Leistungsbestimmungsrecht zumindest eine bestimmte tarifliche Leistung, z.B. den Tariflohn, zu verändern. Wenn dem tarifgebundenen Arbeitnehmer aufgrund einer statischen Bezugnahmeklausel ein bestimmtes Lohnniveau zusteht, kann der Erwerber dieses durch entsprechenden Widerruf an die für ihn einschlägigen Tarifverträge angleichen. Ein solches Widerrufsrecht ist wirksam, wenn es den Vorgaben der §§ 307 Abs. 1 S. 2, 308 Nr. 4 BGB entspricht.[951] Danach muss die Vertragsklausel einen oder mehrere Widerrufsgründe enthalten und die widerrufliche Leistung ihrer Höhe nach bestimmen.[952] Zusätzlich muss der Widerruf nach einer Interessenabwägung für den Arbeitnehmer zumutbar sein, ohne dass dabei das Vertragsgleichgewicht durch einseitige Leistungsbestimmung wesentlich gestört wird.[953] Grenze der Zumutbarkeit ist das Wirtschaftsrisiko des Erwerbers als Arbeitgeber, das nicht auf den Arbeitnehmer abgewälzt werden darf.[954] Nach der Rechtsprechung sind Widerrufsvorbehalte nicht zu beanstanden, die 25–30% der Gesamtvergütung betreffen und das Tariflohnniveau nicht unterschreiten.[955] Der Erwerber kann, sofern vorhanden, von einem wirksam vereinbarten Widerrufsvorbehalt in Bezug auf den Arbeitslohn zu eigenen Gunsten Gebrauch machen. Der dann von ihm gezahlte Lohn muss aber dem des für ihn einschlägigen Tarifvertrages entsprechen und darf gemessen an dem bisher aufgrund der statischen Bezugnahmeklausel geschuldeten Lohn diesen um nicht mehr als 25–30% unterschreiten. Solche Widerrufsvorbehalte werden aber kaum einmal wirksam vereinbart und in den Arbeitsverträgen enthalten sein.

(b) Änderungskündigung

Will der Erwerber die statische Bezugnahme beseitigen und eine vertragliche Bezugnahme auf einen anderen Tarifvertrag etablieren, kommt auch eine Änderungskündigung in Betracht. Ob eine mit dieser Zielsetzung ausgesprochene Änderungskündigung Erfolg haben kann, hängt entscheidend von dem verfolgten Zweck ab. Allein die Vereinheitlichungsinteressen des Erwerbers auf der Grundlage des

---

950 *Otto*, Bezugnahmeklauseln, S. 204, 205.

951 *Diekmann/Rieder*, DB 2005, 722, 724; nach anderer Ansicht bleibt § 315 BGB anwendbar, s. *Hanau/Hromadka*, NZA 2005, 73, 74, 75.

952 BAG v. 11.10.2006 – 5 AZR 721/05 – NZA 2007, 87, 89.

953 BAG a.a.O.

954 *Brox/Rüthers/Henssler*, Rdnr. 388.

955 st. Rspr. BAG v. 07.12.2005 – 5 AZR 535/04 – NZA 2006, 423, 428; vgl. auch *Reichold*, RdA 2002, 321, 330, 331; *Hanau*, ZIP 2005, 1661, 1663.

Gleichbehandlungsgrundsatzes reichen nicht aus.[956] Soll dagegen eine Entgeltkürzung erfolgen, ist eine Änderungskündigung auch nur unter erheblich erschwerten Bedingungen möglich.[957] Organisatorische Maßnahmen unterliegen dagegen den unveränderten Voraussetzungen der §§ 2, 1 Abs. 2 KSchG.[958] Dem Erwerber wird es regelmäßig darum gehen, eine einheitliche Lohnstruktur zu etablieren. Da er hierzu andere Tarifregelungen nur als Vertragseinheit in Bezug nehmen kann, sind zwangsläufig auch deren Lohnbestimmungen erfasst. Dabei wird ein anderes tarifliches Vergütungs- und Entgeltregime etabliert, das von dem bisherigen, vor Betriebsübergang bestehenden abweichen wird. Dadurch wird bereits das aktuelle Lohnniveau in Form des vertraglichen „status quo" (statische Klausel) durch Eingriff in das Leistungsaustauschverhältnis verändert.[959] Dies führt dazu, dass eine bereits bestehende Rechtsposition der Arbeitnehmer konkret betroffen ist, weshalb eine Änderungskündigung in dieser Konstellation nur unter den zusätzlich erschwerten Bedingungen wirksam ausgesprochen werden kann.[960] Damit wird die Anwendung eines anderen Tarifvertrages auf diesem Wege auch aus rechtspraktischer Sicht regelmäßig ausscheiden.[961]

(c) Störung der Geschäftsgrundlage nach § 313 BGB

Auch eine Vertragsanpassung nach § 313 Abs. 1 BGB kommt in Betracht.[962] Das Gestaltungsziel wäre erneut die Umstellung des statisch in Bezug genommenen Tarifvertrages auf den von dem Erwerber gewünschten, anderen Tarifvertrag. Ob dies über das Institut der Störung der Geschäftsgrundlage erreicht werden kann, ist umstritten.[963] Eine Gestaltung über § 313 BGB kommt zumindest dann in Betracht, wenn eine vorrangige Änderungskündigung aus Erwerbersicht nicht möglich ist.[964] Kann sie lediglich nicht wirksam erklärt werden, ist § 313 BGB unanwendbar.[965]

---

956 S.o. B.) 2.) d.) bb.) (1) (a) – (c).

957 *Stoffels*, in: FS Hromadka, S. 463, 473–475.

958 *Preis*, in: SPV Rdnr. 1315.

959 *Stoffels*, ZfA 2002, 401, 411, 412; a.A. *Otto*, Bezugnahmeklauseln, S. 228 ff.

960 *Bayreuther*, DB 2007, 166, 167.

961 *Reiserer/Powietzka*, BB 2006, 1109, 1115.

962 *Giesen*, NZA 2006, 625, 631; *Thüsing/Lambrich*, RdA 2002, 193, 208.

963 Vgl. *Annuß*, ZfA 2005, 405, 452, der die Anwendbarkeit des § 313 BGB verneint.

964 *Thüsing/Lambrich*, RdA 2002, 193, 205; *Möller*, NZA 2006, 579, 583.

965 *Hromadka*, NZA 1996, 1, 11; *Breuckmann*, Entgeltreduzierung, S. 258; grundlegend für den Vorrang der Kündigung vor der Störung der Geschäftsgrundlage im Dauerschuldverhältnis, *Gernhuber*, Schuldverhältnis, S. 390, 393.

§ 313 BGB würde zunächst voraussetzen, dass die Vertragsparteien sich über bestimmte objektive Umstände, die, ohne Vertragsinhalt geworden zu sein, für die Durchführung des Vertrages erforderlich sind, übereinstimmend verständigt haben.[966] Es genügt auch, wenn eine Partei die Vorstellungen der anderen hinsichtlich der Vertragsumstände kennt und nicht beanstandet, wobei diese die Grundlage der vertraglichen Einigung sind.[967] Diese Umstände müssen sich „schwerwiegend" verändern, ohne dass dies in die Risikosphäre allein einer Partei fällt.[968] Ist dies nicht der Fall und kann die unveränderte Vertragsdurchführung einer Partei nicht mehr zugemutet werden, weil es auf der Grundlage einer umfassenden Interessenabwägung ansonsten zu unerträglichen Wertungswidersprüchen kommt, ist eine Vertragsanpassung angezeigt.[969] Denkbar wäre, dass Veräußerer und Arbeitnehmer im Zeitpunkt des Vertragsschlusses davon ausgegangen sind, der Betrieb werde stets dem Tarifgebiet der Branche vor Betriebsübergang angehören. Für den Arbeitnehmer sollten dann ausschließlich die dort zu einem bestimmten Zeitpunkt vereinbarten Regelungen statisch zur Anwendung gelangen. Dies kann eine Fallgruppe des § 313 Abs. 1 BGB darstellen, wenn es im Zuge des Betriebsübergangs zu einem Wechsel der Tarifbranche kommt.[970] Dann müsste es für den Erwerber aufgrund des Branchenwechsels nicht zumutbar sein, die bislang kraft der statischen Bezugnahme geschuldeten tariflichen Leistungen selbst zu erbringen. Dieser Einwand steht dem Erwerber jedoch nicht zu.[971] § 613a Abs. 1 S. 1 BGB soll dem Arbeitnehmer die ihm vertraglich zustehenden tariflichen Arbeitsbedingungen erhalten. Dieser Schutz muss vor allem dort gewährt werden, wo infolge des Betriebsübergangs eine Verschlechterung der Arbeitsbedingungen einträte, wendete man einen anderen Tarifvertrag an.[972] Das Risiko einer wirtschaftlichen Mehrbelastung infolge des Betriebsübergangs trägt der Erwerber. Nur wenn weitere Umstände hinzutreten, könnte es zur Unzumutbarkeit für den Erwerber kommen.[973] Er kann somit i.d.R. keine anderen einschlägigen Tarifregelungen über § 313 Abs. 1 BGB anwenden, um die statische Bezugnahme auf den für den Veräußerer einschlägigen Tarifvertrag zu ersetzen.

---

966 BAG v. 15.09.2004 – 4 AZR 9/04 – NZA 2005, 691, 693.

967 *Grüneberg*, in: Palandt, § 313 Rdnr. 3.

968 BAG v. 15.06.2010 – 3 AZR 861/08 – NZA 2011, 312.

969 BGH v. 19.09.2012 – XII ZR 136/10 – NJW 2012, 3374, 3375.

970 BAG v. 01.04.1987 – 4 AZR 77/86 – NZA 1987, 593, 596; offen gelassen BAG v. 26.08.2009 – 4 AZR 280/08 – NZA 2010, 238, 240 Rdnr. 20, 21.

971 *Thüsing/Lambrich*, RdA 2002, 193, 208, 212.

972 *Annuß*, ZfA 2005, 405, 452.

973 *Willemsen*, Bezugnahme auf Tarifvertrag, S. 216, 217.

(d) Andere vertragsbezogene Gestaltungsmöglichkeiten

Dem Erwerber stehen in dieser Konstellation auch keine weiteren an den Arbeitsvertrag anknüpfenden Gestaltungsmittel zur Verfügung. Insbesondere scheidet ein Anfechtungsrecht nach § 119 Abs. 1 Alt. 1 BGB aus.[974] Der Grund liegt darin, dass eine nicht gewollte rechtliche Nebenwirkung einer Vertragsvereinbarung einen bloßen Rechtsfolgenirrtum darstellt, der nicht zur Anfechtung berechtigt.[975] Diese ungewollte Nebenwirkung besteht aus Sicht des Erwerbers in der ihm unliebsamen Anwendung der vertraglich-statischen Bezugnahmeklausel hinsichtlich anderer Tarifregelungen. Auch eine entsprechende Anwendung der §§ 317–319 BGB scheidet aus, weil diese Regelungen auf Bezugnahmeklauseln schon nicht anwendbar sind und § 317 BGB den Fall einer Übertragung privatrechtlicher Anordnungs- und Regelungskompetenz regelt.[976] Allerdings können die Tarifparteien des in Bezug genommenen Tarifvertrages keine arbeitsvertraglichen Regelungen treffen, die Parteien des Arbeitsvertrags erklären hier nur eine Tarifregelung für anwendbar.[977] Damit ist keine Delegation von Rechtssetzungsbefugnissen verbunden. I.Ü. wird es an der erforderlichen offensichtlichen Unbilligkeit (§ 319 Abs. 1 S. 1 BGB) hinsichtlich der Pflicht des Erwerbers fehlen, die statische Bezugnahmeklausel nach Betriebsübergang unverändert anzuwenden.[978]

(2) Dynamische Bezugnahmeklausel

Ergibt die Auslegung, dass eine dynamische Bezugnahmeklausel vorliegt[979], sieht sich der Erwerber zunächst einer arbeitsvertraglichen „Ewigkeitsbindung“ an den in Bezug genommen Tarifvertrag ausgesetzt.[980] Damit ist seine Anbindung an die zeitlich-dynamische Tarifentwicklung „in der jeweils geltenden Fassung“ gemeint. Im Betrieb des Erwerbers können so tariflich unterschiedlich zu behandelnde Arbeitnehmergruppen entstehen, für die jeweils andere tarifliche Arbeitsbedingungen kraft vertraglicher Bezugnahme gelten.[981] Dies sind die eigenen, bereits vor dem Betriebsübergang bei dem Erwerber beschäftigten und die neu

974 *Giesen*, NZA 2006, 625, 631; *Jacobs*, in: FS Birk, S. 243, 257.
975 *Ellenberger*, in: Palandt, § 119 Rdnr. 15.
976 *Jacobs*, in: FS Birk, S. 243, 258.
977 *Schwab*, arbeitsvertragliche Bezugnahmen, S. 105.
978 *Giesen*, NZA 2006, 625, 631.
979 Eine Unterscheidung zwischen kleiner und großer dynamischer Bezugnahmeklausel ist in dieser Fallgruppe entbehrlich, s. oben B.) 4.) c.) und aa.).
980 Zu den Klauselformulierungen s. etwa *Lehmann*, BB 2008, 1618, 1622.
981 *Thüsing/Lambrich*, RdA 2002, 193, 211, 212.

hinzugekommenen Arbeitnehmer. Die Entwicklung der jeweils geltenden Tarifwerke kann zudem sehr unterschiedlich verlaufen und die Unterschiede vertiefen. Für den Erwerber ist es daher von enormer Bedeutung, die Klauseldynamik in den Arbeitsverträgen der betroffenen Arbeitnehmer zu beseitigen, um so eine zumindest nur statisch wirkende Bezugnahme auf die Tarifregelungen des Veräußerers zu etablieren und die Arbeitsbedingungen dadurch wenigstens anzugleichen.

(a) Änderungsvertrag und vertragliche Leistungsbestimmungsrechte

Dem Abschluss eines Änderungsvertrages, durch den die dynamische Klauselwirkung beseitigt wird, stehen dieselben praktischen Hindernisse entgegen wie bei der Ersetzung einer statischen Bezugnahmeklausel. Einseitige vertragliche Leistungsbestimmungsrechte des Erwerbers, wie etwa ein Widerrufsvorbehalt zur Lohngestaltung, unterliegen auch bei der Entdynamisierung von dynamischen Bezugnahmeklauseln den bereits dargestellten Voraussetzungen.[982] Wenn der Tariflohn infolge einer dynamischen Tarifentwicklung ansteigt, kann der Erwerber bei wirksamem Widerrufsvorbehalt diese Lohnentwicklung kappen, wenn der bisherige Tariflohn nicht unterschritten wird und nicht mehr als 25–30% des nunmehr zu zahlenden Lohnes gekürzt werden.

(b) Änderungskündigung

Zur Entdynamisierung einer Bezugnahmeklausel kommt auch eine Änderungskündigung in Betracht.[983] Ob sie hierzu, ggf. als Massenänderungskündigung i.S.d. §§ 17–22 KSchG[984], gerade angesichts der strengen Voraussetzungen geeignet ist, ist jedoch stark umstritten.[985]

(aa) Interessenlage auf Seiten des Erwerbers

Der Erwerber will möglichst einheitliche Arbeitsbedingungen nach Betriebsübergang schaffen. Eine Möglichkeit hierfür ist die Entdynamisierung der vertraglichen Bezugnahmeklausel, wodurch er verhindern könnte, dass er an „unpassende“, für die Branche des Veräußerers geltende, Tarifregelungen nach Betriebsübergang vertraglich-dynamisch gebunden bleibt. Dadurch würde zumindest eine sich verschärfende

982 *Willemsen*, Bezugnahme auf Tarifvertrag, S. 384, 385; s. o. B.) 4.) c.) bb.) (1) (a).
983 *Willemsen/Müller-Bonanni*, in: HWK, § 613a BGB Rdnr. 280b.
984 Zu diesen Voraussetzungen im Einzelnen *Klumpp*, in: LCK, § 18 Rdnr. 797–801; zu den Voraussetzungen einer Änderungskündigung s. o. unter B.) 2.) d.) bb.).
985 *Möller* NZA 2006, 579, 583; *Klebeck*, NZA 2006, 15, 21.

Ungleichbehandlung innerhalb der Belegschaft aufgrund unterschiedlicher Bezugnahmeklauseln für die Zukunft vermieden. Dies hat auch das Bundesarbeitsgericht als Problem identifiziert und die Gestaltungsoption der Änderungskündigung ausdrücklich betont.[986] Unter welchen Voraussetzungen eine solche Änderungskündigung zur Entdynamisierung aber wirksam sein soll, hat es offen gelassen. Im Schrifttum wird die Auffassung vertreten, „willkürfreie, nachvollziehbare und anerkennenswerte" Gründe wie etwa ein Branchenwechsel müssten dafür ausreichen.[987] Geht man jedoch wie offenbar auch das Bundesarbeitsgericht davon aus, dass eine Änderungskündigung nur unter den allgemeinen Voraussetzungen möglich sein soll, kommt es für ihre Wirksamkeit entscheidend darauf an, wie die Entdynamisierung einer Bezugnahmeklausel einzuordnen ist. Regelmäßig wird durch die dynamische Tarifentwicklung der Tariflohn angehoben oder verändert. Eine Entdynamisierung könnte demzufolge als Entgeltreduzierung anzusehen sein, da genau diese Entwicklung verhindert wird.

(bb) Möglichkeiten der Entgeltreduzierung durch Änderungskündigung

Eine Änderungskündigung zur Entgeltreduzierung ist nur im Ausnahmefall der drohenden Insolvenz unter Vorlage eines konkreten Sanierungsplans möglich.[988] Eine Änderungskündigung kann dann nur unter erschwerten Bedingungen ausgesprochen werden. Dies gilt auch für die Darlegungs- und Beweislast des Erwerbers nach Betriebsübergang.[989] Dagegen gelten in den sonstigen Fällen die hergebrachten Voraussetzungen zur Zulässigkeit einer Änderungskündigung.

(cc) Entdynamisierung als Fall der Entgeltreduzierung?

Nach einer Auffassung ist eine Entgeltkürzung durch Entdynamisierung einer Bezugnahmeklausel zu bejahen.[990] Der status quo des Arbeitsvertrags werde für den Arbeitnehmer nachteilig beeinflusst, indem er von der regelmäßig günstigen Tarifentwicklung in Bezug auf den Arbeitslohn abgekoppelt werde.[991] Gerade diese Teilhabe an der tariflichen Weiterentwicklung sei aber vertraglich geschuldet.[992]

---

986 BAG v. 18.04.2007 – 4 AZR 652/05 – NZA 2007, 965, 968.

987 *Jacobs*, BB 2011, 2037, 2040; *Jacobs/Willemsen*, JbArbR 2008, 47, 69 ff.

988 BAG v. 16.05.2002 – 4 AZR 292/01 – NZA 2003, 147, 149.; s. o. B.) 2.) d.) bb.).

989 *Stoffels*, in: FS Hromadka, S. 463, 473, 474; *Worzalla*, SAE 7/2003, 297, 300, 303.

990 *Bayreuther*, DB 2007, 166, 167; deswegen ist eine Änderungskündigung hier praktisch kaum durchsetzbar, vgl. *Däubler*, in: DBD, § 305c Rdnr. 47.

991 *Sittard/Ulbrich*, ZTR 2006, 458, 463.

992 *Bayreuther*, DB 2007, 166, 167.

Zudem seien einmal geschlossene Verträge grundsätzlich einzuhalten („pacta sunt servanda“).[993] Entscheidend sei jedoch, dass der Erwerber durch eine Entdynamisierung der Bezugnahmeklausel das vertragliche Synallagma beeinflusse, da er die unveränderte Arbeitsleistung des Arbeitnehmers anders, weil geringer bewerte.[994] Dieser Arbeitsleistung stelle er kein entsprechendes Äquivalent in Form der an sich vertraglich vereinbarten Tarifgeltung mehr gegenüber, sondern ein „minus“ in Gestalt der kupierten Bezugnahme. Dies sei als Maßnahme der langfristig wirkenden Entgeltreduzierung anzusehen und daher regelmäßig unwirksam.[995] Nach anderer Auffassung ist allein entscheidend, dass das aktuelle Entgelt des Arbeitnehmers im Fall der Entdynamisierung nicht gekürzt werde.[996] Dies entspreche zudem in systematischer Hinsicht den Rechtsfolgen des § 3 Abs. 3 TVG, wo tarifliche Normen in ihrem Ist-Zustand eingefroren werden.[997] Da wie dort werde lediglich eine Abkopplung von der Tarifdynamik bezweckt, was einen weitaus geringeren Eingriff darstelle als eine direkte Lohnkürzung.

(dd) Stellungnahme

Für die Ansicht, die eine Änderungskündigung zur Entdynamisierung als Fall der Entgeltreduzierung an dem verschärften Maßstab der Rechtsprechung messen will, spricht, dass der Erwerber hierdurch in das vertragliche Synallagma eingreift. Er verändert es zum Nachteil des Arbeitnehmers, indem er ihm Tarifentwicklungen vor allem in Bezug auf die Lohnhöhe entzieht, an die er selbst über § 613a Abs. 1 S. 1 BGB gebunden ist. Nicht überzeugen kann dagegen der Einwand des „pacta sunt servanda“, da das Kündigungsschutzgesetz die Änderungskündigung gerade als Ausnahme hiervon zulässt.[998] Das Risiko, bestimmte Anspruchsinhalte künftig verlieren zu können, ist dem Arbeitsverhältnis immanent und trifft jeden Arbeitnehmer.[999] An der grundsätzlichen Möglichkeit des Erwerbers, eine Änderungskündigung gerade auch zur Entgeltreduzierung auszusprechen, kann dies nichts ändern.[1000] Entscheidend ist jedoch, ob dieser Eingriff in das vertragliche Synallagma zwangsläufig auch

993 BAG v. 12.01.2006 – 2 AZR 126/05 – NZA 2006, 587, 589.
994 *Otto*, Bezugnahmeklauseln, S. 227.
995 *Sittard/Ulbrich*, ZTR 2006, 458, 463.
996 *Jacobs*, in: FS Birk, S. 243, 258, 259; *Hohenstatt/Schramm*, NZA 2006, 251, 254.
997 *Giesen*, NZA 2006, 625, 631, 632.
998 *Hromadka*, NZA 1996, 1, 3; *Buchner*, in: FS Kraft, S. 23, 32, 33.
999 *Heinze*, in: FS v. Maydell, S. 269, 271; *Precklein*, Änderungskündigung, S. 103, 104.
1000 *Stoffels*, ZfA 2002, 401, 408, 409.

zu einer Entgeltreduzierung führt.[1001] Dies würde voraussetzen, dass die noch nicht eingetretenen Lohnerhöhungen kraft tarifdynamischer Entwicklung bereits von dem Erwerber als Bestandteil des vertraglichen Entgelts als Äquivalent der Arbeitsleistung geschuldet sind. Zwar ist ungewiss, ob der Arbeitnehmer von der künftigen Tarifentwicklung tatsächlich profitiert. Jedoch besteht eine mit dem aktuellen Lohnanspruch vergleichbare Rechtsposition des Arbeitnehmers auf Lohnanpassung infolge Tarifentwicklung. Dass sich diese Position noch nicht konkret benennen lässt oder eine Tarifentwicklung auch zum Nachteil des Arbeitnehmers variieren kann, kann keinen Unterschied machen. Die vertraglich geschuldete Anpassung an die Tarifentwicklung wird dadurch nicht beseitigt.[1002] Daran können auch reine Wertungsgesichtspunkte nichts ändern.[1003] Hiernach soll der mit dem Verlust der Tarifdynamik einhergehende Eingriff zwar vorliegen. Er ist aber weitaus weniger schwerwiegend als die Reduzierung des aktuellen Lohnniveaus.[1004] Dies spreche auch im Vergleich mit § 3 Abs. 3 TVG dafür, mit der Entdynamisierung einer Bezugnahmeklausel nicht zwangsläufig auch eine Entgeltreduzierung anzunehmen.

Dieser Ansatz ist problematisch. Zwar wird in beiden Fällen das Tarifniveau eingefroren und die Tarifdynamik beendet. Dies geschieht aber bei § 3 Abs. 3 TVG etwa aufgrund eines Verbandsaustritts. § 3 Abs. 3 TVG ist damit als Nachklang der Tarifautonomie in Gestalt einer nach wie vor normativen, wenn auch nur noch statischen Tarifbindung zu sehen. Ist der Erwerber dagegen nicht tarifgebunden, können diese Wertungen, die auf einer normativen Tarifbindung basieren, nicht ohne Weiteres auf die vertragliche Ebene projiziert werden. Ein wertender Vergleich der Schwere eines Eingriffs durch Änderungskündigung auf Vertragsebene mit § 3 Abs. 3 TVG ist demnach nur dort statthaft, wo es um die bloße rechtstechnische Wirkung der Abkopplung von der Tarifdynamik an sich geht (statische Wirkung). Andere Schlussfolgerungen lassen sich wegen des diametralen Herkommens von normativ-tariflicher und bloß vertraglich vermittelter Tarifbindung aber nicht ziehen.

Für die Wertung, dass der Verlust einer Anbindung an die Tarifdynamik trotzdem deutlich weniger schwer wiegt als eine unmittelbar Lohnkürzung, soll aber der Vergleich mit einer rein schuldrechtlich wirkenden, weil arbeitsvertraglichen

1001 *Willemsen*, Bezugnahme auf Tarifvertrag, S. 405, 406.

1002 *Bayreuther*, DB 2007, 166, 167.

1003 So aber *Schwab*, arbeitsvertragliche Bezugnahmen, S. 187; *Jacobs*, in: FS Birk, S. 243, 259, der auf die Wertungen der §§ 305 ff BGB abstellt.

1004 *Giesen*, NZA 2006, 625, 632; *Klebeck*, NZA 2006, 15, 19.

Anrechnungsklausel sprechen.[1005] Werden übertarifliche Löhne bezahlt, könne es im Zuge einer Tariflohnerhöhung auf Vertragsebene zu einer Anrechnung des erhöhten Tariflohns auf die Zulage kommen.[1006] Hierfür sei nicht einmal eine ausdrückliche Vereinbarung im Arbeitsvertrag erforderlich.[1007] Dadurch werde der tatsächliche Lohn des Arbeitnehmers nicht beeinträchtigt, obwohl eine Reduzierung der Zulage erfolgt.[1008] Dem ist jedoch entgegenzuhalten, dass die Anrechnung hier aufgrund einer in den Vertrag hineingelesenen individualrechtlich-vertraglichen Vereinbarung erfolgt, die den Eingriff bezüglich der Lohnhöhe rechtfertigt. Das vertragliche Synallagma ist in dieser Konstellation aber gerade nicht betroffen. Daher ist auch eine wertende Betrachtung unstatthaft, da im Fall der Entdynamisierung gerade ein solcher Eingriff vorliegt, wenn eine Änderungskündigung ausgesprochen werden soll. Dieser Eingriff ist aber vertraglich gerade nicht vorgesehen, sondern nur unter bestimmten weiteren Voraussetzungen gesetzlich erlaubt.

Auch der Einwand, das Gestaltungsmittel der Änderungskündigung verliere angesichts der hohen Hürden in der Rechtswirklichkeit an praktischer Wirksamkeit, kann nicht überzeugen.[1009] Die Rechtsprechung hat die Änderungskündigung zur Entgeltreduzierung nie grundsätzlich in Frage gestellt, sondern immer als Sonderfall einer betriebsbedingten Kündigung angesehen.[1010] Dass hiermit besondere Hürden verbunden sind, liegt in der Gefahr der Abwälzung wirtschaftlicher Risiken auf den Arbeitnehmer begründet.[1011] Um den Eingriff in das vertragliche Synallagma und die damit verbundene Entgeltreduzierung auszugleichen, muss der Erwerber ausnahmslos notwendige wirtschaftliche Maßnahmen darlegen und beweisen, die eine erforderliche Wiedererlangung der Wettbewerbsfähigkeit nach sich ziehen sollen.[1012] Dies ist nichts anderes als der Ausdruck einer für § 2 KSchG erforderlichen Interessenabwägung, die für den Arbeitnehmer nur zumutbare Einschnitte als Ergebnis einer Änderungskündigung rechtfertigt.[1013] Demnach ist eine

---

1005 Beispiel nach *Willemsen*, Bezugnahme auf Tarifvertrag, S. 405, 406.

1006 BAG v. 17.09.2003 – 4 AZR 533/02 – NZA 2004, 437, 439, 440.

1007 BAG v. 25.06.2002 – 3 AZR 167/01 – NZA 2002, 1216, 1217.

1008 *Jacobs*, in: JKO, § 7 Rdnr. 75.

1009 *Jacobs*, BB 2011, 2037, 2040; *Jacobs*, in: FS Birk, S. 243, 258.

1010 Unter dem Begriff der „Existenzgefährdung“; *Precklein*, Änderungskündigung, S. 97.

1011 *Otto*, Bezugnahmeklauseln, S. 228, 229, 230.

1012 *Rücker*, betriebsbedingte Änderungskündigung, S. 167, 168; *Stoffels* ZfA 2002, 401, 415; *Worzalla*, SAE 7/2003, 297, 303.

1013 Dies deutet auch *Jacobs* in BB 2011, 2037, 2040 an, der eine sorgfältige Abwägung des Wirtschaftlichkeitsinteresses des Erwerbers mit dem Bestandsschutzinteresse

Änderungskündigung zur Entdynamisierung als Fall der Entgeltreduzierung anzusehen. Dafür spricht auch, dass das Bundesarbeitsgericht im umgekehrten Fall der Aufnahme einer Bezugnahmeklausel in den Arbeitsvertrag im Wege der Änderungskündigung ebenfalls die verschärften Grundsätze der Änderungskündigung zur Entgeltreduzierung anwendet.[1014] Als Gestaltungsoption wird sie aufgrund der verschärften Voraussetzungen daher die Ausnahme bleiben und darf sich aus Gründen der Verhältnismäßigkeit nur auf Maßnahmen beschränken, die zur Erreichung des Sanierungskonzepts unabweislich sind. Darüber hinaus darf sie sich nur auf die (übertarifliche) Lohnbestandteile beziehen.[1015]

(c) Widerruf als der Bezugnahmeklausel immanentes Gestaltungsrecht

Nach einer Auffassung soll in einer dynamischen Bezugnahmeklausel als Bestandteil des Arbeitsvertrages im Wege der ergänzenden Vertragsauslegung stets ein „Recht auf Entdynamisierung" in Gestalt eines Widerrufsrechts enthalten sein.[1016] Dabei soll die Bezugnahmeklausel als Folge des Widerrufs nicht vollständig, sondern nur in Bezug auf ihre Dynamik entfallen.[1017] Zurück bleibt dann eine nur noch statische Bezugnahmeklausel, die den zurzeit geltenden Tarifstand perpetuiert. Diese Auffassung sieht sich jedoch mit einigen Problemen konfrontiert.

(aa) Teilwiderrufsrecht durch ergänzende Vertragsauslegung?

Eine ergänzende Vertragsauslegung nach § 157 BGB setzt das Vorhandensein einer planwidrigen Regelungslücke i.S.e. vertraglichen Regelungsdefizits voraus, das weder durch Auslegung des gesamten Vertragswerks noch durch vorrangiges dispositives Gesetzesrecht interessengerecht geschlossen werden kann.[1018] Einer dynamischen Bezugnahmeklausel, die ein inhaltlich-statisches und ein zeitlich-dynamisches Element aufweist und so die Tarifbindung regeln will, fehlt es ausnahmslos an einer erforderlichen planwidrigen Unvollständigkeit.[1019] Eine dynamische Bezugnahmeklausel, die dem Arbeitgeber nach Betriebsübergang ein

des Arbeitnehmers für zwingend geboten hält und zu dem Schluss gelangt, dass eine Änderungskündigung daran regelmäßig scheitern wird.

1014 BAG v. 12.01.2006 – 2 AZR 126/05 – NZA 2006, 587, 588, 589.

1015 *Rücker*, betriebsbedingte Änderungskündigung, S. 195.

1016 *Rieble*, Arbeitsmarkt und Wettbewerb, S. 524 Rdnr. 1738.

1017 *Klebeck*, NZA 2006, 15, 19.

1018 BGH v. 24.01.2008 – III ZR 79/07 – NJW-RR 2008, 562, 563; BAG v. 28.09.2006 – 8 AZR 568/05 – NJW 2007, 2348, 2350.

1019 *Däubler*, in: DBD, § 305c Rdnr. 47; *Oetker*, in: JKO, § 6 Rdnr. 168.

Recht zur Klauselanpassung gewährte, indem sie die Entdynamisierung durch Teilwiderruf zulässt, wäre ausschließlich auf die Interessen des Erwerbers zugeschnitten. Arbeitnehmerinteressen würden nicht beachtet. Dann scheidet auch eine ergänzende Auslegung aus, da hierdurch gerade eine interessengerechte Vertragsergänzung erreicht werden soll. Ein in der Bezugnahmeklausel quasi inkorporiertes Teilwiderrufsrecht ist mit den Interessen der beteiligten Parteien nicht vereinbar.[1020]

(bb) Teilwiderrufsrecht als Widerspruch zu einer AGB-konformen Auslegung der arbeitsvertraglichen Bezugnahmeklausel nach §§ 308 Nr. 4, 307 Abs. 1 S. 2 BGB

Arbeitsvertragliche Bezugnahmeklauseln werden anhand der §§ 305 ff. BGB überprüft.[1021] Erkennt man ein vertragliches Teilwiderrufsrecht an, könnte der Erwerber jederzeit von diesem Recht Gebrauch machen. Dies bedeutete nichts anderes als ein willkürliches Wahlrecht des Erwerbers dahingehend, ob er die Entwicklung des vor Betriebsübergang in Bezug genommenen Tarifvertrages hinnimmt und sich entsprechend vertraglich verpflichtet oder nicht.[1022] Dadurch wird die Parallele zum Widerrufsvorbehalt offenbar, wo ein Anspruch zwar entstanden ist, aber einseitig durch Gestaltungserklärung des Arbeitebers wieder erlischt.[1023] In beiden Fällen kann eine Widerrufsmöglichkeit nur aufgrund einer vertraglichen Vereinbarung entstehen.[1024] Eine solche Vereinbarung muss sich an § 308 Nr. 4 BGB messen lassen und unter Berücksichtigung der Arbeitnehmerinteressen für diesen zumutbar sein.[1025] Dabei darf das formularmäßige Widerrufsrecht nicht grundlos ausgeübt werden. Es müssen demnach konkrete Widerrufsgründe vorhanden sein. Zudem muss die widerrufliche Leistung ihrer Art und Höhe nach bestimmt sein, um dem Transparenzgebot des § 307 Abs. 1 S. 2 BGB inhaltlich rechtswirksam zu entsprechen.[1026] All dies kann eine bloß dynamisch formulierte Bezugnahmeklausel nicht leisten. Ein jederzeitiges Widerrufsrecht des Erwerbers kann daher auch nicht im Wege der Auslegung in bereits bestehende Klauseln

---

1020 *Willemsen*, Bezugnahme auf Tarifvertrag, S. 382, 383.
1021 *Reinecke*, BB 2006, 2637, 2639; *Bepler*, RdA 2009, 65, 73.
1022 *Sittard/Ulbrich*, ZTR 2006, 458, 464.
1023 *Bonin*, in: DBD, § 308 Rdnr. 21; *Thüsing*, AGB-Kontrolle, Abschn. E Rdnr. 272; *Clemenz*, in: CKK, § 305 Rdnr. 11.
1024 *Brühler*, in: CKK, § 308 Rdnr. 21.
1025 BAG v. 11.10.2006 – 5 AZR 721/05 – NZA 2007, 87, 89.
1026 *Otto*, Bezugnahmeklauseln, S. 204, 205.

hineingelesen werden.[1027] Dies entspricht in keinem Fall den zu berücksichtigenden Interessen des Arbeitnehmers, dem gerade seine Anbindung an die dynamische Tarifentwicklung aber vertraglich durch die Bezugnahmeklausel zugesichert ist.[1028] Ein „automatisches“ vertragliches Teilwiderrufsrecht scheidet daher aus.

(d) Anfechtung nach § 119 Abs. 1 BGB

Eine Anfechtung zur Beseitigung der Klauseldynamik setzt das Bestehen eines rechtserheblichen Irrtums auf Arbeitgeberseite voraus. Ein solcher Irrtum könnte aufgrund der Rechtsprechungsänderung zur Auslegung dynamischer Bezugnahmeklauseln entstanden sein.[1029] Wenn ein tarifgebundener Arbeitgeber eine kleine dynamische Bezugnahmeklausel als Gleichstellungsabrede betrachten durfte, wollte er sich mit deren Aufnahme in den Vertrag gerade keiner vertraglichen Ewigkeitsbindung bezüglich der Außenseiter unterwerfen, wenn der Gleichstellungszweck erreicht werden konnte. Letzteres trifft jedoch typischerweise nur auf vor Betriebsübergang normativ tarifgebundene Arbeitgeber zu. Ungeachtet dessen scheidet ein Anfechtungsrecht des Erwerbers bei fehlender Tarifbindung von Veräußerer und Erwerber aus. I.Ü. wird ein Anfechtungsrecht regelmäßig nach § 121 Abs. 1 S. 1 BGB verfristet sein.[1030] Danach kann eine Anfechtung nur unverzüglich erklärt werden, was die Kenntnis des Anfechtungsberechtigten von dem Anfechtungsgrund erfordert.[1031] Anfechtungsberechtigt ist dabei derjenige, der die anfechtbare Willenserklärung abgegeben hat.[1032] Wegen des Eintritts in den Arbeitsvertrag nach § 613a Abs. 1 S. 1 BGB gilt dies auch für den Erwerber als Rechtsnachfolger des Veräußerers. Erforderlich ist dabei positive Kenntnis, eine bloß fahrlässige Unkenntnis reicht ebenso wenig aus wie Bestehen von bloßen Verdachtsmomenten. Nach einer Auffassung ist ein solcher Kenntnisgrad angesichts der mit der Rechtsprechungsänderung verbundenen Ungewissheit über die Möglichkeit zur Anfechtung von dynamischen Bezugnahmeklauseln nicht erreicht.[1033] Dem ist entgegen zu halten, dass ein Grad absoluter Gewissheit oder Sicherheit hinsichtlich eines bestimmten Anfechtungsgrundes auch von § 121

1027 *Stoffels*, AGB-Recht Rdnr. 805; *Preis/Greiner*, NZA 2007, 1073, 1077, 1078.

1028 BAG a.a.O; *Preis/Greiner*, NZA 2007, 1073, 1078.

1029 *Hanau*, RdA 2007, 180, 182; *Bayreuther*, DB 2007, 166, 167.

1030 *Sittard/Ulbrich*, ZTR 2006, 458, 463.

1031 *Ellenberger*, in: Palandt, § 121 Rdnr. 2.

1032 *Ellenberger*, in: Palandt, § 143 Rdnr. 4.

1033 *Bayreuther*, a.a.O.

Abs. 1 S. 1 BGB nicht verlangt wird.[1034] Besteht eine durch objektive Anhaltspunkte gestützte Vermutung hinsichtlich einer bestimmten Tatsache, genügt dies, um die Rechtsfolge des § 121 BGB auszulösen.[1035]

Die Rechtsprechungsänderung wurde durch die Entscheidung vom 14.12.2005 angekündigt. Beginnend mit diesem Zeitpunkt bestand eine gesicherte Vermutung dahingehend, dass eine dynamische Bezugnahmeklausel nicht mehr länger als Gleichstellungsabrede ausgelegt werden kann.[1036] Seit dieser Entscheidung ist eine nicht unerhebliche Zeit verstrichen, eine Anfechtung wäre, auch für den Erwerber, angesichts dessen jedenfalls nicht mehr „unverzüglich" möglich.[1037] Die Klauseldynamik kann somit auch nicht im Wege der Anfechtung nach § 119 BGB beseitigt werden.

(e) Anfechtung nach § 318 BGB

Eine Anfechtung nach § 318 Abs. 2 BGB scheidet auch zur Beseitigung der Klauseldynamik aus. Die §§ 317, 318 BGB enthalten die Übertragung einer vertraglichen Regelungskompetenz auf einen Dritten.[1038] Die Tarifvertragsparteien, deren Tarifvertrag dynamisch in Bezug genommen wird, haben jedoch keine Befugnis, Inhalte des Arbeitsvertrages zu regeln. Die Arbeitsvertragsparteien selbst erklären nur den Tarifvertragsinhalt für anwendbar ohne sich ihrer Regelungskompetenz zu begeben.[1039]

(f) Anpassung nach § 313 Abs.1 BGB

Ist eine vorrangige Änderungskündigung zur Beseitigung der Klauseldynamik als Gestaltungsmittel nicht anwendbar[1040], ist an eine Vertragsanpassung über § 313 BGB zu denken.[1041] Dabei kann die Änderung einer bis dato gefestigten Rechtsprechung als Störung einer Geschäftsgrundlage anzusehen sein.[1042] Dies trifft damit

---

1034 So schon BGH v. 26.04.1973 – III ZR 116/71 – WM 1973, 750, 751; BAG v. 20.05.1988 – 2 AZR 739/87 – DB 1988, 2107, 2108.

1035 *Singer*, in: v. Staudinger, § 121 Rdnr. 5.

1036 *Willemsen*, Bezugnahme auf Tarifvertrag, S. 386, 387.

1037 *Willemsen*, Bezugnahme auf Tarifvertrag, S. 387.

1038 *Löwisch/Rieble*, § 3 Rdnr. 514.

1039 *Thüsing*, in: Wiedemann, § 1 Rdnr. 259.

1040 Hierzu *Möller*, NZA 2006, 579, 583.

1041 Zu den identischen Voraussetzungen des § 313 BGB s. o. B.) 4.) c.) bb.) (1) (c).

1042 BAG v. 18.04.2007 – 4 AZR 652/05 – NZA 2007, 965, 970 Rdnr. 51. Der 4. Senat schließt die Möglichkeit der Anwendung des § 313 BGB bei der Änderung einer gefestigten Rechtsprechung nicht aus, im entschiedenen Fall der Auslegung kleiner dynamischer Bezugnahmeklauseln war § 313 BGB jedoch nicht anwendbar

auch auf die veränderte Auslegung dynamischer Bezugnahmeklauseln zu. Jedoch muss diese Änderung die Vertragsumstände so schwerwiegend verändert haben, dass die damit verbundenen unvorhersehbaren Belastungen für den Arbeitgeber, und damit den Erwerber, nicht mehr zumutbar sind.[1043] Als erste Voraussetzung müsste die gemeinsame oder zumindest für einander erkennbare Vorstellung der Parteien gegeben sein, die Auslegung einer dynamischen Bezugnahmeklausel als Gleichstellungsabrede solle den Vertrag prägen.[1044] Die wortlautgetreue Auslegung einer kleinen dynamischen Bezugnahmeklausel als konstitutive Grundlage der Tarifgeltung dürfte somit von dem Willen der Vertragsparteien bei Abschluss des Arbeitsvertrages nicht umfasst gewesen sein. Diese Überlegungen wird sich zumindest ein nicht tarifgebundener Arbeitgeber (Veräußerer) nicht gemacht haben. Ihm kann es mangels eigener normativer Tarifbindung nicht um einen Gleichstellungszweck gegangen sein. Überdies wird sich der tarifgebundene Arbeitnehmer regelmäßig keine Gedanken darüber machen, dass er infolge der Bezugnahmeklausel in seinem Arbeitsvertrag wie andere tarifgebundene Arbeitnehmer behandelt werden soll, da er ja bereits tarifgebunden ist. Allein wirtschaftliche Belastungen des Erwerbers in Gestalt tarifdynamischer Lohnentwicklungen reichen zudem allein nicht aus, um eine schwerwiegende und unzumutbare Veränderung der den Vertragsschluss begleitenden Umstände zu begründen.[1045] Das damit verbundene Risiko darf nicht auf den Arbeitnehmer abgewälzt werden.[1046] Andere Umstände für eine Vertragsanpassung über § 313 BGB zur Beseitigung der Klauseldynamik sind nicht ersichtlich.

(g) Auslegung nach §§ 133, 157 BGB

Nach anderer Auffassung soll eine Entdynamisierung allein im Wege der Auslegung erreicht werden.[1047] Dabei werde nicht nur die Dynamik der vertraglichen Bezugnahme auf einen Tarifvertrag beendet, sondern gleichsam der für den Erwerber einschlägige Tarifvertrag zur Anwendung gebracht. Damit würde auch der nicht tarifgebundene Erwerber in die Lage versetzt, die für ihn branchenüblichen Arbeitsbedingungen auch in Bezug auf die betroffenen Arbeitnehmer anzuwenden. Gerade die fehlende Tarifbindung ist der Grund, warum stets der einschlägige Tarifvertrag der jeweiligen Branche anzuwenden sei, da dieser die

1043 *Grüneberg*, in: Palandt, § 313 Rdnr. 24.
1044 *Willemsen*, Bezugnahme auf Tarifvertrag, S. 397.
1045 *Giesen*, NZA 2006, 625, 631.
1046 *Sittard/Ulbrich*, ZTR 2006, 458, 463; *Möller* NZA 2006, 579, 583.
1047 *Hromadka/Maschmann/Wallner*, Der Tarifwechsel, Rdnr. 619, 402.

Arbeitsbedingungen am besten, weil sachnächsten regelt.[1048] Der insoweit nach §§ 133, 157 BGB vorrangige Parteiwille überlagere den Wortlaut einer an sich dynamischen Bezugnahmeklausel. Gegen diese Auffassung spricht, dass aus einer regelmäßig kleinen dynamischen Bezugnahmeklause eine große „Tarifwechselklausel“ gemacht wird. Dies ist mit dem klaren Wortlaut einer solchen Klausel nicht vereinbar, da diese, ohne dass besondere Anhaltspunkte vorliegen, stets nur einen bestimmten Tarifvertrag bezeichnet, der nur in seiner jeweils geltenden Fassung anzuwenden sein soll.[1049] Das Ergebnis, das durch Auslegung erzielt werden soll, steht dem diametral entgegen. Hinzu kommt, dass die Parteien des Arbeitsvertrags bei dessen Abschluss regelmäßig keine Vorstellungen über einen eventuellen Branchenwechsel gehabt haben dürften.[1050] Sollte ausnahmsweise eine Vorstellung der Parteien darüber vorgelegen haben, dass ein bestimmter Branchentarifvertrag, etwa kraft vertraglicher Bezugnahme, Geltung beanspruchen soll, kann der Betriebsübergang daran nichts ändern, die Vorstellung bleibt dieselbe.[1051] Dabei ist besonders die Situation der jeweils nicht tarifgebunden Veräußerer und Erwerber zu beachten. Hier kann sich ein irgendwie gearteter Gleichstellungszweck, der die Anwendung des für den Erwerber einschlägigen Branchentarifvertrages noch rechtfertigen könnte, schon gar nicht realisieren. Aus diesem Grund muss eine allein am Wortlaut orientierte Auslegung der Klausel erfolgen. Eine Tarifwechselklausel kann dabei nur bei eindeutiger Formulierung angenommen werden.[1052] Daher wird ein Wechsel des vertraglichen Bezugnahmeobjekts allein im Wege der Auslegung regelmäßig scheitern.

(h) Betriebsvereinbarung

Eine entsprechende Gestaltung kommt auch durch kollektivrechtliche Regelungsmittel wie etwa eine Betriebsvereinbarung in Betracht.[1053] Dabei kann insbesondere auch auf den Inhalt von Arbeitsverhältnissen und die damit verbundenen Arbeitsbedingungen eingewirkt werden.[1054]

1048 *Hromadka/Maschmann/Wallner*, a.a.O.

1049 *Hanau/Kania*, in: FS Schaub, S. 239, 247.

1050 *Annuß*, BB 1999, 2558, 2561.

1051 BAG v. 29.08.2007 – 4 AZR 767/06 – NZA 2008, 364, 366.

1052 *Jacobs*, BB 2011, 2037, 2040.

1053 *Willemsen*, Bezugnahme auf Tarifvertrag, S. 393, 394.

1054 BAG v. 01.08.2001 – 4 AZR 82/00 – NZA 2002, 41, 43; *Gaul*, in: HWK, § 77 BetrVG Rdnr. 2, 59, 60; *Kania*, in: ErfK, § 77 BetrVG Rdnr. 2, 5.

(aa) Sperrwirkung des § 77 Abs. 3 BetrVG

Durch den Schutz der Tarifautonomie sollen Unstimmigkeiten zwischen Tarif- und Betriebspartnern über die Regelung von Arbeitsbedingungen vermieden werden.[1055] Dabei kann bei fehlender Tarifbindung von Veräußerer und Erwerber ein Tarifvorrang nur von § 77 Abs. 3 BetrVG ausgehen, der die Tarifbindung des Arbeitgebers nicht voraussetzt und bereits die Üblichkeit einer Regelung im jeweiligen tariflichen Geltungsbereich genügen lässt.[1056] Ist mit dem Betriebsübergang ein Branchenwechsel verbunden, kommt als Auslöser der Sperrwirkung nur noch der Tarifvertrag in Betracht, der für den tarifungebundenen Erwerber an sich einschlägig wäre.[1057] Ist § 77 Abs. 3 BetrVG einschlägig, geht der Tarifvertrag einer Betriebsvereinbarung auch dann vor, wenn er ungünstiger ist.[1058] Entgegenstehende Betriebsvereinbarungen sind unwirksam.[1059] Da insbesondere Lohnregelungen, aber auch andere Arbeitsbedingungen zumindest zu den tarifüblichen Regelungsgegenständen zählen, wird eine Betriebsvereinbarung regelmäßig als Gestaltungsmittel zur Entdynamisierung von Bezugnahmeklauseln ausscheiden.[1060]

(bb) Betriebsverfassungsrechtliches Günstigkeitsprinzip

Selbst wenn § 77 Abs. 3 BetrVG ausnahmsweise nicht zur Anwendung gelangen sollte, ist das betriebsverfassungsrechtliche Günstigkeitsprinzip zu beachten.[1061] Danach kann eine ungünstigere Betriebsvereinbarung nicht zur Ablösung von für den Arbeitnehmer günstigeren arbeitsvertraglichen Arbeitsbedingungen führen.[1062] Soll eine Entdynamisierung erreicht werden, wird allein schon durch die Abkopplung von der Tarifentwicklung regelmäßig eine Verschlechterung der Arbeitsbedingungen der betroffenen Arbeitnehmer eintreten.

(i) Sonderfall: Gegenläufige betriebliche Übung

Ein weiteres Mittel, um die dynamische Anbindung an einen Tarifvertrag zu beenden, könnte die gegenläufige oder negative betriebliche Übung sein. Dadurch könnten Tariflohnerhöhungen durch den nicht tarifgebundenen Erwerber unterbleiben,

---

1055 BAG v. 21.01.2003 – 1 ABR 9/02 – NZA 2003, 1097, 1100.
1056 *Gaul*, in: HWK, § 77 BetrVG Rdnr. 48, 50.
1057 *Hromadka/Maschmann/Wallner*, Der Tarifwechsel, Rdnr. 365, 366.
1058 *Fitting*, § 77 Rdnr, 97, 98; *Berg*, in: DKK, § 77 Rdnr. 62.
1059 BAG v. 22.03.2005 – 1 ABR 64/03 – NZA 2006, 383, 386.
1060 *Sutschet*, NZA 2008, 679, 684, 685.
1061 BAG v. 28.03.2000 – 1 AZR 366/99 – NZA 2001, 49, 51.
1062 BAG a.a.O; *Fitting*, § 77 Rdnr. 196; *Greiner*, in: HMB, Teil 9 Rdnr. 155.

wenn er diese dynamische Tarifentwicklung nicht an die Arbeitnehmer weitergibt. Das Ergebnis wäre, dass der Tariflohn nur noch als rein statische Größe geschuldet wäre. Entscheidend ist jedoch, dass der Arbeitnehmeranspruch auf bestimmte Arbeitsbedingungen, etwa den Tariflohn, auf einer solchen betrieblichen Übung und gerade nicht auf einer ausdrücklichen vertraglichen Vereinbarung beruht.[1063] Damit kann die negative betriebliche Übung nicht eingreifen, wenn eine vertragliche Bezugnahmeklausel derjenige Geltungsgrund ist, der einen Anspruch auf Leistung gewährt.[1064] Es muss demnach eine „Bezugnahme kraft betrieblicher Übung" vorliegen, die aufgrund ihres vertraglichen Charakters zum Anspruchsgrund wird.[1065]

Dem natürlichen Begriffsverständnis folgend, kann eine negative betriebliche Übung nur zu einer Veränderung der Rechtslage führen, wenn bereits eine entsprechende positive betriebliche Übung besteht.[1066] Bestand bei dem Veräußerer bereits eine betriebliche Übung oder ist sie bei diesem begonnen und bei dem Erwerber vollendet worden, ist er grundsätzlich hieran gebunden.[1067] Um diese Rechtsposition wieder beseitigen zu können, muss der nicht tarifgebundene Erwerber verschiedene Voraussetzungen erfüllen.[1068] Insbesondere muss er nach Treu und Glauben und der Verkehrssitte davon ausgehen dürfen, dass der Arbeitnehmer durch sein Schweigen auf die geänderten Arbeitsbedingungen diese akzeptiert, da er andernfalls dieser Änderung widerspräche.[1069] Ist mit dieser Veränderung, wie bei der Entdynamisierung, eine Verschlechterung der Arbeitsbedingungen verbunden, wird der Arbeitnehmer dies kaum akzeptieren. Das Bundesarbeitsgericht hat ungeachtet dessen das Institut der gegenläufigen betrieblichen Übung aufgegeben.[1070] Aus dem Rechtsgedanken des § 308 Nr. 5 BGB sei zu entnehmen, dass vertragliche Rechtspositionen nicht einseitig durch den Arbeitgeber abänderbar sind. Dies müsse durch Änderungskündigung oder Vereinbarung geschehen.[1071] Die Gestaltungsoption der negativen betrieblichen Übung scheidet aus.

1063 BAG v. 24.11.2004 – 10 AZR 202/04 – NZA 2005, 349, 352; *Thüsing*, NZA 2005, 718, 719.

1064 *Oetker*, in: Wiedemann, § 3 Rdnr. 312; *Oetker*, in: JKO, § 6 Rdnr. 167.

1065 BAG a.a.O; *Henssler*, in: FS BAG, S. 683, 704; *Becker*, BB 2000, 2095, 2096.

1066 Zuletzt LAG Köln v. 22.01.2008 – 9 Sa 1184/07 – AE 2009, 39, 40; *Becker*, a.a.O.

1067 *Spirolke*, in: Hümmerich/Spirolke, § 8 Rdnr, 76.

1068 Zur betrieblichen Übung *Wörlen/Kokemoor*, Rdnr. 198; *Dütz/Thüsing*, § 2 Rdnr. 64.; *Hromadka*, NZA 2011, 65, 66; *Maties*, Gegenläufige betriebliche Übung, S. 112 ff.

1069 BAG v. 24.11.2004 – 10 AZR 202/04 – NZA 2005, 349, 352.

1070 BAG v. 18.03.2009 – 10 AZR 281/08 – NZA 2010, 283, 284; kritisch *Roeder*, NZA 2009, 883, 884, 886.

1071 BAG, a.a.O.; *Picker*, Die betriebliche Übung, S. 392, 393 ff.

cc.) Ergebnisse zur ersten Fallgruppe

In der Fallgruppe der fehlenden Tarifbindung von Veräußerer und Erwerber fehlen dem Erwerber effektive Gestaltungsmittel zur Klauselanpassung. Dies betrifft sowohl den Wechsel von statisch in Bezug genommenen zu anderen Tarifregelungen kraft statischer oder dynamischer Bezugnahme als auch die Entdynamisierung einer dynamischen Bezugnahmeklausel. Die Gestaltungsoption des Änderungsvertrages wird in beiden Fällen mangels Zustimmung des Arbeitnehmers regelmäßig ausscheiden, wenn damit eine Verschlechterung der Arbeitsbedingungen verbunden ist. Die Ausübung eines vertraglichen Widerrufsrechts setzt sofern ein solches überhaupt vorhanden ist, voraus, dass es §§ 308 Nr. 4, 307 Abs. 1 S. 2 BGB entspricht.[1072] Regelmäßig werden diese strengen Wirksamkeitsvoraussetzungen vor allem bei älteren Vertragsklauseln aber nicht erfüllt sein.

Auch im Wege der Auslegung (§§ 133, 157 BGB) wird sich ein Widerrufsrecht nicht begründen lassen, da es an einer planwidrigen Regelungslücke fehlt.[1073] Eine Auslegung nach §§ 133, 157 BGB kann ferner auch keinen Tarifwechsel begründen, dieser müsste dem eindeutigen Klauselwortlaut zu entnehmen sein. Eine automatische Anwendung eines anderen Tarifvertrages ohne hinreichende Anhaltspunkte scheidet aus.[1074] Eine Änderungskündigung führt in beiden Fällen zu einer Entgeltreduzierung und muss sich daher an den im Vergleich zu §§ 2, 1 Abs. 2 KSchG verschärften Voraussetzungen der Rechtsprechung messen lassen. Eine Anfechtung (§ 119 Abs. 1, § 318 BGB) scheidet in beiden Fällen ebenfalls als Gestaltungsmittel aus. Einem Vorgehen über § 313 BGB wird allein die Subsidiarität im Verhältnis zur Änderungskündigung im Weg stehen. Sollte § 313 BGB dennoch anwendbar sein, darf das Wirtschaftsrisiko nicht auf den Arbeitnehmer abgewälzt werden.[1075] Es müssen weitere Elemente wie die Wiederherstellung der Wettbewerbsfähigkeit oder der drohende Verlust der Rentabilität hinzu treten. I.Ü. werden Arbeitgeber und Arbeitnehmer kaum einmal über das Verbleiben des Veräußererbetriebs in einer bestimmten Tarifbranche als Geschäftsgrundlage des Arbeitsvertrages nachgedacht haben, da ein Gleichstellungszweck hier nie erreicht werden kann.

Schließlich ist auch eine Betriebsvereinbarung wegen der Sperrwirkung (§ 77 Abs. 3 BetrVG) und des betriebsverfassungsrechtlichen Günstigkeitsprinzips wenig geeignet, eine Klauselanpassung, etwa eine Entdynamisierung, herbei

---

1072 BAG v. 11.10.2006 – 5 AZR 721/05 – NZA 2007, 87, 89; *Otto*, Bezugnahmeklauseln, S. 204, 205.

1073 *Däubler*, in: DBD, § 305c Rdnr. 47; *Oetker*, in: JKO, § 6 Rdnr. 168.

1074 *Willemsen*, Bezugnahme auf Tarifvertrag, S. 382, 383.

1075 *Brox/Rüthers/Henssler*, Rdnr. 388.

zu führen. Im Sonderfall der negativen betrieblichen Übung kann der Erwerber eine bereits bestehende betriebliche Übung nicht auf demselben Wege wieder beseitigen. Eine Änderungskündigung zur Entdynamisierung einer betrieblichen Übung könnte überdies allein unter Gleichheitsgesichtspunkten nicht durchgreifen[1076], wenn die übergehenden Arbeitnehmer bessere Arbeitsbedingungen genießen als die bei dem Erwerber bereits beschäftigten Arbeitnehmer.

d.) Zweite Fallgruppe: Tarifbindung nur des Veräußerers

Die zweite Fallgruppe betrifft die Konstellation, in der sowohl Veräußerer als auch Arbeitnehmer originär gem. §§ 3, 4 TVG tarifgebunden sind, während der Erwerber keiner Tarifbindung unterliegt. Dabei können Veräußerer und Arbeitnehmer kongruent oder verschieden tarifgebunden sein. Eine Ablösung (§ 613a Abs. 1 S. 3 BGB) scheidet jedoch in beiden Fällen aus, im Fall der verschiedenen Tarifbindung kommt es nicht einmal zur Fortgeltung über S. 2. Gleichzeitig sind ganz überwiegend arbeitsvertragliche Bezugnahmeklauseln i.S.d. § 613a Abs. 1 S. 1 BGB vorhanden. Dies gilt auch für die tarifgebundenen Arbeitnehmer, deren Zugehörigkeit zu einer bestimmten Gewerkschaft dem Veräußerer unbekannt und die Frage danach regelmäßig unzulässig ist.[1077] Der Veräußerer kann auf diese Weise für seinen Betrieb eine einheitliche Tarifgeltung etablieren und einen betrieblichen Unfrieden vermeiden.[1078]

aa.) Die Kollisionsproblematik i.R.d. 613a Abs. 1 BGB bei kongruenter Tarifbindung von Veräußerer und Arbeitnehmer

Nach einem Betriebsübergang kollidieren in der Konstellation der kongruenten Tarifbindung sowohl die arbeitsvertraglich begründete Tarifbindung nach § 613a Abs. 1 S. 1 BGB als auch die faktisch normative Tarifbindung nach § 613a Abs. 1 S. 2 BGB miteinander. In beiden Fällen gelten die anwendbaren Tarifregelungen nach Betriebsübergang eigenständig und konstitutiv.

bb.) Kollision von § 613a Abs. 1 S. 1 BGB und § 613a Abs. 1 S. 2 BGB

In dieser Konstellation ist für kleine dynamische Bezugnahmeklauseln eine Differenzierung zwischen Alt- und Neuverträgen erforderlich, da sich die

---

1076 *Beseler*, in: Tschöpe, Teil 2 G Rdnr. 112.

1077 *Franzen*, in: ErfK, § 3 TVG Rdnr. 29.

1078 *Jacobs*, Tarifeinheit und Tarifkonkurrenz, S. 178; *Bauschke*, ZTR 1993, 416.

Rechtsprechungsänderung im Hinblick auf die Klauselauslegung an dieser Stelle auswirkt.[1079] Der Grund liegt darin, dass ein bestimmter Tarifvertrag nach der Rechtsprechungsänderung zwar aus verschiedenen Rechtsgründen heraus gelten, jedoch nur statisch (§ 613a Abs. 1 S. 2 BGB) oder nur dynamisch (S. 1) auf das Arbeitsverhältnis einwirken kann.[1080]

(1) Statische Bezugnahmeklausel

Eine Differenzierung zwischen Alt- und Neuverträgen ist entbehrlich, wenn als Ergebnis der Auslegung eine statische Bezugnahmeklausel vorliegt. In diesem (Ausnahme)-Fall erfolgt eine konstitutiv-vertragliche Fortgeltung des Tarifinhalts über § 613a Abs. 1 S. 1 BGB. Eine Gleichstellungsproblematik besteht hier nicht, da angesichts der Klauselformulierung keine dynamische Tarifanbindung gewollt ist.[1081] Gleichzeitig besteht ein weiterer Geltungsgrund der Tarifinhalte zugunsten des Arbeitnehmers über § 613a Abs. 1 S. 2 BGB. In beiden Fällen gelten die jeweiligen Tarifregelungen statisch fort.[1082] Der Erwerber sieht sich somit zunächst zwei voneinander unabhängigen Geltungsgründen von Tarifregelungen gegenüber, die jeweils unterschiedliche Voraussetzungen hinsichtlich ihrer Anpassung nach Betriebsübergang haben. Daher ist es aus gestalterischer Sicht des Erwerbers erforderlich, den vorrangigen Geltungsgrund zu ermitteln.

(a) Das Günstigkeitsprinzip des § 4 Abs. 3 Alt. 2 TVG

Aufgrund des Nebeneinanders von faktisch normativer und vertraglicher Tarifgeltung könnte zur Ermittlung des vorrangigen Geltungsgrundes auf das Günstigkeitsprinzip des § 4 Abs. 3 Alt. 2 TVG abgestellt werden. Die rechtliche Qualität des § 613a Abs. 1 S. 2 BGB als faktisch kollektivrechtliche Tarifgeltung bei dem Erwerber entspricht der der Nachbindung nach § 3 Abs. 3 TVG.[1083] Damit liegt eine unmittelbare und zwingende Regelung vor, die die Anwendung des § 4 Abs. 3 Alt. 2 TVG rechtfertigt.[1084] Hier gilt das Günstigkeitsprinzip als Ausdruck eines umfassenden, das Arbeitsrecht prägenden Grundsatzes, wonach ein rangniedrigerer Regelungsinhalt von dem ranghöheren zum Vorteil des Arbeitnehmers abweichen

---

1079 *Rinck*, RdA 2009, 216, 221; *Jacobs*, NZA Beil. 1/2009, 45, 50, 51.

1080 BAG v. 22.10.2008 – 4 AZR 784/07 – NZA 2009, 151, 154; BAG v. 29.08.2007 – 4 AZR 767/06 – NZA 2008, 364, 366.

1081 *Lorenz*, in: Däubler, § 3 Rdnr. 265.

1082 *Bauer/Günter*, NZA 2008, 6, 10; *Reichold*, in: Fuchs/Reichold, Teil VI Rdnr. 201.

1083 S. o. B. 2.) b.) cc.) (5).

1084 *Hohenstatt/Kuhnke*, RdA 2009, 107, 108; *Rinck*, RdA 2010, 216, 221.

darf.[1085] Damit verdrängt das Günstigkeitsprinzip als Kollisionsregel das Prinzip der Tarifkonkurrenz, das mangels Kollision zweier Normenverträge nicht anwendbar ist.[1086]

(b) Berücksichtigung außervertraglicher Umstände?

Eine Möglichkeit, den Günstigkeitsvergleich durchzuführen, wäre auf die gesetzlichen Rechtsfolgen der §§ 613a Abs. 1 S. 1 und S. 2 BGB abzustellen. Kommt es nicht zur Ablösung nach S. 3, enthält S. 2 zugunsten des Arbeitnehmers eine einjährige Sperrfrist. Von den dadurch geschützten Tarifinhalten darf grundsätzlich nicht zu seinem Nachteil abgewichen werden. Etwas anderes gilt nur in den Ausnahmefällen der §§ 613a Abs. 1 S. 4 Alt. 1 und 2 BGB. Demgegenüber kann der Erwerber eine statische Bezugnahmeklausel nach S. 1 grundsätzlich auch schon innerhalb der Sperrfrist beseitigen. Ihm stehen hierbei insbesondere auch einseitige Gestaltungsmittel zur Verfügung, da er nicht auf eine „Vereinbarung" i.S.d. S. 4 Alt. 2 angewiesen ist. Die faktisch normative Fortgeltung des S. 2 wäre demnach für den Arbeitnehmer günstiger, weil der Erwerber hier auf die eingeschränkten Gestaltungsmittel des S. 4 beschränkt ist. Auf derartige außervertragliche Umstände kann sich ein Günstigkeitsvergleich aber nicht beziehen.[1087] Es werden nur übereinstimmende und vergleichbare Regelungsgegenstände von Tarifnorm und Arbeitsvertrag miteinander verglichen.[1088] Ergibt sich danach keine günstigere Regelung, gilt im Zweifel die Tarifnorm.[1089]

(c) Fehlende Abweichung als Ausschluss des Günstigkeitsvergleichs

Der Grundsatz des Günstigkeitsvergleichs „im Zweifel für die Tarifnorm" setzt voraus, dass überhaupt, wie von § 4 Abs. 3 Alt. 2 TVG verlangt, miteinander vergleichbare Regelungsgegenstände in Tarifnorm und Vertragsklausel abweichend geregelt werden. An einer solchen Abweichung fehlt es aber gerade im Fall der statischen Fortgeltung von Vertragsklausel über S. 1 und Tarifinhalt über S. 2. Die auf Seiten des Erwerbers eintretende Verpflichtung, die Tarifinhalte nach Betriebsübergang weiter zu gewähren, bezieht sich auf exakt deckungsgleiche Regelungsinhalte. Diese Abweichung ist aber als Tatbestandsmerkmal

1085 *Jacobs*, NZA Beil. 1/2009, 45, 51; *Jacobs*, in: FS Birk, S. 243, 254; *Körner*, RdA 2000, 140, 142; in diese Richtung auch *Houben*, SAE 3/2007, 109, 113.

1086 So aber noch BAG v. 23.03.2005 – 4 AZR 203/04 – NZA 2005, 1003, 1004.

1087 BAG v. 18.12.1997 – 2 AZR 709/96 – NZA 1998, 304, 307.

1088 *Franzen*, in: ErfK, § 4 TVG Rdnr. 36.

1089 *Deinert*, in: Däubler, § 4 Rdnr. 690.

erforderlich.[1090] Anhand des Günstigkeitsprinzips kann die vorrangige Regelung nicht ermittelt werden.

(d) Gestaltungsmöglichkeiten des Erwerbers

Will der Erwerber die bisherige Tarifgeltung nach Betriebsübergang zur Anpassung der bei ihm geltenden Arbeitsbedingungen beenden oder zumindest wie bei der Entdynamisierung verändern, muss er beide Geltungsgründe beseitigen. Dies bezieht sich sowohl auf die vertraglich-statische (S. 1) als auch auf die faktisch-normative, statische Tarifgeltung (S. 2). Diese ist die Folge der Nichtanwendbarkeit des Günstigkeitsprinzips und der Kollisionsregel der Tarifkonkurrenz. Jedoch wird der Erwerber aufgrund des Ausnahmecharakters einer statischen Bezugnahmeklausel kaum einmal in diese Lage kommen.[1091]

(2) Kleine dynamische Bezugnahmeklausel

Bei kleinen dynamischen Bezugnahmeklauseln ist zwischen Arbeitsverträgen zu differenzieren, die vor dem 01.01.2002 (Altverträge) und nach dem 01.01.2002 (Neuverträge) abgeschlossen wurden. Dies ist für Reichweite und Regelungsqualität der Bezugnahmeklausel und damit auch für die Gestaltungsoptionen des Erwerbers entscheidend.

(a) Altverträge von kongruent tarifgebundenen Arbeitnehmern

Nach der Rechtsprechung[1092] besteht bei der Auslegung kleiner dynamischer Bezugnahmeklauseln in Altverträgen Vertrauensschutz. Danach sind derartige Klauseln als Gleichstellungsabreden auszulegen, wonach die tarifliche Rechtslage statisch gelten sollte, die bei unterstellter Tarifbindung an das Tarifwerk des Veräußerers eintreten würde.[1093] Die vertraglich-individualrechtliche Rechtslage folgt damit der kollektivrechtlich geltenden, es treten ungeachtet der Tarifbindung des betreffenden Arbeitnehmers dieselben Rechtsfolgen ein.[1094] Sowohl im Fall der Fortgeltung nach S. 1 als auch nach S. 2 kommt es nach Betriebsübergang somit zunächst zu einer statischen Fortgeltung der Tarifinhalte. Der Bezugnahmeklausel

---

1090 *Forst*, in: Thüsing/Braun, 7. Kap. Rdnr. 43.

1091 *Seitz/Werner*, NZA 2000, 1257, 1259, m.w.N.

1092 BAG v. 17.11.2010 - 4 AZR 127/09 – BB 2011, 1149, 1150; BAG v. 22.10.2008 – 4 AZR 793/07 – NZA 2009, 323, 327 Rdnr. 31.

1093 BAG v. 06.07.2011 – 4 AZR 706/09 – NZA 2012, 100, 102; BAG v. 26.09.2001 – 4 AZR 544/00 – NZA 2002, 634, 635.

1094 S.o. B.) 4.) b.) aa.) *Willemsen*, Bezugnahme auf Tarifvertrag, S. 223.

kommt hier aber nur der Charakter einer deklaratorischen Verweisung zu, sie gibt lediglich wieder, was ohnehin tariflich gilt.[1095] Einen konstitutiv wirkenden Arbeitnehmerschutz vermittelt demnach allein § 613a Abs. 1 S. 2 BGB. Für den bereits vor Betriebsübergang mit dem Veräußerer kongruent tarifgebundenen Arbeitnehmer wirkt sich die deklaratorische Bezugnahmeklausel zudem nicht aus, da wegen der identischen Tarifbindung ein Gleichstellungszweck von vorneherein nicht zu erreichen ist.[1096] Dies führt dazu, dass der tarifgebundene Arbeitnehmer inhaltlich allein über § 613a Abs. 1 S. 2 BGB durch statische Fortgeltung der Tarifinhalte geschützt wird. Die Gestaltungsmöglichkeiten des Erwerbers sind demnach nach §§ 613a Abs. 1 S. 3 und 4 BGB zu beurteilen.

(b) Neuverträge von kongruent tarifgebundenen Arbeitnehmern

Kleine dynamische Bezugnahmeklauseln in Neuverträgen sind stets unabhängig von der tariflichen Fortgeltung nach § 613a Abs. 1 S. 2 BGB zu beurteilen.[1097] Für den tarifgebundenen Arbeitnehmer bestehen stets zwei selbständige Geltungsgründe tariflicher Regelungen, die statische Fortgeltungsregel des S. 2 und die dynamisch wirkende Bezugnahmeklausel nach S. 1. Da das Arbeitsverhältnis durch die Tarifregelungen aber nur entweder statisch oder dynamisch bestimmt werden kann, muss einem Geltungsgrund der Vorrang zukommen.

(aa) Das Günstigkeitsprinzip als anwendbare Kollisionsregel

Die zur Auflösung dieser Kollision anwendbare Regel ist das Günstigkeitsprinzip des § 4 Abs. 3 Alt. 2 TVG.[1098] Der Grund hierfür liegt in der vertraglich-dynamischen Ankopplung an die Tarifentwicklung und die sich daraus ergebende Abweichung von dem normativ-statischen Tarifvertragsinhalt. Durch Anwendung des Günstigkeitsprinzips lassen sich in dieser Fallgruppe des Betriebsübergangs auch sachdienliche und sachgerechte Ergebnisse erzielen.[1099] Die Betriebsübergangsrichtlinie enthält in Art. 8 die ausdrückliche Vorgabe, dass für den Arbeitnehmer

1095 S.o. B.) 4.) b.) aa.).

1096 Anders für Außenseiter: Im Fall des Betriebsübergangs besteht nach § 613a Abs. 1 S. 1 BGB eine eigenständige, statisch wirkende Bezugnahme, die als schuldrechtlicher Anspruch gegenüber dem Erwerber fortbesteht, hierzu m.w.N. *Bepler*, RdA 2009, 65, 72.

1097 *Hohenstatt/Kuhnke*, RdA 2009, 107, 108; *Rinck*, RdA 2010, 216, 221.

1098 BAG v. 22.10.2008 – 4 AZR 784/07 – NZA 2009, 151, 153; BAG v. 29.08.2007 – 4 AZR 767/06 – NZA 2008, 364, 366; *Jacobs/Willemsen*, JbArbR 2008, 47, 49, 50; *Wörlen, Kolkemoor*, Rdnr. 315.

1099 *Willemsen*, Bezugnahme auf Tarifvertrag, S. 226.

einschlägige und günstigere Regelungen stets vorrangig anzuwenden sind. Dadurch wird die primäre Prämisse der Richtlinie, der Arbeitnehmerschutz, gewahrt, indem eine vertraglich-dynamische Ankopplung an die Tarifentwicklung über S. 1 gewährleistet wird. Die Richtlinie steht einer solchen dynamischen Tarifgeltung auch nicht entgegen. Dies zeigt sich am Charakter des S. 2, der grundsätzlich einen Mindeststandard nach unten festschreibt, gleichzeitig aber eine für den Arbeitnehmer günstigere Abweichung nach oben, z.B. nach S. 1, aber zulässt.[1100] Eine andere Auffassung würde die tarifgebundenen Arbeitnehmer anlässlich des Betriebsübergangs im Verhältnis zu den Außenseitern benachteiligen, da ihnen dann unter Verstoß gegen Art. 9 Abs. 3 GG nur die statische Fortgeltung verbliebe.[1101] Das Günstigkeitsprinzip muss ihnen somit erhalten bleiben.[1102]

(bb) Durchführung des Günstigkeitsvergleichs

Der Günstigkeitsvergleich von Tarifregelung und abweichender Vertragsklausel erfolgt im Wege des Sachgruppenvergleichs.[1103] Dadurch können vergleichbare Regelungskomplexe gegenüber gestellt werden.[1104] Abzulehnen ist dagegen ein Gesamtvergleich von Tarif- und Vertragsregelungen zur Ermittlung der Günstigkeit einer Regelung.[1105] Auch bei einer Globalbezugnahme auf einen Tarifvertrag stehen sich keine identischen kollektiven Regelungswerke gegenüber, zudem ist ein solcher Gesamtvergleich praktisch kaum durchführbar.[1106] Lässt sich nicht von vorneherein feststellen, dass die Vertragsklausel günstiger ist, geht die Tarifregelung vor.[1107] Dasselbe gilt, wenn es sich um neutrale Regelungen handelt, die aus objektiver Sicht Vor- und Nachteile aufweisen.[1108] Dieser Vorrang der

---

1100 BAG v. 22.04.2009 – 4 AZR 100/08 – NZA 2010, 41, 43 Rdnr. 30, 31; *Rinck*, RdA 2010, 216, 221.

1101 *Thüsing/Lambrich*, RdA 2002, 193, 211, 212.

1102 *Otto*, Bezugnahmeklauseln, S. 183, 184; *Thüsing/Lambrich*, a.a.O.

1103 BAG v. 05.08.2009 – 10 AZR 634/08 – ZTR 2009, 646, 648; BAG v. 07.11.2002 – 2 AZR 742/00 – NZA 2003, 1139, 1141; *Bengelsdorf*, ZfA 1990, 563, 592, 593.

1104 *Forst*, in: Thüsing/Braun, 7. Kap. Rdnr. 41.

1105 *Wank*, in: Wiedemann, § 3 Rdnr. 470; *Greiner*, in: HMB, Teil 9 Rdnr. 174; a.A. *Franzen*, RdA 2008, 193, 197; *Kort*, ZfA 2000, 329, 364; *Lesch*, DB 2000, 322, 325; *Mäckler*, in: FS Arbeitsgerichtsbarkeit Rheinland-Pfalz, S. 381, 389, 390; *Nebeling/Arntzen*, NZA 2011, 1215, 1216.

1106 *Wank*, a.a.O.; *Greiner*, a.a.O.

1107 *Deinert*, in: Däubler, § 4 Rdnr. 690; *Zachert*, in: Kempen/Zachert, § 4 Rdnr. 313.

1108 *Henssler*, in: HWK, § 4 TVG Rdnr. 39; *Käppler*, NZA 1991, 745, 753; *Raab*, ZfA 2004, 371, 390; a.A. *Buchner*, NZA 1999, 897, 901.

Tarifregelung folgt aus dem Ausnahmecharakter des § 4 Abs. 3 Alt. 2 TVG im Vergleich zu § 4 Abs. 1 TVG.[1109]

(cc) § 613a Abs. 1 S. 1 BGB als Regelfall des günstigeren Geltungsgrundes

Nahezu immer wird die Teilhabe an einer dynamischen Tarifentwicklung, vor allem für den Bereich des Entgelts, im Vergleich zur bloß statischen Fortgeltung des aktuellen Lohnniveaus für den Arbeitnehmer günstiger sein.[1110] Hier werden sich nur im Ausnahmefall einmal ambivalente oder neutrale Regelungen finden lassen. Damit geht § 613a Abs. 1 S. 1 BGB als Geltungsgrund § 613a Abs. 1 S. 2 BGB regelmäßig vor.

(dd) Gestaltungsmöglichkeiten des Erwerbers

Der Erwerber ist grundsätzlich auf die wenig erfolg versprechenden vertragsbezogenen Gestaltungsmittel angewiesen. Gestaltungsziel des Erwerbers wird dann erneut die Entdynamisierung der vertraglichen Bezugnahme auf den regelmäßig für den Veräußerer einschlägigen Tarifvertrag und die Anwendung des für ihn an sich geltenden Tarifrechts sein. Die zweite Fallgruppe weist aber Besonderheiten hinsichtlich § 119 Abs. 1 BGB und § 313 BGB auf.

(α) Anfechtung nach § 119 Abs. 1 BGB

In der ersten Fallgruppe hatte mangels Tarifbindung des Veräußerers die Absicht gefehlt, eine Gleichstellung von Außenseitern und tarifgebundenen Arbeitnehmern durch eine kleine dynamische Bezugnahmeklausel zu erreichen.[1111] Daher konnte die Rechtsprechungsänderung zur Auslegung einer solchen Bezugnahmeklausel auch keinen relevanten Irrtum darstellen. Dies könnte bei einer vorhandenen Tarifbindung des Veräußerers zumindest für die nach dem 01.01.2002 abgeschlossenen Neuverträge aus Sicht des Erwerbers aber anders sein. Dabei kommt grundsätzlich eine Anfechtung aufgrund Rechtsirrtums als besonderer Anwendungsfall des Inhaltsirrtums nach § 119 Abs. 1 Alt. 1 BGB in Betracht.[1112] Ein beachtlicher Inhaltsirrtum liegt dabei nur vor, wenn der Erklärende über eine Rechtsfolge irrt und diese Rechtsfolge selbständiger Teil der Erklärung ist, die

1109 *Jacobs*, in: JKO, § 7 Rdnr. 44.
1110 *Jacobs*, NZA Beil. 1/2009, 45, 53.
1111 S. o. B.) 4.) c.) bb.) (2) (d).
1112 *Armbrüster*, in: MüKo, § 119 Rdnr. 80.

angefochten werden soll.[1113] Ist sie aber von dem Gesetz mittelbar nur als Folge der eigentlich erklärten Rechtsfolge vorgesehen, liegt ein unbeachtlicher Irrtum über eine nicht erkannte Nebenfolge vor.[1114]

Nach einer Ansicht soll aufgrund der Rechtsprechungsänderung ein beachtlicher Rechtsfolgenirrtum des Veräußerers vorliegen.[1115] Wenn der Veräußerer vor Betriebsübergang eine kleine dynamische Bezugnahmeklausel in den Arbeitsvertrag aufnahm, wollte er damit regelmäßig aufgrund der bis dato geltenden ständigen Rechtsprechung eine Gleichstellung von Außenseitern und Gewerkschaftsmitgliedern erreichen. Diese beabsichtigte Gleichstellung fungierte dabei als erklärte Rechtsfolge. Dies entspreche dem klassischen Auseinanderfallen von tatsächlich erklärter, weil nach objektivem Empfängerhorizont zu bestimmender Rechtsfolge (Auslegung der kleinen dynamischen Bezugnahmeklausel allein ihrem Wortlaut nach) und der subjektiv gewollten Rechtsfolge (Gleichstellung) bei § 119 Abs. 1 Alt. 1 BGB.[1116] Zumindest bei Neuverträgen wolle der Veräußerer eine solche Erklärung „diesen Inhalts" nicht abgeben, er wolle sich jedenfalls nicht dauerhaft an die Tarifentwicklung des in Bezug genommenen Tarifvertrages binden.[1117] Nach anderer Auffassung handele es sich bei der objektiv erklärten „Ewigkeitsbindung" um eine nicht gewollte Nebenwirkung.[1118] Für die Auffassung, die einen erheblichen Irrtum ablehnt, spricht, dass der tarifgebundene Veräußerer unter dem Eindruck der bisherigen Rechtsprechung zur Gleichstellungsabrede einen Gleichstellungszweck gerade nicht zum Gegenstand seiner Willenserklärung macht, indem er eine entsprechende Klausel in den Vertrag aufnimmt.[1119] Er ging vielmehr davon aus, dass die Rechtsprechung diesen Zweck in eine kleine dynamische Bezugnahmeklausel „hineinlesen" würde. Diese Rechtsfolge erscheint somit lediglich als mittelbares Motiv, das nicht Gegenstand einer nach §§ 133, 157 BGB auszulegenden Willenserklärung war bzw. ist.[1120] Ein rechtserheblicher Irrtum scheidet demnach auch für die zweite Fallgruppe aus. Jedenfalls wird auch hier regelmäßig § 121 BGB eingreifen.

1113 BGH v. 05.06.2008, V ZB 150/07 – NJW 2008, 2442, 2443; BGH v. 15.12.1994 – IX ZR 252/93 – NJW 1995, 1484, 1485; *Brox/Walker*, Rdnr. 423.

1114 *Wendtland*, in: Bamberger/Roth, § 119 Rdnr. 32.

1115 *Hanau*, RdA 2007, 180, 182; *Bayreuther*, DB 2007, 166, 167.

1116 *Sittard/Ulbrich*, ZTR 2006, 458, 463.

1117 *Bayreuther*, a.a.O.

1118 *Ellenberger*, in: Palandt, § 119 Rdnr. 15; *Giesen*, NZA 2006, 625, 631.

1119 *Willemsen*, Bezugnahme auf Tarifvertrag, S. 386, 387.

1120 *Willemsen*, a.a.O.

(β) Störung der Geschäftsgrundlage nach § 313 Abs. 1 BGB

Die Rechtsprechungsänderung könnte in der zweiten Fallgruppe auch als Anwendungsfall der Störung der Geschäftsgrundlage nach § 313 BGB anzusehen sein. Dies wäre zumindest dann der Fall, wenn sich beide Parteien bei Vertragsschluss übereinstimmende oder für die andere Partei jedenfalls erkennbare Vorstellungen über den Gleichstellungszweck der Bezugnahmeklausel gemacht hätten.[1121] Dabei gilt auch in diesem Zusammenhang, was im Wege der Auslegung nach den §§ 133, 157 BGB der Willenserklärung des tarifgebundenen Veräußerers zu entnehmen ist. Die Gleichstellung wurde von der Rechtsprechung in eine kleine dynamische Bezugnahmeklausel nachträglich hineingelesen. Jedoch wird der Arbeitnehmer, tarifgebunden oder nicht, die Tarifbindung des Arbeitgebers regelmäßig nicht kennen, so dass er sich auch keine entsprechende Vorstellung über eine Gleichstellung mit tarifgebundenen Arbeitnehmern machen konnte.[1122] Die Vorstellung des Veräußerers bleibt demnach reines Motiv. Auch in der zweiten Fallgruppe führt sie für den Erwerber nicht zur Entdynamisierung über § 313 BGB.

(γ) Analoge Anwendung von § 613a Abs. 1 S. 3 BGB als Ausnahme der vertraglich-dynamischen Geltung nach § 613a Abs. 1 S. 1 BGB?

Angesichts der begrenzten Möglichkeiten des Erwerbers, die dynamische Fortgeltung über § 613a Abs. 1 S. 1 BGB zu beseitigen, wird eine analoge Anwendung des § 613a Abs. 1 S. 3 BGB vertreten.[1123] Dabei soll dem nicht tarifgebundenen Erwerber die Anwendung des für ihn an sich einschlägigen Tarifvertrages auch dann ermöglicht werden, wenn dieser für die betroffenen Arbeitnehmer ungünstiger ist. Damit könne der Erwerber nicht nur eine Entdynamisierung der Vertragsklausel, sondern auch eine Anwendung des für ihn an sich einschlägigen Tarifrechts erreichen. Argumentativ besteht damit eine Verbindung zu der Auffassung, die allein im Wege der Auslegung nach §§ 133, 157 BGB die Entdynamisierung zu erreichen und darüber hinaus die Anwendung des für den Erwerber einschlägigen Tarifvertrages zu begründen sucht.[1124] In beiden Fällen wird im Wege der wertenden Betrachtung das Vereinheitlichungsinteresse des Erwerbers

---

1121 BAG 28.06.2000 – 7 AZR 904/98 – NZA 2000, 1097, 1101; *Bengelsdorf*, in: MAA, § 49 Rdnr. 409.

1122 BAG v. 18.04.2007 – 4 AZR 652/05 – NZA 2007, 965, 970, 971; *Däubler*, NZA Beil. 3/2006, 133, 135.

1123 *Schipp*, NZA 1994, 865, 869; *Wank*, NZA 1987, 505, 509.

1124 S.o. B.) 4.) c.) bb.) (2) (g).

in den Mittelpunkt der Argumentation gerückt.[1125] Die „verschlechternde Ablösung“ einer vertraglichen Klauseldynamik durch einen einschlägigen Tarifvertrag scheitert entgegen dieser Interessenlage aber stets an § 4 Abs. 3 Alt. 2 TVG. Anders verhält es sich bei § 613a Abs. 1 S. 3 BGB, wo das Günstigkeitsprinzip gerade nicht gilt und eine verschlechternde Ablösung stattfinden kann. Dies müsse auch dem nicht tarifgebundenen Arbeitgeber ermöglicht werden, da § 613a Abs. 1 BGB auch ihm die Harmonisierung der Arbeitsbedingungen ermögliche. Dies rechtfertige eine Analogie zu S. 3.[1126]

Der 3.[1127] und 4.[1128] Senat des Bundesarbeitsgerichts haben eine Analogie abgelehnt, weil es an einer planwidrigen Regelungslücke fehle.[1129] Während ein in Bezug genommener Tarifvertrag nach § 613a Abs. 1 S. 1 BGB als Vertragsrecht gelte, enthielten die Sätze 2–4 Sonderregelungen für die Fortgeltung und Ablösung von Kollektivvereinbarungen ohne Bezug zum Arbeitsvertrag. Diese wirkten von außen auf das Arbeitsverhältnis ein und seien nicht dessen Bestandteil. Es lägen somit zwei unterschiedliche Regelungs- und Gestaltungsebenen vor. Die Wirkung als Kollektivvereinbarung und damit im Fall des § 613a Abs. 1 S. 3 BGB eine tarifvertragliche Ablösung setzten aber eine normative Tarifgebundenheit auch des Erwerbers nach Betriebsübergang voraus.[1130] Fehle es daran, könne eine tarifvertragliche Richtigkeitsgewähr, die auch eine verschlechternde Ablösung zulässt, gerade nicht eingreifen. Der Arbeitgeber, und damit auch der Erwerber, der sich bewusst keiner Tarifbindung unterwerfe, könne sich dann auch nicht auf deren Wirkung berufen, wenn bei ihm nach Betriebsübergang ein Tarifvertrag „an sich“ einschlägig und dieser im Vergleich zu dem arbeitsvertraglich in Bezug genommenen Tarifvertrag günstiger sei.[1131] Die besonderen Wertungen der §§ 613a Abs. 1 S. 2 und 3 BGB sind nur auf die dort geregelten Spezialfälle anwendbar.[1132] Eine „Ablösung“ einer nach S. 1 zum Vertragsinhalt gewordenen Tarifregelung durch eine andere ist selbst dann nicht über § 613a Abs. 1 S. 3 BGB möglich, wenn der nicht tarifgebundene Erwerber dem tarifvertragsschließenden Arbeitgeberverband

1125 Grds. zu dessen Vorrang bei § 613a, *Henssler*, in: FS Schaub, S. 311, 318, 319.

1126 *Wank*, NZA 1987, 505, 509.

1127 BAG v. 13.11.2007 – 3 AZR 191/06 – NZA 2008, 600, 603.

1128 BAG v. 17.11.2010 – 4 AZR 391/09 – NZA 2011, 356, 358; zustimmend *Schleif*, ZTR 2011, 207, 208.

1129 Zust. *Hohenstatt*, in: WHSSS, Abschn. E Rdnr. 190; *Hromadka/Maschmann/Wallner*, Der Tarifwechsel, Rdnr. 414–416; *Schwarz*, BB 2010, 1021, 1022.

1130 *Oetker*, in: JKO, § 6 Rdnr. 216.

1131 In diese Richtung *Preis*, in: ErfK, § 613a BGB Rdnr. 127.

1132 *Henssler*, in: FS Wißmann, S. 133, 149.

beitritt oder ein bestimmter Tarifvertrag nach § 5 TVG für allgemeinverbindlich erklärt wird.[1133] Damit scheidet auch eine analoge Anwendung von § 613a Abs. 1 S. 3 BGB aus, es gilt allein das Günstigkeitsprinzip.[1134]

(3) Große dynamische Bezugnahmeklausel als Tarifwechselklausel

Umstritten ist, ob das Günstigkeitsprinzip des § 4 Abs. 3 Alt. 2 TVG auch dann als Kollisionsregel gilt, wenn auf der Grundlage einer Auslegung eine große dynamische Bezugnahmeklausel als Tarifwechselklausel nach § 613a Abs. 1 S. 1 BGB und eine Fortgeltung nach § 613a Abs. 1 S 2 BGB zusammen treffen.[1135] Nach einer Auffassung soll in diesem Fall nicht das Günstigkeitsprinzip als Kollisionsregel herangezogen werden, sondern § 613a Abs. 1 S. 4 Alt. 2 BGB.[1136] Eine bereits antizipierte „Vereinbarung" zwischen kongruent tarifgebundenen Veräußerer und Arbeitnehmer, es solle etwa der jeweils für die betroffene Branche geltende Tarifvertrag in der jeweils geltenden Fassung anwendbar sein, sei möglich und führe dazu, dass der für den nicht tarifgebundenen Erwerber einschlägige Tarifvertrag nach Betriebsübergang dynamisch zur Geltung komme. Dadurch würde § 613a Abs. 1 S. 2 BGB verdrängt und eine möglicherweise auch ungünstigere Tarifgeltung für die betroffenen Arbeitnehmer statuiert.[1137] Nach anderer Ansicht steht der Wortlaut des § 613a Abs. 1 S. 4 Alt. 2 BGB einer solchen Auslegung entgegen.[1138] Es könne nur eine Vereinbarung zwischen Erwerber und Arbeitnehmer gemeint sein („...zwischen dem neuen Inhaber und dem Arbeitnehmer vereinbart wird"). Eine bereits bestehende Vereinbarung zwischen dem Veräußerer und dem betroffenen Arbeitnehmer hinsichtlich der Geltung eines bestimmten Tarifvertrages könne diese Voraussetzungen nicht erfüllen und S. 4 Alt. 2 demnach auch keine Kollisionsregel darstellen. Es verbleibe demnach bei dem Günstigkeitsvergleich, da sich eine tariflich-statische Fortgeltung über S. 2 und eine vertraglich-dynamische Fortgeltung über S. 1 gegenüber stehen.

1133 Vgl. *Hohenstatt/Kuhnke*, RdA 2009, 107, 108 m.w.N.

1134 BAG v. 22.02.2012 – 4 AZR 24/10 – ArbuR 2012, 141, 142.

1135 S. nur *Rinck*, RdA 2010, 216, 222–224, m.w.N.

1136 *Schwab*, arbeitsvertragliche Bezugnahmen, S. 228, 229; *Hanau*, NZA 2005, 489, 492; *Bayreuther*, NZA 2007, 187, 190; *Henssler*, in: FS Wißmann, S. 133, 153, 154; *Haussmann*, DB 2001, 1839, 1840; *Bauer/Haussmann*, DB 2003, 610, 613, 614; *Bauer/Günter*, NZA 2008, 6, 11; *Annuß*, ZfA 2004, 405, 455, 456; *Willemsen/Müller-Bonanni*, in: HWK, § 613a BGB Rdnr. 283; *Rinck*, RdA 2010, 216, 222 ff.

1137 *Ebeling*, Bezugnahme, S. 239; s. o. zur insoweit deckungsgleichen Diskussion um die Reichweite des § 613a Abs. 1 S. 4 Alt. 2 BGB B.) 3.) c.) und d.).

1138 *Reichold*, in: Fuchs/Reichold, Teil VI Rdnr. 210; *Reichel*, arbeitsvertragliche Bezugnahme, S. 204; *Heinze*, in: FS Schaub, S. 275, 293.

Für die erst genannte Auffassung scheint der Sinn und Zweck des S. 4 Alt. 2 zu sprechen. Eine privatautonome Vereinbarung, die auf die Geltung eines bestimmten Tarifvertrages gerichtet ist, kann eine tariflich vermittelte Rechtsposition wie etwa im Fall des S. 2 in den gesetzlichen Grenzen immer überwinden.[1139] Eine Bezugnahmeklausel i.S.e. Tarifwechselklausel erfüllt genau diese Bedingungen, zumal auch der für den Erwerber einschlägige Tarifvertrag ausgewogene Regelungen von Mindestarbeitsbedingungen enthält.[1140] Überdies werden die Harmonisierungsinteressen des Erwerbers geschützt und ein Rechtsmissbrauch vermieden, da regelmäßig nur der für den Erwerber einschlägige Tarifvertrag zur Anwendung gelangt.[1141] Dennoch überwiegen die Argumente der letztgenannten Auffassung. Der Wortlaut des S. 4 Alt. 2 muss als Auslegungsgrenze dazu führen, dass nur der Erwerber eine entsprechende Vereinbarung treffen kann. Die hiergegen angeführte Entwurfsbegründung[1142] kann den eindeutigen Wortlaut nicht „umdeuten". Zwar sieht die Begründung vor, dass eine individualrechtliche Vereinbarung der Geltung eines Tarifvertrages die Fortgeltung nach S. 2 ausnahmsweise überwinden kann. Dies betrifft jedoch nur das Ablösungsverhältnis des S. 2 zu S. 4. Darüber, ob auch eine individualvertragliche Bezugnahmeklausel i.S.d. S. 1 vom Regelungsgehalt her erfasst sein und sich somit unabhängig von ihrer Günstigkeit immer gegen tarifliche Regelungen durchsetzen soll, schweigt sich die Begründung aus. Daher spricht viel dafür, dass aufgrund der expliziten systematischen Verbindung der Sätze 2 und 4 eine diesbezügliche Sonderregelung geschaffen wurde, die eine Ablösung vor Ablauf der Jahresfrist schon aufgrund der Vorgaben des Wortlauts nur in restriktivem Umfang zulässt.[1143] Bezugnahmeklauseln sind als Bestandteil des Arbeitsvertrages dagegen ausdrücklich von S. 1 erfasst, ihr Schicksal und ihre Fortgeltung nach Betriebsübergang bestimmt sich nach anderen Grundsätzen. Die These, dass der Wortlaut des § 613a Abs. 1 S. 4 Alt. 2 BGB nicht ausschlaggebend sein könne, weil der Gesetzgeber die Problematik der Tarifwechselklausel als individualrechtliche „Vereinbarung" nicht bedacht habe, ist in dieser Form

1139 *Willemsen*, Bezugnahme auf Tarifvertrag, S. 229.

1140 *Bauer/Haussmann*, DB 2003, 610, 613, 614.

1141 *Bauer/Günter*, NZA 208, 6, 10, 11; *Henssler*, in: FS Wißmann, S 133, 154.

1142 BT-Drucks. 8/3317, S. 1: „Satz 4 lässt eine Änderung der nur individualrechtlich geltenden Rechte und Pflichten vor Ablauf der Jahresfrist zu, wenn […] auf Grund einer Vereinbarung ein anderer – allerdings nur der einschlägige – Tarifvertrag auf das Arbeitsverhältnis angewendet wird."

1143 *Reichold*, in: Fuchs/Reichold, Teil VI Rdnr. 210; *Reichel*, arbeitsvertragliche Bezugnahme, S. 204.

nicht haltbar.[1144] Der Gesetzgeber musste sich auch keine Gedanken machen, da bereits das Günstigkeitsprinzip des § 4 Abs. 3 Abs. 2 TVG als arbeitsrechtlicher Grundsatz zur Auflösung von Normkonflikten zwischen vertraglich geltender und kollektiv vermittelter Rechtsposition existiert.[1145]

Nichts anderes kann dann im Verhältnis von § 613a Abs. 1 S. 1 zu S. 2 BGB gelten. Die zur Rechtfertigung der Anwendung des S. 4 Alt. 2 als Kollisionsnorm vorgebrachten Zweckmäßigkeitserwägungen müssen angesichts dessen zurücktreten. Damit bleibt es dabei, dass nur der Erwerber eine vertragliche Änderung des tariflichen Bezugnahmeobjekts mit dem betroffenen Arbeitnehmer gem. S. 4 Alt. 2 vereinbaren kann.[1146] Andernfalls werden Kollisionen von S. 1 und S. 2 durch das Günstigkeitsprinzip des § 4 Abs. 3 Alt. 2 TVG aufgelöst.[1147] Mangels Tarifbindung des Erwerbers kann die Tarifwechselklausel nicht den ihr zugedachten Zweck erfüllen, es bleibt demnach bei der vertraglich-dynamischen Geltung des Veräußerertarifvertrages über S. 1 und der faktisch normativen aber statischen Tarifgeltung über S. 2. Für den Arbeitnehmer wird, etwa in Bezug auf den Tariflohn, regelmäßig die vertraglich-dynamische Tarifentwicklung des Veräußerertarifvertrages als einzig in Betracht kommendes Bezugsobjekt über S. 1 günstiger sein. Der Erwerber ist dann entsprechend auf die vertraglichen Gestaltungsmittel angewiesen.

cc.) Rechtslage bei verschiedener Tarifbindung von Veräußerer und Arbeitnehmer

In diesem Fall existiert als Geltungsgrund tariflicher Regelungen nach Betriebsübergang nur § 613a Abs. 1 S. 1 BGB. Der Erwerber muss ungeachtet der konkreten Art und Weise der Fortgeltung jeweils die vertragsbezogenen Gestaltungsmittel einsetzen, um seine Vereinheitlichungsinteressen durchzusetzen. Damit gilt der Veräußerertarifvertrag als regelmäßiger Gegenstand der Bezugnahmeklausel bei statischer Bezugnahme rein statisch fort. Bei kleinen dynamischen Bezugnahmeklauseln ist zwischen Alt- und Neuverträgen zu trennen.[1148] Bei Altverträgen steht der von dem Betriebsübergang betroffene, anders tarifgebundene

1144 So aber *Willemsen*, Bezugnahme auf Tarifvertrag, S. 229; *Annuß*, ZfA 2005, 405, 455, 456.

1145 BAG v. 05.08.2009 – 10 AZR 634/08 – ZTR 2009, 646, 647, 648.

1146 *Heinze*, in: FS Schaub, S. 275, 293.

1147 BAG v. 22.04.2009 – 4 AZR 100/08 – NZA 2010, 41, 43 Rdnr. 30, 31; *Rinck*, RdA 2010, 216, 221.

1148 Darin liegt der Unterschied zu B.) 4.) c.) bb.) (2).

Arbeitnehmer einem Außenseiter gleich. Er soll durch die Klausel so behandelt werden wie die kongruent tarifgebundenen Arbeitnehmer des Veräußerers. Da im Fall des Betriebsübergangs bei fehlender Tarifbindung des Erwerbers der Veräußerertarifvertrag über § 613a Abs. 1 S. 2 BGB zur Anwendung käme, gilt dasselbe auch für die Bezugnahmeklausel und es kommt zu einer entsprechenden vertraglich-statischen Fortgeltung über S. 1. Bei Neuverträgen gilt der Veräußerertarifvertrag vertraglich-dynamisch fort, der Erwerber wird in erster Linie die Entdynamisierung der Klausel anstreben. Bei großen dynamischen Bezugnahmeklauseln kann bei fehlender Tarifbindung des Erwerbers kein Tarifwechsel stattfinden. Es tritt dieselbe Wirkung ein wie bei Neuverträgen und der Erwerber hat dieselben Gestaltungsoptionen.

dd.) Ergebnisse zur zweiten Fallgruppe

In der zweiten Fallgruppe besteht eine norminterne Kollisionsproblematik, wenn im Zuge des Betriebsübergangs bei kongruenter Tarifbindung von Veräußerer und betroffenem Arbeitnehmer sowohl eine kollektivrechtlich vermittelte statische Fortgeltung über S. 2 als auch eine vertraglich-dynamische Fortgeltung über S. 1 zusammen treffen. Diese Kollision ist sowohl im Fall der kleinen (Neuverträge) als auch der großen dynamischen Bezugnahmeklausel über das Günstigkeitsprinzip des § 4 Abs. 3 Alt. 2 TVG aufzulösen. Dies wird regelmäßig zu einer für den Arbeitnehmer günstigeren, weil an die Tarifdynamik angekoppelten vertraglichen Entwicklung der Lohn- und Arbeitsbedingungen des Veräußerertarifvertrages über S. 1 führen. Bei Altverträgen wirkt sich der Gleichstellungszweck für tarifgebundene Arbeitnehmer nicht aus, Mindestarbeitsbedingungen und das tarifliche Lohnniveau werden hier über § 613a Abs. 1 S. 2 BGB aufrecht erhalten. Der Erwerber kann hier gestalterisch lediglich auf §§ 613a Abs. 1 S. 3, 4 BGB zurückgreifen, während er in allen anderen Fällen die vertragsbezogenen Gestaltungsmittel zur Klauselanpassung anwenden muss. Die Erfolgsaussichten sind dabei regelmäßig gering. Liegt eine statische Bezugnahmeklausel vor, ist aufgrund der vollständigen inhaltlichen Deckungsgleichheit von Bezugnahmeklausel und tariflich vermittelter Fortgeltung nach Betriebsübergang das Günstigkeitsprinzip zur Kollisionsauflösung nicht anwendbar. Aus Sicht des Erwerbers sind beide konstitutiv wirkende Geltungsgründe nebeneinander anzuwenden. Er muss dann auch beide Geltungsgründe beseitigen, will er einheitliche Arbeitbedingungen durchsetzen. Diese missliche Konstellation wird aber selten eintreten, da eine rein statische Bezugnahmeklausel kaum einmal vorliegen wird. Bei verschiedener Tarifbindung von Veräußerer und betroffenem Arbeitnehmer kommt nur § 613a Abs. 1 S. 1 BGB als Geltungsgrund für die Regelungen des Veräußerertarifvertrages infrage. Je nach Art und Weise der Fortgeltung wird der Erwerber zur Erreichung seiner Gestaltungsziele die vertragsbezogenen Gestaltungsmittel einsetzen.

e.) Dritte Fallgruppe: Tarifbindung des Veräußerers und Erwerbers

In der dritten Fallgruppe sind sowohl der Veräußerer als auch der Erwerber originär, weil mitgliedschaftlich über §§ 3 Abs. 1, 4 Abs. 1 TVG tarifgebunden. Dabei ist hinsichtlich der Tarifbindung des Erwerbers zu differenzieren.[1149] Sie kann mit der des Veräußerers entweder übereinstimmen, wenn beide an denselben Tarifvertrag gebunden sind oder hiervon abweichen, wenn der Erwerber an einen anderen Tarifvertrag gebunden ist, der entweder mit derselben oder einer anderen Gewerkschaft geschlossen worden ist. In diesen jeweiligen Konstellationen können sich unterschiedliche Kollisionslagen ergeben, wenn die originäre oder faktisch tarifliche Fortgeltung mit vertraglichen Bezugnahmeklauseln nach § 613a Abs. 1 S. 1 BGB zusammen trifft.

aa.) Erste Gruppe: Veräußerer und Erwerber sind identisch tarifgebunden

Hier besteht rein tarifrechtlich zunächst eine doppelte Tarifbindung des Erwerbers.[1150] Dabei handelt es sich um eine originär mitgliedschaftliche Tarifbindung (§§ 3, 4 TVG)[1151] und eine kraft rechtsgeschäftlicher Betriebsübernahme auf §§ 613a Abs. 1 S. 2, 3 BGB beruhende faktische Tarifbindung.[1152] Inhaltliche Unterschiede bestehen hier nicht, beide Geltungsgründe führen zugunsten der kongruent tarifgebundenen Arbeitnehmer hier zu einer normativen Tarifbindung. Eine inhaltliche Kollision mit einer vertraglichen Bezugnahmeklausel kann sich in dieser Konstellation nur ergeben, wenn diese statisch wirkt.[1153] Dann stehen sich eine vertraglich-statische Tarifgeltung des für Veräußerer und Erwerber gleichen Tarifvertrages über S. 1 und eine entsprechende normativ dynamische Tarifgeltung

1149 *Willemsen*, Bezugnahme auf Tarifvertrag, S. 231 ff.
1150 S. o. B.) 2.) c.) aa.) (2).
1151 *Müller-Bonanni/Mehrens*, NZA 2012, 1194, 1195.
1152 *Sagan*, RdA 2011, 163, 170, 171.
1153 *Willemsen*, Bezugnahme auf Tarifvertrag, S. 233.

über S. 3 bzw. §§ 3, 4 TVG gegenüber. Die sich hieraus ergebende Kollision ist nach dem Günstigkeitsprinzip des § 4 Abs. 3 Alt. 2 TVG aufzulösen.[1154] Das Prinzip der Tarifkonkurrenz ist mangels vergleichbarer Regelungsobjekte nicht anwendbar.[1155] Dies hat mittlerweile auch das Bundesarbeitsgericht bestätigt.[1156] Da die dynamische Tarifanbindung für den Arbeitnehmer regelmäßig günstiger sein wird, wird der Geltungsgrund der §§ 3, 4 TVG und § 613a Abs. 1 S. 3 BGB vorgehen.[1157] Ergibt die Auslegung das Vorliegen einer kleinen dynamischen Bezugnahmeklausel, kann sich bei Tarifgebundenheit des Arbeitnehmers für Altverträge kein eigenständiger konstitutiver Gleichstellungszweck realisieren, es gilt kraft vertraglicher Bezugnahme die tariflich vermittelte Rechtslage der §§ 3, 4 TVG mit der Folge der dynamischen Tarifgeltung. Daher wird die Bezugnahmeklausel auf eine rein deklaratorische Wiedergabe der tariflich geltenden Rechtslage reduziert. Bei Neuverträgen verweist die Bezugnahmeklausel dynamisch auf die schon tariflich geltende Rechtslage.[1158] Allerdings hat sie hier konstitutive Wirkung und steht über S. 1 neben S. 3 bzw. §§ 3, 4 TVG. Der Erwerber sieht sich hier zwei eigenständigen Geltungsgründen gegenüber. Gleiches gilt für die große dynamische Bezugnahmeklausel. Für den Erwerber ergeben sich in den gesamten Fällen aber keine Gestaltungsprobleme, da er selbst tarifgebunden ist und sich auch bezüglich der übergehenden Arbeitsverhältnisse daran nichts ändert. Es bleibt bei „seiner“ Tarifbindung und den damit geltenden Arbeitsbedingungen.

bb.) Zweite Gruppe: Veräußerer und Erwerber sind an einen jeweils anderen Tarifvertrag mit jeweils derselben Gewerkschaft gebunden

Hier sind sowohl Veräußerer und Erwerber als auch die betroffenen Arbeitnehmer jeweils vor und nach Betriebsübergang kongruent normativ tarifgebunden (§§ 3, 4 TVG). Es kommt daher nach § 613a Abs. 1 S. 3 BGB zu einer Ablösung des zunächst über § 613a Abs. 1 S 2 BGB statisch fortgeltenden Veräußerertarifvertrages durch den des Erwerbers.[1159]

1154 *Reichel*, arbeitsvertragliche Bezugnahme, S. 175; *Dauner-Lieb*, SAE 2/1999, 41, 50; *Danne*, SAE 3/1998, 107, 113; *Bayreuther*, in: Richardi/Bayreuther, § 8 Rdnr. 17.

1155 *Jacobs*, in: JKO, § 7 Rdnr. 228; *Kraft*, RdA 1992, 161, 163, 167.

1156 BAG v. 29.08.2007 – 4 AZR 767/06 – NZA 2008, 364, 366 unter Korrektur der Entscheidung BAG v. 23.03.2005 – 4 AZR 203/04 – NZA 2005, 1003, 1006.

1157 *Bayreuther*, in: Richardi/Bayreuther, § 8 Rdnr. 13.

1158 *Seitz/Werner*, NZA 2000, 1257, 1265.

1159 *Seitz/Werner*, NZA 2000, 1257, 1266.

(1) Geltungsgrund Bezugnahmeklausel: Kollision von § 613a Abs. 1 S. 1 BGB und § 613a Abs. 1 S. 3 BGB

Neben der kollektivrechtlich vermittelten Fortgeltung nach §§ 613a Abs. 1 S. 2, 3 BGB kann in Gestalt einer Bezugnahmeklausel ein weiterer konstitutiver Geltungsgrund für Tarifregelungen existieren. In diesem Fall kommt es zur Kollision von § 613a Abs. 1 S. 1 und S. 3 (§§ 3, 4 TVG) BGB, die nach dem Günstigkeitsprinzip des § 4 Abs. 3 Alt. 2 TVG aufzulösen ist.[1160] Dabei ist auch in diesem Zusammenhang ein Sachgruppenvergleich vorzunehmen.[1161]

(2) Ermittlung der Günstigkeit am Maßstab der Klauseltypik

Ob die vertragliche Regelung nach S. 1 oder die kollektivrechtliche Ablösung nach S. 3 (§§ 3, 4 TVG) i.S.d. § 4 Abs. 3 Alt. 2 TVG günstiger ist, hängt für den tarifgebundenen Arbeitnehmer von dem jeweiligen Auslegungsergebnis und Klauseltyp ab. Dies beeinflusst auch die Gestaltungsoptionen des Erwerbers.[1162]

(a) Statische Bezugnahmeklausel

Ergibt die Auslegung, dass eine statische Bezugnahmeklausel vorliegt, stehen sich vertraglich-statische Bezugnahme (Veräußerertarifvertrag) über S. 1 und dynamisch-normative Geltung des Erwerbertarifvertrags aufgrund normativer kongruenter Tarifbindung nach Betriebsübergang über S. 3 (§§ 3, 4 TVG) gegenüber. Dann wird etwa in Bezug auf den Tariflohn die dynamische Anbindung an den Erwerbertarifvertrag für den Arbeitnehmer regelmäßig günstiger sein. S. 3 (§§ 3, 4 TVG) geht somit vor, es sei denn, die statische Bezugnahme sieht ein höheres Lohnniveau vor.

(b) Kleine dynamische Bezugnahmeklausel

Hier ist erneut zwischen Alt- und Neuverträgen zu differenzieren.

(aa) Altverträge

Nach der Rechtsprechung zur Auslegung einer kleinen dynamischen Bezugnahmeklausel als Gleichstellungsabrede orientiert sich die Klausel nach der für tarifgebundene Arbeitnehmer geltenden Rechtslage.[1163] Dadurch sollte für Außenseiter

1160 BAG v. 22.10.2008 – 4 AZR 784/07 – NZA 2009, 151, 153.
1161 *Bepler*, RdA 2009, 65, 75; *Däubler*, Tarifvertragsrecht, Rdnr. 204 ff.
1162 *Koch*, in: Schaub, § 119 Rdnr. 9, 12.
1163 *Hohenstatt*, in: WHSSS, Abschn. E Rdnr. 174.

eine Parallele zu der für die Gewerkschaftsmitglieder geltenden Rechtslage hergestellt werden.[1164] Dieser Gleichstellungszweck wird aber bei tarifgebundenen Arbeitnehmern, die wie in dieser Fallgruppe auch nach Betriebsübergang originär, d.h. normativ tarifgebunden sind, schon per se nicht erreicht. Gleichwohl bleibt es wegen der Tarifbindung des Veräußerers nach der alten Rechtsprechung bei der an diesem Gleichstellungszweck orientierten Klauselauslegung.[1165] Für die tarifgebundenen Arbeitnehmer gilt der Erwerbertarifvertrag damit über § 613a Abs. 1 S. 3 BGB dynamisch. Hier entsteht aber ein anderes Problem: Kommt es als Rechtsfolge der Ablösung, wie in dieser Konstellation, zu einem Tarifwechsel, kollidiert dies mit der Gleichstellungsrechtsprechung zu Altverträgen, da eine kleine dynamische Bezugnahmeklausel einen solchen Tarifwechsel regelmäßig nicht auslösen konnte.[1166] Danach bliebe es selbst für die tarifgebundenen Arbeitnehmer auf der Grundlage der alten Rechtsprechung in Anlehnung an § 613a Abs. 1 S. 2 BGB bei einer vertraglich-statischen Geltung des Veräußerertarifvertrages über S. 1. Diese ist aber, etwa hinsichtlich des Tariflohns, regelmäßig ungünstiger als die ungeachtet dessen bestehende dynamische Tarifanbindung der insoweit kongruent tarifgebundenen Arbeitnehmer an den Erwerbertarifvertrag nach § 613a Abs. 1 S. 3 BGB bzw. §§ 3, 4 TVG und tritt daher zurück.

Wiederum etwas anderes gilt, wenn man eine kleine dynamische ausnahmsweise als große dynamische Bezugnahmeklausel auslegt. Als solch besonderer Umstand ist etwa der Fall anzusehen, in dem eine normative Tarifbindung vor und nach Betriebsübergang deshalb entsteht, weil wie hier die identische Gewerkschaft jeweiliger Tarifvertragspartner ist.[1167] Eine Tarifwechselklausel kann zwar trotz des in § 613a Abs. 1 BGB enthaltenen und geschützten Vereinheitlichungsinteresses nicht als antizipierte Vereinbarung nach § 613a Abs. 1 S. 4 Alt. 2 BGB angesehen werden und einen automatischen Tarifwechsel hin zum Erwerbertarifvertrag begründen.[1168] Jedoch kommt es in diesem Fall über S. 1 genauso zur dynamischen Anwendung des Erwerbertarifvertrages wie über § 613a Abs. 1 S. 3 BGB bzw. §§ 3, 4 TVG.[1169] Das für die Kollisionsauflösung hier an sich anzuwendende Günstigkeitsprinzip hilft nicht weiter. Beide Geltungsgründe stehen nebeneinander. Aus

---

1164 BAG v. 27.01.2010 – 4 AZR 570/08 – NZA 2010, 1088.

1165 *Willemsen*, Bezugnahme auf Tarifvertrag, S. 243, 244.

1166 BAG a.a.O.

1167 BAG v. 17.11.2010 – 4 AZR 391/09 – NZA 2011, 356, 359; BAG v. 22.10.2008 – 4 AZR 784/07 – NZA 2009, 151, 153.

1168 S.o. B.) 4.) d.) bb.) (3).

1169 *Bayreuther*, in: DFL, § 613a BGB Rdnr. 74.

Sicht des Erwerbers stellt dies aber zumindest kein Gestaltungsproblem dar. Da die bei ihm geltenden tariflichen Arbeitsbedingungen sowohl kollektivrechtlich als auch vertraglich auch für die betroffenen Arbeitnehmer gelten, muss er keine weiteren Anpassungen vornehmen.

(bb) Neuverträge

Bei Neuverträgen ist eine kleine dynamische Bezugnahmeklausel ihrem Wortlaut entsprechend als dynamische Fortgeltungsanordnung der bislang geltenden Tarifregelungen anzusehen. Dem steht über S. 3 (§§ 3, 4 TVG) der dynamisch wirkende Erwerbertarifvertrag gegenüber. Nach § 4 Abs. 3 Alt. 2 TVG ist somit die günstigere Regelung zu ermitteln.[1170]

(c) Große dynamische Bezugnahmeklausel

Liegt ausnahmsweise eine Tarifwechselklausel vor, wirkt der Erwerbertarifvertrag für den Arbeitnehmer über § 613a Abs. 1 S. 1 BGB dynamisch. Eine „Vereinbarung" i.S.d. § 613a Abs. 1 S. 4 Alt. 2 BGB liegt nach hier vertretener Auffassung zwar nicht vor, eine automatische Anpassung des vertraglichen Bezugsobjekts an die Tariflage des Erwerbers bleibt demnach aus.[1171] Aufgrund der kongruenten Tarifbindung im Verhältnis zu dem Erwerber resultiert aus S. 1 gleichwohl kein anderes Ergebnis. Dem steht die kollektivrechtliche Geltung des Erwerbertarifvertrages über § 613a Abs. 1 S. 3 BGB bzw. §§ 3, 4 TVG gegenüber. Das Günstigkeitsprinzip des § 4 Abs. 3 Alt. 2 TVG hilft auch hier nicht weiter. Aus Sicht des Erwerbers stellt dies kein Problem dar, da er wiederum keinen Gestaltungsbedarf hat.[1172]

(3) Gestaltungsmöglichkeiten des Erwerbers

Bei statischen und kleinen dynamischen Bezugnahmeklauseln (Altverträge) setzt sich die Regelung des § 613a Abs. 1 S. 3 BGB bzw. §§ 3, 4 TVG durch. Dies gilt auch im Fall der Tarifwechselklausel. Es gilt demnach der eigene Tarifvertrag des Erwerbers, eine Vereinheitlichung der Arbeitsbedingungen ist somit aus seiner Sicht erreicht. Der Einsatz weiterer Gestaltungsmittel bleibt zwar denkbar, ist aber regelmäßig die Ausnahme. Bei kleinen dynamischen Bezugnahmeklauseln (Neuverträge) richten sich die Gestaltungsoptionen des Erwerbers danach,

1170 *Henssler*, in: FS Wißmann, S. 133, 149; *Gussen*, FA 2001, 201, 204.
1171 A.A. *Jacobs*, NZA Beil. 1/2009, 45, 51; *Annuß*, RdA 2000, 178, 181, 182.
1172 Vgl. zur eben behandelten Konstellation B.) 4.) e.) bb.) (2) (b) (aa) a.E.

welche Regelung betreffend eine bestimmte Sachgruppe nach § 4 Abs. 3 Alt. 2 TVG günstiger ist.[1173]

cc.) Dritte Gruppe: Veräußerer und Erwerber sind an einen jeweils anderen Tarifvertrag mit jeweils einer anderen Gewerkschaft gebunden

In dieser Konstellation greift mangels kongruenter Tarifgebundenheit nach Betriebsübergang weder § 613a Abs. 1 S. 3 BGB als Ablösungstatbestand noch §§ 3, 4 TVG als originärer Geltungsgrund tariflicher Regelungen ein.[1174] Der Veräußerertarifvertrag gilt statisch und quasi normativ über § 613a Abs. 1 S. 2 BGB fort. Gleichzeitig kommt eine vertragliche Geltung kraft Bezugnahmeklausel nach S. 1 BGB in Betracht.

(1) Statische Bezugnahmeklausel

In diesem Fall gelten die Tarifregelungen des Veräußerers nach Betriebsübergang zeitlich und inhaltlich statisch weiter. Dieselbe Wirkung tritt quasi normativ über § 613a Abs. 1 S. 2 BGB ein. Das Günstigkeitsprinzip als Differenzierungskriterium scheidet hier aufgrund vollständiger inhaltlicher Übereinstimmung beider Geltungsgründe aus.[1175] Der Erwerber muss beide konstitutiven Geltungsgründe beseitigen, um so eine Harmonisierung der Arbeitsbedingungen durch Beendigung der Bindung an die Regelungen des Veräußerertarifvertrages herbei zu führen.

(2) Kleine dynamische Bezugnahmeklausel

Hier ist wiederum zwischen Alt- und Neuverträgen zu differenzieren.

(a) Altverträge

Hier ist grundsätzlich der Gleichstellungszweck beachtlich. Dieser kann sich aber bei tarifgebundenen Arbeitnehmern schon nicht realisieren. Unter Berücksichtigung dieses Gleichstellungszwecks ist aber wegen der Tarifbindung des Veräußerers gleichwohl die Klauselauslegung vorzunehmen. Dann wirkt die Vertragsklausel wegen § 613a Abs. 1 S. 2 BGB rein deklaratorisch. Der Arbeitnehmer wird daher inhaltlich effektiv nur über § 613a Abs. 1 S. 2 BGB geschützt.[1176]

1173 S. o. B.) 4.) c.) bb.) (1) und (2) sowie B.) 4.) d.).

1174 *Seitz/Werner*, NZA 2000, 1257, 1266.

1175 S. o. für die hier vergleichbare zweite Fallgruppe B.) 4.) d.) bb.) (1) (d).

1176 S.o. B.) 4.) d.) bb.) (2) (a)

(b) Neuverträge

Für Neuverträge ist der Klauselwortlaut ausschlaggebend. Kleine dynamische Bezugnahmeklauseln enthalten daher eine dynamische Verweisung auf den Veräußerertarifvertrag. Daran muss sich der Erwerber festhalten lassen. Eine solche vertraglich-dynamische Verweisung ist regelmäßig günstiger als die bloß statische Verweisung über § 613a Abs. 1 S. 2 BGB und geht daher vor.

(3) Große dynamische Bezugnahmeklausel

Liegt eine Kollision von Tarifwechselklausel nach S. 1 und statisch wirkender, faktisch normativer Tarifgeltung nach S. 2 vor, kommt das Günstigkeitsprinzip des § 4 Abs. 3 Alt. 2 TVG zur Anwendung. Dabei gilt der Erwerbertarifvertrag über S. 1 und der Veräußerertarifvertrag über S. 2. Die vertraglich-dynamische Tarifgeltung ist, etwa im Hinblick auf den Tariflohn, regelmäßig günstiger als die statisch wirkende Regelung des § 613a Abs. 1 S. 2 BGB. Der Erwerbertarifvertrag setzt sich damit durch.

(4) Sonderfall § 5 TVG

Wird der Erwerbertarifvertrag nach Betriebsübergang gemäß § 5 TVG für allgemeinverbindlich erklärt, kommt es zur Ablösung des Veräußerertarifvertrages nach § 613a Abs. 1 S. 3 BGB. Bezugnahmeklausel und Tarifgeltung kollidieren dann miteinander. Diese Kollisionslage entspricht derjenigen, die bei Bindung von Veräußerer und Erwerber an einen anderen Tarifvertrag mit jeweils derselben Gewerkschaft entsteht und ist nach den dort dargestellten Grundsätzen aufzulösen.[1177]

(5) Gestaltungsmöglichkeiten des Erwerbers

Treffen statische Bezugnahmeklausel nach S. 1 und statische Fortgeltung nach S. 2 zusammen, muss der Erwerber beide Geltungsgründe beseitigen, um „seine“ Tariflage anwenden zu können. Liegt als Ergebnis der Auslegung eine kleine dynamische Bezugnahmeklausel vor, muss zwischen Alt- und Neuverträgen unterschieden werden. Bei Altverträgen kann sich zugunsten tarifgebundener Arbeitnehmer ein Gleichstellungszweck nicht realisieren. Für die Klauselauslegung ist der Gleichstellungszweck wegen der Tarifbindung des Veräußerers dennoch zu beachten. Dabei gibt die Klausel mit letztlich rein deklaratorischer

---

1177 S.o. B.) 4.) e.) bb.).

Wirkung nur wieder, was ohnehin tariflich gilt, nämlich § 613a Abs. 1 S. 2 BGB. Allein über diese Regelung wird ein inhaltlicher Schutz des tarifgebundenen Arbeitnehmers vermittelt. Der Erwerber ist auf §§ 613a Abs. 1 S. 3, 4 BGB angewiesen. Bei Neuverträgen setzt sich im Wege des Günstigkeitsvergleichs die vertraglich dynamische Bezugnahme auf den Veräußerertarifvertrag gegenüber S. 2 durch. Der Erwerber muss also die vertragsbezogenen Gestaltungsmittel zum Zweck der Vereinheitlichung und Harmonisierung der Arbeitsbedingungen einsetzen.[1178] Bei einer Tarifwechselklausel besteht kein Gestaltungsbedarf. Wird der Erwerbertarifvertrag nach § 5 TVG für allgemeinverbindlich erklärt, kommt es mit Ausnahme der Tarifwechselklausel zum Günstigkeitsvergleich der Sachgruppen im Verhältnis von Veräußerertarifvertrag, der kraft vertraglicher Bezugnahme gilt, zu Erwerbertarifvertrag. Die Gestaltungsoptionen des Erwerbers richten sich nach der für den Arbeitnehmer günstigeren Regelung.

f.) Vierte Fallgruppe: Tarifbindung nur des Erwerbers

In dieser Konstellation entfällt mangels Tarifbindung des Veräußerers die tarifliche Fortgeltung nach § 613a Abs. 1 S. 2 BGB und demnach auch die tarifliche Ablösung nach S. 3. Es kann aber zu einer normativ-originären Tarifbindung nach §§ 3, 4 TVG kommen, wenn Erwerber und Arbeitnehmer nach Betriebsübergang kongruent tarifgebunden sind. Daneben können erneut arbeitsvertragliche Bezugnahmeklauseln von Bedeutung sein.

aa.) Statische Bezugnahmeklausel

Kollidieren statische Bezugnahmeklausel auf den an sich einschlägigen Veräußerertarifvertrag über S. 1 und die dynamische Anwendung des Erwerbertarifvertrages bei entsprechender kongruenter Tarifbindung nach Betriebsübergang aufgrund der §§ 3, 4 TVG miteinander, setzt sich die originäre Tarifbindung im Wege des Günstigkeitsvergleichs regelmäßig durch. Fehlt es an einer kongruenten Tarifbindung nach Betriebsübergang, kommt als Geltungsgrund tariflicher Regelungen nur die statische Geltung des an sich einschlägigen Veräußerertarifvertrages über § 613a Abs. 1 S. 1 BGB in Betracht. Andere Geltungsgründe sind nicht gegeben.

1178 S. o. B.) 4.) c.) bb.) (1) und (2) sowie B.) 4.) d.).

bb.) Kleine dynamische Bezugnahmeklausel

Ergibt die Auslegung, dass eine kleine dynamische Bezugnahmeklausel vorliegt, ist in dieser Fallgruppe die Unterscheidung zwischen Alt- und Neuverträgen obsolet, da mangels Tarifbindung des Veräußerers ein Gleichstellungszweck nie eine Rolle bei der Klausel- und Vertragsgestaltung gespielt haben kann.[1179] Aufgrund dessen ist eine Klauselauslegung in allen Fällen (Alt- und Neuverträge) allein nach den §§ 133, 157 BGB vorzunehmen. Wird danach der an sich für den Veräußerer geltende Tarifvertrag in Bezug genommen (S. 1), kann dies nach Betriebsübergang zu einer Kollision mit §§ 3, 4 TVG führen. Dann ist durch einen entsprechenden Sachgruppenvergleich die für den Arbeitnehmer günstigere Regelung zu ermitteln. Fehlt es an einer kongruenten Tarifbindung, verbleibt nach Betriebsübergang allein § 613a Abs. 1 S. 1 BGB in Gestalt der dynamischen Bezugnahmeklausel als konstitutiver Geltungsgrund des Veräußerertarifvertrages.

cc.) Große dynamische Bezugnahmeklausel

Liegt ausnahmsweise eine Tarifwechselklausel vor, gilt über S. 1 ohne Weiteres der Erwerbertarifvertrag vertraglich-dynamisch. Überdies kann nach §§ 3, 4 TVG bei kongruenter Tarifbindung nach Betriebsübergang eine normativ-dynamische Geltung des Erwerbertarifvertrages bestehen.

dd.) Gestaltungsmöglichkeiten des Erwerbers

Der Erwerber kann bei dem Vorliegen einer statischen Bezugnahmeklausel im Fall der §§ 3, 4 TVG seine eigenen Tarifregelungen anwenden oder ist bei abweichender Tarifbindung im Vergleich zu dem Arbeitnehmer wegen der statischen Tarifgeltung über S. 1 auf die vertragsbezogenen Gestaltungsmittel angewiesen. Bei kleinen dynamischen Bezugnahmeklauseln verbleibt es entweder bei der vertraglich-dynamischen Tarifgeltung über S. 1 oder es ist bei kongruenter Tarifbindung nach Betriebsübergang ein Günstigkeitsvergleich durchzuführen. Je nachdem welche Regelungen dann vorgehen, hat der Erwerber sein Gestaltungsziele schon erreicht oder muss die vertraglichen und vertragsbezogenen Gestaltungsmittel einsetzen. Liegt eine Tarifwechselklausel vor, besteht aus Sicht des Erwerbers kein weiterer Gestaltungsbedarf.

1179 S. o. in der hier vergleichbaren ersten Fallgruppe B.) 4.) c.) aa.).

g.) Ergebnisse zur Frage der Gestaltungs- und Änderungsmöglichkeiten des Erwerbers bei vertraglicher Bezugnahme auf tarifliche Regelungen

Der Erwerber kann sich erheblichen Gestaltungsproblemen gegenüber sehen, wenn im Zuge eines Betriebsübergangs die Regelungsebene der §§ 613a Abs. 1 S. 2–4 BGB und vertragliche Bezugnameklauseln i.S.d. § 613a Abs. 1 S. 1 BGB miteinander kollidieren. Innerhalb dieser Kollisionslage können Rechtsfolgen entstehen, die von dem systematischen Zusammenhang der Sätze 2–4 erheblich abweichen.[1180] Dabei ist angesichts der zahlreichen denkbaren Fallgestaltungen und Fallgruppen eine genaue Betrachtung der jeweiligen Parameter eines Betriebsübergangs unabdingbar. Hierzu zählen insbesondere die Frage nach der Tarifbindung von Veräußerer und Erwerber sowie die Berücksichtigung des Vertrauensschutzes für Altfälle. Gleiches gilt für die nach neuerer Rechtsprechung ausschließlich konstitutive Wirkung von Bezugnahmeklauseln und deren Auslegung. Die für den Erwerber bindenden[1181] Rechtsfolgen des § 613a Abs. 1 BGB reichen dabei aufgrund der nur wenig Erfolg versprechenden vertraglichen bzw. vertragsbezogenen Gestaltungsmittel von einer dynamischen „Ewigkeitsbindung" an den Veräußerertarifvertrag bis zur Anwendung des eigenen Tarifrechts. Dazwischen ist, gerade in Abkehr von dem reinen Ablösungsprinzip innerhalb der Sätze 2–4, stets der Günstigkeitsvergleich des § 4 Abs. 3 Alt. 2 TVG als regulierendes Prinzip durch Vergleich der Sachgruppen anzuwenden.

5.) Zusammenfassung der Ergebnisse zur Rechtslage und Gestaltungsmöglichkeiten des Erwerbers bei tarifgebundenen Arbeitnehmern

Der Erwerber sieht sich anlässlich eines Betriebsübergangs einer komplexen Rechts- und Gestaltungslage gegenüber. Eine erste Gestaltungsoption ist dabei die Ablösung der nach § 613a Abs. 1 S. 2 BGB fortgeltenden Tarifregelungen durch eigenes Kollektivrecht (S. 3). Nach der hier vertretenen Auffassung setzt sich

---

1180 *Willemsen*, Bezugnahme auf Tarifvertrag, S. 257.

1181 § 613a BGB ist zwingendes Recht, vgl. *Willemsen/Müller-Bonanni*, in: HWK, § 613a BGB Rdnr. 247; *Spirolke*, in: Hümmerich/Spirolke, § 8 Rdnr. 77.

eigenes Kollektivrecht des Erwerbers in Form einer Betriebsvereinbarung dort durch, wo dies i.R.d. §§ 87, 77 BetrVG, § 4 TVG möglich ist („Überkreuz-Ablösung“). Greifen diese Regelungen nicht ein, ist die Tarifautonomie als Schutzgut nicht betroffen und es findet eine Überkreuz-Ablösung statt. Hierbei sind jedoch aus rechtspraktischer Sicht die Einschränkungen der Scattolon-Rechtsprechung des EuGH und der Rechtsprechung des 1. Senats zur Entgeltmitbestimmung im Betrieb zu beachten.

Bei der tarifvertraglichen Ablösung ist zum Schutz der betroffenen Arbeitnehmer eine kongruente Tarifgebundenheit nach Betriebsübergang zu verlangen. Nur in diesem Fall greift die „Richtigkeitsgewähr“ des Erwerbertarifrechts ein und löst den Veräußerertarifvertrag auch dann ab, wenn dieser günstiger ist. Der Erwerber kann darüber hinaus durch tarifvertragliches Kündigungsrecht die Geltung des Veräußerertarifvertrages auch dann beenden, wenn er kein eigenes Kollektivrecht zur Anwendung bringen kann (§ 613a Abs. 1 S. 4 Alt. 1 BGB). Dies ist Ausfluss und Ausgleich der faktisch normativen Tarifbindung, die auch dem nicht tarifgebundenen Erwerber von der Rechtsprechung über § 613a Abs. 1 S. 2 BGB auferlegt wird.[1182] Allerdings ist ein solches Kündigungsrecht nur unter engen Voraussetzungen und Beachtung zwingender tarifrechtlicher Vorgaben möglich. Liegen die Voraussetzungen eines solchen Kündigungsrechts oder einer anderen, von außen einwirkenden Form der kollektivrechtlichen Nichtmehrgeltung des Veräußerertarifvertrages nicht vor, stehen dem Erwerber die individualrechtlichen Gestaltungsmittel des § 613a Abs. 1 S. 4 BGB zur Verfügung. Diese werden sich, v.a. bezogen auf die Änderungskündigung regelmäßig als wenig aussichtsreich erweisen.

Neben dieser ersten können auf einer zweiten, rein vertraglichen Regelungs- und Gestaltungsebene (§ 613a Abs. 1 S. 1 BGB) Kollisionsprobleme entstehen, wenn die Arbeitsverträge der betroffenen Arbeitnehmer Bezugnahmeklauseln enthalten. Diese Kollisionslagen sind insbesondere nach dem Günstigkeitsprinzip des § 4 Abs. 3 Alt. 2 TVG aufzulösen. Gilt die vertragliche Ebene vorrangig, kann der Erwerber vertragsbezogene Gestaltungsmittel einsetzen, um die eigenen Tarifregelungen zur Anwendung zu bringen, die Bezugnahme auf den Veräußerertarifvertrag zu beseitigen oder zu entdynamisieren. Diese Gestaltungsmittel sind jedoch wenig Erfolg versprechend. Insgesamt ist der Erwerber mit nur bescheidenen Mittel ausgestattet, um bei Tarifgebundenheit des Arbeitnehmers die

---

1182 BAG v. 22.04.2009 – 4 AZR 100/08 – NZA 2010, 41, 42; diese Wertungen betonen mit anderer Akzentuierung hinsichtlich des Kündigungsrechts *v. Medem*, ArbRAktuell 2011, 372, 375; *Bauer/v. Medem*, DB 2010, 2560, 2563.

eigenen vertraglichen wie kollektiven Regelungen auch auf deren Arbeitsverhältnisse anzuwenden. Das Postulat von der Harmonisierung oder Anpassung der Arbeitsbedingungen nach Betriebsübergang ist trotz seiner grundsätzlichen Verankerung in § 613a Abs. 1 BGB in Bezug auf tarifgebundene Arbeitnehmer als weitgehend inhaltsleer zu bewerten.

C.) Rechtslage und Gestaltungsmöglichkeiten bei nicht tarifgebundenen Arbeitnehmern

Die Regelungs- und Gestaltungsebene der §§ 613a Abs. 1 S. 2–4 BGB gilt für nicht tarifgebundene Arbeitnehmer mangels kongruenter Tarifbindung vor Betriebsübergang nicht.[1183] Tarifregelungen können hier nur über die arbeitsvertragliche Bezugnahme nach § 613a Abs. 1 S. 1 BGB konstitutive Wirkung entfalten. Dabei ist die Rechtsprechung für Alt- und Neuverträge gerade für die Gestaltungsoptionen des Erwerbers von besonderer Bedeutung. Grundsätzlich ist zwischen mehreren Fallgruppen zu differenzieren.

1.) Erste Fallgruppe: Erwerber ist nicht tarifgebunden

In der ersten Fallgruppe ist der Erwerber nicht tarifgebunden. Der Veräußerer kann dagegen tarifgebunden sein oder auch nicht.

a.) Keine Tarifbindung von Veräußerer und Erwerber

In dieser Konstellation kann es nur zu einer Tarifgeltung kraft arbeitsvertraglicher Bezugnahmeklausel kommen. Eine Anwendung der Rechtsprechung zur Gleichstellungsabrede scheidet hier ungeachtet des vorliegenden Klauseltyps in jedem Fall aus.[1184] Der Grund liegt in der fehlenden Tarifbindung des Veräußerers, dem es aufgrund der nicht vorhandenen, eigenen Tarifgebundenheit nie um eine Gleichstellung der bei ihm beschäftigten Arbeitnehmer gegangen sein kann.[1185] Daher ist allein die Klauselauslegung entscheidend, Unterschiede zwischen Alt- und Neuverträgen bestehen hier nicht. Damit gelten bei fehlender Tarifbindung von Veräußerer und Erwerber dieselben Vorgaben wie bei tarifgebundenen Arbeitnehmern.[1186]

1183 *Henssler*, in: DFL, § 613a BGB Rdnr. 60, 61, 65.

1184 *Gaul*, ZfA 2003, 75, 95; *Schliemann*, NZA Beil. 16/2003, 3, 13.

1185 *Hohenstatt*, in: WHSSS, Abschn. E Rdnr. 191.

1186 S.o. B.) 4.) c.).

aa.) Statische oder dynamische Bezugnahmeklausel

Die Auslegung einer Bezugnahmeklausel wird im Zweifel ergeben, dass ein dynamischer Klauselinhalt vorliegt.[1187] Dabei wird regelmäßig eine kleine dynamische Bezugnahmeklausel vorliegen. Nur wenn besondere Anhaltspunkte in Formulierung und Klauselinhalt vorliegen, kann eine statische oder große dynamische Bezugnahmeklausel angenommen werden.[1188] Aufgrund der fehlenden Tarifbindung des Erwerbers wird jedoch auch eine große dynamische Bezugnahmeklausel keinen „Tarifwechsel" begründen können. Abzugrenzen sind somit nur dynamische und bloß statische Klauselwirkung.

bb.) Gestaltungsmöglichkeiten des Erwerbers

In Bezug auf die Gestaltungsmöglichkeiten des Erwerbers gilt dasselbe wie bei tarifgebundenen Arbeitnehmern, die vertragsbezogenen Gestaltungsoptionen des Erwerbers haben demnach wenig Aussicht auf Erfolg.[1189] Insbesondere kann ein Branchenwechsel hieran nichts ändern.[1190] Hier kann bei Vorliegen einer kleinen dynamischen Bezugnahmeklausel durch Vertrags- bzw. Klauselauslegung (§§ 133, 157 BGB) insbesondere die Geltung der für den Erwerber einschlägigen Branchentarifregelungen nicht erreicht werden.[1191] Eine solche „Umdeutung" der kleinen dynamischen Bezugnahmeklausel in eine Tarifwechselklausel wäre nur angezeigt, wenn sich die Parteien im Zeitpunkt des Vertragsschlusses Vorstellungen über das geltende Tarifniveau gemacht hätten. Sind aber beide Parteien, Veräußerer und Arbeitnehmer, nicht tarifgebunden, wird dies nicht der Fall sein. Der Erwerber wird sich zudem kaum einmal auf eine Störung der Geschäftsgrundlage nach § 313 BGB berufen können. Nur wenn es ihm unzumutbar wäre, die für den Veräußerer an sich einschlägigen Tarifnormen auch nach Betriebsübergang anzuwenden, könnte eine Anpassung erfolgen. Der Erwerber wird dies kaum einmal nachweisen können. In keinem Fall darf er das reine Wirtschaftsrisiko auf den Arbeitnehmer abwälzen.[1192]

1187 *Bayreuther*, in: DFL, § 613a BGB Rdnr. 72; *Hanau*, NZA 2005, 489.

1188 BAG v. 16.12.2009 – 5 AZR 888/08 – NZA 2010, 401, 402; BAG v. 30.08.2000 – 4 AZR 581/99 – NZA 2001, 510, 511.

1189 S. o. B.) 4.) c.) bb.) (1) und (2).

1190 *Willemsen*, Bezugnahme auf Tarifvertrag, S. 214, 215, 216.

1191 A.A. *Hromadka/Maschmann/Wallner*, Der Tarifwechsel, Rdnr. 619.

1192 *Brox/Rüthers/Henssler*, Rdnr. 388.

b.) Ausschließliche Tarifbindung des Veräußerers

War der Veräußerer vor Betriebsübergang gem. §§ 3, 4 TVG tarifgebunden, ist bei kleinen dynamischen Bezugnahmeklauseln für Außenseiter zwischen Alt- und Neuverträgen zu unterscheiden.

aa.) Altverträge (Vertragsschluss vor dem 01.01.2002)

Waren Veräußerer und Arbeitnehmer kongruent tarifgebunden, kommt es in dieser Fallgruppe zu einer faktisch kollektivrechtlichen Fortgeltung dieser Tarifinhalte nach § 613a Abs. 1 S. 2 BGB. Für die Außenseiter wurde das gleiche Ergebnis aufgrund der intendierten Gleichstellung erzielt.[1193] Für beide Gruppen gilt allein der Veräußerertarifvertrag statisch fort, für die Außenseiter als Inhalt der Bezugnahmeklausel nach S. 1.[1194]

bb.) Neuverträge (Vertragsschluss nach dem 01.01.2002)

Der Außenseiter nimmt hier fortgesetzt an der vertraglich-dynamischen Entwicklung des Veräußerertarifvertrages teil.[1195] Eine vertragliche Veränderung der Bezugnahmeklausel zu ungunsten der Außenseiter ist ungeachtet der §§ 613a Abs. 1 S. 2–4 BGB gleichwohl möglich und bedarf keines Sachgrundes.[1196]

cc.) Statische und große Bezugnahmeklauseln

Im Rahmen von statischen und großen dynamischen Bezugnahmeklauseln war und ist die Gleichstellungsrechtsprechung schon per se nicht anwendbar, es kommt hier allein auf den Klauselwortlaut und dessen Auslegung an. Da bei fehlender Tarifbindung des Erwerbers für diesen kein Tarifvertrag einschlägig ist, kann eine Tarifwechselklausel keinen vertraglich veranlassten Wechsel der Tarifgeltung herbeiführen.[1197] Es bleibt bei der dynamischen Geltung des Veräußerertarifvertrages. Bei statischer Bezugnahmeklausel gelten diese Tarifregelungen nur statisch fort.

1193 BAG v. 06.07.2011 – 4 AZR 706/09 – NZA 2012, 100, 102; BAG v. 16.10.2002 – 4 AZR 467/01 – NZA 2003, 390, 392.

1194 *Thüsing*, NZA 2003, 1184, 1185.

1195 *Däubler*, NZA Beil. 3/2006, 133, 135.

1196 *Willemsen/Müller-Bonanni*, in: HWK: § 613a BGB Rdnr. 247, 282; BAG v. 07.11.2007 – 5 AZR 1007/06 – NZA 2008, 530, 531.

1197 *Henssler*, in: FS Wißmann, S. 133, 153.

dd.) Gestaltungsmöglichkeiten des Erwerbers

Aus Sicht des Erwerbers führt eine kleine dynamische Bezugnahmeklausel (Altverträge) zu einer statischen Wirkung der vertraglichen Bezugnahme, die er mit den vertragsbezogenen Gestaltungsmitteln beseitigen kann. Bei Neuverträgen bleibt es bei der dynamischen Fortgeltung des Veräußerertarifvertrages, auch hier ist der Erwerber auf die vertraglichen Gestaltungsmittel angewiesen. Außerhalb der kleinen Dynamik bleibt der Klauselwortlaut zur Ermittlung des Klauseltyps verbindlich. Damit kommen, mit unterschiedlicher Zielrichtung, die vertraglichen Gestaltungsmittel zum Einsatz, da je nach Klausel das Gestaltungsziel des Erwerbers variiert.

c.) Ergebnisse zur ersten Fallgruppe

Der Erwerber muss stets die wenig Erfolg versprechenden vertraglichen und vertragsbezogenen Gestaltungsmittel einsetzen. Die Gestaltungsziele sind je nach Klauseltyp die Entdynamisierung der Klauseldynamik, die Beseitigung der Klauselstatik und die damit eventuell verbundene weiter reichende Einführung der „an sich" einschlägigen Tarifverträge.

2.) Zweite Fallgruppe: Erwerber ist tarifgebunden

Hier kommen verschiedene Konstellationen in Betracht.

a.) Bindung an denselben Tarifvertrag wie der Veräußerer

Für Außenseiter ist erneut nach dem jeweiligen Klauseltyp (statisch oder dynamisch) zu differenzieren. Liegt eine statische Bezugnahmeklausel vor, gilt der Tarifvertrag über S. 1 bloß statisch fort. Eine große dynamische Bezugnahmeklausel kann rein faktisch keinen anderen als den in Bezug genommenen Tarifvertrag bestimmen, da nach Betriebsübergang aufgrund der identischen Tarifbindung des Erwerbers kein anderes tarifliches Bezugsobjekt besteht. Der Klauselwortlaut ist verbindlich und bestimmt über die Fortgeltung nach § 613a Abs. 1 S. 1 BGB auch in Bezug auf die Gestaltungsmöglichkeiten des Erwerbers.[1198] Eine von dem

1198 S. o. 5.) 1.) b.) cc.).

Wortlaut der Klausel abweichende rechtliche Beurteilung kann aber im Hinblick auf kleine dynamische Bezugnahmeklauseln bestehen.

aa.) Altverträge

Im Rahmen von Altverträgen soll für Außenseiter die Tariflage gelten, wie sie ohne vertragliche Bezugnahme für kongruent tarifgebundene Arbeitnehmer bestünde. Demnach käme es in dieser Konstellation zu einer doppelten Tarifgeltung sowohl über §§ 3, 4 TVG als auch über §§ 613a Abs. 1 S. 2, 3 BGB. Eine unterschiedliche Qualität der tariflichen Fortgeltung ist damit nicht verbunden. Es gilt für tarifgebundene Arbeitnehmer, und damit auch für die Außenseiter, der bislang einschlägige Tarifvertrag normativ dynamisch fort und zwar über S. 1 und über S. 3 sowie §§ 3, 4 TVG. Die Problematik des an sich nach alter Rechtsprechung nicht möglichen Tarifwechsels stellt sich hier somit nicht.

bb.) Neuverträge

Für Neuverträge kommt es über § 613a Abs. 1 S. 1 BGB konstitutiv zur dynamischen Anwendung des Veräußerertarifvertrages. Dieser ist in dieser Fallgruppe jedoch identisch mit dem für den Erwerber geltenden Tarifvertrag. § 613a Abs. 1 S. 1 und S. 3 stehen eigenständig nebeneinander. Im Vergleich zur Gleichstellungsrechtsprechung besteht faktisch kein Unterschied hinsichtlich der dynamischen Tarifgeltung.

cc.) Gestaltungsmöglichkeiten des Erwerbers

Für den Erwerber wird hier kein Vereinheitlichungsbedarf bestehen, da er in allen Fällen die entweder statische oder dynamische Geltung des eigenen Tarifrechts auch nach Betriebsübergang erreicht.

b.) Bindung an einen anderen Tarifvertrag als der Veräußerer

I.R.d. Fallgruppe ist hinsichtlich der jeweiligen Gewerkschaft als Tarifpartei zu differenzieren. Zunächst kann der Erwerber z.B. als Mitglied eines Arbeitgeberverbandes mit derselben Gewerkschaft einen Tarifvertrag abgeschlossen haben wie der Veräußerer. Dies kann etwa der Fall sein, wenn bei dem Veräußerer ein Firmentarifvertrag mit einer bestimmten Gewerkschaft, z.B. ver.di, abgeschlossen worden ist, und diese Gewerkschaft in der Branche des Erwerbers einen Verbandstarifvertrag ausgehandelt hat. Der Erwerber kann aber auch einen Tarifvertrag mit einer Gewerkschaft geschlossen haben, die weder auf Verbands- noch auf Firmenebene Tarifpartei des abweichenden Veräußerertarifvertrages ist.

aa.) Tarifvertragsabschluss mit derselben Gewerkschaft

Die Bezugnahmeklausel ist über S. 1 zugunsten der Außenseiter wiederum Geltungsgrund der tariflichen Regelungen. Hier ist jedoch zwischen den einzelnen Klauseltypen zu differenzieren, da sich aus Erwerbersicht aufgrund der eigenen abweichenden Tarifbindung hinsichtlich der tarifgebundenen Arbeitnehmer und Außenseiter eine jeweils unterschiedliche Tarifgeltung ergeben kann.

(1) Statische Bezugnahmeklausel

Liegt nach Auslegung (§§ 133, 157 BGB) eine statische Bezugnahmeklausel vor, gilt der so in Bezug genommene Veräußerertarifvertrag für Außenseiter über § 613a Abs. 1 S. 1 statisch fort. Eine Ablösung nach §§ 613a Abs. 1 S. 2, 3 BGB und §§ 3, 4 TVG scheidet mangels kongruenter Tarifbindung vor und nach Betriebsübergang aus. Hier kann es zur Besserstellung tarifgebundener Arbeitnehmer kommen, da für diese regelmäßig der nach § 4 Abs. 3 Alt. 2 TVG günstigere, weil dynamische Erwerbertarifvertrag über S. 3 bzw. §§ 3, 4 TVG zur Anwendung gelangt. Dadurch werden die Außenseiter aber nicht in ihrer negativen Koalitionsfreiheit verletzt, weil es ihnen frei steht, den Schutz der Tarifwirkung durch Beitritt in die Gewerkschaft zu erlangen.[1199] In den Genuss tariflich geregelter Mindestarbeitsbedingungen sollen aber schon der Konzeption der §§ 613a Abs. 1 S. 2, 3 BGB nach nur Arbeitnehmer kommen, die zum Zeitpunkt des Betriebsübergangs kongruent tarifgebunden sind.[1200] Auch im umgekehrten Fall gilt nichts anderes. Wenn die statische Bezugnahmeklausel für die tarifgebundenen Arbeitnehmer ausnahmsweise günstiger ist, geht diese nach § 4 Abs. 3 Alt. 2 TVG vor. Das Günstigkeitsprinzip gilt aber nur, wenn vertragliche und normativ tarifliche Regelungen kollidieren.[1201] Dies kann bei Außenseitern ohne Verstoß gegen Art. 9 Abs. 3 GG von vorne herein nicht der Fall sein, da diese sich nur auf § 613a Abs. 1

1199 *Willemsen/Müller-Bonanni*, in: HWK, § 613a Rdnr. 263.

1200 *Willemsen/Müller-Bonanni*, a.a.O.

1201 BAG v. 22.10.2008 – 4 AZR 784/07 – NZA 2009, 151, 153; BAG v. 29.08.2007 – 4 AZR 767/06 – NZA 2008, 364, 366; *Jacobs/Willemsen*, JbArbR 2008, 47, 49, 50; *Wörlen, Kolkemoor*, Rdnr. 315.

S. 1 BGB berufen können. Faktisch deckt sich die Tarifgeltung der Außenseiter in diesem Ausnahmefall dann gleichwohl mit der der tarifgebundenen Arbeitnehmer.

(2) Kleine dynamische Bezugnahmeklausel

Anders ist die Wirkung der Fortgeltung nach § 613a Abs. 1 S. 1 BGB zu beurteilen, wenn eine kleine dynamische Bezugnahmeklausel vorliegt. Hier ist wiederum zwischen Alt- und Neuverträgen zu unterscheiden.

(a) Altverträge

Wegen des Gleichstellungszwecks gilt hier aufgrund der Ablösung nach §§ 613a Abs. 1 S. 2, 3 BGB und §§ 3, 4 TVG an sich der Erwerbertarifvertrag. Für die Außenseiter ergibt sich trotz des Gleichstellungszwecks hieraus aber eine paradoxe Situation: Allein aufgrund einer kleinen dynamischen Bezugnahmeklausel kann i.S.d. Gleichstellungsrechtsprechung regelmäßig kein Tarifwechsel i.S.e. Veränderung des in Bezug genommenen Tarifobjekts erreicht werden.[1202] Die kleine dynamische Bezugnahmeklausel beschränke sich in dieser Situation daher auf eine Fortgeltung des Veräußerertarifvertrages über S. 2.[1203] Da dann mangels Tarifwechsel ein Gleichstellungszweck nicht mehr erreicht werden kann, soll die Bezugnahmeklausel für die Außenseiter bloß statisch wirken.[1204] Diese Auffassung sieht sich erheblichen Bedenken ausgesetzt.[1205] Schon nach der Gleichstellungsrechtsprechung sollten für Außenseiter dieselben Tarifregelungen gelten wie für tarifgebundene Arbeitnehmer. Gerade dieser Gleichstellungszweck führt dann dazu, die Außenseiter an einem Tarifwechsel hin zu dem Erwerbertarifvertrag zu beteiligen. Dies entspricht dem von der Rechtsprechung unterstellten Parteiwillen. Die Auffassung der Rechtsprechung erweist sich daher als unschlüssig.[1206] Selbst wenn man davon ausgeht, dass der Gleichstellungszweck in dieser Konstellation nicht (mehr) erreicht werden kann, existiert die Klausel aber fort und sieht aufgrund ihres Wortlauts zumindest eine dynamische und eben keine

---

1202 BAG v. 21.01.2001 – 4 AZR 18/00 – NZA 2001, 1318, 1324.

1203 BAG, a.a.O.

1204 BAG v. 30.08.2000 – 4 AZR 581/99 – NZA 2001, 510, 511; hierin liegt der Unterschied zur unter B.) 4.) e.) bb.) (2) (b) (aa) geschilderten Konstellation, da es gerade an einer normativen Tarifbindung der Außenseiter fehlt. Daher kann es hier nicht dahinstehen, ob es bei der vertraglich-statischen Bindung der Außenseiter an den Veräußerertarifvertrag über S. 1 bleibt.

1205 *Henssler*, in: FS Wißmann, S. 133, 152.

1206 *Willemsen*, Bezugnahme auf Tarifvertrag, S. 240.

statische Geltung des Veräußerertarifvertrages vor.[1207] Infolge dieser Kontroverse kann die Situation entstehen, in der die Außenseiter aufgrund der für sie bloß statischen Fortgeltung des Veräußerertarifvertrages besser stehen als die tarifgebundenen Arbeitnehmer. Dies wäre, der Rechtsprechung folgend, der Fall, wenn der Veräußerertarifvertrag etwa in Bezug auf das tarifliche Lohnniveau von vorneherein günstiger ist als der Erwerbertarifvertrag. Dann erwiese sich die statische Wirkung der Vertragsklausel günstiger als die originär dynamische Wirkung des Erwerbertarifvertrages. Hier wird den tarifgebundenen Arbeitnehmern ihre Tarifbindung und damit die positive Koalitionsfreiheit nach Art. 9 Abs. 3 GG zum Verhängnis. Um diesen Wertungswiderspruch zu vermeiden, sind verschiedene Ansätze entwickelt worden, um die Außenseiter und die tarifgebundenen Arbeitnehmer tatsächlich tarifrechtlich gleich zu behandeln.

(aa) Störung der Geschäftsgrundlage, § 313 BGB

Ein erster Ansatz geht dahin, den Arbeitsvertrag samt kleiner dynamischer Bezugnahmeklausel im Wege der Vertragsanpassung über § 313 BGB an die Tarifgeltung für die tarifgebundenen Arbeitnehmer anzugleichen.[1208] Problematisch daran ist, dass rein wirtschaftliche Überlegungen i.R.d. Betriebsübergangs keine Verlagerung des Wirtschaftsrisikos auf den Arbeitnehmer, tarifgebunden oder nicht, begründen können.[1209] Dieser Ansatz kann nicht überzeugen.

(bb) § 613a Abs. 1 S. 3 BGB analog

Nach anderer Auffassung soll die Anwendung des Erwerbertarifvertrages für die Außenseiter durch eine analoge Anwendung des § 613a Abs. 1 S. 3 BGB begründet werden.[1210] Die Außenseiter waren vor Betriebsübergang über die vertragliche Bezugnahmeklausel in die Kollektivordnung des Veräußerers eingegliedert. Dies müsse sich spiegelbildlich, weil von den Parteien gewollt, auch bei dem Erwerber in analoger Anwendung des § 613a Abs. 1 S. 3 BGB fortsetzen. Für eine derartige Normanwendung fehlt es aber an einer planwidrigen Regelungslücke.[1211] Wenn der Gesetzgeber im Anwendungsbereich der §§ 613a Abs. 1 S. 2 i.V.m. S. 4 Alt. 2 BGB explizit die Möglichkeit vorsieht, Tarifregelungen durch Parteivereinbarung

1207 *Willemsen*, a.a.O.

1208 Dies hatte auch BAG v. 01.04.1987 – 4 AZR 77/86 – NZA 1987, 593, 596 bezüglich eines Branchenwechsels erwogen.

1209 *Brox/Rüthers/Henssler*, Rdnr. 388.

1210 *Ebeling*, Bezugnahme, S. 242; *Wellenhofer-Klein*, ZfA 1999, 239, 264.

1211 So *Hromadka/Maschmann/Wallner*, Der Tarifwechsel, Rdnr. 414.

zur Anwendung zu bringen, dann gilt diese Regelungsmöglichkeit „argumentum e contrario“ bei § 613a Abs. 1 S. 1 BGB nicht.[1212] Hier tritt der Erwerber mit Betriebsübergang automatisch in die Rechte und Pflichten aus dem Arbeitsvertrag ein. Dies schließt allein eine vertraglich in Bezug genommene Tarifgeltung mit ein. Damit korrespondiert auch die norminternen Systematik des § 613a Abs. 1 BGB, wo S. 3 als Ausnahme zu S. 2 und gerade nicht zu S. 1 konzipiert ist. S. 2 bezieht sich aber nicht auf vertragliche Regelungen.[1213] Eine analoge Anwendung des § 613a Abs. 1 S. 3 BGB als Anpassungsmöglichkeit schiedet demnach aus.

(cc) Stellungnahme

Die Ansicht der Rechtsprechung kann nicht überzeugen. Wenn schon eine Gleichstellung bezweckt werden soll, dann muss in dieser Fallgruppe durch entsprechende Klauselauslegung die Geltung des Erwerbertarifvertrages auch für Außenseiter sichergestellt werden. Nur dies entspricht dem Parteiwillen bei Altverträgen. Folgt man dieser Ansicht, wird auch ein Gleichlauf von Außenseitern und tarifgebundenen Arbeitnehmern erreicht. Aus gestalterischer Sicht bedeutete das für den Erwerber, dass er keinen Gestaltungszwängen zur Beseitigung von unterschiedlichen Tarifregelungen und Mindestarbeitsbedingungen ausgesetzt wäre. Aus rechtspraktischer Sicht lässt sich dies aber nicht rechtssicher begründen. Der Erwerber wird daher dem Vertrauensschutz Rechnung tragen und die statische Fortgeltung des Veräußerertarifvertrages über § 613a Abs. 1 S. 1 BGB gegen sich gelten lassen müssen.

(b) Neuverträge

Für Neuverträge gilt wegen der Wortlautauslegung der Klausel der Veräußerertarifvertrag dynamisch nach § 613a Abs. 1 S. 1 BGB fort.[1214]

(3) Große dynamische Bezugnahmeklausel

Ergibt die Auslegung der Bezugnahmeklausel nach §§ 133, 157 BGB, dass eine große dynamische Bezugnahmeklausel in Gestalt einer Tarifwechselklausel vorliegt, gilt für den Außenseiter dem Wortlaut der Klausel entsprechend der Erwerbertarifvertrag mit dynamischer Wirkung. Sie müssen sich u.U. mit einer tariflichen Verschlechterung kraft vertraglicher Bezugnahme über § 613a Abs. 1 S. 1

1212 Allgemein hierzu *Larenz/Canaris*, S. 202, 203.

1213 BAG v. 29.08.2007 – 4 AZR 765/06 – ZTR 2007, 672.

1214 Zu Sonderfällen, *Willemsen*, Bezugnahme auf Tarifvertrag, S. 241–243.

BGB abfinden. Ungeachtet dessen muss sich aus rechtspraktischer Sicht ein solcher Tarifwechsel jedoch nicht immer zum Nachteil der Außenseiter auswirken. I.Ü. entsteht eine rechtliche Situation, die für den Erwerber an dieser Stelle keine Gestaltungserfordernisse nach sich zieht, da die Außenseiter seinem Tarifregime unterfallen.

(4) Gestaltungsmöglichkeiten des Erwerbers

Der Erwerber wird eine statische Bezugnahmeklausel (Veräußerertarifvertrag) mit den hierfür zur Verfügung stehenden vertraglichen und vertragsbezogenen Gestaltungsmitteln zu beseitigen suchen und dadurch ggf. die eigene Tarifgeltung etablieren. Gleiches gilt für kleine dynamische Bezugnahmeklauseln (Altverträge). Bei Neuverträgen gilt der Veräußerertarifvertrag dynamisch und muss von dem Erwerber durch vertragsbezogene Gestaltungsoptionen entdynamisiert werden. Bei einer Tarifwechselklausel besteht kein Gestaltungsbedürfnis, da das eigene Tarifrecht ohnehin zur Anwendung kommt.

bb.) Tarifvertragsabschluss mit anderer Gewerkschaft

Bei einer abweichenden Tarifbindung des Erwerbers bei gleichzeitiger Beteiligung einer anderen Gewerkschaft ist erneut zwischen den einzelnen Klauseltypen zu differenzieren.

(1) Statische Bezugnahmeklausel

Hier gilt der Veräußerertarifvertrag für die Außenseiter nach § 613a Abs. 1 S. 1 BGB statisch fort. Eine eventuelle tarifliche Schlechterstellung haben die Außenseiter hinzunehmen.

(2) Kleine dynamische Bezugnahmeklausel

Im Fall einer kleinen dynamischen Bezugnahmeklausel ist erneut zwischen Alt- und Neuverträgen zu differenzieren.

(a) Altverträge

Unter dem Aspekt der Gleichstellung gilt für die Außenseiter dieselbe tarifliche Lage, wie sie für tarifgebundene Arbeitnehmer ohne Berücksichtigung ihrer vertraglichen Bezugnahmeregelung gilt. Diese waren vor Betriebsübergang nach §§ 3, 4 TVG originär-normativ und dynamisch an den Veräußerertarifvertrag gebunden. Mangels kongruenter Tarifbindung an den Erwerbertarifvertrag nach Betriebsübergang gilt diese nicht normativ weiter und löst den Veräußerertarifvertrag nicht nach § 613a Abs. 1 S. 3 BGB ab. Es bleibt bei einer faktisch normativen Fortgeltung nach § 613a Abs. 1 S. 2 BGB. Für die Außenseiter gilt dasselbe über S. 1.

(aa) Beim Veräußerer beschäftigte Gewerkschaftsmitglieder als relevante Bezugsgruppe

Dieses Auslegungsergebnis gilt zumindest dann, wenn man auf die tarifgebundenen Arbeitnehmer auf Veräußererseite abstellt und entspricht dem vergleichenden Maßstab, wie ihn die Rechtsprechung im Rahmen ihrer Gleichstellungsrechtsprechung stets anlegt.[1215] Es kann schon aus systematischen Erwägungen heraus bei § 613a Abs. 1 BGB nur auf die von dem Betriebsübergang betroffenen Arbeitnehmer des Veräußerers ankommen. Das in dieser Norm enthaltene Schutzregime sieht für die tarifgebundenen Arbeitnehmer vor, dass bei kongruenter Tarifbindung von ihnen und dem Erwerber nach Betriebsübergang dessen Tarifvertrag gelten soll (S. 3). Sonst bleiben die bis dato geltenden Mindestarbeitsbedingungen über S. 2 anwendbar. Dieser Schutzmechanismus gilt nur für die tarifgebundenen Arbeitnehmer des Veräußerers und über die kleine dynamische Bezugnahmeklausel auch für Außenseiter. Etwas anderes würde sich dann ergeben, wenn Veräußerer und Außenseiter einen anderen Vergleichsmaßstab vereinbart hätten.[1216] Als solcher Vergleichsmaßstab kommen die bereits bei dem Erwerber beschäftigten und originär an den dort geltenden Tarifvertrag gebundenen Arbeitnehmer in Betracht. Damit würde gleichzeitig die Tariflage des Erwerbers für allein maßgeblich erklärt. Dies werden die Parteien bei Abschluss des Arbeitsvertrages regelmäßig nicht gewollt haben, wenn sie sich für eine nur kleine dynamische Bezugnahme entschieden haben.[1217] Für ein abweichendes Auslegungsergebnis müssen daher eindeutige Anhaltspunkte oder besondere Umstände vorliegen. Dies wäre etwa der Fall, wenn eine Tarifwechselklausel vereinbart worden oder die kleine ausnahmsweise als große Bezugnahmeklausel auszulegen wäre.[1218] Letzteres wird bisweilen angenommen, wenn Erwerber und Veräußerer jeweils an einen anderen Tarifvertrag gebunden sind, jedoch dieselbe Gewerkschaft auf beiden Seiten als Vertragspartner tätig geworden ist.[1219] Diese Konstellation liegt aber hier schon

---

1215 Vgl. nur BAG v. 30.08.2000 – 4 AZR 581/99 – NZA 2001, 510, 511.

1216 *Annuß*, RdA 2000, 179, 182; *Kania*, DB 1994, 529, 532, 533.

1217 BAG v. 29.08.2007 – 4 AZR 765/06 – ZTR 2007, 672.

1218 *Willemsen*, Bezugnahme auf Tarifvertrag, S. 248.

1219 *Seitz/Werner*, NZA 2000, 1257, 1263 unter Verweis auf BAG v. 04.09.1996 – 4 AZR 135/95 – NZA 1997, 271, 272.

nicht vor, da jeweils andere Gewerkschaften am Vertragsschluss beteiligt sind. Es bleibt damit bei dem bereits geschilderten Auslegungsergebnis.

(bb) Beim Erwerber beschäftigte Gewerkschaftsmitglieder als relevante Bezugsgruppe

Dieses Ergebnis ändert sich jedoch, wenn man nicht die tarifgebundenen Arbeitnehmer des Veräußerers als Vergleichsgruppe heranzieht sondern die bereits bei dem Erwerber gewerkschaftlich organisierten Arbeitnehmer.[1220] Nach dieser Auffassung dürfe der Außenseiter darauf vertrauen, dass der Tarifvertrag zur Anwendung gelangt, der tatsächlich normativ gilt. Dies könne demnach auch der Erwerbertarifvertrag sein.

Dieser Ansicht ist zuzugeben, dass auch sie eine Gleichstellung erreicht, indem sie originäres Tarifrecht als Vergleichsmaßstab heranzieht. Sie kollidiert aber regelmäßig mit dem Parteiwillen bezüglich der anzuwendenden Tarifregelungen. Sollten dem Parteiwillen keine besonderen Anhaltspunkte für eine andere als die Tarifgeltung des Veräußerers vor Betriebsübergang zu entnehmen sein, dann muss es dabei sein Bewenden haben.[1221] Dann stünde auch fest, dass die bei dem Veräußerer beschäftigten Gewerkschaftsmitglieder als relevante Bezugsgruppe anzusehen sind. Jede hiervon abweichende Auslegung führt dazu, dass den Parteien ein rechtsgeschäftlich erheblicher Wille übergestülpt wird, den sie im entscheidenden Zeitpunkt des Vertragsschlusses nie hatten. Es verbleibt im Regelfall der kleinen dynamischen Bezugnahme demnach bei der schon in der Regelungssystematik des § 613a Abs. 1 BGB angelegten Vergleichsgruppe der bei dem Veräußerer tarifgebundenen Arbeitnehmer. Für die Außenseiter gilt der Veräußerertarifvertrag dann statisch kraft vertraglicher Bezugnahme fort.

(b) Neuverträge

Für Neuverträge bleibt es bei der Wortlautauslegung der Klausel. Der Veräußerertarifvertrag gilt somit dynamisch über S. 1 fort.

(3) Große dynamische Bezugnahmeklausel

Hier kommt es zu einem Wechsel des tariflichen Bezugsobjekts. Dies ist angesichts der eindeutigen Formulierung der Klausel auch gerechtfertigt, da die Parteien des Arbeitsvertrages, Veräußerer und Außenseiter, dies vereinbart hatten. Es

1220 *Zöllner*, DB 1995, 1401, 1407.
1221 *Schumacher-Mohr*, in: GS Heinze, S. 843, 853.

gilt der Erwerbertarifvertrag und wirkt aufgrund der Tarifbindung des Erwerbers auch für die Außenseiter dynamisch.

(4) Gestaltungsmöglichkeiten des Erwerbers

Auch hier stehen dem Erwerber wegen § 613a Abs. 1 S. 1 BGB als Grund der Fortgeltung nur die vertragsbezogenen Gestaltungsmittel zur Verfügung, sofern Gestaltungsbedarf besteht. Im Fall der statischen sowie der kleinen dynamischen Bezugnahmeklausel (Altverträge) wird der Erwerber versuchen, die statische Wirkung beseitigen und die Geltung der eigenen Tarifregelungen herbeiführen. Bei Neuverträgen kann der Erwerber die Klausel entdynamisieren. Liegt eine Tarifwechselklausel vor, besteht kein Gestaltungsbedarf, da das Erwerbertarifrecht ohnehin dynamisch gilt.

(c) Nur Erwerber ist tarifgebunden

Mangels Tarifbindung des Veräußerers kann die Gleichstellungsrechtsprechung nicht angewendet werden. Es kann dem Veräußerer hier nie um eine Gleichstellung von Außenseitern und gewerkschaftlich organisierten Arbeitnehmern gegangen sein. Damit sind sämtliche Bezugnahmeklauseln ihrem Wortlaut nach auszulegen. Bei einer statischen Bezugnahmeklausel wirkt der Veräußerertarifvertrag statisch, bei einer kleinen dynamischen Klausel dynamisch. Eine Tarifwechselklausel führt zur dynamischen Anwendung des Erwerbertarifvertrages. Die Gestaltungsmöglichkeiten richten sich nach der zuvor genannten Fallgruppe.

c.) Ergebnisse zur zweiten Fallgruppe

In der zweiten Fallgruppe der abweichenden Tarifbindung von Erwerber und Veräußerer bzw. der fehlenden Tarifbindung des Veräußerers kommen aufgrund des Geltungsgrundes des § 613a Abs. 1 S. 1 BGB allein vertragsbezogene Gestaltungsmittel zum Einsatz. Diese werden unabhängig von dem jeweiligen Gestaltungsziel nur ausnahmsweise die von dem Erwerber erstrebte Änderung herbeiführen können. Dies gilt insbesondere in der Fallgruppe der abweichenden Tarifbindung des Erwerbers (anderer Tarifvertrag, gleiche Gewerkschaft sowie anderer Tarifvertrag, andere Gewerkschaft) und der fehlenden Tarifbindung des Veräußerers. Hier kann der Erwerber nur bei einer Tarifwechselklausel das eigene Tarifrecht ohne Weiteres anwenden und so einheitliche Arbeitsbedingungen herstellen. In dem Fall der identischen Tarifbindung von Erwerber und Veräußerer liegt aus Sicht des Erwerbers schon eine statische oder dynamische Geltung des eigenen Tarifrechts vor. Gestaltungszwänge werden hier nicht bestehen.

3.) Ergebnisse zur Rechtslage und Gestaltungsmöglichkeiten des Erwerbers bei nicht tarifgebundenen Arbeitnehmern

Der Erwerber ist bei nicht tarifgebundenen Arbeitnehmern dem Regime der §§ 613a Abs. 1 S. 2–4 BGB nicht unterworfen, als einziger Geltungsgrund tariflicher Regelungen ist § 613a Abs. 1 S. 1 BGB zu beachten.[1222] Die Gestaltungsoptionen des Erwerbers verbessern sich dadurch aber nicht. Die vertragsbezogenen Gestaltungsmittel stimmen mit denen bezüglich der tarifgebundenen Arbeitnehmer in ihren Voraussetzungen zwar überein, zudem verfolgt der Erwerber auch die gleichen Gestaltungsziele. Gleichwohl wird er dadurch das Ziel der Harmonisierung der bei ihm geltenden Arbeitsbedingungen kaum einmal erreichen. Im Regelfall der kleinen dynamischen Bezugnahmeklausel muss zwischen Alt- und Neuverträgen abgegrenzt werden, um die jeweilige Klauselwirkung zu ermitteln. Dies gilt nur dann nicht, wenn ein Gleichstellungszweck nicht erreicht werden kann oder Veräußerer und Erwerber ausnahmsweise identisch tarifgebunden sind.

1222 Diese Regelungen gelten nur für tarifgebundene Arbeitnehmer, vgl. *Dreher*, in: BDH, § 613a Rdnr. 287, 288.

D.) Zusammenfassung und Bewertung aller Ergebnisse

Die Möglichkeiten des Erwerbers nach einem Betriebsübergang i.S.d. § 613a Abs. 1 BGB einheitliche Arbeitsbedingungen zu etablieren, sind insgesamt gesehen beschränkt. Die ihm hierzu zur Verfügung stehenden kollektiv- und individualrechtlichen Gestaltungsmittel erweisen sich in der Rechtspraxis als wenig effektiv. Über §§ 613a Abs. 1 S. 2, 3 BGB kann der Erwerber grundsätzlich eigenes Kollektivrecht anwenden. Dabei gilt nicht das Günstigkeits- sondern das Ablösungsprinzip, so dass seine Regelungen auch dann gelten, wenn sie für die betroffenen Arbeitnehmer ungünstiger sind. Eine solche Ablösung ist jedoch nur bei Vorliegen bestimmter Voraussetzungen möglich. Dies liegt am Schutzzweck des Regelungsmechanismus' der §§ 613a Abs. 1 S. 2, 3 BGB. Dort wird der Erwerber zwar in seinen Gestaltungsinteressen geschützt. Diesem Schutzzweck kommt aber neben dem primär vorgesehenen Arbeitnehmerschutz nur zweitrangige Bedeutung zu. So ist eine Überkreuz-Ablösung i.R.d. §§ 87, 77 Abs. 3 BetrVG zwar grundsätzlich möglich. Rein tatsächlich wird der Erwerber aber seine Betriebsvereinbarungen selten auch auf die übergegangenen Arbeitsverhältnisse übertragen können, da zumindest bei § 77 Abs. 3 BetrVG der Schutz der Tarifautonomie kaum einmal zu überwinden sein wird. Will der Erwerber eigenes Tarifrecht anwenden, muss er im Verhältnis zu dem übergegangenen Arbeitnehmer kongruent tarifgebunden sein. Sollte dies einmal der Fall sein, entstünde wegen des unterschiedlichen Geltungsgrundes eine doppelte Tarifbindung des Erwerbers aus § 613a Abs. 1 S. 2 BGB und §§ 3, 4 TVG.

Auch in individualrechtlicher Hinsicht (§ 613a Abs. 1 S. 4 Alt. 1 und 2 BGB) sind die Möglichkeiten begrenzt. Die auf eine „Vereinbarung" ausgerichteten individualrechtlichen Gestaltungsmittel des § 613a Abs. 1 S. 4 Alt. 2 BGB sind nur im Ausnahmefall geeignet, eine abweichende Tarifgeltung zu etablieren. Gleiches gilt für § 613a Abs. 1 S. 4 Alt. 1 BGB. Der Erwerber kann hier von dem Veräußerer im Ausnahmefall verlangen, zur Ausübung des (firmen)- tarifvertraglichen Kündigungsrechts ermächtigt zu werden. Dieser Anspruch steht dem Erwerber als Kehrseite der faktisch normativen Fortgeltung des § 613a Abs. 1 S. 2 BGB zu. Er kann den Fall der „Nichtmehrgeltung" i.S.d. § 613a Abs. 1 S. 4 Alt. 1 BGB dann selbst herbeiführen. I.Ü. steht dies den Tarifvertragsparteien vor Betriebsübergang zu, der Erwerber rückt nicht allein aufgrund des Betriebsübergangs in die schuldrechtliche Position als Tarifvertragspartei ein. Aufgrund der Vergleichbarkeit von

§ 613a Abs. 1 S. 2 BGB mit § 3 Abs. 3 TVG würde in dem Fall, in dem die Tarifvertragsparteien, oder ausnahmsweise der Erwerber selbst, den (vorrangig) geltenden Tarifvertrag beseitigen, die verdrängte Tariflage bei dem Veräußerer wieder aufleben. Das Bezugsobjekt sämtlicher Gestaltungsoptionen des Erwerbers würde sich dadurch nach Betriebsübergang verändern. Die Schwierigkeiten erhöhen sich, wenn zusätzlich zu §§ 613a Abs. 1 S. 2, 3 BGB vertragliche Bezugnahmeklauseln nach § 613a Abs. 1 S. 1 BGB zu beachten sind. Dann existieren mehrere konstitutive Geltungsgründe tariflicher Regelungen, die miteinander kollidieren. Geht die vertragliche Bezugnahme vor, kann der Erwerber vertragsbezogene Gestaltungsmittel einsetzen, um eine eigene Tarifgeltung einzuführen oder zumindest die dynamische Geltung eines anderen Tarifvertrages zu beseitigen. Auch diese Gestaltungsoptionen sind wenig effektiv. Dies gilt insbesondere für die Änderungskündigung nach §§ 1 Abs. 2, 2 KSchG. Insgesamt gesehen erweist sich § 613a Abs. 1 BGB in der Tat als „Wirtschaftsbremse“, da der Erwerber angesichts der komplexen Gestaltungslage von entsprechenden Betriebsübernahmen eher absehen wird, auch wenn diese wirtschaftlich sinnvoll sein mögen.

E.) Ausblick

Die aus Sicht des Erwerbers unbefriedigende Gestaltungslage hat auch die Rechtsprechung erkannt. Dies zeigt sich exemplarisch für den Fall der Änderungskündigung. Im Jahr 2000 hatte der 4. Senat noch die Kritik zurückgewiesen, wonach die in diesem Zusammenhang strenge Rechtsprechung zur Zulässigkeit einer Änderungskündigung nach §§ 1 Abs. 2, 2 KSchG i.R.d. § 613a Abs. 1 S. 4 Alt. 2 BGB „hohe Hürden“ errichte.[1223] Gleichzeitig hatte er die in diesem Zusammenhang gesteigerte Bedeutung einer Änderungskündigung betont.[1224] Dies erstreckt sich aufgrund der identischen Herleitung der Zulässigkeitsvoraussetzungen einer Änderungskündigung auch auf die vertragliche Ebene des § 613a Abs. 1 S. 1 BGB und damit auf die Beseitigung einer statischen Bezugnahmeklausel oder eine entsprechende Entdynamisierung. Dagegen ist in der Folge von den Instanzgerichten die Änderungskündigung im Ausnahmefall zur Vereinheitlichung der Arbeitsbedingungen zugelassen worden.[1225] In einem späteren Urteil hat das Bundesarbeitsgericht die Bedeutung der Änderungskündigung als Gestaltungsoption nach Betriebsübergang nochmals betont und als „umsetzbare rechtsgeschäftliche Lösungsmöglichkeit“ beschrieben.[1226] Worin es angesichts der in der Tat strengen Voraussetzungen die von ihm beschriebene Umsetzbarkeit sieht, bleibt aber offen. Von seiner Linie ist es auch später nur bedingt abgerückt.[1227] De lege lata jedenfalls kann eine Änderungskündigung nur im Ausnahmefall wirksam ausgesprochen werden und zu den für den Erwerber vorteilhaften Veränderungen führen.[1228] Gleiches gilt aus rechtspraktischer Sicht generell auch für die übrigen individualrechtlichen Gestaltungsmittel, die dem Erwerber i.R.d. § 613a Abs. 1 BGB zur Verfügung stehen.[1229]

Gleichwohl bleibt es dabei: Nach Betriebsübergang können in einem Betrieb unterschiedliche Arbeitsbedingungen bestehen. Der Erwerber muss die Belegschaft infolge dessen in unterschiedlich zu behandelnde Gruppen einteilen, was erheblichen betrieblichen Unfrieden nach sich zieht. Dieser kann sich infolge einer

1223 BAG v. 25.10.2000 – 4 AZR 212/00 – NZA 2001, 1146.
1224 BAG a.a.O.
1225 *Schiefer*, DB 2003, 390, 393 m.w.N.
1226 BAG v. 18.04.2007 – 4 AZR 652/05 – NZA 2007, 965, 968.
1227 BAG v. 10.09.2009 – 2 AZR 822/07 – NZA 2010, 333, 336; BAG v. 26.08.2006 – 2 AZR 139/07 – NZA 2008, 1182, 1184.
1228 *Schweibert*, in: WHSSS, Abschn. I Rdnr. 32; *Berkowsky*, NZA Beil. 2/2010, 50, 60.
1229 *Jacobs*, NZA Beil. 1/2009, 45, 49.

mehrmaligen dynamischen Tarifentwicklung zugunsten einer Gruppe zusätzlich verschärfen. Um dies zu verhindern, könnte in begründeten Ausnahmefällen eine zeitliche Grenze in Betracht kommen, ab deren Erreichen eine unterschiedliche Behandlung der Gesamtbelegschaft für den Erwerber nach mehrmaliger tariflicher Veränderung unzumutbar ist und zumindest seine tarifliche „Ewigkeitsbindung" in dynamischer Hinsicht gekappt wird. Ein solches Vorgehen wäre nicht ohne Vorbild.[1230] Die Rechtsprechung hat etwa für den Fall der „Zuvor-Beschäftigung" bei sachgrundloser Befristung nach § 14 Abs. 2 TzBfG entschieden, dass die sachgrundlos befristete Beschäftigung eines Arbeitnehmers bei demselben Arbeitgeber nach Ablauf von drei Jahren seit der ersten Tätigkeit erneut zulässig ist.[1231] Dabei hat es sich, auf den ersten Blick ohne konkreten dogmatischen Anhaltspunkt, aus Gründen der „Zumutbarkeit und Verhältnismäßigkeit" an den allgemeinen Verjährungsregeln der §§ 195, 199 BGB orientiert.[1232] Dieselben Erwägungen könnten unabhängig von den besonderen Schutzzweckerwägungen bei § 14 TzBfG auch i.R.e. Betriebsübergangs gelten, da der Erwerber schon dem Regelungsziel in § 613a Abs. 1 BGB nach geschützt werden soll und ein Rechtsmissbrauch nicht zu befürchten ist, da der Erwerber die Tarifentwicklung auf Veräußererseite nicht steuern kann. Nach dem Ablauf einer solchen Frist würde insbesondere die Änderungskündigung als Gestaltungsmittel aufgewertet, da dann etwa der Betriebsfrieden und die Vereinheitlichungsinteressen des Erwerbers als betriebsbedingte Gründe anzuerkennen wären.

Eine andere Erschwerung droht dem Erwerber, der nach Betriebsübergang eigene Tarifregelungen oder Betriebsvereinbarungen anwenden will, durch die dogmatisch fragwürdige Scattolon-Entscheidung des EuGH auch in kollektivrechtlicher Hinsicht. Hierdurch hat er ein kollektivrechtliches Verschlechterungsverbot statuiert.[1233] Dies steht dem Ablösungsprinzip der §§ 613a Abs. 1 S. 2, 3 BGB nach nationalrechtlichem Verständnis diametral entgegen. Welche konkreten Rechtsfolgen sich für den Erwerber hieraus künftig ergeben, ist offen. Teilweise wird der Entscheidung des EuGH Einzelfallcharakter zugeschrieben und aufgrund der „unklaren Feststellungen" die Figur des kollektivrechtlichen Verschlechterungsverbots zugunsten des Ablösungsprinzips nach wie vor abgelehnt.[1234] Folgt man

---

1230 BAG v. 06.04.2011 – 7 AZR 716/09 – NZA 2011, 905, 909.

1231 BAG v. 21.09.2011 – 7 AZR 375/10 – NZA 2012, 42, 44.

1232 BAG v. 06.04.2011 – 7 AZR 716/09 – NZA 2011, 905, 910.

1233 EuGH, NZA 2011, 1077 ff. – Scattolon.

1234 *Bayreuther*, in: DFL, § 613a BGB Rdnr. 64; *Winter*, RdA 2013, 36, 38 sieht hierin kein Problem, da das Ablösungsprinzip von dem EuGH nicht infrage gestellt werde.

dem, wird der Erwerber damit bis auf Weiteres sein Kollektivrecht i.R.d. § 613a Abs. 1 BGB anwenden können, muss dabei aus rechtspraktischer Sicht aber die aus der Entscheidung ableitbaren Restriktionen beachten. Ob dies Bestand haben wird, bleibt abzuwarten. Jedenfalls muss der Erwerber die ebenfalls fragwürdige Rechtsprechung des 1. Senats zur betrieblichen Entgeltmitbestimmung beachten.[1235]

Dem Erwerber ist daher zu empfehlen, den Aspekt der Vereinheitlichung der Arbeitsbedingungen schon im Vorfeld der von ihm avisierten Betriebsübernahme zu steuern. Dies kann etwa durch Aufnahme einer Vereinbarung im Übernahmevertrag geschehen, durch die sich der Veräußerer zur Kündigung des Firmentarifvertrages verpflichtet.[1236] Eine weitere Möglichkeit besteht darin, den betroffenen Arbeitnehmern schon vor Betriebsübergang individualvertragliche Änderungsvereinbarungen anzubieten, die mit Ende der Veränderungssperre in Kraft treten sollen.[1237] Dies verstieße nicht gegen § 134 BGB und könnte so im Betriebsübernahmevertrag verankert werden, dass der Erwerb i.S.e. aufschiebenden Bedingung nur stattfindet, wenn eine Mindestzahl von Arbeitnehmern dem zustimmt. Dadurch könnte der Erwerber v.a. einer Belastung mit Tarifregelungen des Veräußerertarifvertrages entkommen. Eine andere Option wäre schließlich die Gründung einer Beschäftigungs- und Qualifizierungsgesellschaft („BQG-Modell“), die die Arbeitnehmer des Veräußerers übernimmt und nach Betriebsübergang deren Arbeitsverhältnisse durch Abschluss neuer Arbeitsverträge mit dem Erwerber „ohne Tarifbelastung“ auf diesen überträgt.[1238] Diese Vorgehensweise wird von der Rechtsprechung unter bestimmten weiteren Voraussetzungen gebilligt und ein Verstoß gegen § 613a Abs. 4 BGB verneint.[1239]

1235 BAG v. 08.12.2009 – 1 ABR 66/08 – NZA 2010, 404 ff.

1236 *V. Medem*, ArbRAktuell 2011, 372, 375.

1237 *Müller-Bonanni/Mehrens*, NZA 2012, 1194, 1195.

1238 BAG v. 25.10.2012 – 8 AZR 575/11 – NZA 2013, 203, 204; BAG v. 18.08.2011 – 8 AZR 312/10 – NZA 2012, 146, 148; *Fuhlrott/Salamon*, BB 2012, 1793, 1794; *Fuhlrott*, NZA 2012, 549, 550, 551; *Fuhlrott/Chwalisz*, FA 2011, 38, 39; Thum, BB 2013, 1525.

1239 BAG v. 23.11.2006 – 8 AZR 349/06 – NZA 2007, 866, 868; s. ausf. hierzu *Reinhard*, ArbRB 2010, 184 ff. und *Pils*, NZA 2013, 125 ff.

www.ingramcontent.com/pod-product-compliance
Ingram Content Group UK Ltd.
Pitfield, Milton Keynes, MK11 3LW, UK
UKHW021912290926
8980IPUK00015B/1217

9 783631 652084